SV

Günter Abel
Sprache, Zeichen, Interpretation

Suhrkamp

Die Deutsche Bibliothek – CIP-Einheitsaufnahme
Abel, Günter: Sprache, Zeichen, Interpretation / Günter Abel. –
1. Aufl. – Frankfurt am Main : Suhrkamp, 1999
ISBN 3-518-58282-8

Erste Auflage 1999

Druck: Nomos Verlagsgesellschaft, Baden-Baden
Printed in Germany

1 2 3 4 5 6 – 04 03 02 01 00 99

Inhalt

Einleitung 9

Teil I
Grundzüge

1. Allgemeine Interpretationsphilosophie 25
   1. Generelle Kennzeichnung 26
   2. Lebensweltliche Interpretations-Praxis 33

2. Wirklichkeit und Interpretation 40
   1. Interpretation und Ontologie 40
   2. Interpretativer Realismus 46
   3. Zeitordnung der Erfahrungswelt 51
   4. Satz der Interpretation 57
   5. Interne Alterität 65

Teil II
Sprache und Zeichen

3. Bedeutung und Referenz 69
   1. Deskriptionsparadigma und Kausalparadigma 69
   2. Bedeutung als angemessene Interpretation 72
   3. Referenz im Interpretationsmodell 73

4. Zeichenlogik und Rationalität 78
   1. Zeichen-*Vollzug* und Zeichen-*Deutung* 78
   2. Zeichenlogos 84
   3. Rationalität der Interpretationen 93

5. Übersetzung als Interpretation 101
   1. Relevanz der Übersetzungsfrage 101
   2. Scheitern von Übersetzungsmaschinen 102
   3. Literarische Übersetzung 106
   4. Unbestimmtheit der Übersetzung 108

5. Aufgaben des Übersetzers 115
6. Grenzen der Übersetzbarkeit. Eigenes und Fremdes 118

Teil III
Wissenschaft, Logik und Ästhetik

6. Interpretationistische Wissenschaftsphilosophie 123
1. Wissenschaft und Interpretation 123
2. Interpretationszirkel und Unabhängigkeit der Beobachtung 126
3. Theoriegeladenheit, Intentionalität und Hintergrundwissen 129
4. Beobachtungssätze 133
5. Entdeckungen machen und Neues beobachten 135
6. Wahrscheinlichkeit von Beobachtungsergebnissen ... 137
7. Beobachtung und Zeit 138
8. Beobachtung und Zeichen 140

7. Imagination und Kognition 145
1. Imagination und Interpretation 145
2. Wahrnehmung und Imagination 149
3. Sprache, Zeichen und Imagination 154
4. Repräsentation und Imagination 158
5. Analogische und digitalische Einbildungskraft 162

8. Sagen und Zeigen 169
1. Differenz von Sagen und Zeigen 169
2. Interpretationscharakter des Zeigens 175
3. Bereiche und Hinsichten des Zeigens 183
4. Begriffliches Sagen und ästhetisches Zeigen 207

9. Logik und Ästhetik 209
1. Grenz- und Organisationscharakter 209
2. Interpretations-logische Ästhetik 216
3. Erfahrung als Zeichenschrift 219
4. Lebensweltlicher Sinn der Kunst 225

10. Wissenschaft und Kunst 229
1. Wissenschaft als Kunst 229
2. Kunst als kognitiv relevante Tätigkeit 237

Teil IV
Pluralität und Wahrheit

11. Interner Pluralismus 243
1. Gründe der Pluralität 244
2. Arten der Pluralität 257

12. Wahrheit und Interpretation 261
1. Krisis des metaphysischen Verständnisses 262
2. Scheitern naturalistischer und reduktionistischer Strategien 266
3. Norm- und Wertgebundenheit der Wahrheit 273
4. Wahrheit als regulative Annahme 285
5. Wahrheit im Interpretationsmodell 288

Teil V
Handlung, Ethik und Politik

13. Vereinheitlichte Theorie von Wissen und Handeln 299
1. Anforderungen an eine vereinheitlichte Theorie 299
2. Wissen als Modus der Interpretation 304
3. Handlungen als Interpretationsbildungen 311
4. Verankertheit in der Interpretations-Praxis 314
5. Wissen und Handeln im Interpretationsmodell 328
6. Wissenstheorie und Handlungstheorie 336

14. Interpretationsethik und Demokratie 340
1. Ethik, Politik, Interpretation 340
2. Interpretationsethik und Anerkennung 347
3. Weder Letztbegründung noch Relativismus 352
4. Interpretationsethik und Universalisierung 361

5. Moral und Recht 366
6. Philosophie und Demokratie 371

Literaturverzeichnis 375
Personenregister 386
Sachregister 389

Einleitung

Wahrnehmen, Sprechen, Denken und Handeln sind Ereignisse in Zeichen und Sprache. In erfolgreicher Verwendung verfügen sprachliche Ausdrücke ebenso wie nicht-sprachliche Zeichen über syntaktische, semantische und pragmatische Merkmale. Sie besitzen Bedeutung, Referenz, Wahrheits- oder Erfüllungsbedingungen, und sie sind auf Situation, Zeit, Kontext, Zusammenhang und beteiligte Individuen bezogen, kurz: sie verfügen über Darstellungs- und Repräsentationskraft sowie über logische Eigenschaften. Liegen syntaktische, semantische und pragmatische Eigenschaften vor, so ist genau darin stets bereits eine Interpretation, des näheren eine Praxis der Interpretation dieser Ausdrücke und Zeichen, vorausgesetzt und in Anspruch genommen. Innerhalb der Titel-Trias *Sprache, Zeichen, Interpretation* kommt daher den Interpretationsprozessen eine besondere Stellung zu. In der allgemeinen Interpretationsphilosophie bilden sie den Leitfaden der Betrachtung.

Diese Merkmale bzw. Eigenschaften sind sprachlichen und nicht-sprachlichen Zeichen weder magisch vorab eingebaut noch sind sie beliebig. Woher aber und auf welche Weise kommen sie, die für das menschliche Welt-, Fremd- und Selbstverständnis und -verhältnis so wichtig sind, in die Ausdrücke und Zeichen? Man kann diese Frage im Rekurs auf den Horizont und die Praxis der Interpretation der Zeichen beantworten. Das ist der hier eingeschlagene Weg. Auf diese Weise nimmt Interpretation die Stellung eines Grundvorgangs ein. Sprach- und Zeichentheorie ebenso wie Handlungstheorie, ethische und ästhetische Theorie können in diesem Sinne als Zweige einer umfassenden und allgemeinen Interpretationsphilosophie konzipiert werden.

Dies schließt die Annahme ein, daß die Verhältnisse der Welt-, Fremd- und Selbstbezüglichkeit, in denen wir uns immer schon befinden, als Interpretationsverhältnisse charakterisiert werden können. Was genau dies heißt, wird vor allem in den ersten beiden Kapiteln erläutert werden. Insgesamt geht es in dem vorliegenden Buch darum, die interpretations-bestimmten Grundlagen der Verständigung, des Weltbezugs und des Handelns in Lebenswelt, Wissenschaft, Ethik und Kunst herauszuarbeiten. Da sich alle Wissenschaften, Künste und Handlungen in sprachlichen und nicht-sprachlichen Zeichen vollziehen und daher immer schon auf Interpretationsprozesse bezogen sind, läßt sich der Ansatz in diesen Bereichen zur Analyse der Grundlagen und der interdisziplinären Zusammenhänge heranziehen.

Das vorliegende Buch kann als eine Fortentwicklung und Präzisierung des in *Interpretationswelten. Gegenwartsphilosophie jenseits von Essentialismus und Relativismus* (Frankfurt a. M., Suhrkamp, 1993, Taschenbuch 1995) entwickelten Ansatzes einer allgemeinen Interpretationsphilosophie verstanden werden. In den *Interpretationswelten* wurde der Interpretationscharakter in bezug auf Aspekte herausgearbeitet, die eine wichtige Rolle im menschlichen Welt-, Fremd- und Selbstverständnis spielen. Dies betraf vor allem Fragen der Identität, der Kausalität, der Objektivität, der Kohärenz und der Relativität. Jetzt wird der Ansatz weiterentwickelt und zur Beschreibung und Analyse verschiedener Bereiche menschlicher Aktivitäten eingesetzt. Dies betrifft die Verständigungsverhältnisse, die Wissenschaften, kognitive Prozesse, Logik, Künste, Handlungen, Ethik und Politik.
Der in Vorbereitung befindliche Band *Interpretationsperspektiven* wird neben der Ausarbeitung weiterer systematischer Aspekte (z.B. des Verhältnisses von Interpretationsphilosophie und gegenwärtiger Philosophie des Geistes) auch eine historische Vertiefung des Ansatzes (z.B. die Beziehung der Interpretationsphilosophie zur Transzendentalphilosophie und zur Dialektik) enthalten.
Der Ansatz hat inzwischen einige Diskussion erfahren. Neben verschiedenen Aufsätzen ist vor allem das Symposium zu nennen, das die *Deutsche Zeitschrift für Philosophie*, 44 (1996), Heft 5, den *Interpretationswelten* gewidmet hat. Parallel fand eine Debatte in der *Allgemeinen Zeitschrift für Philosophie*, 21 (1996), statt. Auf die Beiträge zum Symposium und zur Debatte habe ich in den jeweiligen Bänden der beiden Zeitschriften geantwortet und den Ansatz in einigen Hinsichten verdeutlicht. Im vorliegenden Buch werden hier und da einige Aspekte dieser Dis-

kussionen weitergeführt. Die Grundzüge der allgemeinen Interpretationsphilosophie werden in den Kapiteln 1 und 2 entfaltet. Zwar wird darauf durchgängig Bezug genommen. Dennoch sind die einzelnen Kapitel so gehalten, daß sie für sich allein genommen verständlich sind.

Einige Themen des Buches werden zwar nur in bestimmten Kapiteln explizit thematisch, sind jedoch durchgängig relevant. Dies trifft vor allem auf die Themen ›Handlung‹ und ›Rationalität‹ zu. Der Handlungsaspekt wird in Kapitel 13 entwickelt, zieht sich aber im Zusammenhang der Figur der ›Interpretations-Praxis‹ und im Rahmen der These, daß in jeden Sprach- und Zeichengebrauch auch Handlungsaspekte involviert sind, durch den ganzen Text. Ähnlich ist die Situation in puncto Rationalität der Interpretation. Sie wird in Kapitel 4 behandelt, ist aber über die dort entwickelte These, daß die Kohärenzprinzipien der Interpretation als Rationalitätsprinzipien anzusehen sind, durchgängig mitpräsent.

Den Titel des vorliegenden Buches bildet die Wort-Trias *Sprache, Zeichen, Interpretation*. Diese drei Grundwörter spiegeln einander wechselseitig. Von jedem einzelnen aus können die anderen ins Spiel gebracht und erhellt werden. So kann Sprache zum Beispiel als ein Zeichensystem verstanden werden, in dem die Bedeutung sprachlicher Ausdrücke in der angemessenen Interpretation besteht. Zeichen, die über syntaktische, semantische und pragmatische Merkmale verfügen, setzen stets bereits eine Interpretation dieser Zeichen voraus, und sprachliche Zeichen unterscheiden sich auf eine charakteristische Weise von nicht-sprachlichen. Interpretation ist bereits vorausgesetzt, sofern sprachliche und nicht-sprachliche Zeichen als Zeichen fungieren.

Die Wort-Trias kann zudem sowohl von links nach rechts als auch von rechts nach links gelesen werden. Auch kann man sie im ganzen als *ein* Zeichen auffassen. Von links nach rechts gelesen gelangt man z.B. zu einer Erweiterung der Betrachtungsweise, die neben der Sprache auch die nicht-sprachlichen Zeichen und Symbolsysteme einbezieht und beide in einer Praxis der Interpretation sprachlicher Ausdrücke und nicht-sprachlicher Zeichen situiert sieht. Von rechts nach links gelesen kann man sagen,

daß die Interpretations-Praxis jedem gelingenden Zeichengebrauch und erfolgreichen Zeichenverstehen bereits zugrunde liegt, und daß Sprache ein Zeichensystem besonderer Art ist, dem in den menschlichen Verständigungsverhältnissen eine besondere Rolle zukommt. Anzumerken ist ferner, daß Interpretationsprozesse stets zeichen-vermittelte Prozesse sind und daß zu diesen vornehmlich auch die Vollzüge der Sprache gehören. Neben dieser horizontalen könnte man auch von einer vertikalen Erweiterung sprechen. Sie würde graphisch deutlich, schriebe man die drei Wörter untereinander. Dann könnte man eine Lesart sowohl top down als auch bottom up durchführen. Sprechen ist ein Vorgang in Zeichen, und beide setzen eine Interpretations-Praxis bereits voraus und nehmen diese in Anspruch. Und bottom up gilt, daß die Interpretations-Praxis und der Interpretations-Horizont die syntaktischen, die semantischen und die pragmatischen Merkmale von Zeichen und Sprache umgrenzen und bis auf weiteres festlegen. Man kann die Trias auch von der Mitte her lesen. Das Wort ›Zeichen‹ steht zwischen den Wörtern ›Sprache‹ und ›Interpretation‹. Dies mag seine vermittelnde Funktion zwischen den beiden Flügelwörtern anzeigen.
Zu beachten sind auch die Unterschiede in der Rede von Zeichen und Sprache. Zeichen meint zunächst die nicht-sprachlichen Symbole. Anders als Sprachen haben nicht-sprachliche Zeichen zum Beispiel keine Alphabete und Vokabulare im engeren Sinne. Zeichen sind darüber hinaus in semantischer und pragmatischer Hinsicht nicht so fest gegliedert und gefügt wie Sprachen. Das Spektrum ihrer semantischen und pragmatischen Möglichkeiten liegt gleichsam noch kontinuierlich ineinander. Dies bedeutet jedoch nicht, daß ihre ästhetische Deutlichkeit gemindert sei. Das Gegenteil ist der Fall. Nicht-sprachliche Zeichen sind in der Regel deutlichere Zeichen als sprachlich distinkte, z.B. begriffliche Ausdrücke. Zwischen Sprache und Zeichen besteht in dem Sinne eine Asymmetrie, daß Sprache als Zeichen, nicht jedoch jedes Zeichen, z.B. nicht eine Körpergeste, als Sprache im engeren Sinne verstanden werden kann. In diesen Zusammenhang gehört auch die Frage, ob und in welchem Sinne Logik und Mathematik Sprachen sind oder nicht. Das heißt natürlich nicht, daß Sprache nicht als ein Zeichensystem aufgefaßt werden kann. Be-

kanntlich ist dies in der neueren Geschichte der Sprachwissenschaft im Anschluß vor allem an Ferdinand de Saussure vielfältig der Fall.

Im Unterschied zu Aussagen in einer Sprache können in der Darstellung und Repräsentation seitens eines Zeichens die anschaulichen und die begrifflichen Komponenten nicht trennscharf gegeneinander isoliert werden. Mehr noch, sie sind im Resultat des funktionierenden Zeichengebrauchs einander amalgamiert, ineinander übergegangen. Erfolgreiche Zeichen sind in ihrer Darstellung und Repräsentation Anschauung und Begriff zugleich. Lediglich in heuristischer Einstellung und zu Zwecken einer differenzierten Beschreibung können diese Aspekte getrennt werden.

Die Rede von sprachlichen und nicht-sprachlichen Zeichen ist dabei nicht auf Linguistik und nicht auf Semiotik begrenzt. Beide Einzeldisziplinen gehen bereits von bestimmten Arten und Sorten von Zeichen und Zeichenprozessen aus, die dann untersucht werden. In der Interpretationsphilosophie dagegen sind vielmehr gerade diejenigen Interpretationsprozesse von besonderem Interesse, als deren Resultate die Arten und Sorten von Zeichen und Zeichenprozessen entstehen, funktionieren, sich verändern und auch vergehen können. Symbolisierende Zeichen sind nicht einfach von Natur aus da. Sie entstehen in Interpretationsprozessen, die ihrerseits zeichenvermittelt auftreten. Zugleich ist zu beachten, daß es nicht abstrakt um Sprach-, Zeichen- und Interpretations*systeme*, sondern um die endlichen Geister als die sprach-, zeichen- und interpretations-fähigen Wesen, mithin um Sprache, Zeichen und Interpretation nach Menschenmaß und um die damit einhergehenden Möglichkeiten menschlicher Lebenspraxis geht.

In welchem Sinne der Begriff der Interpretation im folgenden verwendet wird, wird in den Kapiteln 1 und 2 ausgeführt und durch ein dreistufiges Modell der Interpretation erläutert. Dabei wird sich zeigen, daß der prädikative, der adjektivische und der adverbiale Sinn von »Interpretation« und »interpretativ« über den logisch-semantischen, den prädikatenlogischen und den wissenschaftstheoretischen, sei es hermeneutischen, sei es analytischen Sinn von »Interpretation« hinausgehen. Interpretativität

ist Grundcharakter menschlicher Welt-, Fremd- und Selbstverhältnisse. Diese Verhältnisse können als Interpretationsverhältnisse konzipiert werden. Dies geht über den formallogisch-semantischen Sinn von Interpretation im Sinne einer Zuordnung von kunstsprachlichen Ausdrücken einerseits und Elementen, Klassen oder Relationen andererseits hinaus. Es geht auch sowohl über hermeneutische als auch über analytische Interpretation im Sinne der methodisch durchgeführten Auslegung vor allem von Texten und der Festlegung methodologischer Regeln der Hypothesenbildung und deren Überprüfung hinaus. In dem dreistufigen Interpretations-Modell treten diese Varianten unter dem Titel der Interpretation im Sinne aneignender Deutung und instrumentalistischer Konstruktion auf.
Die Betrachtung kann erweitert werden (a) in das Feld der habitualisierten Muster und Schematisierungen im Sinne von z.B. Gewohnheiten, Konventionen und Traditionen, und darüber hinaus (b) in den Bereich der kategorialisierenden und darin wirklichkeits- und sinn-formierenden sowie Erfahrung organisierenden Prozesse. Zu diesen zählen vor allem die Vorgänge der raum-zeitlichen Lokalisierung von Gegenständen, der Individuation von Objekten, der sortalen Prädikation, der normativen und der ästhetischen Präferenzierung. Den Ausgangspunkt bildet die Überlegung, daß die Situation endlicher Geister keinen gänzlich nicht-epistemischen und daher keinen von Interpretationsbildungen gänzlich unabhängigen Zugang zu Welt, Wirklichkeit und Sinn erlaubt. Wir können nicht nicht-interpretativ empfinden, wahrnehmen, sprechen, denken und handeln. Zudem würden wir uns auf eine gänzlich nicht-epistemische Welt und Wirklichkeit nicht verstehen. Die uns vertraute Welt, unsere Welt, muß in diesem Sinne Interpretationswelt sein. Daher kann man eine Aufgabe gegenwärtiger Philosophie darin sehen, Logik, Ethik und Ästhetik der menschlichen Interpretationsverhältnisse zu beschreiben und zu erläutern.

Teil I (*Grundzüge*) liefert in Kapitel 1 eine Skizze der allgemeinen Interpretationsphilosophie. Neben generellen Kennzeichnungen wird die besondere Stellung der lebensweltlichen Interpretations-Praxis hervorgehoben.

Die so erarbeiteten Instrumentarien werden dann in Kapitel 2 zur Beschreibung des Verhältnisses von Wirklichkeit und Interpretation eingesetzt. In bezug auf den Sinn von ›Wirklichkeit‹ und ›Realität‹ vermag der Rekurs auf Interpretationsverhältnisse die klassische Dichotomie von Idealismus und Realismus zurückzulassen. Alles, was für uns endliche Geister Gegenstand der Erfahrung wird, kann dies stets nur in einem Interpretations-Horizont und unter den Regeln einer Interpretations-Praxis sein, die es instantiiert. Auf diese Weise wird die klassische Ausprägung des Realismus-Problems derivativ gegenüber einer Kritik der Interpretationsverhältnisse. Werden die Zeichen und Handlungen direkt, d.h. ohne epistemische Vermittler, verstanden, dann, so die These in Kapitel 2, benötigt man nicht noch einen zusätzlichen Schritt, um von ihnen zu Wirklichkeit, Welt und Realität zu gelangen. Man ist gleichsam immer schon dort. Denn die erfolgreichen Zeichen sind in ihrer Direktheit des Verwendens und Verstehens zugleich die wirklichkeits- und realitätshaltigen Zeichen. Die Verbindung zwischen Sprache, Geist und Handlung einerseits und der Wirklichkeit sowie den anderen Personen andererseits muß nicht erst hergestellt werden. Sie ist vielmehr in der Tiefe einer eingespielten Interpretations-Praxis stets schon vorausgesetzt. Zwischen Sprache, Geist, Handlung und Welt besteht eine interne Verbindung nach Art eines Drehtüreffekts zwischen welterschließenden Sprach-, Symbol- und Handlungsfunktionen und darin formierter und erfaßter Realität.

Teil II (*Sprache und Zeichen*) konzentriert sich auf Aspekte menschlicher Verständigungsverhältnisse. Dabei zeigt sich einmal mehr, daß Interpretation nicht bloß Option, sondern Kondition gelingenden Zeichengebrauchs und erfolgreichen Zeichenverstehens ist. Diese Charakterisierung erstreckt sich auf alle Arten von Zeichenprozessen.

Kapitel 3 konzipiert die Bedeutung sprachlicher und nichtsprachlicher Zeichen als deren angemessene Interpretation und erläutert die Referenz von Zeichen innerhalb des Stufenmodells der Interpretation. Auf diese Weise kann die Dichotomie in Sachen Bedeutungs- und Referenz-Festlegung, entweder nämlich ›im Kopf‹ oder ›in der Welt‹ stattzufinden, zurückgelassen werden. Erfolgreiche Referenz wird als das Zusammenstimmen der unterschiedlichen Ebenen von Interpretationsverhältnissen erläutert.

Kapitel 4 betont zunächst, daß im Hinblick auf das Zeichenverstehen nicht das Mißverstehen, sondern das Verstehen des Verstehens philosophisch grundlegend ist. Darin geht es um den *Vollzug* der Zeichen in Verständigungsprozessen. Der Vollzug eines Zeichens kann und muß von der *Deutung* eines Zeichen unterschieden werden. Der Vollzug resp. der Logos des Zeichens ist von grundlegender Bedeutung. Im Rekurs auf die Interpretations-Praxis wird unterschieden zwischen der ›kleinen Logik‹ im Sinne des Zeichen-Deutens sowie des prämissenfolgernden Schließens und der ›großen Logik‹ im Sinne der Form des sich selbst realisierenden und erfüllenden Zeichen-Vollzugs. Zwischen beiden, mithin zwischen Interpretations-*Rationalität* und Zeichen-*Logos*, lassen sich weitere Stufen des Logischen ansiedeln. Das direkte Zeichenverstehen, d.h. das Verstehen ohne weitere epistemische Vermittler, wird als das Ineinanderfassen unterschiedlicher Stufen und Hinsichten von Interpretationsverhältnissen beschrieben.

Was die Seite der Zeichen-Deutung betrifft, so werden neben konstruktionalen Elementen die Figur eines Verstehensgleichgewichts konturiert und Kohärenzanforderungen für Interpretationen formuliert. Diese begrenzen den Spielraum der Interpretationen. Zugleich liegt in den Kohärenzanforderungen auch die Rationalität der Interpretationen. Die in diesem Zusammenhang relevanten Regeln und Prinzipien der Interpretation können als Rationalitätsprinzipien angesehen werden.

Kapitel 5 faßt menschliche Verständigungsverhältnisse als Übersetzungsverhältnisse und diese wiederum als Interpretationsverhältnisse auf. Herausgearbeitet wird der *interpretative* Charakter einer jeden Übersetzung. Das Problem der Übersetzung wird dabei nicht nur als ein Problem zwischen verschiedenen Sprachen gesehen. Übersetzung hat, *als* Interpretation, konditionalen Charakter für jedes menschliche Fremd- und Selbstverständnis, einschließlich des darin involvierten Weltverständnisses.

Teil III bringt die interpretationsphilosophische Sicht in bezug auf *Wissenschaft, Logik und Ästhetik* zur Anwendung. Zunächst

wird (Kapitel 6) eine interpretationistische Konzeption der Erfahrungserkenntnis hinsichtlich des Verhältnisses von Theorie, Beobachtung und Wirklichkeit entwickelt. Interpretativ ist nicht nur das methodisch geschulte Vorgehen des Beobachters, sondern bereits das Zustandekommen der Beobachtungsdata, denen eine Interpretations-Genealogie im Rücken liegt. In diesem Lichte werden die wissenschaftstheoretischen Fragen der Unabhängigkeit und der Theoriegeladenheit der Beobachtungen, die Beobachtung von Neuem sowie die Rolle der Intentionalität, des Hintergrundwissens, der Wahrscheinlichkeit und der Zeit in der Beobachtung behandelt.
Als eine wichtige Art der Interpretativität wird die Imagination gefaßt. In Kapitel 7 wird deren grundlegende Rolle hinsichtlich der Form und der Gehalte menschlichen Empfindens, Wahrnehmens, Sprechens, Denkens und Handelns herausgearbeitet. Imagination bezeichnet darin die individuelle Fähigkeit, in aktuale Vorgänge gegenwärtig nicht präsente Komponenten konstitutiv einzubringen. Dies wird als ein genuiner Interpretationsvorgang konzipiert.
Von hier aus wird in Kapitel 8 das Verhältnis von Sagen und Zeigen – für Wittgenstein das »Hauptproblem« der Philosophie – interpretationsphilosophisch formuliert und zugleich auf nichtsprachliche Symbolsysteme erweitert. Phänomen und Logik des Zeigens werden als *interpretativ* charakterisiert und in ihrer grundlegenden Bedeutung für die Bereiche des Wahrnehmens, Sprechens, Denkens und Handelns erarbeitet. Detailliert wird dargestellt, daß das Zeigen seinen Sitz und seine Funktion auf der Ebene des Zeichen-und-Interpretations-*Logos* hat.
Die Sagen-Zeigen-Problematik öffnet den Blick für die nächsten beiden Kapitel. In Kapitel 9 wird das Verhältnis von Logik und Ästhetik und in Kapitel 10 dasjenige von Wissenschaft und Kunst entfaltet. Ersteres Verhältnis wird als grundlegender angesehen. Hier geht es um die logisch-ästhetische Grenze des Formierens von Wirklichkeit, Welt und Sinn. Die Verhältnisse von Logik und Ästhetik sowie von Wissenschaft und Kunst werden auf dem beiden jeweils gemeinsamen Boden der Interpretationsverhältnisse entfaltet. Dies führt zum Konzept einer interpretations-logischen Ästhetik, zu einer Auffassung der Erfahrung als logisch-

ästhetischer Zeichenschrift und zu einem genaueren Verständnis des lebensweltlichen Sinns der Kunst. Kapitel 10 konzipiert einerseits Wissenschaft als Kunst, andererseits Kunst als kognitiv relevante Tätigkeit, ohne deren Unterschiede zu verdecken.

Teil IV (*Pluralität und Wahrheit*) thematisiert im Lichte der bisherigen Befunde die Wahrheitsfrage. Dies erfolgt in zwei Hinsichten. In Kapitel 11 werden sprach-, zeichen- und interpretationsphilosophische Grundlagen des theoretischen Pluralismus herausgearbeitet. Dies führt zu dem Konzept einer nicht-eliminierbaren sowie nicht-reduzierbaren und konditionalen Pluralität. Von hier aus implementiert Kapitel 12 die Interpretationsproblematik in die Königsproblematik der abendländischen Philosophie, in die Wahrheitsfrage. Diese wird keineswegs obsolet und schon gar nicht verschwindet sie, wie manche Eliminationisten behaupten. Sie bleibt weiterhin relevant. Schließlich machen wir den Unterschied zwischen wahr und falsch, verstehen ihn und setzen ihn überaus erfolgreich ein. Aber die Wahrheitsfrage muß auf eine veränderte Weise formuliert werden. Vornehmlich aufgrund ihres Interpretationscharakters entzieht sie sich einer Naturalisierung und einer Eliminierung. Unterbreitet wird ein Vorschlag, der die Wahrheitsproblematik im Rekurs auf das Stufenmodell der Interpretationsverhältnisse entfaltet. Damit wird sie in einen Zusammenhang mit der menschlichen Interpretations-Praxis situiert und nimmt die Form der Frage der gültigen Kohärenz an. Darin geht es um regulative Als-ob-Annahmen idealer epistemischer Bedingungen. Des näheren handelt es sich um das Verhältnis zwischen wahrheitsbehauptenden Sätzen und anderen bereits als wahr akzeptierten Sätzen innerhalb des Interpretationen-Netzwerks und des Interpretationen-Hintergrunds unter Einschluß der Bedingungen empirischer Gültigkeit.

Teil V bringt den interpretationsphilosophischen Ansatz im Felde von *Handlung, Ethik und Politik* zum Zuge. Kapitel 13 entwickelt Aspekte einer vereinheitlichten Theorie von Wissen und Handeln. Einheit und Differenz von Wissen und Handeln ebenso wie von Wissenstheorie und Handlungstheorie werden auf dem beiden jeweils gemeinsamen Boden der Interpretationsverhältnisse konzipiert. Es wird ein Instrumentarium bereitgestellt, das mit einer Interpretation des Wissens einer Person zugleich eine Grundlage für die Zuschreibung von Handlungsdispositionen liefert, und vice versa. Dies wird möglich, sobald die Verhältnisse der Lebenswelt als Interpretationsverhältnisse konzipiert und Lebenspraxis als Interpretations-Praxis verstanden wird. Wissen und Handeln werden als unterschiedliche, jedoch aufeinander bezogene Modi menschlicher Interpretationsaktivitäten beschrieben.

Ausgehend vom *interpretativen* Charakter menschlicher Handlungen und Handlungszusammenhänge werden in Kapitel 14 Grundzüge einer Interpretations*ethik* entwickelt. Jenseits von Letztbegründung, Diskurstheorie und Postmoderne verfügt die Interpretationsethik über die Möglichkeit, Fragen der Normativität zu behandeln und Orientierungen bereitzustellen. Dies betrifft vor allem die Fragen des Verhältnisses von Interpretationsethik und inter-individueller Anerkennung, von Interpretationsethik und Universalisierung, Moral und Recht. Auf der Ebene des Politischen führt die Ethik der Interpretationsverhältnisse dazu, die freiheitliche, pluralistische und rechtsstaatliche Demokratie als die der allgemeinen Interpretationsphilosophie affine und wahlverwandte Form des politischen Systems verantworten zu können.

Erste Versionen einiger Kapitel des vorliegenden Buches konnte ich in Vorträgen und Kolloquien an den Universitäten München, Frankfurt a. M., Bonn, Paris, Oslo, Venedig, Lissabon, Lausanne, Nancy, Dijon, Bremen und Mainz vortragen. Vorgestellt und erörtert wurden die Themen auch im Rahmen der von 1993 bis 1998 bestehenden Arbeitsgruppe zum Thema »Zeichen und Interpretation« bei der Werner-Reimers-Stiftung in Bad Homburg; auf den jährlichen Tagungen der Académie du Midi in Südfrankreich; in der vom DAAD seit 1996 geförderten Forschungsgruppe zum Thema »Das Problem der Interpretation in der Philosophie der Gegenwart«, die sich aus Angehörigen der Universität Venedig um den Kollegen Mario Ruggenini und aus Mitgliedern der Technischen Universität Berlin zusammensetzt; im Einstein-Forum Potsdam; auf einer Tagung der Guardini Stiftung zum Thema »Wirklichkeit – Bild – Begriff« unter der Leitung von Kollegen Erwin Sedlmayr; und in den regelmäßigen Forschungskolloquien am Institut für Philosophie der TU Berlin. Für die anregenden und oftmals klärenden Gespräche und Diskussionen in diesen Zusammenhängen habe ich zu danken. Nachdrücklich danken möchte ich meinen Mitarbeitern, Frau Astrid Wagner M.A., Herrn Dipl.-Math., Dipl.-Phys. Ulrich Dirks M.A., und Herrn cand. phil. Claudio Roller. Der Dank bezieht sich auf die redaktionellen Arbeiten. Frau Wagner und Herr Dirks haben darüber hinaus das ganze Manuskript gelesen und mit hilfreichen und weiterführenden Kommentaren versehen. Herrn Friedhelm Herborth vom Suhrkamp Verlag möchte ich für die Aufnahme des Textes in das Wissenschaftliche Programm und Frau Grasnick für die wie stets freundliche Unterstützung seitens des Verlages danken.

Teil I
Grundzüge

1. Allgemeine Interpretationsphilosophie

Wie im kritischen Philosophieren überhaupt, geht es in der allgemeinen Interpretationsphilosophie um ein angemessenes Verständnis der Tatsache, daß wir uns immer schon in Verhältnissen der Welt-, Fremd- und Selbstbezüglichkeit befinden. Diese können als Interpretationsverhältnisse, d.h. als perspektivische, schematisierende, konstruktionale, formierende, projizierende, auslegende und darin Erfahrung organisierende Aktivitäten konzipiert werden. Interpretation meint darin nicht nur eine zusätzliche Prozedur des Deutens und Erkennens, nicht bloß eine ›ars interpretandi‹. Als interpretativ können vor allem die Vollzüge menschlichen Wahrnehmens, Sprechens, Wissens, Denkens und Handelns selbst charakterisiert werden. Wichtig ist daher insbesondere der prädikative, der adjektivische und der adverbiale Sinn von »interpretativ« im Hinblick auf die Kennzeichnung der jeweiligen Prozesse. In diesem Sinne konnte »Interpretation« zu einem Grundwort gegenwärtigen Philosophierens aufsteigen.
Natürlich geht es hierbei nicht um Definitionen, sondern um Erläuterungen der genannten Verhältnisse und um die Präzisierung des auf sie bezogenen Diskurses. Daher kann man weder definieren noch definitiv sagen, *was* Interpretation ist, ebensowenig wie etwa, *was* Freiheit, Zeit oder Leben sind. In diesem Sinne müssen sich Grundbegriffe von selbst verstehen. Entscheidend ist vielmehr die Frage, was es heißt, menschliche Welt-, Fremd- und Selbstverhältnisse am Leitfaden der Interpretativität und Perspektivität zu verstehen.
In diesem ersten Kapitel werden zunächst einige generelle Kennzeichnungen des Ansatzes gegeben und das Stufenmodell der Interpretationsverhältnisse erläutert. Sodann wird der Ansatz im Hinblick auf die zentrale Stellung der lebensweltlichen Interpretations-Praxis verdeutlicht.

1. Generelle Kennzeichnung

(i) *Interpretationsverhältnisse* — Als kreativ-konstruktionale Interpretationsprozesse können die Vorgänge charakterisiert werden, in denen wir etwas *als* ein bestimmtes Etwas phänomenal diskriminieren, Identifikationen und Re-Identifikationen vornehmen, Prädikate und Kennzeichen applizieren, Zuschreibungen durchführen, Zusammenhänge konstruieren, durch Einteilungen klassifizieren und in bezug auf so formierte Welten dann über Meinungen, Überzeugungen und auch über ein gerechtfertigtes Wissen verfügen. In diesen Vorgängen sind interpretatorische Aktivitäten zudem auch bereits in dem Sinne im Spiel, daß sich das Verwenden und Verstehen der für sie konstitutiven Zeichen aus einer holistischen Perspektive, aus einem ganzheitlichen Welt-Horizont heraus und auf diesen hin vollzieht. Innerhalb dieses Horizonts kommt es dann auf interpretatorischem Wege zu einer wechselseitigen Anpassung von Teil und Ganzem sowie von Besonderem und Allgemeinem und zur Einbettung der auftretenden Zeichen in Kontext, Zeit, Situation und Zweckmäßigkeit.

Vor diesem Hintergrund können unsere Wirklichkeiten als Interpretationswirklichkeiten qualifiziert werden. Jede Konzeption der Wirklichkeit ist von der Grammatik und den Regeln des verwendeten und verstandenen (sprachlichen und nicht-sprachlichen) Systems symbolisierender Interpretationszeichen abhängig. Alles, was individuiert und spezifisch *so-und-so* geschieht, geschieht für uns in einem Interpretations-*Horizont* sowie einer Interpretations-*Praxis* und instantiiert deren Regeln (auch wenn wir diese nicht oder noch nicht kennen). In diesem Sinne bedeuten die Grenzen unserer Interpretation die Grenzen unserer Welt und des Sinns. Dies zu sagen, verlangt allerdings Differenzierungen innerhalb des Interpretationsbegriffs selbst, damit er zu begrifflicher Unterscheidung taugt.

Wichtig ist, daß die Rede von Interpretation nicht auf ihren engen und hermeneutischen Sinn als ›aneignende Deutung‹ beschränkt wird. Interpretation in diesem Sinne betrifft nur eine von zumindest drei heuristisch zu unterscheidenden Stufen der Interpretationsverhältnisse. Darüber hinaus können außer den drei *Stufen* auch drei *Hinsichten* des Interpretationsbegriffs unterschieden werden.[1] Was die Stufen angeht, so kann man von den aneignenden Deutungen, kurz »Interpretationen$_3$« genannt (wie z.B. den Vorgängen des Hypothesen- und Theorienbildens, des Erklärens oder des Begründens), die durch Gewohnheit verankerten und habituell gewordenen Gleichförmigkeitsmuster, kurz »Interpretationen$_2$« genannt, abgrenzen. Zu ihnen gehören Konventionen sowie kulturell und gesellschaftlich erworbene Praktiken und Kompetenzen. Von beiden wiederum lassen sich die in den kategorialisierenden und individuierenden Funktionen unserer Sprach- und Zeichenverwendungen selbst sitzenden Komponenten, kurz »Interpretationen$_1$« genannt, unterscheiden. Zu dieser Ebene zählen z.B. die logischen Begriffe der »Existenz« und des »Objekts« sowie die Prinzipien der raum-zeitlichen Lokalisierung und der Individuation. Sie sind in jeder gegebenen Organisation von Erfahrung stets bereits vorausgesetzt und sinnlogisch in Anspruch genommen.

Der Interpretation$_1$-Horizont und die Interpretation$_1$-Praxis sind darin gegenstands- und zugleich wahrheitsbegründend. Von ihnen hängt ab, was überhaupt als existierend und als ein bestimmtes Objekt und Ereignis gelten kann und was nicht. Individuationsprinzipien sind bereits wirksam, wenn man sich auf eine Sprache versteht und von einer *So-und-so*-Welt spricht. Jede kategorialisierte und individuierte, und das heißt jede bestimmte Welt, ist in diesem Sinne Interpretationswelt. Dies zeigt sich rekonstruktiv auch daran, daß sowohl die kategorialisierenden Begriffe als auch die Individuationsprinzipien *anders* hätten ausfallen *können*. Doch in der Regel ist man sich dieser Möglichkeit nicht mehr bewußt. Sind die Individuationsprinzipien erst einmal etabliert, ist man in allen weiteren Schritten nicht mehr uneingeschränkt frei. Dies läßt leicht vergessen, *daß* es sich über-

1 Zu den Einzelheiten dieses Stufen- und Hinsichten-Modells der Interpretation vgl. Verf.: *Interpretations-Welten*, in: Philosophisches Jahrbuch, 96 (1989) 1-19; *Interpretationsphilosophie*, in: Allgemeine Zeitschrift für Philosophie, 13 (1988) 79-86; *Interpretationswelten. Gegenwartsphilosophie jenseits von Essentialismus und Relativismus*, Frankfurt a. M. 1993 (Taschenbuch 1995).

haupt um aktiv-kreative Interpretationsverhältnisse handelt. Doch werden diese dadurch natürlich nicht aufgehoben.

Im dreistufigen Modell der Interpretation ist die kategorialisierende Interpretation$_1$-Ebene umfänglicher und basaler angesetzt als die Interpretation$_3$-Ebene der aneignenden Deutung. Zu ersterer gehören über die Prinzipien der raum-zeitlichen Lokalisierung von Gegenständen und die Individuationsprinzipien hinaus die grundbegrifflichen Schematisierungen, die empfindenden und wahrnehmenden Sinnestätigkeiten, die emotiven Personzustände und die Leiblichkeit. Selbst wenn jemand Bedenken haben sollte, über das aneignende Deuten hinaus von »Interpretation« zu sprechen, so hat man keine Schwierigkeit damit, die in den angeführten Bereichen stattfindenden Prozesse als ›im Charakter *interpretative* Prozesse‹ anzusprechen. Diese Charakterisierung ist dann in den verschiedenen Bereichen unterschiedlich auszubuchstabieren, und zwar so, daß weder die Bereiche noch die Interpretations-Typen unklar ineinanderfließen. Doch von entscheidender Bedeutung ist zunächst die skizzierte Erweiterung der Betrachtung. Sie führt dazu, daß der prädikative Gebrauch von »Interpretation« und »interpretativ« über das »Interpretieren-von-etwas-Gegebenem« hinaus keine Probleme bereitet. Der *interpretativ* zu nennende Charakter des menschlichen Welt-, Fremd- und Selbstverständnisses und -verhältnisses ist offenkundig nicht auf die Sphäre der aneignenden Deutung begrenzt.

Die Unterscheidung zwischen ›interpretieren-*von*‹ (z.B. einem Gemälde, das dann auf seinen Sinn hin gedeutet wird) und ›interpretieren-*als*‹ (z.B. von Farbklecksen *als* Darstellung einer Ente und nicht eines Hasen) ist auch in der gewöhnlichen Sprache zu finden. So kann man im Rorschach-Test gefragt werden: »Als was interpretieren Sie die Farbkleckse?« Diese einstellige, monadische Interpretation (Klassifikation) im Sinne des ›interpretieren-*als*‹ unterscheidet sich deutlich von zweistelliger, denotativer und repräsentationaler Interpretation.[2] Der entscheidende Zug besteht darin, das Prädikat »ist interpretativ« nämlich als Grundcharakterisierung auch *vor*-bewußter und *vor*-begrifflicher Pro-

2 Vgl. N. Goodman: *Languages of Art. An Approach to a Theory of Symbols*, Indianapolis[4]1981, 27ff.: »Representation-as«.

zesse ins Spiel zu bringen. Die Frage ist mithin nicht, ob man die skizzierte Erweiterung überhaupt vornehmen darf oder nicht. Die Frage ist vielmehr, ob dieser Vorschlag zu interessanten Einsichten und zu aufschlußreichen und weiterführenden Beschreibungen der Prozesse des Welt-, Fremd- und Selbstverhältnisses führt oder nicht.

Was die Stufen oder Ebenen der Interpretation betrifft, so ist die dritte Ebene zunächst die wichtigste. Auf ihr setzt, sobald Fragen gestellt werden, eine Reflexion auf diejenigen Präsuppositionen ein, die wir bei direkt gelingenden Interpretation$_3$-Operationen (z.B. des Begründens, Erklärens, Beschreibens) bereits als erfüllt vorausgesetzt und in Anspruch genommen haben. Auf diese Weise kommen die weiteren Ebenen der Interpretation in den Blick. Das Ebenen- oder Stufenmodell der Interpretation darf daher nicht als ein naturalistisches und nicht als ein von unten nach oben aufgebautes Schichten- und Bereiche-Modell verstanden werden. Die Interpretation$_2$-Ebene und die Interpretation$_1$-Ebene ergeben sich im reflexiven und rekursiven Ausgang von Fragen, die auf der Interpretation$_3$-Ebene auftreten (z.B. dann, wenn jemand ein als Begründung gedachtes Argument der Interpretation$_3$-Ebene nicht versteht und dann sogar nach der Bedeutung der verwendeten Zeichen fragt). Die Ebenen oder Stufen sind damit ihrerseits als Interpretationsbildungen kenntlich. Solange auf der Interpretation$_3$-Ebene keine Fragen und Probleme auftreten, d.h. solange die Verständigungs- und Handlungszusammenhänge direkt funktionieren, besteht kein Anlaß, auf die weiteren Interpretations-Ebenen zu reflektieren. Wenn aber Fragen entstehen, dann stellt letztlich allein der Rückgang in die sinnlogischen Präsuppositionen zufriedenstellende Antworten bereit.

In bezug auf jede der drei genannten Interpretations-*Stufen* und quer durch sie hindurch lassen sich drei *Hinsichten* unterscheiden. Die im engeren Sinne auf unser grundbegriffliches System bezogenen Komponenten bilden die »Interpretations-*Logik*«. Die in das Verwenden und Verstehen symbolisierender Zeichen involvierten Formen der sinnlichen Anschauung sowie das Individuelle an den semantischen Merkmalen eines Zeichens und Urteils können unter den Titel einer »Interpretations-*Ästhetik*« gestellt werden. Und die normativen Elemente der Interpretations-Praxis sowie des regelhaften und situationsgemäßen Zeichengebrauchs werden als »Interpretations-*Ethik*« thematisch. Die inzwischen vorliegende detaillierte Taxonomie der Interpretationen[3] erlaubt feinkörnigere Unterscheidungen. Diese können auch als eine (in die Vertikale und in die Horizontale entfaltete) rekursive Anwendung des allgemeinen Interpretationsbegriffs verstanden werden.

Zu beachten ist der innere Zusammenhang von Logik, Ästhetik und Ethik. Er wird uns in den Kapiteln 8 (Sagen und Zeigen), 9 (Logik und Ästhetik) und 14 (Interpretationsethik und Demokratie) näher beschäftigen. Wichtig ist, daß die Rede von der *Form* der Interpretations-Praxis als der *Grenze* der Welt und des Sinns nicht auf die *logische* Form begrenzt ist. Sie schließt vielmehr die *ästhetische* und die *ethische* Form mit ein. Bereits auf der allgemeinen Ebene der Interpretation$_1$-Verhältnisse sind ästhetische und ethische Begrenzungen entscheidend mit im Spiel. Indem sie dies betont, kann die Interpretationsphilosophie in Sachen Ethik eher in der Nähe zu Kant als zu Wittgenstein gesehen werden.[4] Während sich Wittgenstein zufolge die Ethik »nicht aussprechen läßt«[5], geht es in der Interpretationsphilosophie um *symbolisierende* Zeichen, an denen die Kantische Überlegung festgemacht werden kann, daß uns das Ethische zwar nur »symbolisch«, aber in diesem Sinne eben doch anschaulich zugänglich ist. Das Sinnliche, worin uns das Intelligible, mithin das Ethische, vermittelt wird, ist Kant zufolge das »Schöne«. Dieser Gedankengang läuft auf die Formulierung zu, daß das Schöne »Symbol des Sittlichguten«[6] ist. Auf diese Weise haben Logik,

3 Vgl. die in Anmerkung 1 genannten Arbeiten.

4 Die ethischen Konsequenzen des Ansatzes werden in Kap. 14 entwickelt. Die Nähe des interpretationsphilosophischen Ansatzes in puncto Ethik zu Kant betont auch J. Simon: *Welten und Ebenen. Zu Günter Abels ›Interpretationswelten‹*, in: Deutsche Zeitschrift für Philosophie, 44 (1996) 905f.

5 L. Wittgenstein: *Tractatus logico-philosophicus*, in: Schriften, Bd.1, Frankfurt a. M. [4]1980, Nr. 6.421.

6 I. Kant: *Kritik der Urteilskraft*, hg. von K. Vorländer, Hamburg 1974, § 59.

Ästhetik und Ethik letztlich ›dieselben‹ Grenzen, und erst zusammen bilden sie eine Welt und individuell meine Welt.

(ii) *Interpretationswelten* — Mit Interpretationswelten haben wir es auf allen drei Stufen und in allen drei Hinsichten zu tun. Was die Stufen betrifft, so fällt das Verhältnis von Interpretation und Welt[7] allerdings jeweils unterschiedlich aus. Eine deutend-aneignende Interpretation$_3$ (z.B. eine wissenschaftliche Hypothese) kann in einem direkten Sinne an der Welt scheitern. Im Konfliktfall wird nicht die Welt, sondern die Interpretation$_3$ geändert. Wenn unsere Interpretationen$_2$ variieren, dann wird unsere Welt nicht auch sogleich eine andere; und wenn sich die Welt in dem Sinne ändert, daß in ihr bislang nicht wahrgenommene und nicht beobachtete Phänomene auftreten, dann hat dies in der Regel nicht auch unmittelbar eine Veränderung der Gewohnheiten und Gleichförmigkeitsmuster, mithin der Interpretationen$_2$, zur Folge. Wenn sich jedoch die kategorialisierenden Interpretationen$_1$, d.h. der menschliche Interpretation$_1$-Horizont und unsere Interpretation$_1$-Praxis verschieben, dann haben wir es strenggenommen auch mit einer anderen *So-und-so*-Welt zu tun. Kurz: Auf der Ebene der Interpretationen$_3$ sind die Interpretationen von dem abhängig, was sie interpretieren; in Interpretationen$_2$ finden Zuordnungen von Interpretationen und Welten statt; und in Interpretationen$_1$ sind die *So-und-so*-Welten von den Interpretationen abhängig, d.h. unter sinnkritischem[8] Vorzeichen läßt sich eine von diesen Interpretation$_1$-Prozessen

7 Das heißt keineswegs, daß die Rede von der ›Einheit der Welt‹ ihren Sinn verliert. Zur Differenz von Interpretationsphilosophie und Goodmanschem Konstruktionalismus in Sachen Einheit und Vielheit der Welten vgl. L. Gunnarsson: *Jenseits von Gegebensein und Machen. Interpretationspluralistischer Monismus als Alternative zu Abels Weltenvielfalt*, in: Deutsche Zeitschrift für Philosophie, 44 (1996) 867-878; die dortige Replik von Verf.: *Interpretationsphilosophie. Kommentare und Repliken*, 903-916, und unten Kapitel 11: Interner Pluralismus.

8 Philosophische Probleme werden in der Regel nicht beweis-deduktiv ›gelöst‹. Sie werden vielmehr durch die Angabe derjenigen sinnkritischen Bedingungen ›auf-gelöst‹, unter denen sie nicht mehr entstehen. Es geht um Antworten auf sinnkritische Fragen der Form

gänzlich unabhängige Welt-an-sich nicht konzipieren, nicht individuieren und nicht spezifizieren.

Zu beachten ist, daß (a) ›Welt‹ weder im Sinne fertig vorhandener Dinge-an-sich noch im Sinne der Weltbegriffe einzelner Wissenschaften (etwa der Astronomie als Kosmos, Universum, Weltall) noch des allgemeinen Sprachgebrauchs (Erde, Umwelt) verstanden werden kann. Sodann (b) ist ›Welt‹ im Sinne der Totalität der Bedingungen ein *Grenzbegriff*. Deshalb wird er bei Kant als eine Idee der Vernunft gefaßt. Das hat zur Folge, daß die Welt uns nicht nach Art der Erkenntnis von Gegenständen *in* ihr zugänglich ist. Dem entspricht, daß der auf die Welt bezogene Diskurs kein externer Diskurs sein und nicht zu einem definitiven Abschluß gebracht werden kann. Auch dies lenkt die Aufmerksamkeit auf den bereits für Kant zentralen Aspekt, daß ›Welt‹ »ein nach Zwecken zusammenhängendes Ganzes« sei. Die Grenzen dessen, was als eine Welt, die stets nur Welt der Erscheinungsdinge ist, gilt, können sich verschieben, je nachdem, um welche Zwecke es sich zu welcher Zeit handelt. Schließlich (c) kann jede in sich kohärente Gesamtheit von typ-ähnlichen Sachverhalten unter Zwecken zu einer Zeit als eine Welt angesprochen werden. Wenn zwei oder mehrere solcher nach Zwekken sortierten Typen von Sachverhalten nicht auf einen beiden oder allen gemeinsamen Typ widerspruchsfrei reduziert werden können, ist es, wie vor allem N. Goodman in *Ways of Worldmaking* betont hat, sinnvoller, von zwei Welten statt von einer zu sprechen. Solche Rede geht zusammen mit unserem gewöhn-

»Wie ist es zu *denken, daß* ...«. Darin besteht sinnkritische Argumentation. Die Einführung des *vertikalen* Stufenmodells der Interpretation ist Ergebnis einer solchen Überlegung. Mit Hilfe dieses Modells kann man mit Problemlagen umgehen, die in ein und derselben *horizontalen* Ebene nicht nur nicht aufgelöst werden können, sondern zu Scheinproblemen und Paradoxien führen. Und wie bei jeder Kategorialisierung und Modellierung kann deren Wert nicht vorab entschieden werden, sondern bemißt sich an ihrer Leistungsfähigkeit. Entscheidend ist, ob das Stufen- und Dimensionen-Modell der Interpretation einen fruchtbaren Ansatz darstellt für die Behandlung etwa anthropologischer, sprachphilosophischer, wissenschaftstheoretischer, hermeneutischer, ethischer oder ästhetischer Fragen und Probleme.

lichen Sprachgebrauch, wenn man z.B. von der ›Welt der Mathematik‹ oder der ›Welt der Formel-1-Fahrer‹ spricht.

2. Lebensweltliche Interpretations-Praxis

Die Rede von der Interpretations-Praxis meint soviel wie Lebenspraxis. Es geht um die menschliche Lebenspraxis, deren Vollzüge als interpretativ charakterisiert werden.[9] Darin ist mit ›Praxis‹ das Netzwerk der Bedingungen bezeichnet, aus dem heraus und auf das hin Menschen so leben, wie sie leben. Dieses Hintergrundgeflecht können wir im ganzen nicht überschauen, nicht transparent vor uns hinstellen, nicht ins vor-stellende Denken ziehen, nicht operational herstellen und in seiner Geltung nicht suspendieren.

Für diesen *weiten* Begriff der Praxis als Lebenspraxis sind mithin externe Erkennbarkeit, Wählbarkeit und diskursive Argumentation nicht durchweg gegeben. Es geht eben um die *gelebte* Praxis, außerhalb derer wir uns nicht aufstellen und die wir nicht *von außen* betrachten können. Die zentrale Überlegung besteht nun darin, daß jedes menschliche Empfinden, Wahrnehmen, Sprechen, Denken, Wissen, Können und Handeln in der interpretativ verfaßten Lebenspraxis resp. in der lebensweltlichen Interpretations-Praxis verankert, eingebettet, situiert und auf diese bezogen ist. Man darf also die Rede von ›Praxis‹ nicht nur auf die expliziten, bewußten, intentionalen und auf Wahl und Entscheidung beruhenden Handlungen im *engeren* Sinne einschränken. Auch hier gilt es, einen *weiten* Sinn von Praxis als Lebensform, nicht-sprachliches Reagieren, Verhaltensformen, Handlungen und Erfahrungen, all das, was Wittgenstein die »gemeinsame menschliche Handlungsweise«[10] nennt, und einen *engen* Sinn von Praxis als auf Wahlmöglichkeiten beruhenden Handlungen zu unterscheiden.

9 Zum folgenden vgl. Verf.: *Interpretation und Realität. Erläuterungen zur Interpretationsphilosophie*, in: Allgemeine Zeitschrift für Philosophie, 21 (1996) 286ff.

10 L. Wittgenstein: *Philosophische Untersuchungen I*, in: Schriften, Bd. 1, a.a.O., Nr. 206.

Darüber hinaus ist zu beachten, daß der Ausdruck ›Praxis‹ auf den verschiedenen Stufen der Interpretationsverhältnisse Unterschiedliches bedeutet. Für die Praxis der Interpretation$_3$-Ebene sind folgende Elemente kennzeichnend: Bewußtheit, Optierbarkeit, Erkennbarkeit, Diskursivität und Argumentation. Auf der Interpretation$_1$-Ebene jedoch sind diese Elemente so nicht gegeben. Daher geht es um einen zumindest dreifachen Sinn der Rede von ›Interpretations-Praxis‹. Zunächst (a) ist die mit anderen Personen der Sprach- und Handlungsgemeinschaft geteilte Art und Weise gemeint, in der die syntaktischen, semantischen und pragmatischen Merkmale der sprachlichen Zeichen sowie der nicht-sprachlichen Handlungen und Erfahrungen umgrenzt und bestimmt werden. Sodann (b) geht es um die Situiertheit eines jeden menschlichen Sprechens, Denkens, Könnens und Wissens in dem Bereich nicht-sprachlichen Handelns, Reagierens und Verhaltens. Und schließlich (c) geht es um die Verankertheit dieser beiden untereinander verschränkten Komplexe in der zugrunde liegenden, ursprünglichen und nicht noch einmal hintergehbaren Interpretations-Praxis als dem, was Wittgenstein einmal das »Hinzunehmende, Gegebene« nennt.

Der vertikale Tiefensinn der Rede von Interpretations-Praxis läßt sich durch einen Blick auf das verdeutlichen, was bereits vorausgesetzt und in Anspruch genommen ist, wenn die Möglichkeit eines Diskurses und der Übereinstimmung oder Nicht-Übereinstimmung von Personen über etwas gegeben ist. Hier kann an Überlegungen Wittgensteins angeknüpft werden. Erforderlich ist zunächst eine Übereinstimmung im Verhalten und Reagieren im Sinne der erwähnten »gemeinsamen menschlichen Handlungsweise«. Sie liegt vor, wenn etwa, so Wittgensteins Beispiel, bei einer Zeigegeste in Richtung Fingerspitze und nicht in Richtung Arm geblickt wird. Auf einer nächsten Ebene ist dann die Übereinstimmung von Handlungen mit ihren Regeln verlangt. Darin ist bereits die Möglichkeit vorausgesetzt, eine Handlung vorsprachlich korrigieren zu können (z.B. durch eine Abwehrgeste). In diesen Bereich gehört auch die meistens implizit bleibende Übereinstimmung in elementaren Erfahrungsurteilen. Um einander verstehen zu können, reicht es nicht, die gleiche Sprache zu sprechen. Erforderlich ist Übereinstimmung in

Urteilen, in elementaren Erfahrungsurteilen.[11] Erst wenn diese Übereinstimmung explizit gemacht wird, bewegt man sich auf der Ebene, auf der es zu diskursiver Übereinstimmung oder Nicht-Übereinstimmung zwischen Personen ›über etwas‹ kommen kann. Und wenn Übereinstimmung vorliegt, können die genannten Voraussetzungen als erfüllt unterstellt werden. Die Rede von einer gut eingespielten Interpretations-Praxis meint die Vollzüge und die aktiven wie auch die passiven Vorgänge und Geschehnisse in diesem nach unten offenen Kegel von Interpretationsverhältnissen, der über ein Verständigtsein im Handeln im engeren, willens-, wahl- und entscheidungsfähigen Sinne hinaus auch den Bereich menschlichen Verhaltens und Reagierens einschließt. Dieser ganze Bereich kann als *menschliche Praxis* im weiten Sinne des Ausdrucks bezeichnet werden. Er entzieht sich einer Kalkülisierung und Algorithmisierung, und seine Existenzweise unterscheidet sich offenkundig von derjenigen von Steinen, Tischen und Primzahlen.

Für die Weiterentwicklung der Interpretationsphilosophie kann man, neben einer Reihe spezifischer Fragen, zur Zeit vor allem drei grundlegende Aufgaben benennen. Zunächst gilt es das, was die Interpretations-Praxis ausmacht, näher zu erläutern und weiter zu verdeutlichen. Sodann ist zu klären, in welchem Sinne die Vorgänge des expliziten, ziel- und regel-bestimmten Sprechens, Denkens und Wissens mit dem Bereich nicht-sprachlichen regelhaften Handelns, nicht-propositionalen Könnens und Erfahrens zusammenhängen. Und schließlich ist beider Verankertheit in der ursprünglichen Interpretations-Praxis näher zu beschreiben und herauszuarbeiten, bis zu welchem Grade sich Segmente dieses nach unten offenen pragmatischen und praktischen Kegels, des Interpretations-Kegels, in theoretischer Einstellung repräsentieren und darstellen lassen. Vollständigkeit ist hier nicht zu erreichen und auch nicht anzustreben. Denn wir können nicht dasjenige Hintergrund-Netzwerk der Bedingungen *im ganzen* erfassen und repräsentieren, aus dem heraus und auf das hin sich unser Leben so vollzieht, wie es sich nun einmal vollzieht. Strenggenommen wissen wir nicht einmal, was Vollständigkeit hier bedeuten soll. Aber diese Grenze auszuloten und zu be-

11 Vgl. L. Wittgenstein: *Philosophische Untersuchungen I*, Nr. 242.

stimmen, ist ein Postulat jeder kritischen und aufklärerischen Philosophie.
Zu beachten ist, daß die Interpretations-Praxis in den drei genannten Hinsichten als *externalisierte* Interpretations-Praxis konzipiert ist. In Anknüpfung an Überlegungen der Spätphilosophie Wittgensteins geht es erklärtermaßen nicht mehr um die Vorstellung, es müsse, um überhaupt sinnvoll von echten Sprech-, Denk- und Wissens-Vorgängen im Unterschied zu bloßem Geschehen und Verhalten sprechen zu können, zunächst *im Inneren* ein vorgängiges implizites Wissen oder inneres Meinen geben, das die Regelhaftigkeit unseres Sprechens, Denkens und Wissens regiert. Etwas ist ein explizit sprachlicher, gedanklicher und/oder wissensartiger Ausdruck letztlich nur aus dem Zusammenhang der umfänglicheren und durch nicht-sprachliche praktische Handlungsweisen charakterisierten externalisierten Interpretations-Praxis heraus. Und insofern die Interpretations-Praxis zugleich *öffentliche* und *welt- und wirklichkeitshaltige Praxis*[12] ist, kann Wittgensteins Argument gegen die Möglichkeit einer privaten (inneren) Sprache zugleich als ein Argument dafür angesehen werden, daß die Außenwelt in jedem gelingenden und erfolgreichen Sprechen und Verstehen[13] sprachlicher Ausdrücke bereits mit im Spiele ist.[14] Analoges gilt natürlich auch im Zusammenhang dessen, was man das Argument gegen die Möglichkeit einer privaten Handlung nennen könnte. Handlungen stehen in Handlungszusammenhängen, sind öffentliche, regel-folgende und ziel-bestimmte Vorgänge. Einer allein und nur für sich kann nicht einer Handlungsregel folgen. Und da Handeln

12 Vgl. dazu Kap. 2.2.
13 »Gelingen« heißt hier soviel wie: man hat es fertiggebracht, die Zeichenäußerung so zu vollziehen, daß sie in dem gewünschten Modus dasteht. »Erfolgreich« schließt zwei Aspekte ein: (a) beim Gegenüber oder Interpreten, der die Zeichenäußerung versteht, wird die Zeichenäußerung in annähernd der Weise aufgenommen und verstanden, wie sie beim Produzenten erfolgt; (b) die Verständigungsverhältnisse kommen in Gang und können flüssig fortgesetzt werden.
14 Darin ist J. McDowell: *Mind and World*, Cambridge Mass. 1994, 18-23 zuzustimmen. Vgl. L. Wittgenstein: *Philosophische Untersuchungen* I, Nr. 243-315.

als das aktive Bestimmen seines Gegenstandes, als das Bestimmen dessen anzusehen ist, woran bzw. worin es zu einer Veränderung kommt, ist in jedem Handeln die Außenwelt bereits präsupponiert.

Die lebensweltliche Interpretations-Praxis resp. die interpretative Lebenswelt spielt eine grundlegende Rolle in einer Vielzahl der in den folgenden Kapiteln erörterten Zusammenhänge. Im Vorgriff sei lediglich auf das Verhältnis von Wissen und Handeln in Kapitel 13 verwiesen. Dort wird die Frage der Verankertheit beider in der lebensweltlichen Interpretations-Praxis ausführlich behandelt. Deutlich wird dort auch, daß diese interpretationsphilosophisch konzipierte Verankertheit zugleich diejenigen Aspekte und Komponenten am Sprechen, Denken und Wissen mit umfaßt, die nicht als ein Handeln im engeren Sinne gefaßt und nicht auf dieses reduziert werden können. Hier sind vor allem zwei Bereiche zu nennen: (a) das, was im Sprechen, Denken und Wissen nicht Handlung, sondern Widerfahrnis ist und als im menschlichen Leib gegründet verstanden werden kann[15]; und (b) die wichtige Rolle nicht-sprachlicher und insbesondere bildhafter, piktoraler Aspekte im Sprechen, Denken und Wissen und natürlich auch im Handeln selbst.[16] Diese Aspekte sind in der Rede von Interpretations-Praxis mit enthalten. Leiblichkeit zum Beispiel ist eine grundlegende Komponente auf der Interpretation$_1$-Ebene.[17]

Zentral ist die Stellung der Interpretations-Praxis auch in bezug auf die Skepsisproblematik.[18] Hinsichtlich der Frage der Bereit-

15 Vgl. dazu H. J. Schneider: *Die Situiertheit des Denkens, Wissens und Sprechens im Handeln. Perspektiven der Spätphilosophie Wittgensteins*, in: Deutsche Zeitschrift für Philosophie, 41 (1993) 727, Anm. 3, mit Bezug auf die diesbezügliche Position von E. T. Gendlin in demselben Heft der Zeitschrift.

16 Vgl. dazu Kap. 8: Sagen und Zeigen.

17 Vgl. Verf.: *Interpretations-Welten*, in: a.a.O., 1-19; zur Leib-Problematik vgl. Verf.: *Interpretatorische Vernunft und menschlicher Leib*, in: M. Djuric (Hg.): *Nietzsches Begriff der Philosophie*, Würzburg 1990, 100-130.

18 Die Skepsisproblematik spielt eine wichtige Rolle in Verf.: *Interpretationswelten*, a.a.O., passim. Dort wird freilich nicht eine erkenntnistheoretische Widerlegung oder gar Eliminierung der Skepsis ver-

stellung einer anti-skeptischen Gewißheit sind jedoch zwei Begriffe von *Gewißheit* deutlich zu unterscheiden: die *epistemologische bzw. erkenntnistheoretische Gewißheit* und die *interpretationspraxis-bezogene, praktische Gewißheit.* Die erste Art von Gewißheit ist nicht zu haben und bleibt jederzeit skeptisch angreifbar. Die zweite Art dagegen ist nicht nur möglich, sondern über weite Strecken auch gegeben. Sie meint die mit dem fraglos funktionierenden Eingespieltsein einer Interpretations- resp. Lebenspraxis intern gegebenen Selbstverständlichkeiten. Diese haben ihrerseits keine weiteren Grundlagen als unsere Interpretations- und Handlungsweisen selbst, was allerdings nicht im Sinne einer Wahrheitsgarantie oder Letztbegründung mißverstanden werden darf. Analog zu Wittgensteins Formulierung »So handle ich eben«[19] könnte diese interpretations-praktische Gewißheit in der Formulierung »So interpretiere ich eben« zum Ausdruck gebracht werden. Darin zeigt sich zugleich der elusive und der ineffable Charakter dieser praktischen Sicherheit, dieses praktischen Vertrauens in das, was man sagt, denkt und tut, wenn man es so sagt, denkt und tut, wie man es sagt, denkt und tut. Ohne diese interpretations-praktische Gewißheit würden wir gar nicht ins wirkliche Sprechen, Denken und Handeln eintre-

sucht. Vielmehr geht es darum, dem *internen* Skeptiker eine zufriedenstellende Antwort zu geben. Im Kern handelt es sich dabei um einen Rekurs auf pragmatisch und praktisch erforderte interpretative Präsuppositionen, nicht mehr jedoch um Seinsannahmen, metaphysische Wahrheitsgarantien oder Letztbegründungen. Voraussetzung dafür ist, daß Wissen im Sinne Kants als einer der drei Modi des Fürwahrhaltens (Meinen, Glauben, Wissen) gefaßt und dieses Netzwerk des Fürwahrhaltens insgesamt in seinem inneren Zusammenhang mit dem fraglosen Funktionieren der eingespielten Interpretations-Praxis gesehen wird, von der her die syntaktischen, die semantischen, die pragmatischen und die praktischen Merkmale unserer Zeichen und Handlungen bestimmt werden. Zu den Einzelheiten vgl. unten Kapitel 13.

Zu den anti-skeptischen Kapazitäten der Interpretationsphilosophie und zu der Frage, ob in bezug auf deren Antwort auf den Skeptiker erneut skeptische Zweifel erfolgreich sind, vgl. T. Koehne: *Skeptizismus und Epistemologie. Entwicklung und Anwendung der skeptischen Methode in der Philosophie*, München 1999.

19 L. Wittgenstein: *Philosophische Untersuchungen I*, Nr. 217.

ten. Diese Art der Gewißheit spielt bei Wittgenstein[20] eine grundlegende Rolle, da sie die theoretische Wahrheitssuche durch die Frage der praktischen Gewißheit im Sprechen, Denken und Handeln ablöst. Die Selbstverständlichkeiten im Fürwahrhalten sind bereits auch vorausgesetzt, wenn überhaupt ein Zweifel geäußert werden kann. Mit Wittgenstein gesprochen gilt: »Der Zweifel kommt *nach* dem Glauben« (als dem zweiten der drei Kantischen Modi des Fürwahrhaltens) und: »Der vernünftige Mensch hat gewisse Zweifel *nicht*«.[21] Entsprechend ist die interpretations-praktische Gewißheit nicht etwas, das wir erreichen müssen. Sie ist vielmehr fraglos da. Das Projekt einer ›Suche nach der Gewißheit‹ ist gerade das, was zurückzulassen ist. Das interpretations-praktische Vertrauen läßt sich demgemäß auch nicht ›herstellen‹, gar dadurch, daß der Skeptizismus durch die Bereitstellung von Wahrheit garantierenden Sätzen widerlegt werden soll. Es kann nicht mehr um das ältere metaphysische Projekt der Wissens- und Erkenntnistheorie im Sinne der Sicherung metaphysischer Wissensgehalte gehen. Das heißt natürlich nicht, daß Wissens- und Erkenntnisfragen verschwinden oder obsolet werden. Aber der Sinn dessen, was man tut, wenn man sich mit solchen Fragen beschäftigt, hat sich verändert. Spannend wird dann die Frage nach dem Verhältnis von interpretations-praktischer Gewißheit$_1$ und Gewißheit$_3$, mithin das Verhältnis von Vertrauen und Wahrheit.

In Sachen Gewißheit und zufriedenstellende Antwort auf die Herausforderungen des philosophischen Skeptizismus bewegt sich die Interpretationsphilosophie im Rahmen des zweiten der beiden Konzepte von Gewißheit. Dieser Unterschied ist überaus wichtig. Mit Rekurs auf das Stufenmodell der Interpretationsverhältnisse kann man sagen, daß es sich um den Unterschied handelt, der zwischen der Gewißheit$_3$ (der erkenntnistheoretischen Gewißheit auf der Interpretation$_3$-Ebene) und der Gewißheit$_1$ (dem der Interpretation$_1$-Praxis eigentümlichen praktischen Vertrauen in das, was man sagt, denkt und tut) besteht.

20 Vgl. vor allem L. Wittgenstein: *Über Gewißheit*, hg. von G. E. M. Anscombe und G. H. von Wright, Frankfurt a. M. 1970.

21 L. Wittgenstein: *Über Gewißheit*, Nr. 160 und Nr. 220.

2. Wirklichkeit und Interpretation

1. Interpretation und Ontologie

Interpretationsphilosophie meint nicht eine Ontologie der Interpretationen. Der Ansatz beinhaltet vielmehr, Ontologie sowohl im Sinne der älteren ›Wesen‹-Ontologie als auch im Sinne der neuzeitlichen Ontologie der Erscheinungsdinge und auch im Sinne der sprach-induzierten Ontologie des »ontological commitment« (Quine) zurückzulassen. Zu sagen, daß es keine reinen und gänzlich konzeptionsfreien ›Fakten‹ gibt und man es stets nur mit ›in interpretativen Prozessen formierten (nicht ex nihilo geschaffenen) Fakten‹, mit Interpretationsfakten und in *diesem* Sinne mit Interpretationen zu tun hat, heißt nicht zu sagen, daß es Interpretationen in einem ontologisch starken Sinne »gibt«, heißt nicht, daß Interpretationen die Rolle von Fakten übernehmen. Die ontologie-kritische Funktion des Interpretationsgedankens erstreckt sich auch auf den Status der Interpretationen selbst.

Das skizzierte Mißverständnis wird von dem traditionellen ontologischen Einwand beherrscht, daß doch wohl nicht *alles* ›bloß‹ Interpretation sein könne. Diesem Einwand wird in der Interpretationsphilosophie in einem doppelten Sinne begegnet. Zunächst dadurch, daß der Übergang von der intensionalen Bedeutung eines Ausdrucks und Zeichens zu dessen extensionaler Referenz auf Objekte und Ereignisse hervorgehoben und expliziert wird.[22] Sodann mit Hilfe eines Realismus-Arguments, das in Kapitel 2.2. entwickelt wird. Was den Zusammenhang von Intension und Extension angeht, sind hier die folgenden Aspekte zu betonen.

(a) Um der Sinnhaftigkeit der Zeichen willen ist man in ihrer Verwendung an einem bestimmten Punkt zu dem genannten Übergang genötigt. Man muß, um Verständigung sinnvoll fortsetzen zu können, annehmen, daß es ›so-etwas‹, wovon da die Rede ist (Tische, andere Personen, mentale Zustände, Primzahlen) auch gibt. Anderenfalls handelte es sich um ein leeres, in sich

22 Zur Frage der Referenz vgl. Kap. 3.3.

selbst drehendes und die Verständigung zwischen Personen zerstörendes Sprechen. Dies trifft sich mit dem schon in Kapitel 1.2. hervorgehobenen Aspekt, daß die Außenwelt in jedem erfolgreichen Gebrauch einer öffentlichen Sprache stets bereits mitgesetzt ist. In diesem Sinne sind Sprache und Handlungen die besten Anwälte der Außenwelt. Jeder Satz und jede Handlung enthalten, sofern sie für sinnvoll gehalten werden, einen indirekten, einen sinn-kritischen ›Beweis‹ der Außenwelt.

(b) Der Übergang von Intension in Extension ist pragmatisch und praktisch bedingt, d.h. er hängt von der Situation, von Zwecken und vor allem davon ab, ob auf die Klärung der intensionalen Bedeutung eines Satzes hin gehandelt werden soll. Ist dies der Fall, muß man mit der interpretation$_3$-deutenden Klärung der Bedeutung zum Abschluß gekommen sein, um handeln zu können. Solange man noch mit Deutungen beschäftigt ist, tritt man nicht ins tatsächliche Handeln ein.

(c) In diesem Zusammenhang sind zwei Vorstellungen strikt zu unterscheiden. Auf der einen Seite findet sich das Bild, daß die Interpretation$_3$-Ketten zu einem praktischen Abschluß gebracht werden und in das tatsächliche Sprechen, Denken und Handeln eingetreten wird. Auf der anderen Seite steht die Vorstellung, eine angemessene, eine ›richtige‹ Interpretation werde von etwas nicht-interpretativ Vorgegebenem bedingt und komme, wie bei Peirce, »in the long run« im Erfassen ›der Sache selbst‹ in ihr Ziel. Dieses »Etwas« bilde die metaphysische Voraussetzung, von der eine *gelingende* und *erfolgreiche* Interpretation die Interpretation ist, die sie ist. Für die Interpretationsphilosophie kann nur die erstgenannte Möglichkeit in Frage kommen. Die zweite läßt sich strenggenommen nicht explizieren. Und im Rahmen der ersten Möglichkeit ist entscheidend, daß es sich *nicht* um unendliche Semiosen, nicht um sich ins Endlose verlierende Interpretationsprozesse handelt. Die (theoretisch) drohende schlechte Unendlichkeit eines in-sich-leer-drehenden Immer-weiter-so des Interpretierens$_3$ wird durch die Praxis, d.h. unter dem Druck pragmatischer und praktischer Erfordernisse (durch Handlungszwang und Entscheidungsdruck) unterlaufen und abgebrochen. Anderenfalls gelangten wir gar nicht ins tatsächliche Sprechen, Denken, Verstehen und Handeln.

(d) Schließlich ist auch hier auf das heuristische Stufenmodell der Interpretation zu verweisen. Mit dessen Hilfe kann sowohl der Übergang von Intension zu Extension als auch deren Unterschied verständlich gemacht werden. Die intensionale Klärung der Bedeutung ist ein Vorgang auf der dritten Ebene des Interpretierens, und die extensionale Referenz ist auf Objekte und Ereignisse gerichtet, die von der Interpreation$_3$-Ebene unabhängig sind.

(e) An anderer Stelle[23] wurden ›Welten‹ als *Prozeß-* resp. *Ereignis-*Welten charakterisiert. Dies bedeutet jedoch nicht, daß damit eine Ontologie der Ereignisse vertreten wird, die in einer Spannung zur sonstigen Konzeption des Interpretationismus, z.B. zu der Auffassung stehe, daß eine logische Lücke zwischen der ›Interpretationswelt‹ und der ›wirklichen Welt‹ letztlich nicht zu explizieren sei.

Ein solcher Einwand träfe nur dann zu, wenn es sich überhaupt im traditionellen Sinne um Ontologie handelte. Dies ist jedoch nicht der Fall. Die Frage nach Ereignissen ist primär eine Frage der Ereignis-Sprache (im Unterschied zur Ding-Sprache). Auch die Ereignis-Sprache setzt, wie jede andere Sprache, stets bereits eine Interpretations-Praxis voraus und ist von dieser abhängig. Der Punkt ist mithin nicht, von einer Ding- in eine Ereignis-Ontologie zu wechseln. Dann handelt es sich nach wie vor um Ontologie. Entscheidend ist vielmehr, daß auch die Ereignis-Sprache und mithin die von dieser Sprache induzierte ontologische Fragestellung von einer Interpretations-Praxis abhängig sind, deren Funktionieren die syntaktischen, semantischen und pragmatischen Merkmale auch dieser Sprache allererst umgrenzt. Damit aber haben wir es zum einen nicht mit alter Ontologie der Ereignisse, sondern lediglich mit ›ontologisch‹ zu nennenden Verpflichtungen im Sprachgebrauch zu tun. Zum anderen bedeutet die Abhängigkeit der Ereignis-Sprache von der *Interpretations-*Praxis eine Beziehung, die die Annahme einer Ontologie von Ereignissen als Entitäten kritisch unterläuft. Weder also durchkreuzt der Ereignis- den Interpretations-Charakter, noch

23 Vgl. Verf.: *Interpretations-Welten*, in: a.a.O. Vgl. auch Verf.: *Einzelding- und Ereignis-Ontologie*, in: Zeitschrift für philosophische Forschung, 39 (1985) 157-185.

führt er in die Position eines metaphysischen Realismus. Genaugenommen kann es nicht mehr um ›Ereignis-*Ontologie*‹, sondern nur noch um ›Ereignis-*Logik*‹ gehen. Und diese Logik der Ereignisse wäre im Rahmen der Interpretations-Logik zu entwickeln.

(f) Dem ontologischen Einwand, daß doch nicht alles bloß Interpretation sein könne, korreliert oftmals die These, daß die Interpretationen, wenn sie keinen Halt an einem metaphysisch-vorgegebenen Etwas haben, beliebig werden, daß dann jede Interpretation so gut wie jede andere sei. Die in dem Buch *Interpretationswelten* und in anderen Texten gegen diese These bereits vorgebrachten Argumente brauchen hier nicht wiederholt zu werden. Nachdrücklich ist zumindest zu betonen, daß die These, jede Interpretation sei so gut wie jede andere, unzutreffend ist. Sie ist unter anderem nicht in der Lage, den sprach-, zeichen- und handlungsphilosophisch entscheidenden Punkt der *gelingenden* und *erfolgreichen* Verständigung verständlich zu machen. Im gelingenden und erfolgreichen Verwenden und Verstehen sprachlicher und nicht-sprachlicher Zeichen ist Beliebigkeit der Interpretation offenkundig *nicht* gegeben. Die Zurückweisung des ontologischen Einwandes führt mithin nicht in einen Relativismus der Beliebigkeit. Doch bedeutet dessen Scheitern umgekehrt keineswegs, daß Ontologie garantiert und geboten ist.

(g) Sprachlichen und nicht-linguistischen Zeichen ist ihre Bedeutung weder vorab und definitiv eingebaut, noch ist sie beliebig, d.h. gänzlich von den subjektiven Meinungen der einzelnen Sprecher und Hörer abhängig. Ersteres wäre Essentialismus oder Magie der Zeichen, letzteres dagegen relativistische Beliebigkeit (mit ihrer extremsten Form im Solipsismus). Weder das eine noch das andere ist jedoch für Verständigungsverhältnisse kennzeichnend. Wenn demgemäß jedes sich in Zeichen vollziehende Sprechen, Denken und Handeln stets nur *innerhalb* eines Interpretations-Horizonts und einer Interpretations-Praxis möglich ist, dann heißt dies auch, daß das interpretierende Ich in diese Prozesse verankert und eingebunden, mithin an der Beliebigkeit seiner Vorstellungen gehindert ist. Dies läßt sich im Rekurs auf das Stufenmodell der Interpretation erläutern. Jeder individuelle

Sprach- und Zeichengebrauch, der auf der dritten Ebene der Interpretation erfolgt, ist schon deshalb nicht beliebig, weil er bereits unter Bedingungen der zweiten und der ersten Ebene der Interpretation steht (unter den Bedingungen einer gegebenen Sprache, z.B. des Deutschen, und unserer sich in Zeichen vollziehenden Weise, in der Welt und mit anderen Personen zu sein). Umgekehrt bedeutet dies jedoch keine Determination und keine Garantie für gelingende und erfolgreiche Verständigung auf der dritten Ebene. Angesichts der zentralen Stellung der Interpretations-Praxis handelt es sich um eine *interpretations-praxeologische Relativität unter starken Kohärenz-Restriktionen*, keinesfalls jedoch um einen Relativismus der Beliebigkeit.

Zwar läßt sich die Idee absoluter Synonymie zwischen zwei und mehreren Zeichen nicht einlösen. Aber dies bedeutet gerade nicht, daß Beliebigkeit der Bedeutung eines Zeichens sowie seiner Gleichsetzung mit anderen Zeichen gegeben ist. Mit einer solchen Situation käme keiner von uns zurecht, und Verständigung könnte weder zustandekommen noch aufrechterhalten werden. Der Wille zur Verständigung unterläuft den Relativismus. Auf der anderen Seite ist darin zugleich der Essentialismus der Verständigung ausgeschlossen, demzufolge wir uns bei der Bestimmung der semantischen Merkmale (Bedeutung, Referenz, Erfüllungs- oder Wahrheitsbedingungen) sprachlicher wie nicht-sprachlicher (z.B. handlungsmäßiger) Zeichen nach einem ›Wesen der Dinge‹ richten müßten. Auch ein solches Ansinnen würde Verständigungsverhältnisse, würde Kommunikabilität eher zerstören als befördern.

(h) Der nicht-ontologische Charakter der Interpretationsphilosophie kann auch mit Bezug auf die Quinesche These der »ontologischen Relativität« verdeutlicht werden. Dieser These zufolge kann man nur relativ auf einen Bezugsrahmen sinnvoll nach der Referenz eines Ausdrucks fragen. Hinsichtlich der Referenten einer Sprache und der Gegenstände einer Theorie ist daher letztlich nur die Frage sinnvoll, »how one theory of objects is interpretable or reinterpretable in another«.[24] Die These der ontologischen Relativität läuft darauf hinaus, daß »existence in its final

24 W. V. O. Quine: *Ontological Relativity and Other Essays*, New York 1969, 50.

estate is theoretical«.[25] Unter interpretationsphilosophischem Vorzeichen kann man darüber hinaus zuspitzen: Existenz ist letztlich interpretativ, abhängig von dem zugrunde liegenden Interpretations-System, dem Interpretations-Horizont und den Regularitäten der darin vorausgesetzten Interpretations-Praxis. Der Rekurs auf die Interpretations-Praxis ist es auch, der den drohenden Regreß der Bezugs- und Referenzrahmen sowie der Hintergrundsprachen unterläuft und aufhebt. Solches Unterlaufen manifestiert sich darin, daß die Wörter der Muttersprache »at face value«[26] genommen werden. Man kann sich nicht außerhalb der Praxis, die die semantischen und pragmatischen Merkmale unserer Ausdrücke und Zeichen regiert, aufstellen, um dann von dort aus in einem absoluten Sinn nach der Referenz zu fragen. Bereits ein solches Ansinnen ist sinnwidrig und selbst-destruktiv hoch angesetzt.

25 W. V. O. Quine: *Reply to Smart*, in: D. Davidson/J. Hintikka (Hgg.), *Words and Objections. Essays on the Work of W. V. Quine*, Dordrecht-Boston 1969, 293. Vgl. Verf.: *Unbestimmtheit der Interpretation*, in: J. Simon (Hg.): *Distanz im Verstehen. Zeichen und Interpretation II*, Frankfurt a. M. 1995, 43-71. Vgl. W. V. O. Quine: *Pursuit of Truth. Revised Edition*, Cambridge Mass. 1992, Kap. II.12.: »Indifference of Ontology« und II.13.: »Ontology defused«.
Quine, *Pursuit of Truth*, a.a.O., 31: »Reference and ontology recede thus to the status of mere auxiliaries. True sentences, observational and theoretical, are the alpha and omega of the scientific enterprise. They are related by structure, and objects figure as mere nodes of the structure. What particular objects there may be is indifferent of the truth of observation sentences, indifferent to the support they lend to the theoretical sentences, indifferent to the success of the theory in its predictions.« Zur Akzentuierung greift Quine hier auf seine »proxy functions« zurück, »to show the indifference of ontology. A more radical case for the indifference of ontology is afforded by the Löwenheim-Skolem theorem«. – Zur interpretationistischen Wissenschaftsphilosophie vgl. unten Kapitel 6.

26 W. V. O. Quine, *Ontological Relativity*, a.a.O., 49, Anm. 10.

2. Interpretativer Realismus

In der Realismus-Frage, in der Frage der Existenz realer Gegenstände, vertritt der Interpretationist *nicht* die These: Ohne Interpretation Nicht-Existenz. Wer wollte schon so verwegen sein, Beweislasten für Nicht-Existenz zu übernehmen? Der Akzent liegt vielmehr darauf, daß die Vorstellung von Gegenständen, die von kategorialisierender, raum-zeitlich lokalisierender, individuierender und identifizierender Interpretation$_1$-Aktivität gänzlich unabhängig und als sich-selbst-individuierende und sich-selbst-identifizierende Gegenstände da wären, unter kritischem Vorzeichen nicht explizierbar ist. Dies zu sagen, enthält keine Annahmen über Nicht-Existenz, faßt Objekte oder Ereignisse keineswegs als bloße Produkte der Einbildungskraft, sieht Welten nicht als Produkte einer »interpretatio ex nihilo« und ist kein Irrealismus. Die Aufmerksamkeit wird vielmehr auf die Grenzen dessen gelenkt, worüber man in kritischer Einstellung sinnvoll etwas sagen kann und worüber nicht. Gegenstand ist stets Gegenstand *in* der Erkenntnis bzw. *in* der Interpretation. Realität ist, wie Kant betont, nicht mehr ontologisches Ansichsein, sondern eine der Kategorien der Qualität. Man kann sich keinen Gegenstand *denken*, der einem in der Erfahrung entgegentritt und keine Eigenschaften (Qualitäten) hat. Realität als Kategorie zu fassen, ist mehr als zu sagen, erfaßte Realität ist interpretierte Realität. Denn es bedeutet, daß das, was uns Gegenstand der Erfahrung ist, dies überhaupt nur unter der Kategorie der Qualität (Realität) sein kann.

Vor diesem Hintergrund erscheint auch ein auf den ersten Blick so einleuchtender Hinweis darauf, daß man sich z.B. beim Stolpern über eine Bordsteinkante diese doch nicht bloß eingebildet habe, in einem anderen Licht. Hier sind zwei Aspekte zu unterscheiden. Der Zusammenstoß mit der Realität stellt noch keine Antwort auf die philosophisch zentrale Frage dar, wie es zu *denken* ist, *daß* unsere Erfahrung so ist, wie sie ist. Das Stolpern über Hindernisse hat wenig bis gar nichts mit dem zu tun, was thematisch ist, wenn es in reflektierter Einstellung um Fragen der Objektivität und der Wahrheit sowie um deren Darstellung geht. Der systematisch entscheidende Punkt liegt darin, daß empirische Erfahrung nicht durch Rekurs auf empirische Erfahrung in ihrer Objektivität begründet werden *kann*. Empirische Erfahrung liefert noch kein Argument für einen nicht-interpretativen Realismus.[27] Dies zu sagen, ist eine *begriffliche* Feststellung. *Daß* es Fakten gibt, *kann* selbst kein Faktum, sondern muß Interpretation sein. Erfahrung lehrt uns zwar, mit Kant gesprochen, daß etwas so und so ist, niemals jedoch, »daß es nicht anders sein könne«.[28] Da, im Sinne Kants und mit einer Formulierung Wittgensteins gesprochen, »kein Teil unserer Erfahrung auch apriori ist«[29], könnte alles, was *so* ist, auch *anders* sein. Diese Möglichkeit der Alterität ist philosophisch von größtem Interesse. Sie wird in Abschnitt 2.5. näher betrachtet.

Der Interpretationismus versteht sich aber nicht einfach in Wende gegen einen Empirismus. Die Aufgabe ist vielmehr, in der Realitäts- und Wirklichkeitsfrage jenseits der steril gewordenen Entgegensetzung von Empirismus/Realismus und Idealismus Fuß zu fassen. Daß der Interpretationismus kein mentalistischer Idealismus ist, läßt sich sprachphilosophisch erläutern. Unter einem Idealisten versteht man jemanden, für den die These charakteristisch ist, daß wir uns mit unseren Sätzen, etwa mit dem Satz »Diese Fliege hat sechs Beine« oder mit dem Einwortsatz

27 Dieser Aspekt ist wichtig auch im Hinblick auf die Frage des Erfolgs der Wissenschaften. Es ist irreführend anzunehmen, der Erfolg der Wissenschaft sei nur dann zu erklären, wenn Objekte und Ereignisse unabhängig von der Beschreibung existierten. Nach dem Selbstverständnis der modernen Wissenschaften haben wir es vielmehr zu keiner Zeit und an keinem Ort mit Gegenständen im Sinne von Dingen-an-sich, sondern stets nur mit Erscheinungen in deren raumzeitlich geordneten Zusammenhängen zu tun. Gesetze, Modelle, Hypothesen und Theorien können als Interpretationskonstrukte zum Zwecke wissenschaftlicher Beschreibung angesehen werden. Zum Verhältnis von Interpretationsphilosophie und Wissenschaftstheorie vgl. Kapitel 6. Der Erfolg der Wissenschaften würde, träfe obige Ansicht zu, umso mirakulöser, je triftiger die kritischen Einwände gegen die Position des metaphysischen Realismus sind. Zur Kritik des metaphysischen Realismus vgl. Verf.: *Interpretationswelten*, a.a.O., Kap. 21 und 22.

28 I. Kant: *Kritik der reinen Vernunft*, hg. von R. Schmidt, Hamburg 1956, 2. Aufl. = B, 3.

29 L. Wittgenstein: *Tractatus logico-philosophicus*, Nr. 5.634.

»Fliege«, letztlich nur auf sprachliche oder begriffliche Gegenstände, also strenggenommen nur auf das Wort oder den Begriff »Fliege« beziehen und daß die Sätze auch nur davon handeln. Doch das ist offenkundig nicht der Fall. Der Satz »Diese Fliege hat sechs Beine« handelt von und bezieht sich auf diese Fliege, nicht auf die Proposition ›Fliege‹ als Bedeutung des Satzes. Und daß es diese Fliege gibt und sie sechs Beine hat, ist die Erfüllungs- oder Wahrheitsbedingung des fraglichen Satzes.

Betritt man den Boden der Interpretationsverhältnisse jenseits der Entgegensetzung von Idealismus und Realismus, dann wird ein Sinn von Realität und Realismus konzipierbar, der deutlich über das hinausgeht, was innerhalb der Idealismus-Realismus-Dichotomie und angesichts des Scheiterns der Position des metaphysischen Realismus als Rückzugs-Realismus, z.B. als hypothetischer Realismus, möglich ist. Zeichen besitzen nur dann semantische Merkmale (Bedeutung, Referenz, Wahrheits- und Erfüllungsbedingungen), wenn ihnen eine Interpretations-Praxis bereits vorausliegt, in der diese Merkmale umgrenzt werden. Wenn es sich nun um Zeichen handelt, deren semantische Merkmale auf einer *fraglos eingespielten* Interpretations-Praxis beruhen, d.h. wenn nach ihrer Bedeutung und Referenz nicht eigens gefragt wird, es sich mithin um *direkt* verstandene und verwendete Zeichen[30] handelt, dann sind diese *intern zugleich die wirklichkeits- und realitätshaltigsten* Zeichen überhaupt.[31] Denn

30 Die Relevanz der *direkt* verstandenen Zeichen wird auch bei J. Simon: *Philosophie des Zeichens*, Berlin–New York 1989, betont. Vgl. Verf.: *Wahrheit als Interpretation*, in: G. Abel/J. Salaquarda (Hgg.): *Krisis der Metaphysik. Festschrift für Wolfgang Müller-Lauter*, Berlin - New York 1989, 342ff. Wichtig ist zu sehen, daß die interne Differenzierung nach Ebenen der Interpretation die Figur des fraglos gelingenden Zeichenverwendens/verstehens keineswegs konterkariert. Wenn Zeichen direkt verstanden werden, dann ist eine fraglos funktionierende Interpretations-Praxis gegeben und dann kann Gleichtaktigkeit der Ebenen der Interpretation präsupponiert werden. Dies ist grundlegend für den Erfolg jeder Zeicheninterpretation, die intern Weltbezug und Kommunikabilität mit sich führt. Die Frage des direkten Verstehens resp. des Vollzugs der Zeichen spielt eine wichtige Rolle in den Kapiteln 4 (Zeichenlogik und Rationalität), 8 (Sagen und Zeigen) und 9 (Logik und Ästhetik).

31 Vgl. Verf.: *Sprache, Zeichen und Interpretation*, in: H. Lenk/H. Po-

dann verhält es sich so, wie die Zeichenfunktionen es artikulieren, d.h. man benötigt nicht noch einen zweiten Schritt, um zur Realität zu kommen. Man fragt dann nicht noch einmal, ob den Zeichen auch tatsächlich etwas Reales entspricht. Auf diesen Zusammenhang bezogen ist das traditionelle Realismus-Problem von sekundärem Status. Es tritt überhaupt erst auf, wenn jemand die semantischen Merkmale der Zeichen nicht mehr direkt versteht. Liegt dagegen ein bis auf weiteres fraglos funktionierendes Eingespieltsein der Interpretations-Praxis vor, dann ist darin ineins auch die Welt- und Realitätshaltigkeit der Zeichen gegeben, dann nehmen die Zeichen auf das Bezug, worauf sie Bezug nehmen, und sind die Erfüllungs- oder Wahrheitsbedingungen der Sätze, in denen die Zeichen verwendet werden, erfüllt. Die entscheidende Frage ist nicht »Wie gelingt es unseren Zeichen, sich an der Welt festzuhaken?« Entscheidend ist vielmehr die eigentümliche Erfahrung, daß im gelingenden und erfolgreichen Vollzug des durch eine eingespielte Interpretations-Praxis geregelten Gebrauchs der symbolisierenden Zeichen Welthaltigkeit gegeben ist. Wir befinden uns mithin gar nicht in einer Situation, in der wir erst noch zur Welt und zur Wirklichkeit kommen müssen. Denn im eingespielten Zeichengebrauch sind Welt und Wirklichkeit in einem unüberbietbaren Sinne präsent. Wirklicher als wirklich kann die Wirklichkeit nicht sein.

Im Prozeß der Gegenstandsformation, der von den Empfindungsmaterialien bis hin zu expliziten Objekten und Ereignissen reicht, kann man Interpretations-*Ketten* am Werke sehen. Diese sind überaus wichtig und von nicht-reduktionistischem Charakter. Von der Welthaltigkeit der Zeichen- und Interpretationswelten kann aber nicht nur an der Stelle des Inputs der Empfindungsmaterialien die Rede sein. Das wäre ein zu enger Begriff von Erfahrung und Welthaltigkeit. Die Interpretationsphilosophie ist hier in der Nähe der Kantischen Auffassung zu sehen, derzufolge es sich bei Objekten um eine Vereinigung des Mannigfaltigen einer Anschauung in einem Objekt, z.B. dem Objekt ›Tisch‹, und bei Erfahrung um den Inbegriff aller durch die Sinne

ser (Hgg.): *Neue Realitäten. Herausforderung der Philosophie*, (= Akten des XVI. Deutschen Kongresses für Philosophie), Berlin 1994, 265ff., 279ff.

gegebenen und durch den Verstand gedachten Erkenntnisse anschaulichen Gehalts handelt.

Daß die menschliche Interpretations-Praxis *öffentliche* und ineins *welthaltige, inhaltsvolle* Praxis ist, zeigt sich etwa auch daran, daß die Fähigkeit, eine semantische Charakterisierung der Ausdrücke und Sätze unserer Sprache zu geben, mit der Fähigkeit verbunden ist, Angaben, über die als normal zugrunde gelegte Welt machen zu können. Dies heißt zugleich, daß die Bedeutung und Referenz der in unseren Sätzen verwendeten Wörter (wie »Hase« oder »rot«) nicht in einem analytisch-definitorischen Sinne festgelegt werden, wie dies in den Definitionen der Logik und Mathematik der Fall ist. Vielmehr gehen in die Bestimmung der Semantik und Pragmatik der Ausdrücke unsere Annahmen über die Welt, über Hasen oder über das Rotsein von Tomaten, mit ein. Dies sieht man auch daran, daß sich in Wörterbüchern für die natürlich-sprachlichen Ausdrücke keine Definitionen, sondern Erläuterungen etwa dergestalt finden, daß das Wort »Rotkehlchen« Singvögel meint, deren Stirn und Kehle rostrot ist. Sofern die Zeichen direkt verstanden werden, müssen sie nicht erst noch mit der Welt und dem Sinn verbunden werden. Diese Verbindung ist in der Tiefe einer eingespielten Interpretations-Praxis, mithin im gelingenden und erfolgreichen Verwenden und Verstehen der Zeichen stets bereits vorausgesetzt und in Anspruch genommen. In *diesem* Sinne kann die Position der Interpretationsphilosophie geradezu als ein Voll-Realismus angesehen werden. Das ältere Konfrontations-Modell von Idealismus und Realismus wird durch ein zeichen- und interpretationsphilosophisches Drehtür-Modell ersetzt. In letzterem ist Realismus in einer deutlich stärkeren Weise konzipierbar, als dies in ersterem Modell möglich ist.

So sieht sich der Interpretationist auch nicht in der Situation etwa John McDowells, die Welt gegen idealistische oder kohärentistische Positionen der Gegenwartsphilosophie zurückgewinnen zu müssen, um verständlich machen zu können, daß wir unsere Konzeptionen erfolgreich auf die Welt anwenden.[32] Der Interpretationist hatte die Welt erst gar nicht verloren, da der direkte Gebrauch und das direkte Verstehen der Interpretations-

32 Vgl. J. McDowell: *Mind and World*, a.a.O.

zeichen, mithin der realitätshaltigste Zeichengebrauch überhaupt, die Welt gar nicht verlieren *kann*. Von hier aus wäre es interessant, das Verhältnis dieser Auffassung zu Hilary Putnams jüngst vorgetragener Idee einer »sekundären Naivität« zu erörtern.[33] Weder geht es darum, die Welt zurückzugewinnen (um das Funktionieren unserer Konzeptualisierungen verständlich machen zu können), noch darum, eine sekundäre Naivität zu etablieren (um der Wahrnehmung und der sensorischen Empfindung den ihnen in der Tat zukommenden wichtigen Status einräumen zu können). Im Zuge der Radikalisierung des Zeichen- und Interpretationscharakters sprachlicher sowie nicht-sprachlicher Präsentations- und Repräsentationssysteme geht, so die These, die Welt gerade nicht verloren. Sie gelangt vielmehr in immer stärkere direkte Präsenz. Das wird am deutlichsten, wenn wir uns – Ausdruck höchster Realitätsannahme – in unserem Handeln auf Zeichen verlassen, d.h. von ihnen her und auf sie hin handeln (z.B. im Anschluß an einen Blick auf den Fahrplan ein Ticket nach München kaufen, zum Bahnsteig gehen und in den Zug einsteigen).

3. Zeitordnung der Erfahrungswelt

(i) *Zeitlich geordnete* Welt – Der basale Status und die Reichweite der Interpretationsverhältnisse lassen sich auch im Blick auf die zeitliche Geordnetheit der menschlichen Erfahrungswelt verdeutlichen. Unsere Erfahrungswelt ist eine zeitlich geordnete Welt. Wir haben es zu tun mit Zeitverhältnissen der Dauer, des Wechsels, des Nacheinanders und der Gleichzeitigkeit. Doch wie ist es zu *denken*, so kann man mit Kant fragen, *daß* wir es mit einer zeitlich geordneten Welt und nicht vielmehr direkt mit dem schieren Fluß der Ereignisse und einem ungestalteten Zustand diffuser Sinneseindrücke zu tun haben? Der ursprünglich-konstruktionale Interpretation$_1$-Charakter eines jeden Welthabens und eines jeden Welt- und Selbstverständnisses tritt hier im Zuge

33 Vgl. die Dewey Lectures von H. Putnam: *Sense, Nonsense, and the Senses. An Inquiry into the Powers of the Human Mind*, in: The Journal of Philosophy, 91 (1994) 445-517.

der Frage in den Blick, was bereits in das zunächst diffuse sinnliche Material »eingearbeitet« ist, wenn und damit es zu Objekten der Außenwelt und zu einer zeitlichen Geordnetheit, zur Zeitordnung der menschlichen Erfahrungswelt kommt. Und worin genau besteht der Interpretationscharakter der einer Zeitordnung zugrunde liegenden und in jeder Erfahrungswelt bereits in Anspruch genommenen Ordnungsfunktionen? Zur Illustration dieser Frage beschränken wir uns im folgenden auf zwei Gesichtspunkte der Kantischen Schematismuslehre, auf den Grundsatz der Beharrlichkeit und auf den der Kausalität. Wir bewegen uns damit im Horizont der Auffassung, daß es die Zeit ist, die, als Anschauungsform des inneren Sinns, Bedingung der Verknüpfung aller Vorstellungen überhaupt und darin das transzendentale Schema der Kategorien ist.[34] Im folgenden geht es mithin um einige ausgewählte Aspekte des Zusammenhangs von *Zeit und Interpretation*. In Verbindung mit dem in Kapitel 8 (Sagen und Zeigen) zu erörternden Verhältnis von *logischer Form und Interpretation* stellt dies eine der beiden grundlegendsten Hinsichten der Betrachtung der Interpretationsproblematik dar.

(ii) *Dauer und Wechsel* – Gewöhnlich geht man fraglos davon aus, daß ein Ding Eigenschaften hat, die wechseln können, während das Ding selbst beharrt. Bei näherer Betrachtung allerdings sind mit einer solchen Auffassung auch Schwierigkeiten verbunden, etwa die folgenden: (a) daß wir sinnliche Daten stets nur *sukzessiv* durchgehen können und (b) daß die Sinnesdaten unserer Innenwelt stets nur als *rein zeitliches Nacheinander*, d.h. als etwas auftreten, das in beständigem Fluß und Wechsel ist. Der erste dieser beiden Aspekte führt zu der Frage, wie es angesichts der möglichen subjektiv-beliebigen Sukzession der wahrgenommenen Sinnesdaten zu einer geregelten, zu einer zeitlich geordneten Erfahrungswelt kommt, mit der wir es doch offenkundig zu tun haben, sofern wir zum Beispiel sagen »x ist früher oder später als y«. Der zweite Aspekt enthält das Problem, daß die Zeit selbst, in der aller Wechsel der Erscheinungen gedacht wird, und alles, was nur in Form von reiner Zeit, d.h. als ein Dauernd-Wechselndes in Erscheinung tritt (wie die Daten des inneren

34 Vgl. I. Kant: *Kritik der reinen Vernunft*, B, 176ff.

Sinns), kein Gegenstand der Erkenntnis sein kann, da beides »schlechterdings nicht auf Verstandesbegriffe zu bringen«[35] ist. Nicht nur »Existenz«, auch »Zeit« ist kein reales Prädikat. Und etwas Dauernd-Wechselndes ist, wie Kant betont, schon seinem Begriff nach eine »contradictio praedicatorum oppositorum in eodem subjecto« und in diesem Sinne etwas Irrationales, etwas Sich-selbst-Widerstreitendes.

Den beiden Aspekten entsprechend lauten die Kernfragen: Wie kommt es, daß unsere Erfahrungswelt die geregelte, zeitlich geordnete Welt ist, die sie für uns ist? Wie kommen wir angesichts der skizzierten Irrationalität zu einer Erkenntnis, d.h. wie ist Erkenntnis angesichts dieser letztlich nicht auf Verstandesbegriffe zu bringenden Verhältnisse möglich? Akzeptiert man diese Problemskizze, kann man die folgende interpretationsphilosophische These aufstellen: Der Weg von der subjektiv-beliebigen Sukzession des Wahrgenommenen zur Geordnetheit der Erfahrungswelt und die Genealogie dessen, was nur in Form von reiner Zeit in Erscheinung tritt, zu einer Erkenntnis können als Genealogie von Interpretationsbildungen konzipiert werden. Wie aber soll man sich das vorstellen?

Der erste Aspekt führt im Sinne Kants zu der Überlegung, daß wir dann, wenn wir Zeitverhältnisse (d.h. ein Früher, Später, Gleichzeitigsein) zusprechen, immer schon eine Zeitordnung eingebracht haben. Man würde, so überlegt Kant im Grundsatz der Beharrlichkeit, gar nicht über eine zeitlich geordnete Erfahrungswelt verfügen, wenn man, so ist interpretationistisch zu akzentuieren, den Interpretationsgesichtspunkt ›Substanz und Beharrlichkeit‹ nicht von vornherein in das Sinnenmaterial eingearbeitet hätte. Wenn man Zeitverhältnisse feststellt – und das tun wir –, dann kann man dies überhaupt nur deshalb, weil man den Interpretation$_1$-Gesichtspunkt von etwas Beharrlichem immer schon eingebracht hat. In diesem Sinne verdankt sich unsere Erfahrungswelt in ihrer Geregelt- und zeitlichen Geordnetheit einem formierenden Interpretation$_1$-Horizont und einer Inter-

35 I. Kant: *Reflexionen zur Metaphysik*, in: Akademie-Ausgabe, Bd. 18, 650, Nr. 6329. Vgl. G. Prauss: *Das ontologische Problem von Ding und Eigenschaft*, in: H. Poser/H.-W. Schütt (Hgg.): *Ontologie und Wissenschaft*, Berlin 1984, 19.

pretation$_{I}$-Praxis, in denen der Interpretation$_{I}$-Gesichtspunkt der Beharrlichkeit in kategorialisierender und schematisierender Funktion eingesetzt und in Anspruch genommen ist. Unsere zeitlich geordnete Erfahrungswelt ist Interpretationswelt. Der Interpretation$_{3}$-Grundsatz der Beharrlichkeit[36] formuliert dann genau diese Bedingung unserer Erfahrung.

Der zweite Aspekt führt zu der Einsicht, daß Erkenntnis ursprünglich darin besteht, das skizzierte Irrationale (d.h. den Umstand, daß reine Zeit selbst und alles, was, wie die Daten des inneren Sinns, nur in ihrer Form auftritt, als ein Dauernd-Wechselndes ein Sich-selbst-Widerstreitendes ist) gleichsam wegzuarbeiten, allererst rational zu machen.[37] Man kann dies so denken, daß *auf interpretation$_{I}$-konstruktionalem* Wege aus solchem Irrationalen etwas anderes, aus den Daten dieser subjektiven und rein im Fluß befindlichen Innenwelt eine objektive Außenwelt formiert wird. Dies wird in Kantischer Sicht erreicht, indem man die rein zeitlich verfaßte, dauernd-wechselnde und in diesem Sinne nicht auf Verstandesbegriffe zu bringende Innenwelt in etwas anderes transponiert, das zwar ebenfalls Dauerndes und Wechselndes in einem ist, worin jetzt aber das »ist« nicht die Kopula in einem Urteil bedeutet, sondern ein Dasein in der Zeit betrifft. Im Zuge einer solchen Transponierung kann der Widerstreit aufgelöst werden. Wohin aber muß transponiert werden, um genau diesen Effekt zu erreichen? Es bleiben nur die Dinge der Außenwelt. Denn in bezug auf sie sagen wir, daß ihre Eigenschaften wechseln können, während das Ding als selbiges beharrt. Doch dies betrifft ein Dasein in der Zeit, nicht eine Verbindung zweier entgegengesetzter Prädikate in einem Begriff. Auf diese Weise haben wir Dauer und Wechsel in einem Objekt, ohne daß sie sich in einem Widerstreit befinden. Und genau dieses konstruktionale Transponieren kann als der für die Geregelt- und Geordnetheit einer Erfahrungswelt grundlegende Interpretation$_{I}$-Vorgang angesehen werden. Immer dann, wenn eine zeitlich geordnete Erfahrungswelt vorliegt, sind kategorialisierende und schematisierende Interpretation$_{I}$-Aktivitäten bereits vorausgesetzt und in Anspruch genommen.

36 Vgl. I. Kant: *Kritik der reinen Vernunft*, B, 224ff.
37 Zum folgenden vgl. auch G. Prauss, a.a.O., 19.

(iii) *Ursache und Wirkung* – Als ein zweites Beispiel basaler Interpretation$_1$-Funktionen im Rahmen der Frage der Zeitordnung sei ein Blick auf die Rolle der Kausalität, d.h. auf den gesetzmäßigen Zusammenhang von Ursache und Wirkung geworfen. Jede Veränderung geschieht, so die Kausalitätsfigur, als eine Verknüpfung von Ursache und Wirkung. Die interpretationsphilosophische These lautet hier, daß in dem Konzept der Kausalität und in der Rolle, die ihm zugedacht wird, eine Interpretation$_1$-cum-Interpretation$_{2+3}$-Praxis immer schon vorausgesetzt und in Anspruch genommen ist, daß also Interpretation logisch früher ist als Kausalität, – nicht also umgekehrt, daß Kausalität die Interpretativität begrenzt.

Die einfachste Form von Kausalvorhersagen ist: »A verursacht B«. In dieser Figur ist Interpretation zunächst in dem Sinne im Spiel, daß Kausalaussagen davon abhängen, was als der wirkliche, der normale Zustand der Welt gilt, mithin davon, welche Interpretationswelt zugrunde gelegt wird. Weiterhin sind Interpretationskonstrukte insofern bereits vorausgesetzt, als das Ereignis A, das Ereignis B und die Prozeßrelation C identifiziert sowie re-identifiziert und in eine bestimmte, in eine *kausale* Beziehung gesetzt sind. All dies sind interpretatorisch-konstruktionale Aktivitäten, nicht jedoch passive oder kontemplative Wiedergaben, auch nicht Angleichungen an eine, wie es manchmal heißt, in der Welt selbst liegende Kausalstruktur. Das interpretative Element setzt sich dann fort in der Formulierung von allgemeinen Kausalgesetzen, von denen man sagen kann, daß die einzelnen kausalen Vorkommnisse sie instantiieren. Zugleich ist in Kausalaussagen bereits eine Trennungslinie gezogen und vorausgesetzt, durch die aus der Vielzahl von Hintergrundbedingungen, die alle für das Eintreten des Ereignisses B bedeutsam sind, diejenigen herausgegriffen werden, die als die im engeren Sinne *kausal relevanten* gelten. Ohne solche Schnitte kämen Kausalaussagen, wie wir sie zu gebrauchen gewohnt sind, gar nicht zustande. Und eben diese Schnitte können als Interpretations-Schnitte, als Ziehen von Interpretations-Grenzen, qualifiziert werden. Sie sind abhängig von Kontext, Situation, Zweck und Interesse. Was wollen wir zu welchem Zweck und bezogen auf welchen Kontext aussagen? Und je nachdem, wie hier die

Grenzen gezogen werden, fällt die Antwort anders aus. Ursache und Verursachung setzen bereits ein Netzwerk von Interpretationen voraus und nehmen dieses in Anspruch. Sprachphilosophisch entspricht dem, daß das Prädikat »ist Ursache« und »verursacht« *ohne* eine bereits vorausgesetzte Interpretation keine bestimmte Referenz hat.

Akzentuieren wir auch hier die Fragestellung nach der Seite der Zeitordnung. Entscheidend ist zunächst wiederum, daß die Wahrnehmung des Mannigfaltigen sukzessiv erfolgt, sodann, daß Kausalität selbst nicht wahrnehmbar ist. Man hat es stets nur mit Verknüpfungen zweier oder mehrerer Erscheinungen oder Ereignisse zu tun. Das Mannigfaltige selbst und aus sich heraus enthält keine Zeitordnung in den Gegenständen. *Daß* für uns die Gegenstände eine bestimme Position in der Zeit einnehmen, und *daß* wir von dieser Zeitordnung sagen, sie sei nicht bloß eine subjektiv-beliebige, sondern eine objektive, eine, die ein objektives Früher und Später von etwas beinhaltet, *muß* Resultat kategorialisierender und schematisierender Interpretation$_{I}$-Gesichtspunkte sein, die wir *immer schon* in das, was uns als eine Wirklichkeit gilt, eingearbeitet haben. Der Begriff einer Veränderung und über ihn der einer objektiven Folge in der Zeit setzt mithin den Interpretation$_{I}$-Horizont und die Interpretation$_{I}$-Praxis bereits voraus, aus denen heraus sich diese objektive Ordnung in der Zeit allererst ergibt.

Wenn, wie es Kantische Auffassung ist, nichts für uns Gegenstand sein oder geschehen kann, was nicht entweder Ursache oder Wirkung von etwas anderem ist, dann kann, so ist interpretationsphilosophisch zu akzentuieren, nichts für uns Gegenstand sein und geschehen, dessen Realität nicht unter der Form eines Interpretation$_{I}$-Horizonts und einer Interpretation$_{I}$-Praxis steht und deren Regularitäten instantiiert. In dem hier erörterten Zusammenhang ist dies die Regel, etwas der Zeitfolge nach zu bestimmen, und die Regel besteht darin, »daß in dem, was vorhergeht, die Bedingung anzutreffen sei, unter welcher die Begebenheit jederzeit (d.i. notwendigerweise) folgt«.[38] Zugespitzt formuliert: *Ohne* Interpretativität$_{I}$ würde gar nichts für uns geschehen. Oder umgekehrt: Da etwas geschieht, ist sinnkritisch

38 I. Kant: *Kritik der reinen Vernunft*, B, 246.

vorauszusetzen, daß Interpretativität$_1$ bereits ihr Bestimmtheit generierendes Werk getan haben muß. Des näheren ist zu beachten, daß es diese Regel der Bestimmung der Zeitfolge ist, die die Bedingung der objektiven Gültigkeit unserer empirischen und sich auf die Reihe der Wahrnehmungen beziehenden Urteile, mithin die empirische Wahrheit begründet. Dies berührt bereits den in Kapitel 12 zu erörternden Zusammenhang von Interpretation und Wahrheitsfrage, – und zwar im Lichte der überaus wichtigen Zusammenjochung, daß die Form der Interpretation$_1$-Praxis sowie die Form des Interpretation$_1$-Horizonts nicht nur gegenstands-, sondern darin zugleich wahrheitsbegründend sind.

4. Satz der Interpretation

Der in Abschnitt 2.1. erörterte und zurückgewiesene ontologische Einwand, daß doch wohl nicht alles bloß Interpretation sein könne, manifestiert sich hin und wieder auch in der Auseinandersetzung mit dem Satz der Interpretation.[39] Dieser lautet in zugespitzter Form: »Alles, was ›ist‹, ist Interpretation, und Interpretation ist alles, was ›ist‹.«[40]
Zunächst sind in beiden Hälften des Satzes die suspendierenden einfachen Anführungszeichen ›...‹ an der Rede von »ist« zu beachten. Darin wird signalisiert, daß es sich hier *nicht* um das »ist« der Identität handelt. Ein »ist« der Identität liegt vor, wenn jemand etwa sagt »Ein mentaler Zustand ist ein neuronaler Zustand« und damit meint, daß der mentale Zustand ABC, z.B. das Haben eines Wunsches, nichts anderes ist als der neuronale Zustand XYZ, mit diesem identisch ist. In *epistemischer Einstellung* geht es in dem ›ist‹ im Satz der Interpretation nicht um das Ist der Identität, sondern um das der Identifikation, der Individuation, der raum-zeitlichen Lokalisierung, der Bestimmtheit und der

39 So z.B. bei A. Graeser und G. Löhrer, in: Allgemeine Zeitschrift für Philosophie, 21 (1996), 253–270.
40 Verf.: *Nominalismus und Interpretation*, in: J. Simon (Hg.): *Nietzsche und die philosophische Tradition*, Bd. II, Würzburg 1985, 60.

Spezifikation. Und das »ist« ohne einfache Anführungszeichen meint das »ist«, das dem Prädikat »Interpretation« im Sinne von »ist interpretativ« zugehört. Bei genauerer Prüfung wird allerdings deutlich, daß auch bereits das Ist der Identität einen Relativitäts-Index mit sich führt, obwohl dieser nicht immer eigens ausgesprochen wird. In dem genannten Beispiel müßte es strenggenommen heißen: »Das Haben des Wunsches ABC ist *neurophysiologisch gesehen* nichts anderes als der neuronale Zustand XYZ«. Daran zeigt sich, daß Identität (a) nicht gänzlich unabhängig von den Prozeduren der Identifikation konzipiert werden kann und (b) ihrerseits den Status einer Ordnungs- und Organisations-Präsupposition, den Status einer vorhergehenden Unterstellung erhält. Dies zu sagen, schließt ein, daß z.B. die raum-zeitliche Lokalisierung eines Objekts nicht einfach zu seinen ›Eigenschaften‹ zählt, sondern in zeichen- und interpretations-prädikativen Verfahren allererst zustande gebracht wird. Unter kritischem Vorzeichen kann es für endliche Geister nur um epistemische Identität, nicht dagegen um im starken Sinne metaphysische gehen. In diesem Sinne hat auch der Grundsatz, daß jedes Individuum mit sich selbst identisch ist, den Status interpretativer Präsupposition.

Weiterhin ist zu beachten, daß der Satz der Interpretation eine apagogische, eine indirekte Stütze durch den Aufweis der Unrichtigkeit des Gegenteils erhält. Man müßte, soll der Satz erst gar nicht formuliert werden können, zeigen: (i) daß Wirklichkeit als vorfabrizierte und individuierte fertig daliegt und auf ihre neutrale und passive Wiedergabe von unserer Seite wartet; und komplementär (ii) daß so etwas wie eine »absolute Konzeption« (B. Williams) kohärent entfaltet werden kann, die genau diese ›Wahre Natur der Sachen selbst‹ erfaßt. Beide Vorstellungen müssen als gescheitert angesehen werden.[41]

Der Grund-Satz der Interpretation ist nicht ein Grundsatz des formellen Denkens (wie z.B. der Satz vom zu vermeidenden Widerspruch, der eine Konsistenzanforderung formuliert). Es handelt sich vielmehr um einen transzendentalen Grundsatz der

41 Vgl. dazu im einzelnen Verf.: *Interpretationswelten*, a.a.O., Kap. 21; und 493 f. sowie 461 in bezug auf B. Williams: *Ethics and the Limits of Philosophy*, London 1985.

Erkenntnis und der Erfahrung, vergleichbar dem Satz vom zureichenden Grunde. Wer den Satz wie einen Grundsatz des formellen Denkens behandelt, dem entgeht sein Status.

Die erste Hälfte des Satzes kann durch eine explizierende Paraphrase verdeutlicht werden. Sie lautet: »Jedes Objekt oder Ereignis, das ein raum-zeitlich lokalisiertes, individuiertes und als bestimmt angesehenes Objekt oder Ereignis ist, ist aufgrund der darin bereits vorausgesetzten und in Anspruch genommenen Lokalisierungs-, Individuations-, Bestimmtheits- und Spezifikations-Regeln, -Prinzipien, -Instrumentarien, die als Interpretations-Regeln, -Prinzipien, -Instrumentarien charakterisiert werden können, ein Interpretationsprodukt, das seine es kategorialisierende und individuierende Genealogie aus Interpretationsverhältnissen stets bereits hinter sich hat.« Kurz: Jede individuierte wirkliche Welt ist interpretierte Welt, ist Interpretationswelt.

Die zweite Hälfte des Satzes der Interpretation gilt in dem in 2.1. und 2.2. bereits berührten Sinne: (i) Ein metaphysischer Dualismus von epistemischer und ontologischer Ebene läßt sich unter kritischem Vorzeichen nicht explizieren. (ii) Das Äußerste, zu dem wir vorzudringen vermögen, ist unsere Lebenspraxis, die aufgrund ihres perspektivischen, konjekturalen, konstruktionalen, ein- und auslegenden, kurz ihres *interpretativen* Charakters als Interpretations-Praxis gefaßt werden kann. (iii) Die ausführliche Paraphrase des zweiten Teils des Satzes kann daher lauten: »Da alles, was raum-zeitlich lokalisiert, individuiert, bestimmt und spezifisch ist, seine Genealogie aus kategorialisierenden Interpretationsverhältnissen bereits hinter sich hat, ist jedes bestimmte Objekt oder Ereignis in *diesem* Sinne Interpretations-Resultat, und insofern sind (gesprochen noch *innerhalb* des alten ontologischen Schemas von ›deutendem Schein‹ und ›wahrem Sein‹) die Interpretationsverhältnisse in reflektierter Einstellung dasjenige, womit wir es zu tun haben, und in diesem Sinne das, was ›ist‹«. Die Pointe jedoch ist, daß mit dieser Formulierung die ganze Dichotomie von ›wahrer Wirklichkeit‹ und ›bloßem Schein‹ (und *nicht* nur eine der beiden Seiten) zurückgelassen und der Boden der Interpretationsverhältnisse betreten wird. Die Grenze der Interpretationsverhältnisse vermögen wir als endliche Geister nicht zu durchbrechen.[42] Das ist der philosophisch entscheidende Punkt.

Man könnte sich die Frage stellen, ob nicht der Satz der Interpretation selbstaufhebend oder gar selbstwidersprüchlich sei. Der Einwand der Selbstaufhebung lautet: »Wenn es wahr ist, daß alles Interpretation ist, dann ist es auch Interpretation, daß alles Interpretation ist«.[43] Diese Folgerung ist in interpretationistischer Sicht nur konsequent. Doch ergibt sich aus diesem Selbsteinschluß keineswegs die Selbstaufhebung des Satzes. In dem Einwand wurde nicht beachtet, daß im Satz der Interpretation nicht einfach von einem »alles schlechthin«, sondern von »alles, was ›ist‹« in dem oben erläuterten Sinne von »jedes raum-zeitlich lokalisierte, individuierte, bestimmte und spezifizierte Objekt oder Ereignis …« die Rede ist. Wird dies bedacht, fällt der Einwand der Selbstaufhebung schon erheblich schwerer. Denn durch diese Erläuterung kommt ein internes Gefälle zwischen dem, wovon der Satz handelt, und dem Satz selbst ins Spiel.

Ein Satz kann dann selbstaufhebend genannt werden, wenn sich aus seiner Wahrheit seine Falschheit ergibt.[44] Diese Situation ist im Falle des Satzes der Interpretation aber offenkundig nicht gegeben. Wenn ich sage, daß alles, was ›ist‹, vom Charakter der Interpretation ist, dann ist auch dies zu sagen eine Interpretation, denn es ist nicht von außerhalb unserer Lebens- und Interpretations-Praxis gesprochen. Jedoch hebt die Wahrheit dieses Satzes nicht den Satz selbst als falsch auf. Selbstaufhebung drohte erst

42 Vgl. Verf., a.a.O., 448. Vgl. Kapitel 8 (Sagen und Zeigen), wo der nicht-hintergehbare Interpretationscharakter auch der logischen Form im Verhältnis von Satz und Wirklichkeit herausgearbeitet wird.

43 So A. Graeser: *Interpretation, Interpretativität und Interpretationismus*, in: Allgemeine Zeitschrift für Philosophie, 21 (1996) 253-260.

44 Hilary Putnam hat in diesem Sinne in bezug auf die bekannte Gehirne-im-Tank-Fiktion mit dieser (auch an dem Skolem-Löwenheim-Theorem orientierten) Schleifenbildung argumentiert. Vgl. Putnam: *Reason, Truth and History*, Cambridge-London 1981, Kap. I. Vgl. dazu Verf.: *Interpretationswelten*, a.a.O., Kap. 10. Wenn Gehirne-im-Tank sagen, daß sie Gehirne im Tank sind, ist ihre Behauptung genau dann falsch, wenn sie richtig ist.

dann, wenn mit dem Satz der Anspruch erhoben würde, jetzt ›Die Eine Definitive Interpretation‹ gegeben zu haben.[45] Dies aber *kann* in der Interpretationsphilosophie aus systematischen Gründen nicht mehr der Fall sein. Sie ist nicht erneut eine absolute Philosophie. Interpretationsphilosophie versteht sich als grundlegend, *nicht* aufgrund einer Totalitätsannahme, sondern erklärtermaßen einer Totalitätskritik, d.h. der Einsicht, daß wir als endliche Geister von der Möglichkeit einer Totalitätssicht, unter die sich das Besondere und Einzelne unterzuordnen hätte, nicht nur zufällig und temporär, sondern systematisch abgeschnitten sind. Interpretationsphilosophie ist nicht Nachfahre einer auf metaphysische ›Seins‹-Totalität ausgerichteten Einstellung, sondern der aus der Kritik an genau dieser Option entstandene Typus philosophischen Denkens. Der Satz der Interpretation ist daher auch Ausdruck der (schon Kantischen) Einsicht, (i) daß wir uns als endliche Geister nicht in einer epistemischen Situation befinden, definitiv, essentialistisch und allgemein verbindlich sagen zu können, ›was es *gibt*‹ und ›*was* etwas ist‹ und (ii) daß raum-zeitliche Lokalisierung, Individuation, Bestimmtheit und Spezifikation stets bereits abhängig sind von dem zugrunde gelegten Zeichen-und-Interpretationssystem sowie von Zwecken, mithin von pragmatischen und praktischen Gesichtspunkten, die darin leitend sind.

Eine Charakterisierung der Interpretationsphilosophie als einer auf umfassende Totalität und Absolutheit gerichteten Position (gar mit Perspektive *von außen*), der es um die internen Selbstbegrenzungen des Absoluten gehe, ginge gründlich an Anliegen, Charakter und Leitfiguren der Interpretationsphilosophie vorbei. Es handelt sich gerade nicht um eine Position, die implosiv

45 Etwa in folgendem Sinne: Der Interpretationismus zeigt, daß alle bisherigen Formen menschlichen Wissens bloß Interpretationen waren, und nun ist er es, der definitiv und abschließend sagt, welches »Die Eine Richtige Interpretation« ist, nämlich: daß alles Interpretation ist. Das wäre ein massiver Essentialismus und stünde in der Tat in der Gefahr, selbstaufhebend zu sein, d.h. aus seiner Wahrheit ergäbe sich seine Falschheit. Der Interpretationscharakter selbst unterläuft die Möglichkeit, daß es nicht-interpretativ »Die Eine Richtige Interpretation« geben kann.

allumfassend sein möchte. Vielmehr geht es um die sinnlogischen Grenzen, die sich aus der Endlichkeit des Menschen ergeben. Interpretationsphilosophie ist Philosophie im Ausgang radikaler Endlichkeit. Der mögliche Einwand, es könnte sich schließlich doch wieder um eine dogmatische und selbstimmunisierende Position handeln, ist verfehlt. Der Interpretationismus eröffnet intern die Möglichkeit der Kritik und fallibler Interpretationen. Jegliche Spielart von Dogmatismus ist hier systematisch ausgeschlossen.[46]

Außer dem genannten internen Gefälle ist noch ein weiteres Gefälle zu beachten, das ebenfalls zur Abwehr der Gefahr einer Selbstaufhebung beiträgt. Der Satz »Alles, was ›ist‹, ist Interpretation« bezieht sich auf den Umstand, daß das, was (raum-zeitlich lokalisiert und individuiert) ›ist‹, eine Genealogie aus Aktivitäten der Interpretation_1-Verhältnisse hinter sich hat. Der Satz selbst jedoch ist offenkundig von der Interpretation_3-Ebene aus gesprochen. Da es sich in dem dargelegten Sinne nicht erneut um eine Philosophie der Totalität und des Absoluten handeln *kann*, darf der Satz in keinem Falle so mißverstanden werden, als werde hier von der Interpretation_1-Ebene aus gesprochen. Der Satz ist kein apokalyptischer Satz. Es geht gar nicht darum, eine Totalität zu erfassen. Die Interpretation_3-Ebene ist in dem dargelegten Sinne die wichtigste der drei Ebenen.

Der Einwand der Selbstwidersprüchlichkeit wird bisweilen wie folgt formuliert: »Wenn x (eine) Interpretation ist, so gibt es ein y, von dem x (eine) Interpretation ist. Sagen, daß alles Interpretation sei, heißt implizieren, daß etwas existiert, das seinerseits nicht Interpretation ist, aber das ist, wovon x Interpretation ist.« Wichtig sei vor allem, »daß Gebilde von der Art y nicht in der Weise Interpretationen sind, wie x (eine) Interpretation von y sein soll.«[47] Dieser Auffassung ist folgendes zu entgegnen:

(i) Ein Selbstwiderspruch würde nur dann drohen, wenn man sagte, »daß schlechthin Alles überhaupt Interpretation ist«. Dies zu sagen, erforderte einen Gottesgesichtspunkt. Von ihm sind

46 Zu den ethischen Konsequenzen des Ansatzes vgl. Kap. 14 (Interpretationsethik und Demokratie).

47 So A. Graeser: *Interpretation, Interpretativität und Interpretationismus*, in: a.a.O., 255f.

wir aber systematisch abgeschnitten. Die angemessene Formulierung lautet mithin wie dargelegt: »daß alles, was (raum-zeitlich lokalisiert, individuiert, identifiziert und spezifiziert) ›ist‹, als Interpretationsprodukt anzusehen ist«. »Alles, was in diesem Sinne ›ist‹« heißt nicht: »schlechthin und gänzlich einschränkungslos Alles überhaupt«. Und der Ausdruck »alles« bezieht sich nicht auf einen bestimmten Gegenstand, nicht auf ein ›Alles‹, sondern auf einen jeden möglichen Gegenstand überhaupt. Die Wendung »alles, was ›ist‹« ist also im Sinne von »ein jedes Ding« zu verstehen, wobei »ein jedes Ding« in transzendentaler Bedeutung verstanden und nur auf Erscheinungen, nicht auf Dinge-an-sich bezogen wird. Der Satz der Interpretation ist also auch daher ein Satz der interpretations-transzendentalen Logik, ein Grundsatz der Erfahrung und Erkenntnis, wie der Satz vom zureichenden Grunde. Alles, was überhaupt Gegenstand der Erfahrung für uns sein kann, kann dies stets nur in einem Interpretations-Horizont und unter den Regeln einer Interpretations-Praxis sein, die es instantiiert, auch wenn wir diese Regeln nicht oder noch nicht kennen. Der Einwand der Selbstwidersprüchlichkeit geht am Charakter und am Status des Satzes der Interpretation vorbei.

(ii) In diesen Zusammenhang gehört auch das oben in Kapitel 1.1. skizzierte Stufenmodell der Interpretation, das verschiedene Typen von Interpretation unterscheidet. Diese Stufungen in der Vertikalen sind ein wichtiges Antidot auch gegen möglicherweise drohende Selbstwidersprüchlichkeiten und Antinomien. Selbstwidersprüchlichkeit tritt hier deshalb nicht auf, weil die Problematik, die zunächst in ein und derselben horizontalen Ebene angesiedelt ist und deshalb zu Antinomien führen kann, in ein vertikales Stufenmodell unterschiedlicher Ebenen aufgefächert wird.

Für eine x-Interpretation$_3$ (im Sinne der aneignenden Deutung von etwas) gilt, daß es ein von dieser x-Interpretation$_3$ unabhängiges y-Gebilde gibt, von dem sie die x-Interpretation$_3$ ist, die sie ist. In Kapitel 1.1. wurde bereits betont, daß eine von Interpretationen$_3$ unabhängige Welt vorausgesetzt werden muß, damit wir nicht, Kantisch gesprochen, in Ungereimtheiten in bezug auf unser empirisches Selbstbewußtsein geraten. Weiterhin ist an den

Punkt zu erinnern, daß wir dann, wenn eine $Interpretation_3$ nicht ›paßt‹, nicht die Welt, nicht das y-Gebilde, sondern unsere $Interpretation_3$ ändern, die an der Welt scheitern kann. Ein Selbstwiderspruch würde nur dann drohen, wenn wir die oben skizzierte Position auf der $Interpretation_3$-Ebene vertreten würden. Das ist aber erklärtermaßen nicht der Fall. $Interpretationen_3$ sind als Interpretationen-von-y in einer Weise Interpretationen, die nicht für den y-Gegenstand solcher $Interpretationen_3$ gilt.
Allerdings bleibt zu beachten, daß der y-Gegenstand, der von der x-$Interpretation_3$ unabhängig ist, dann, wenn er nicht unkritisch als ein metaphysisch-realistischer »Gegenstand-an-sich« konzipiert werden soll, als ein in kategorialisierender Formierung, raum-zeitlicher Lokalisierung, Individuation und Identifikation bestimmter, kurz als ein in $Interpretation_1$-Prozessen formierter Gegenstand angesehen werden muß. Die Position des metaphysischen Realismus ist bekanntlich in irreparable Schwierigkeiten geraten.[48]
Grundsätzlich geht es nicht nur darum, daß auch die y-Gebilde nur in und durch Interpretation zugänglich sind und ihre raumzeitliche Lokalisierung und Individuation aus $Interpretation_1$-Prozessen bereits vorausgesetzt ist. Es geht – und das ist eine der tiefsten Funktionsstellen der Interpretativität – um die Bereitstellung von Raum-Zeit-Ordnung, von Raum-Zeit-Stellen (die bei Kant eine fundamentale Leistung der transzendentalen Einbildungskraft sind).[49]
Zu sagen, daß der Satz der Interpretation nicht ein Satz des formellen Denkens, sondern einer der interpretations-transzendentalen Logik, mithin bezogen auf Erfahrung und Erkenntnis ist, heißt auch, daß er nicht nur das Verhältnis von Begriffen untereinander und die Stellung des Verstandes zu Begriffen betrifft. Die Wendung »Alles bzw. ein jedes Ding ...« ist darin nicht als eine empirische Konstatierung aufzufassen. Sie hat, wie betont, transzendentale Bedeutung. Im Satz der Interpretation geht es auch um die sinnliche Anschauung, die Bedingungen der Sinnlichkeit, die Rolle der Kategorien in der Gegenstandskonstitution und die Funktion der Einbildungskraft.

48 Vgl. dazu im einzelnen Verf.: *Interpretationswelten*, a.a.O., Kap. 21.
49 Vgl. auch Kapitel 7 (Imagination und Kognition).

5. Interne Alterität

Neben dem Satz der Interpretation ist auch der Satz »Alles, was *so* ist, *könnte* auch *anders* sein« von grundlegender Bedeutung.[50] Zu seiner Erläuterung sei folgendes angemerkt:

(i) Auch in bezug auf den Satz des Auch-*anders*-sein-könnens darf das »alles« nicht als ein »alles schlechthin und auf einmal« mißverstanden werden. Die Rede von »alles« ist zu paraphrasieren als »ein jedes Ding« im Sinne von »ein jedes individuiertes und raum-zeitlich lokalisiertes Objekt und Ereignis«. Das »alles« ist nicht das »Alles« der Totalität. Diese Lesart ist systematisch auszuschließen. Denn der Ausgangspunkt des interpretationsphilosophischen Ansatzes liegt, wie oben betont, in Endlichkeit, finiten Zeichen und finitisierenden Zeichenfunktionen.

(ii) Wollte man statt der These des Auch-*anders*-sein-könnens den Satz verteidigen »Alles, was *so* ist, *kann nicht anders* sein«, so wäre man damit auf uneinlösbare Beweislasten verpflichtet. Man müßte voraussetzen, daß es sowohl eine essentialistische und apriorische Ordnung der Dinge als auch ein intrinsisches und definitives Vorab-Festgelegtsein der semantischen und pragmatischen Merkmale der Zeichen (in ihren verständigungsorientierten wie in ihren gegenstands-konstitutiven Funktionen) gibt. Es ist jedoch keine Philosophie in Sicht, die diese Voraussetzungen unter kritischem Vorzeichen verteidigen könnte. Erinnert sei an Wittgenstein, der betont, daß alles, was wir sehen, auch anders sein könnte.[51]

(iii) Die Frage, von wo aus die Möglichkeit des Auch-*anders*-sein-könnens und damit die Skepsis-Möglichkeit überhaupt in den Blick kommt, kann daher nicht aus einer externen, gar absoluten Beobachterperspektive beantwortet werden. Die Skepsis-Möglichkeit ergibt sich vielmehr im Zuge der *internen* Alterität und Pluralität[52] der aus der Interpretations-Praxis heraus und auf diese hin erfolgenden welt-formierenden Kategorialisierungen selbst, mithin im Zuge dessen, was es heißt, unter Endlichkeits-

50 Vgl. Verf.: *Interpretationswelten*, a.a.O., 504 und 92.
51 L. Wittgenstein: *Tractatus logico-philosophicus*, Nr. 5.634.
52 Vgl. dazu auch unten Kap. 11 (Interner Pluralismus).

bedingungen über ein Welt-, Fremd- und Selbstverständnis zu verfügen.

(iv) Von hier aus wird zugleich deutlich, daß und in welchem Sinne die Skepsis-Möglichkeit über *interne* Alternativen eröffnet und dem Skeptiker doch *zugleich* im Rekurs auf die Interpretations-Praxis eine zufriedenstellende Antwort gegeben werden kann.

Hingewiesen sei schließlich auf einen Sinn des Satzes »Alles, was *so* ist, *könnte* auch *anders* sein«, der für den interpretationsphilosophischen Ansatz kennzeichnend ist. Gemeint ist die bereits betonte zentrale Rolle des Ansehens-*als*. Wenn wir nicht mehr von einer essentialistischen oder apriorischen Ordnung der Dinge ausgehen können und wenn symbolisierenden Zeichen ihre semantischen und pragmatischen Merkmale nicht von einem ›hinter‹ den Zeichen stehenden metaphysischen oder apriorischen Signifikat vorab und allgemein verbindlich zugewiesen werden, dann kommt offenkundig alles darauf an, wie die Dinge *angesehen* werden. Das ist, wie betont, nicht beliebig. Aber es schließt doch ein, daß alles, was *so-und-so angesehen* wird, im Prinzip auch *anders* angesehen werden könnte. Diese Formulierung, in der »sein« durch »ansehen« ersetzt wird, ist der Sache nach dem interpretationsphilosophischen Ansatz angemessener als die oben erörterte Formulierung des Auch-anders-*sein*-könnens. Darin wird auch in der Darstellung dem Sachverhalt Rechnung getragen, daß es nicht um *Seins*-, sondern um *Interpretations*verhältnisse geht. Und es gilt natürlich auch für philosophische Debatten. Man kann schließlich die Dinge, um die es geht, auch anders sehen. Die Interpretationsphilosophie beläßt anderen ihre anderen Interpretationen. Sie ist, wie in Kapitel 12 (Wahrheit und Interpretation) näher zu erörtern sein wird, vornehmlich auch in ihren kritischen Teilen nicht auf die Annahme von so etwas wie ›Der Einen Richtigen, Einzig Wahren, Definitiven und Allgemein Verbindlichen Interpretation‹ verpflichtet.

Teil II
Sprache und Zeichen

3. Bedeutung und Referenz

1. Deskriptionsparadigma und Kausalparadigma

Üblicherweise verwenden und verstehen wir unsere sprachlichen und nicht-sprachlichen Zeichen, zum Beispiel unsere alltäglichen Wörter und Gesten, problemlos. Wenn jemand ein Wort nicht verstanden hat, erläutert man ihm dessen Bedeutung. Das funktioniert mehr oder weniger reibungslos, im alltäglichen Leben wie auch im universitären Seminar. Über die Frage, woher denn ein Zeichen seine Bedeutung hat oder wie die Bedeutung in die Zeichen kommt, machen wir uns, solange die Verständigung funktioniert, keine Gedanken. Sie scheint irgendwie einfach da zu sein.

Die Situation könnte auch bei näherem Hinsehen noch unproblematisch bleiben, vorausgesetzt, man könnte etwa einen Ratschluß Gottes annehmen, der den Zeichen, z.B. den Wörtern »Gerechtigkeit« oder »Mandarine«, ihre Bedeutung vorab eingebaut und ein für allemal festgelegt hat. Doch das wäre Magie des sprachlichen Zeichens. Sie könnte z.B. nicht den für eine lebendige Sprache so charakteristischen Aspekt verständlich machen, Ausdrücke abweichend, innovativ oder metaphorisch zu verwenden. Darüber hinaus lassen Wörter wie »Freizeitindustrie« oder »Hochschulpolitik« intuitiv Zweifel daran aufkommen, ob für deren Bedeutung ein göttlicher Ratschluß oder etwa die Evolution verantwortlich gemacht werden kann.

Andererseits jedoch kann man auch nicht davon ausgehen, daß die Bedeutung der Zeichen in einer gegebenen Sprache beliebig, d.h. gänzlich von den subjektiven Meinungen der einzelnen Sprecher und Hörer abhängig ist. Das wäre relativistische Beliebigkeit der Bedeutung. Sie ist für *gelingende* und *erfolgreiche* Verständigungsverhältnisse gerade nicht kennzeichnend. Denn wer etwa im Deutschen die Frage nach der Bedeutung der Wörter »Tisch« und »rot« mit »Pandabär« und »Polkatanz« angibt, von dem würde man wohl nicht sagen, daß er die Bedeutung dieser Wörter kennt. Das also ist die Ausgangssituation: Weder Magie noch Relativismus der Bedeutung sprachlicher Zeichen. Woher aber haben dann die Zeichen ihre Bedeutung?

Zunächst bieten sich zwei Modelle an, die eine Dichotomie bilden und die zeitgenössischen Debatten weitgehend beherrschen. Es handelt sich um die beiden Grundthesen, daß die Festlegung der Bedeutung und der Referenz eines Zeichens entweder *in unseren Köpfen* oder außerhalb dieser, *von seiten der Welt und durch die Gesellschaft* erfolgt. Die Kopf-These tritt vor allem in Form der Deskriptionalen Theorie auf (die von Aristoteles über Mill bis zu Russell und Searle reicht). Die Welt-These hat ihre zugespitzte Gestalt in der sogenannten Kausaltheorie der Bedeutung und der Referenz (deren Vertreter heute z.B. Fodor, Field, und auf andere Weise auch Putnam, Kripke und Donnellan sind). Es läßt sich jedoch zeigen, daß beide Theorieansätze und mit ihnen die ganze Dichotomie von Kopf und Welt scheitern.[1]

Der Deskriptionstheorie zufolge sind die Bedeutungen *im Kopf* und werden dort festgelegt. Dies erfolge durch den mentalen Zustand »of grasping an abstract entity or simply having a certain Intentional content«.[2] Des näheren könnten, so die These, Bedeutung und Referenz eines Ausdrucks durch eine definite Deskription bestimmt, z.B. das Wort »Rotkehlchen« mit der Deskription »Der Singvogel, dessen Oberseite olivbraun und dessen Stirn rostrot ist,...« synonym gesetzt werden.

Doch sieht sich diese Theorie einer Schwierigkeit ausgesetzt, die sie aus sich heraus nicht zu beheben vermag. Sie ist in einem kardinalen Sinne *unvollständig*. Denn sie erklärt diejenigen Eigenschaften eines Zeichens, die dessen Bedeutung und Referenz garantieren, mit Hilfe der Bedeutungs- und Referenzeigenschaften anderer Zeichen. Im Rotkehlchen-Beispiel erfolgt dies etwa mit Hilfe der Wörter »Singvogel« und »rostrot«. Die in einer solchen Erklärung eingesetzten Zeichen müssen als bekannt unterstellt werden. Einzig unter dieser Voraussetzung funktioniert die Deskriptionstheorie. Andernfalls geriete man in einen unendlichen Regreß. Denn hinsichtlich jeder weiteren Erklärung könnte im-

1 Vgl. zum folgenden ausführlich Verf.: *Interpretationswelten*, a.a.O., Kap. 11-13.

2 J. R. Searle: *Intentionality. An essay in the philosophy of mind*, Cambridge 1983, 198.

mer wieder nach der Bedeutung der darin verwendeten Ausdrücke gefragt werden. Genau deshalb aber stellt diese Theorie keine Erklärung für die in einer gelingenden Sprachverwendung gegebene Bedeutung der Ausdrücke sowie für die Verzahnung von Sprache und Welt dar. Jede Erklärung der Erklärung der Erklärung usf. führt von dem eigentlich interessierenden Punkt, der gelingenden Verständigung zwischen Personen und der gegebenen Verzahnung von Sprache und Welt, immer weiter weg. Dies läuft darauf hinaus, daß Sprecher und Hörer ebenso wie Sprache und Welt schließlich beziehungslos nebeneinander liegen. Genau das aber ist im *gelingenden* Sprach- und Zeichengebrauch offenkundig *nicht* der Fall.

Der Kausaltheorie zufolge ist die Deskriptionstheorie nicht nur unvollständig, sondern sie sucht auch an der falschen Stelle, eben nur im Kopf. Um aber zu einer Erklärung der Bedeutung und Referenz natürlicher Zeichen zu gelangen, müsse man auch auf das achten, was außerhalb des Kopfes liegt. Dann werde man sehen, daß es sich bei den Bedeutungs- und Referenzfunktionen der Zeichen um *kausale* Verhältnisse handle.

Jedoch scheitert auch die Kausaltheorie, und zwar in einem noch grundsätzlicheren Sinne. Faßt man die Bedeutungs- und Referenzfunktion eines Zeichens als eine *Zeichenfunktion* auf, dann wird deutlich, daß eine *Zeichenfunktion als solche* nicht eine Angelegenheit von Ursache und Verursachung sein *kann*. Selbst die bestmögliche Kausaltheorie über die Verbindung zwischen dem Kugelschreiber vor mir auf dem Tisch und der Äußerung des Wortes »Kugelschreiber« enthielte noch keine Auskunft darüber, daß die *semantischen Merkmale* (Bedeutung, Referenz, Wahrheits- oder Erfüllungsbedingungen) des Wortes »Kugelschreiber« so sind, wie sie sind, d.h. daß das Wort »Kugelschreiber« von Kugelschreibern handelt und sich auf Kugelschreiber bezieht. Selbst also die bestmöglichen Kausaltheorien (die wir nicht besitzen!) enthielten noch keine Antwort auf die *sprach-* und *zeichenphilosophische* Grundfrage, wie es zu *denken* ist, *daß* unsere Zeichen und Wörter das bedeuten, was sie bedeuten, *daß* sie Bezug nehmen, worauf sie Bezug nehmen, und *daß* ihnen etwas Wirkliches entspricht. Denn dies sind nicht Fragen kausaler Antezedenzien oder kausaler Rollen.

Zwischenergebnis: Weder das Deskriptions- noch das Kausalparadigma kann als ein angemessenes Paradigma der sprachphilosophischen Frage nach der Bedeutung und Referenz der Zeichen angesehen werden. Woher aber haben die Zeichen dann ihre Bedeutung, wenn weder die Dichotomie von Magie und Relativismus noch die von Deskriptionismus und Kausalismus zur Verfügung stehen?

2. Bedeutung als angemessene Interpretation

Um eine Antwort auf diese Frage geben zu können, ist von der Einsicht auszugehen, daß in jedem gelingenden Sprechen und Verstehen einer Sprache bereits eine *Interpretation* dieser Sprache vorausgesetzt, mithin die charakteristische Art und Weise, in der ihre Zeichen fungieren, immer schon in Anspruch genommen ist. Die Bedeutung der Zeichen hängt daher von unserer *Praxis der Interpretation der Zeichen* ab. In dieser Interpretations-Praxis[3] kann man den eigentlichen Schauplatz der Bedeutungs-Festlegung sehen. Die These kann daher lauten: *die Bedeutung eines Ausdrucks wird durch dessen angemessene Interpretation bestimmt*. Die Frage nach der *gelingenden* und *erfolgreichen* Verständigung wird dann im Kern zu einer Frage des Eingespieltseins, des mehr oder weniger fraglosen Funktionierens einer Interpretations-Praxis, der Art und Weise eben, wie wir die Zeichen gewöhnlich verwenden und verstehen.

Ist die Rede von Interpretation in diesem Sinne grundlegend, dann kann sie, wie betont, nicht auf ihren *engen* Sinn als *aneignende Deutung* beschränkt werden. Letztere betrifft im Stufenmodell der Interpretation nur *eine* der drei heuristisch zu unterscheidenden Ebenen. Bezogen auf das Sprechen und Verstehen der Ausdrücke einer Sprache bedeutet dieses drei-stufige Modell: (i) Der individuelle Gebrauch sprachlicher Zeichen sowie die Deutung eines individuellen Zeichens und Ausdrucks, d.h. das Herausfinden einer *Sprecher*-Bedeutung, sind auf der Interpretation$_3$-Ebene angesiedelt. (ii) Dem geht eine Interpreta-

3 Vgl. dazu im einzelnen Kap. 1.2.

tion$_2$-Ebene in Gestalt einer besonderen Sprache (z.B. des Deutschen, des Chinesischen) sowie einer *semantischen* Bedeutung ebenso stets bereits voraus wie z.B. die Konventionen eines natürlichen Zeichensystems oder einer Sprache. (iii) Dies wiederum setzt auf der Interpretation$_1$-Ebene unter anderem die Individuationsprinzipien dieser Sprache und, weiter gefaßt, die Sprachlichkeit und Zeichenhaftigkeit des menschlichen »In-der-Welt-seins« (Heidegger) immer schon voraus und nimmt diese in Anspruch.

Der ursprüngliche und nicht noch einmal hintergehbare Charakter des In-der-Welt-seins ebenso wie das Funktionieren der symbolisierenden Zeichen können *in ihren Vollzügen* als *interpretativ* charakterisiert werden. Menschliches In-der-Welt-sein wird nicht nachträglich auch noch, falls erforderlich, interpretiert, sondern es vollzieht sich intern als ein *interpretatives* Geschehen. Und die Zeichen funktionieren in ihren Zeichenfunktionen *interpretatorisch*. In diesem Sinne können die Interpretationsverhältnisse als ursprünglich und nicht-hintergehbar verstanden werden.

3. Referenz im Interpretationsmodell

Die These, daß Interpretation nicht bloß Option, sondern Kondition des Verwenden- und Verstehenkönnens sprachlicher und nicht-sprachlicher Zeichen ist, gilt nicht nur hinsichtlich der Bedeutung. Sie gilt auch im Hinblick auf die Referenz der Zeichen. Die Referenz eines Zeichens kann als eine Funktion der durch eine eingespielte Interpretations-Praxis geregelten Zeichenverwendung konzipiert werden. Entsprechend lautet die Grundthese auch hier, *daß die Referenz eines Ausdrucks durch dessen angemessene Interpretation bestimmt wird.* Darin unterscheidet sich die Interpretationstheorie der Referenz im Kern von den beiden in Kapitel 3.1. diskutierten Typen von Referenztheorie.

Die Frage, wie es zu *denken* ist, *daß* unsere Zeichen und Wörter auf das Bezug nehmen, worauf sie Bezug nehmen, und *daß* ihnen etwas Wirkliches entspricht, kann, analog zur Beantwortung der

Bedeutungs-Frage, mit der folgenden Doppelthese beantwortet werden: (i) Die Referenzfunktionen können als Zeichenfunktionen und diese wiederum als Interpretationsfunktionen konstruiert werden; und (ii) deren Bestimmtheit, mithin die Frage gelingender Referenz, kann als eine Frage des Eingespieltseins, des bis auf weiteres fraglosen Funktionierens einer Interpretations-Praxis behandelt werden. Und »fraglos« heißt hier, daß es keiner weiteren dazwischengeschalteten Deskriptionen, Deutungen, Erklärungen, Erläuterungen bedarf, um zu verstehen, daß und worauf ein referenzial verwendetes Zeichen referiert.

Die Frage ist, woher die die Referenz eines Zeichens bestimmende Eigenschaft kommt. Hier vertritt ein methodischer Mentalismus bekanntlich die Position, daß diese Eigenschaften »supervenient« zu den psychologischen Zuständen der Zeichenbenutzer sind, d.h. zu diesen hinzukommen. Dies scheint zunächst eine durchaus plausible Auffassung zu sein. Sie ist es jedoch nur, solange man annimmt, daß auf dem Wege der Introspektion ein sicheres Wissen über die psychologischen Zustände erreichbar ist und die Sprecher zugleich auch sicher wissen, welches die semantische Referenz der von ihnen verwendeten Wörter ist. Genau dies aber ist nicht der Fall, wie die bekannten Argumente von Hilary Putnam, Tyler Burge und anderen gezeigt haben.[4] Als Folge davon wird diese Supervenienz dann in den kausalen Theorien der Referenz durch die andere ersetzt, der zufolge die referenz-bestimmende Eigenschaft eines Ausdrucks supervenient zur Geschichte seiner referenz-bewahrenden Tradierung ist.

Doch wie zu sehen war, ist die kausale Referenztheorie gravierenden Einwänden ausgesetzt. Der Interpretationismus teilt die Auffassung, daß es ein Fehler ist anzunehmen, daß »by virtue of its previous employment a term acquires a property which completely determines the reference of its future uses«. Angemessener erscheint demgegenüber die These, daß »what a speaker's

4 H. Putnam: *Mind, Language and Reality*, (= Philosophical Papers, Bd. 2), Cambridge 1975, 215ff.; T. Burge: *Individualism and the Mental*, in: P. A. French/T. E. Uehling/H. K. Wettstein (Hgg.): *Midwest Studies in Philosophy*, Bd. IV: *Studies in Metaphysics*, Minneapolis 1979, 73-121.

words ›really‹ refer to are what they are ›reasonably‹ or ›correctly‹ *interpreted* as referring to«.[5]

Eine wichtige Frage in Sachen Referenz ist, ob in der *direkten Referenz* der *semantische Sinn* eine Rolle spielt oder nicht. Die Interpretationstheorie möchte diese Frage beantworten im Rekurs: (a) auf die eingespielte Interpretations-Praxis, ohne deren Funktionieren wir schlicht nicht wüßten, welches die Referenz eines Zeichens und die damit verbundenen Erfüllungs- oder Wahrheitsbedingungen von Sätzen sind; (b) darauf, daß auch die direkte Referenz als eine Interpretationsfunktion konstruiert werden kann; und (c) auf das Stufenmodell der Interpretation. Auf diese Weise wird eine Direktheit der Referenz konzipierbar, die zugleich das Fregesche Rätsel in puncto Sinn aufnehmen kann. Dies erfolgt, indem der Sinn als diejenige Interpretativität gefaßt wird, die aus der den Zeichengebrauch regierenden Interpretations-Praxis heraus und auf diese hin präsupponiert werden muß, sobald eingesehen ist, daß man die Referenzfunktionen der Zeichen nicht mehr als magische oder kausale Eigenschaften der Zeichen konzipieren kann. Der Sinn eines Zeichens wäre dann in der durch die Interpretations-Praxis bestimmten Verwendungsweise des Zeichens präsent und für jegliche Zeichenfunktion relevant, *ohne* daß man, wie bei Frege, sagen müßte, der Sinn bestimme die Referenz. Auf diese Weise befreit der interpretationistische Ansatz den Sinn von der bekannten Gefahr einer drohenden Welt- und Inhaltslosigkeit. Sinn kann beibehalten werden, *ohne* einen Mentalismus vertreten zu müssen. Und in puncto Referenz sind die ontologischen Verpflichtungen, und nicht nur die Epistemologie der Referenz, von der Interpretations-Praxis abhängig.

Bislang waren vor allem drei Aspekte für die Interpretationstheorie der Referenz zentral: (i) Der Gebrauch einer Sprache setzt die Beherrschung einer Interpretations-Praxis voraus. (ii) Die Referenzfunktionen können als Interpretationsfunktionen konstruiert werden. (iii) In der Bestimmung der semantischen und pragmatischen Merkmale der Zeichen kommt der externalisierten Interpretations-Praxis die entscheidende Rolle zu. Ein

5 J. Koethe: *And they ain't outside the head either*, in: Synthese, 90 (1992) 28f.; Hervorhebung G.A.

weiterer und uns bereits vertrauter Aspekt ist zu ergänzen: (iv) Die im gelingenden Gebrauch einer Sprache wirksamen Individuationsprinzipien dieser Sprache können als interpretative Prinzipien charakterisiert werden. Dieses gleichsam *horizontale* Szenario kann nun in sich *vertikal* gestuft, das Stufenmodell der Interpretation zur Anwendung gebracht werden.

Die Frage der Referenz kann dann als eine Frage behandelt werden, bei deren Beantwortung auf Beziehungen zwischen den verschiedenen Interpretationsstufen zurückgegriffen wird.[6] Referenz erscheint dann als eine in sich doppelte Beziehung: Zum einen zwischen den referenzialen Zeichenfunktionen und deren raum-zeitlich lokalisierten Referenzobjekten. Dabei ist die Referenzfunktion als *Sprecher*-Referenz auf der Interpretation_3- und als *semantische* Referenz auf der Interpretation_2-Ebene anzusiedeln. Zum anderen geht es um das Zusammenwirken der verschiedenen Interpretationsstufen. Die Referenzobjekte sind dabei von den $\text{Interpretationen}_3$ und den $\text{Interpretationen}_2$ unabhängig, nicht jedoch von den Interpretation_1-Prozessen der raum-zeitlichen Lokalisierung, der Individuation und der Identifikation. Die auf die Formierung der Referenzobjekte gerichteten Interpretation_1-Prozesse liegen der erfolgreichen Referenz eines Zeichens bereits im Rücken. Das ist der Sinn, in dem Referenz ihre Gegenstände voraussetzt. Wichtig ist daher, daß Referenz nicht einfach nur einer einzigen Ebene zuzuordnen ist, sondern die verschiedenen Ebenen konnektiv beteiligt sind.

Die Rede vom ›Gelingen‹ der Referenz meint dann soviel wie Treffen, Passen, meint Gleichtakt der verschiedenen Interpretations-Ebenen untereinander. Das läßt sich *top down* und auch *bottom up* formulieren. Gelingende Referenz eines auf der Interpretation_3-Ebene auftretenden referierenden Zeichens ist gegeben, wenn die referenziale $\text{Interpretationsfunktion}_3$ (die Sprecher-Referenz) mit der auf der Interpretation_2-Ebene gewohnheitsmäßig verankerten semantischen Referenz übereinstimmt, und wenn diese beiden Komponenten zusammengenommen mit denjenigen Prozessen der Interpretation_1-Ebene zusammen-

6 Vgl. in diesem Sinne auch R. Dürr/H. Lenk: *Referenz und Bedeutung als Interpretationskonstrukt*, in: J. Trabant (Hg.): *Philosophie der Gegenwart: Sprachphilosophie*, Frankfurt a. M. 1995, 191-223.

stimmen, als deren Ergebnisse die Gegenstände der Referenz, das heißt die raum-zeitlich lokalisierten, individuierten und identifizierten Referenzobjekte anzusehen sind. Von unten nach oben formuliert heißt dies: Die in Interpretation$_{1}$-Prozessen lokalisierten, formierten, individuierten und identifizierten Objekte und Ereignisse sind die Erfüllungsgegenstände der semantischen Referenz ebenso wie der Sprecher-Referenz.

4. Zeichenlogik und Rationalität

1. Zeichen-*Vollzug* und Zeichen-*Deutung*

Das *philosophische* Problem des Zeichenverstehens besteht nicht darin, wie man ein Miß- oder ein Nicht-Verstehen beheben kann, sondern darin zu verstehen, was es heißt, sprachliche und nicht-sprachliche Zeichen zu verstehen, das Verstehen also zu verstehen. Aber, so möchte man einwenden, wo liegt denn hier ein Problem? Jeder weiß doch irgendwie, was es heißt, Zeichen zu verstehen. Das praktizieren wir doch fortwährend und problemlos. Aber genau dies scheinen wir nicht oder nur sehr schwer zu verstehen. Irritierend ist, daß man, wie Wittgenstein[7] betont, bei Fragen, die etwas derart Offenkundiges wie das Zeichenverstehen betreffen, die Antwort weiß, solange niemand fragt, sie aber nicht mehr zu wissen scheint, sobald man das, was man da weiß, ausbuchstabieren soll.[8]

Hinsichtlich der in syntaktischer, semantischer und pragmatischer Hinsicht so zentralen Interpretations-Praxis ist vor allem ein Unterschied grundlegend: Die Differenz zwischen der *Deutung* eines Zeichens und dem *Vollzug* eines Zeichens als Zeichen. Man denke etwa an eine Gedichtzeile oder an einen musikalischen Klang, in bezug auf die der Unterschied wichtig ist, der zwischen der *Deutung* des sprachlichen oder musikalischen Zeichens *als expressiv* und der keiner Deutung bedürftigen Erfahrung der Expressivität des Zeichens besteht. Im Unterschied zur Zeichen-*Deutung* (der ›kleinen‹ Logik der Zeichen) hat der Zeichen-*Vollzug* (die ›große‹ Logik der Zeichen, die man auch als die auto-semantische Realisation der Zeichen ansprechen kann)

7 Vgl. L. Wittgenstein: *Philosophische Untersuchungen I*, Nr. 89.

8 In dieses Kapitel werden Materialien einbezogen aus Verf.: *Zeichenlogik, Bedeutung und Rationalität*, in: J. Simon/W. Stegmaier (Hg.): *Fremde Vernunft. Zeichen und Interpretation* IV, Frankfurt a. M. 1998, 52-77; und von Verf.: *Zeichenverstehen*, in: E. Knobloch (Hg.): *Wissenschaft – Kunst – Technik. Strukturen, Interpretationen und Wechselwirkungen*, Wiesbaden 1997, 1-15.

die Bedingungen seines Gelingens *nicht* in etwas anderem außerhalb seiner, sondern ganz in sich selbst. Diese Differenz zwischen dem *Vollzug (und Verstehen) eines Zeichens* und der *Deutung (und Erklärung) eines Zeichens* ist fundamental. Die *aneignende Deutung* (*Interpretation$_3$*) eines Zeichens im Sinne der ein- und auslegenden Erklärung ist von dem *Verstehen* eines Zeichens insofern verschieden, als an dem Punkt, an dem ein Zeichen verstanden wird, Deutungen gerade nicht entscheidend sind. Wenn man ein Zeichen versteht, dann deutet und erklärt man es nicht; man versteht es.

Verstehen *mit* Deutung (Interpretationen$_3$) ist bereits eine Form des erfolgreichen Verstehens. Aber es ist auf einen wichtigen Aspekt aufmerksam zu machen. Solange man nämlich gezwungen ist, Deutungen zwischen ein auftretendes Zeichen und sein Verstehen zu schalten, können zwei mißliche Problemlagen jederzeit vitiös werden.

(i) Ein auf der Interpretation$_3$-Ebene auftretendes Zeichen ist vieler gleich legitimer Deutungen zugänglich. Vor allem modelltheoretische Argumente Hilary Putnams haben gezeigt, daß es, egal wie eng die Einschränkungsbedingungen formuliert werden, stets viele Interpretationen gibt, die alle Erfüllungsbedingungen gleich gut erfüllen.[9] Im Falle natürlicher Sprachen und Zeichensysteme reduziert sich diese Vielheit signifikant, da stets bereits eine Interpretation$_{1+2}$-Praxis des Gebrauchs und des Verstehens der fraglichen Zeichen aktiviert ist. Diese Ebene muß ins Spiel kommen, wenn es denn überhaupt zu einem Verstehen eines Zeichens kommen können soll. Umgekehrt bedeutet dies, daß man im erfolgreichen Verstehen eines Zeichens mit den Deutungen (Interpretationen$_3$) ›zum Schluß‹, ›zum Ende‹ gekommen sein muß, um das Zeichen oder einen Ausdruck zu verstehen. Zeichendeuten ist nicht Zeichenverstehen. In diesem Sinne müssen, wie Wittgenstein betont, die Deutungen und Erklärungen »irgendwo ein Ende«[10] haben. Anderenfalls würde man weder zum tatsächlichen Gebrauch eines Zeichens noch zu seinem

9 H. Putnam: *Models and Reality*, in: ders.: *Realism and Reason*, (= Philosophical Papers, Bd. 3), Cambridge-New York 1983, 1-25; und H. Putnam: *Reason, Truth, and History*, a.a.O., Kap. 2.

10 L. Wittgenstein: *Philosophische Untersuchungen I*, Nr. 1.

wirklichen Verstehen gelangen. Dieser Aspekt ist bereits auch im *erfolgreichen* Verstehen *mit* Deutung (Interpretation$_3$) vorausgesetzt. Wenn sich ein Zeichenverstehen einstellt, dann geht es darin nicht um Deutung (Interpretation$_3$).
(ii) Das Zeichen-*Deuten* (mittels dazwischengeschalteter Interpretationen$_3$) allein bestimmt das Zeichen-*Verstehen* nicht. Erst wenn, so ist zu ergänzen, die Interpretation$_{1+2}$-Praxis aktiviert ist, hängt das Verstehen nicht mehr, mit einer Wendung Wittgensteins gesprochen, »in der Luft«.[11] Erst dann wird ein Zeichen direkt, d.h. ohne weitere Deutung (Interpretation$_3$), und damit auch erst eigentlich verstanden. Wenn ein Verstehen *mit* Deutung gelingt, dann, so die interpretationsphilosophische Überlegung, beruht dieses Gelingen letztlich nicht auf den dazwischengeschalteten Interpretationen$_3$, sondern darauf, daß über diese hinaus irgendwo bereits auch ein Zeichenverstehen *ohne* Deutung vorausgesetzt und in Anspruch genommen ist. Denn zwar kann man das Verstehen eines Zeichens mit Hilfe anderer Zeichen in Deutungen/Interpretationen$_3$ erklären. Doch wie ist das Verstehen dieser Deutungen dann zu verstehen? Hier droht ein infiniter Regreß. Ginge es stets nur um Deutungen, wären wir gezwungen, »Deutung hinter Deutung«[12] zu setzen, und dies ohne Ende. Doch das ist im tatsächlichen Zeichenverstehen offenkundig nicht der Fall. Denn dort wird nicht eine Deutung der Deutung, der Deutung … (mit unbegrenzt vielen Deutungen des Zeichens und der zur Deutung herangezogenen Zeichen) gegeben, sondern das Zeichen wird verstanden. Ein Zeichen *deuten* ist daher nicht dasselbe wie ein Zeichen *verstehen*. Die wichtige und auch in Kapitel 3.1. bereits berührte Einsicht besteht mithin darin, daß der Rückgriff auf Deutungen nicht unbegrenzt fortgesetzt werden kann. Es muß einen Punkt geben, an dem das Verstehen eines Zeichens *nicht* mehr parasitär von den Deutungen abhängt. Anderenfalls droht unsere Sprache, drohen unsere Symbol- und Sinnsysteme vom Verstandenwerden sowie vom Gebrauch abgekoppelt zu werden. Es muß einen Punkt direkten, ›unmittelbaren‹ Zeichenverstehens geben. Und die entscheidende Frage lautet, wie dieser Punkt zu verstehen ist. Es ist, so

11 L. Wittgenstein, a.a.O., Nr. 198.
12 L. Wittgenstein, a.a.O., Nr. 201.

die Antwort, die Interpretation$_{1+2+3}$-Praxis, aus der heraus und auf die hin jene verstehens-eröffnende und verstehens-bestimmende Kraft erwächst, die es den Zeichen ermöglicht, das zu bedeuten, was sie bedeuten, auf das bezugnehmen, worauf sie bezugnehmen, und die Wahrheits- oder Erfüllungsbedingungen zu haben, die sie haben. Gelingendes Zeichenverstehen wird so im Kern zu einer Frage des Funktionierens einer Interpretations-Praxis.[13] Dies ist nicht die Ausnahme, sondern der Normalfall gelingenden Zeichenverstehens.

Das heißt zugleich, daß wir *im* Vollzug resp. *im* direkten Verwenden und Verstehen mit dem Logischen, mit der ›großen Logik‹, mit dem Interpretationslogos der Zeichen, bestens vertraut sind.[14] Wir führen, wie Hegel sich einmal ausdrückt, das Logische der Sprache fortwährend »im Munde«. *Implizit* ist alles da, und Aufgabe von Philosophie ist es, dies ein Stück weit *explizit* zu machen. Jedoch heißt dies gerade nicht, daß wir damit das Logische des Zeichens auch ver-objektivieren könnten. Denn das Logische, der Logos des Zeichens, ist nicht etwas nach der Art von Gegenständen Erkennbares, ist kein Gegenstand der Erkenntnis, sondern Bedingung von deren Möglichkeit. Entsprechend können wir uns, wie Wittgenstein (in einer Linie mit Platon, Aristoteles, Leibniz, Kant, Hegel und Frege) betont, auch *nicht* außerhalb der (›großen‹) Logik aufstellen. Man ist *im* Zeichen-und-Interpretations-Logos und man *kann nicht* von außerhalb seiner sprechen, denken und handeln. Im *erfolgreichen* Verwenden und Verstehen der Zeichen vollzieht sich der Logos, die ›große Logik‹ der Zeichen. Man kann das Logische nur *von innen her* erläutern, aber den Logos nicht selbst zu einem Gegenstand machen, von dem man dann etwas prädizieren könnte. Denn der Logos der Zeichen liegt der Möglichkeit der Prädikation bereits im Rücken.[15]

13 Vgl. auch oben Kapitel 1.2., Anmerkung 9.

14 Der innere Zusammenhang von Logos-Form und Interpretativität$_1$ wird in Kap. 8 (Sagen und Zeigen) entfaltet.

15 Von der in dem angedeuteten Sinne *kleinen* und der *großen* Logik kann man noch eine *mittlere* Logik unterscheiden. Unter der kleinen Logik ist die Logik im Sinne des Zeichendeutens und des korrekten prämissenfolgernden Schließens zu verstehen. Unter der mittleren

Die Betonung des *Vollzugs*charakters der Zeichen hat Konsequenzen auch hinsichtlich der Fragen nach der Bedeutung sprachlicher Zeichen sowie der Möglichkeit einer Bedeutungstheorie. Dies setzt die in Kapitel 3.2. vorgetragenen Überlegungen fort. Man kann die Fragen nach Bedeutung und Bedeutungstheorie jetzt präziser verorten. Sie gehören auf die Ebene des *Deutens, Aneignens und Erklärens* der Zeichen, mithin innerhalb des dreistufigen Interpretationsmodells auf die dritte Ebene der Interpretationsverhältnisse. Auf dieser Stufe wird mit Hilfe von Interpretanten die Bedeutung eines fraglich gewordenen Zeichens umgrenzt. Die charakteristische Form dafür lautet: »Der Ausdruck ›XYZ‹ bedeutet ...«. Dagegen besteht hinsichtlich der Zeichen auf der Ebene des *Vollzugs*charakters und des direkten Verstehens insofern kein Bedeutungsproblem, als erklärende Interpretationen$_3$ hier nicht benötigt werden. Im An-

Logik kann man die Logik im Sinne des Aufstellens von Listen zugelassener Zeichen verstehen, in bezug auf die z.B. die Frage gestellt wird, ob man in diesen Listen alle darin möglichen Wahrheiten formalisieren und alle entsprechenden Sätze entscheiden kann. Die berühmten Fragen der Vollständigkeit und der Entscheidbarkeit gehören in diesen Bereich. Zur mittleren Logik gehört zugleich die Metalogik im Sinne der Lehre von den philosophischen Grundlagen, d.h. der formalen Voraussetzungen des Logikkalküls. Dazu gehören die Syntax (als Lehre der Beziehungen der Zeichen untereinander), die Semantik (als Lehre der Beziehungen zwischen Zeichen und Bezeichnetem) und die Pragmatik (als Lehre von den Beziehungen zwischen Zeichen und ihren Benutzern). Auch in der Metalogik ist bereits vorausgesetzt und in Anspruch genommen, daß Zeichen gelingend verwendet und verstanden werden. In der großen Logik im Sinne der Form des sich selbst realisierenden und erfüllenden Vollzugs der Zeichen geht es um die Erkundung dieses Punktes. Die große Logik und deren implizite Regularität des Zeichen-*Vollzugs* liegt dem erfolgreichen Zeichengebrauch der mittleren und kleinen Logik bereits zugrunde. Deshalb kann sie in diesen nicht ausgedrückt werden. Die große Logik ist, als *transzendentale Zeichen-und-Interpretations-Logik*, Bedingung sowohl für Verständigung und Aussagen als auch für das, was als ›gegeben‹ und als ›wahr‹ gelten kann. Der Zeichenlogos ist Kernthema der Philosophie, und eine der philosophisch zentralen Fragen lautet, wie die große Logik, die als die ›*Form* der Zeichen/Interpretations-*Praxis*‹ angesehen werden kann, mit der mittleren und der kleinen Logik zusammenhängt.

schluß an Wittgenstein kann man sagen, daß die Logik hier ganz für sich selbst sorgt. Im Verstehen von Zeichen geht es mithin *nicht* um eine *Mitteilung* von Bedeutungen, am Ende gar aufgefaßt als metaphysische propositionale Entitäten, die im Vollzug der Zeichen lediglich aktualisiert oder exemplarisch realisiert werden. Es geht vielmehr um das Erfassen des auto-semantischen Vollzugs der Zeichen als Zeichen, wenn man so will, um die ›wahren‹ Zeichen. Deren Charakter wird in der Erfahrung der Kunst besonders deutlich, trifft aber grundsätzlich auf jeden Zeichengebrauch zu. Ein situativ direkt verstandenes Wort ebenso wie ein expressiver musikalischer Klang bedürfen in dem dargelegten Sinne keiner Bedeutungs-Erklärung.

Vor diesem Hintergrund sind jetzt beide Komponenten, das direkte Zeichen-*Verstehen* oder die große Logik und das vermittelnde Zeichen-*Deuten* oder die kleine Logik näher zu erläutern. Der Vollzugs- und Präsenzcharakter des sprachlichen Zeichens führt in den Bereich des *Sich-Zeigens*, also etwa in die Expressivität symbolisierender Zeichen in einem Gedicht, in einem Gemälde oder in einem Musikstück, welche *sich zeigt*, aber *nicht sagen*, nicht aus-sagen läßt.

Auf der Ebene der Deutungs- und Interpretation$_3$-Verhältnisse, mithin der kleinen Logik im Sinne der Ebene dessen, was Hörer bzw. Interpreten tun, wenn sie die Äußerungen und Handlungen anderer Personen interpretieren$_3$, sollen im folgenden drei Aspekte skizziert werden. Sie sind auch hinsichtlich des Verhältnisses von Zeichenlogik, Bedeutung und Rationalitätsannahmen wichtig. Diese Aspekte sind: (a) daß in jedem Deuten und Verstehen von Äußerungen, Texten, Handlungen und Personen stets bereits *konstruktionale Elemente* in Anspruch genommen sind, (b) daß für Verständigungsverhältnisse ein *Verstehensgleichgewicht* zwischen den Beteiligten charakteristisch ist, (c) daß einige der impliziten *Kohärenz-Anforderungen* an bedeutungs-bestimmende Interpretationen$_3$ und auch die im deutend-aneignenden Interpretieren im Spiele befindlichen Rationalitätsannahmen benannt werden können.

Bevor jedoch diese Punkte, die die kleine Logik im Sinne des konstruktional-deutenden Interpretierens$_3$ betreffen, erörtert werden, ist zunächst der Zeichen-*Vollzug*, die Sphäre der großen

Logik, mit Blick auf einige Beispielbereiche zu verdeutlichen. Vier Aspekte seien angesprochen: (i) die Frage der *Übereinstimmung* im Zeichenverstehen, (ii) *Verstehensstufen*, (iii) die *Individualität* des Verstehens, (iv) die Rolle der *Metapher* und (v) das *Sich-Zeigen* im Unterschied zum *Sagen*.

2. Zeichenlogos

(i) *Übereinstimmung* – Um einander *direkt*, d.h. *ohne* weitere Deutungen, Erklärungen, Auslegungen, Kommentare, Verdeutlichungen und Illustrationen, kurz: ohne $Interpretationen_3$ zu verstehen, reicht es nicht, eine Sprache oder ein Zeichensystem gemeinsam zu teilen[16], z.B. deutsch oder chinesisch zu sprechen. Es reicht auch nicht aus, keine Meinungsverschiedenheiten mehr zu haben. Zum Verstehen ist mehr erforderlich. Letztlich muß Übereinstimmung in der Ebene der $Interpretation_{1+2}$-Praxis vorliegen. Zur Erläuterung dieses Punktes sei auf die in Kapitel 1.2. entwickelten Aspekte hinsichtlich der in die Tiefe gestaffelten Interpretations-Praxis verwiesen, die bereits vorausgesetzt sind, wenn die Möglichkeit einer Übereinstimmung oder Differenz zwischen Personen ›über etwas‹ gegeben ist.
Wenn, so die auf den Logos der Zeichen bezogene These, ein gelingender Zeichenvollzug und ein direktes Zeichenverstehen vorliegen, die keiner weiteren Deutungen ($Interpretationen_3$), d.h. keiner weiteren Anstrengungen seitens der kleinen Logik bedürfen, dann können bestimmte Voraussetzungen in puncto Übereinstimmung als erfüllt unterstellt werden, und dann sind diese Formen der Übereinstimmung gegeben und untereinander wechselseitig einstimmend. Dazu gehören unter anderem: (a) Übereinstimmung im vor-sprachlichen, jedenfalls nicht unbedingt sprachlichen Verhalten; diese Ebene ist zum Beispiel in einer Situation »radikaler Übersetzung« (Quine)[17] relevant, in der man sich einen Reim auf die Ausdrücke eines völlig fremden Sprach- und Zeichensystems zu machen beginnt; (b) Überein-

16 Vgl. L. Wittgenstein: *Philosophische Untersuchungen I*, Nr. 242.
17 Vgl. W. V. O. Quine: *Word and Object*, Cambridge Mass., [13]1983, § 7.

stimmung von Handlungen mit ihren Regeln; (c) Übereinstimmung in der Ebene des sprachlichen Handelns, d.h. in elementaren Erfahrungsurteilen und in Definitionen; und (d) diskursive Übereinstimmung. Das wechselseitige direkte Zusammenstimmen dieser Ebenen und Hinsichten kann als eine Gleichtaktigkeit der drei Interpretations-Ebenen beschrieben werden. Dies läßt sich an der Frage des Zeichenverstehens weiter verdeutlichen.

(ii) *Verstehensstufen* – Wird der Interpretationsbegriff weit und grundlegend angesetzt und geht es des näheren vornehmlich um die *Form* der Interpretations-*Praxis*, dann kann man das Zeichenverstehen *innerhalb* der Verhältnisse der Interpretationspraxis sehen. Das dreistufige Modell der Interpretation kann, wie betont, eingesetzt werden, um den Fall zu erläutern, in dem wir es mit *gelingendem und erfolgreichem* Sprach- und Zeichenverstehen zu tun haben. Wichtig ist, daß das Verstehen nicht nur einer einzigen Ebene zuzuordnen ist. Vielmehr sind die unterschiedlichen Ebenen in- und übereinandergreifend involviert. Dies wird deutlich, sobald man den zunächst vieldeutigen Begriff »Verstehen« präziser faßt und, wie dies in der Tradition der theologischen und der philosophischen Hermeneutik zu finden ist, *Stufen des Verstehens* unterscheidet. Das Zeichenverstehen kann, je nachdem, um welche Verstehensstufe es sich handelt, im Rekurs auf eine oder mehrere der Interpretationsstufen erläutert und verdeutlicht werden.
Für unsere Zwecke sei auf die von Wolfgang Künne[18] markierten Stufen des Zeichenverstehens zurückgegriffen. Diese werden im folgenden jedoch auch auf nicht-sprachliche Zeichensysteme ausgedehnt und innerhalb des Interpretationsmodells angesiedelt, mithin in einen zeichen- und interpretationsphilosophischen Zusammenhang gebracht. Auf einer ersten Stufe (i) geht es um das phänomenale und perzeptive Diskriminieren und Identifizieren eines syntaktischen Zeichens oder einer syntaktischen Zeichenfolge. Hier sind vorrangig Interpretation$_1$-Aspekte im Spiel. Auf einer zweiten Stufe (ii) handelt es sich um das Erfassen

18 Vgl. W. Künne: *Verstehen und Sinn. Eine sprachanalytische Betrachtung*, in: Allgemeine Zeitschrift für Philosophie, 6 (1981) 1-16.

des linguistischen/semantischen Sinns eines Typ-Zeichens in einem Zeichensystem oder einer Sprache. Hier geht es nicht um den individuellen Sprecher-Sinn auf der Interpretation$_3$-Ebene, sondern um den semantischen Sinn der Interpretation$_2$-Ebene einer gegebenen Sprache, d.h. um den in einer gegebenen Zeichen- und Sprachgemeinschaft habitualisierten und durch Konventionen, Traditionen, Kultur und Zeit sedimentierten Sinn eines Zeichens und einer Äußerung. Dies trifft auch auf eine dritte Stufe (iii) des Zeichenverstehens zu, auf der es um das Erfassen des in Situation und Kontext aktualisierten sprachlichen oder nicht-sprachlichen Sinns geht. Hier sind Komponenten der dritten und der zweiten Ebene der Interpretationsverhältnisse entscheidend. Eine vierte Stufe (iv) besteht im Erfassen des propositionalen Gehalts eines Zeichens oder Ausdrucks. Sie enthält Elemente zum einen der Sprecher-Bedeutung, mithin Elemente der Interpretation$_3$-Ebene des individuellen Zeichengebrauchs, zum anderen Aspekte der semantischen Bedeutung und Referenz, d.h. der in einem gegebenen Zeichensystem und in einer gegebenen Sprache habitualisierten Bedeutung und Referenz. Eine nächste Stufe des Verstehens (v) besteht darin, den Äußerungsmodus zu identifizieren. Handelt es sich um eine Drohung oder um ein Versprechen oder um eine Prognose? Hier gehen Elemente sowohl der Interpretation$_3$- als auch der Interpretation$_2$-Ebene ein. Denn die illokutionäre Rolle einer Äußerung zu erfassen heißt, die vom Sprecher intendierte Rolle mit der in einer Zeichen- und Sprachgemeinschaft zu einer Zeit üblichen, gewöhnlichen Rolle zusammenzubringen. Das bedeutet zum Beispiel realisieren zu können, daß es sich bei einem Zeichen Z oder einer Äußerung ABC um eine Drohung handelt, und daß dies zu der Art und Weise paßt, wie in dieser Zeichen- und Sprachgemeinschaft Drohungen normalerweise ausgeführt werden. Auf einer weiteren Stufe (vi) des Verstehens kommt dann Intentionalität entscheidend ins Spiel. Damit geht es, als Sprecher-Intentionalität, um die individuelle Bedeutung, Relevanz und Gerichtetheit, mithin um Aspekte vornehmlich der Interpretation$_3$-Ebene (unter Einschluß freilich der Überlegung, daß Einer allein und nur für sich nicht individuell sein kann, mithin in seiner Individualität und Intentionalität auch schon ein Zeichensystem und eine Sprache, mithin Interpretation$_2$-Verhältnisse vorausgesetzt sind).

Der *gelingende* Zeichen*vollzug* und das mit ihm gegebene *direkte* Verstehen ohne weitere Deutung (Interpretation$_3$) können im Rekurs auf die Interpretations-Praxis und das Stufenmodell der Interpretation erläutert werden als das direkte, und das heißt keiner weiteren epistemischen Vermittler bedürftige Ineinanderfassen der drei Stufen der Interpretationsverhältnisse. Wenn ein auf der Interpretation$_3$-Ebene auftretendes Zeichen und die mit ihm verbundene Sprecher-Intention sowie die individuelle Sprecher-Bedeutung sich mit den als Gemeingut in einer Sprach- und Zeichengemeinschaft gewohnheitsmäßig verankerten Bedeutungen, Referenzen und Erfüllungsbedingungen der Ausdrücke und Zeichen so treffen, daß keine weiteren Überbrückungen und Erläuterungen dazwischengeschaltet werden müssen, sondern das bloße Auftreten des Interpretation$_3$-Zeichens die Interpretation$_2$-Ebene, mithin die semantische Ebene aktiviert, dann kann eine direkt induzierte Gleichtaktigkeit zwischen Interpretation$_3$- und Interpretation$_2$-Ebene eintreten. Beide stimmen dann gewissermaßen als eine Art gleichschwingender Syntax-, Semantik-, Pragmatik- und Sinnkreis überein. Diese erste Gleichtaktigkeit (von Interpretation$_3$ und Interpretation$_2$) ist nur dann gegeben, wenn bereits auch Gleichtaktigkeit mit der Grundstruktur der Interpretation$_1$-Praxis, mithin mit der Lebensform und der Struktur des In-der-Welt-seins vorliegt. Denn es ist die Interpretation$_1$-Praxis, die letztlich dafür verantwortlich ist, daß die syntaktischen, semantischen und pragmatischen Merkmale der Zeichen im Verwenden und Verstehen eines Zeichens nun einmal so sind, wie sie sind. Auto-semantischer Zeichenvollzug, direktes Zeichenverstehen ohne weitere Deutung (Interpretation$_3$) liegt vor, wenn die Interpretations-Ebenen in solcher Gleichtaktigkeit, in solchem Einklang untereinander stehen. Dies ist keineswegs der Ausnahmefall. Es ist vielmehr der Normalfall. Er liegt immer dann bereits vor, wenn man überhaupt etwas versteht. Denn in einer Gemeinschaft gegebenen Zeichengebrauchs werden die meisten Zeichen üblicherweise ohne weitere Erklärung verwendet und verstanden. In und an ihnen manifestiert und zeigt sich die *Form* unserer Interpretations-*Praxis*, der *Logos der*

Zeichen. Im Rekurs auf das Stufenmodell der Interpretation können mithin zwei Aspekte gleichzeitig erläutert werden: menschliches Zeichenverstehen ist – wie sollte es anders sein – Zeichenverstehen nach Menschenmaß; allerdings gibt es Interpretations-Praktiken, die so fest verankert sind und so selbstverständlich funktionieren, daß man keines Interpretationsschlüssels und keiner explanatorischen oder inferentiellen Schritte mehr bedarf und auch gar nicht eigens gewahr wird, *daß* es sich überhaupt um *interpretative* Verhältnisse handelt. In diesen Komponenten manifestiert sich der Zeichenlogos, die große Logik der Zeichen.

(iii) *Individualität* – Mit der Rede vom Verstehen eines Zeichens, eines Satzes oder einer Handlung können zwei unterschiedliche Lesarten verbunden sein. Es kann sich (a) um Verstehen im Sinne der Subsumption auftretender Zeichen unter einen allgemeinen Begriff handeln. Dann ist, so Wittgenstein, das Verstehen z.B. eines Satzes in dem Sinne gemeint, daß er »durch einen anderen ersetzt werden kann, der das Gleiche sagt«.[19] Wir sprechen aber (b) auch – und damit kommt die Frage des Verstehens des *Individuellen* ins Spiel – in dem Sinne vom Verstehen eines Satzes, daß der betreffende Satz »durch keinen andern ersetzt werden kann. (So wenig wie ein musikalisches Thema durch ein anderes.)« Im ersteren Fall ist der »Gedanke des Satzes« dasjenige, »was verschiedenen Sätzen gemeinsam ist«. Im zweiten Falle dagegen handelt es sich um »etwas, was nur diese Worte, in diesen Stellungen, ausdrücken. (Verstehen eines Gedichts.)« In puncto Zeichenverstehen ist mithin wichtig, ob es um Subsumption auftretender Zeichen unter Allgemeinheit, Gleichheit, Gemeinsamkeit, Ersetzbarkeit geht, oder ob es sich um Besonderheit, Nicht-Vergleichbarkeit, Nicht-Rückführbarkeit auf ein Gemeinsames sowie um Nicht-Ersetzbarkeit, kurz ob es sich um Individualität handelt.[20]

Im Falle eines musikalischen Themas oder einer Gedichtzeile erweisen sich Ersetzungsversuche offenkundig als unmöglich. Das

19 L. Wittgenstein: *Philosophische Untersuchungen I*, Nr. 531.

20 Vgl. dazu auch J. Simon: *Verstehen ohne Interpretation? Zeichen und Verstehen bei Hegel und Nietzsche*, in: ders. (Hg.): *Distanz im Verstehen. Zeichen und Interpretation II*, Frankfurt a. M. 1995, 73ff.

Verstehen besteht hier darin, das Thema so zu verstehen, daß es nicht durch ein anderes ersetzt oder mit einem anderen subsumierend verglichen werden kann. Eben dadurch versteht man es individuell, direkt auch in dem, was einen affiziert und bewegt. Der wichtige Aspekt ist, daß in einem musikalischen Thema und entsprechend auch in einem Gedicht oder einem Gemälde zwar Elemente, z.B. ein kleines Sekundintervall oder eine bestimmte Lokalfarbe, auftreten können, die als syntaktische Vorkommnisse auch aus anderen Zusammenhängen bekannt sind, daß jedoch niemand auf den Gedanken kommen würde, vom Verstehen eines musikalischen Themas in dem Sinne zu sprechen, daß es genau dann verstanden sei, wenn man es durch ein anderes ersetzen könne. Entsprechend würde wohl niemand die These vertreten, das Verstehen eines Gedichtes bestehe darin, einzelne (und am besten alle) seiner Zeilen und Wörter durch andere ersetzen zu können. Das klingt trivial, macht aber schlagartig den entscheidenden Punkt deutlich, daß es hier um die *individuellen*, das heißt um die nicht-ersetzbaren und nicht unter einen allgemeinen Begriff subsumierbaren Zeichen in ihren nicht-reduktiven, kontext- und situations-gebundenen Funktionen geht. Hier tritt der Unterschied zutage zwischen *logischem (allgemeinem) Verstehen* und *ästhetischem (individuellem) Verstehen*. Dieser Unterschied ist ebenso im Hinblick auf das Verhältnis von Wissenschaft und Kunst bedeutsam.

Auch in solchem individuellen Verstehen *ohne* weitere aneignende Deutung (Interpretation$_3$) sind Interpretation$_1$-Verhältnisse je schon vorausgesetzt und in Anspruch genommen. Dies läßt sich vornehmlich am Beispiel des musikalischen Verstehens verdeutlichen. Im direkten Verstehen von Musik versteht man nicht nur die Individualität eines musikalischen Themas, sondern zum Beispiel auch die Expressivität eines musikalischen Klangs. Diese Expressivität kann auf der Ebene der darin wirksamen Symbolsysteme als eine bestimmte Zeichen- und Interpretationsfunktion gefaßt und symboltheoretisch mit Hilfe der von Nelson Goodman entwickelten Lehre der Exemplifikation reformuliert werden.[21] In terminologischer Abbreviatur kann man sagen: erklingende musikalische Zeichen instantiieren un-

21 N. Goodman: *Languages of Art.*, a.a.O., Kap. 2.

begrenzt viele Eigenschaften; aber nur einige dieser Eigenschaften fungieren als Eigenschaften des Ausdrucks, der Expressivität. Genau diese Grenzziehung erfolgt aus einer Interpretation$_{1+2}$-/Lebens-/Kultur-Praxis heraus und auf diese hin. Indem man also einen musikalischen Klang direkt, ohne weitere Deutung (Interpretation$_3$), als einen expressiven, z.B. als einen heiteren oder als einen traurigen Klang erfährt, manifestiert sich in diesem direkten Verstehen eine Interpretation$_{1+2}$-Praxis, ohne die es gar nicht zu solcher direkt erfahrenen oder ›unmittelbar‹ verstandenen Expressivität gekommen wäre. Direktes Zeichenverstehen setzt einen Interpretation$_{1+2}$-Horizont und eine fraglos eingespielte Interpretation$_{1+2}$-Praxis schon voraus.

Der bislang auf die Zeichenfunktionen innerhalb von Symbolsystemen bezogene Individualitäts-Gesichtspunkt kann auch hinsichtlich des Verstehens anderer Personen sowie des Selbst-Verstehens angewandt werden. Dann geht es um das Verstehen der anderen Person als Individuum. Das ist, wie vor allem Nietzsche gesehen und betont hat, »schwer«. Es sei, liest man bei ihm, »schwer, verstanden zu werden«.[22] Im Anschluß an das, was soeben in bezug auf das Verstehen eines musikalischen Themas, eines Gedichts oder eines Gemäldes gesagt wurde, kann man dieser merkwürdig anmutenden Formulierung durchaus präzisen Sinn abgewinnen. Der Verstehensbegriff der metaphysischen Tradition sieht das Verstehen als einen Vorgang der (logischen) Subsumption unter Allgemeines und im Sinne der Ersetzbarkeit durch anderes, was das Gleiche sagt und ausdrückt. Von diesem Verstehensbegriff her ist es nicht möglich, Individualität zu verstehen. In der Subsumption unter Allgemeines, im Vergleich und in der Ersetzbarkeit droht gerade das unverwechselbar Individuelle der einzelnen Person und ihrer Zeichenäußerungen verloren zu gehen. Ein Verstehen der Individualität wäre erst in einem Verstehen erreicht, das, so ist mit Josef Simon[23] und im Anschluß an Hegel und Nietzsche zu betonen, nicht mehr darauf verpflichtet ist, die anderen Zeichen und die andere Person subsu-

22 F. Nietzsche: *Sämtliche Werke. Kritische Gesamtausgabe* (KGW), hg. von G. Colli/M. Montinari, Berlin-New York 1967ff.VIII 1, [182], S. 46.

23 J. Simon: *Verstehen ohne Interpretation?* in: a.a.O., 77 und 86.

mierend, aneignend und bemächtigend unter die eigene Deutung zu zwingen, sondern die Zeichen *als* Zeichen und das Individuum *als* Individuum frei lassen *kann*.

(iv) *Metapher* – Ein anderer Schauplatz, an dem sich der *Vollzugs*charakter der Zeichen, mithin etwas vom Zeichenlogos zeigt, ist die gelingende Metapher. Sie bringt etwas von der gemeinsamen, im ganzen aber nicht distanzierbaren, nicht überschaubaren und nicht in der Vorstellung vor uns hinstellbaren Form der Interpretation$_{1+2}$-Praxis, der Lebensform, der interpretativen Lebenswelt, des In-der-Welt-seins ans Licht, das man mit Hilfe buchstäblich denotierender und deskriptiver Aussagen nicht zu fassen vermag. Vornehmlich dadurch ist eine gelungene Metapher, die erhellend sitzt, d.h. direkt, *ohne* weitere Vermittler verstanden wird, in bezug auf die Zeichen verständigungs- und verstehens-fördernd. Sie affiziert, induziert und aktiviert direkt die Form der Interpretation$_{1+2}$-Praxis, jenes im ganzen nicht distanzierbare Bedingungsgeflecht, aus dem heraus und auf das hin wir die Zeichen nun einmal so verwenden und verstehen, wie wir es tun. In einer gelungenen Metapher manifestiert sich, zeigt sich, der Logos der Zeichen. Dies gilt selbstverständlich auch für nicht-sprachliche Zeichen, mithin für nicht-sprachliche Metaphern, wie z.B. das Auftreten musikalischer Elemente in der Malerei und die eventuell auf genau diesem Transfer beruhende Expressivität einer bestimmten Farbgebung.

(v) *Zeigen* – Die überaus wichtige Rolle des Zeigens und das Verhältnis von Sagen und Zeigen sowie die Situiertheit beider in der Interpretations-Praxis werden in Kapitel 10 ausführlich entwickelt. Um den im Augenblick zur Debatte stehenden Punkt zu verdeutlichen, sind lediglich einige Aspekte zu nennen. Entscheidend ist, daß man z.B. einen Gesichtsausdruck oder eine Tanzbewegung oftmals direkt, ohne weitere epistemische Vermittler, versteht, noch *bevor* man überhaupt in der Lage ist, die semantischen Merkmale solcher Zeichen angeben zu können. Sich-Zeigen löst direktes Zeichenverstehen aus. Solches Zeigen ist keineswegs auf das Visuelle begrenzt, und es betrifft bei weitem nicht nur die symbolische oder mathematische Logik, d.h.

nicht nur die logischen Sätze, an deren tautologischem Charakter Wittgenstein die Unterscheidung von Sagen und Zeigen festmachte. Das Zeigen ist vielmehr in allen Bereichen menschlicher Aktivitäten von grundlegender Relevanz, im Alltag, in den Künsten, in der Logik, in der Ethik und in den Wissenschaften.
Zu beachten ist, daß das Zeigen nicht als ein Vorgang anzusehen ist, in dem zeichen- und interpretations-*transzendenten*, d.h. gänzlich zeichen-externen Elementen der Sprung in den tatsächlichen Gebrauch der (interpretativen und der selbst-interpretatorischen) Zeichen gelingen. Im Zeigen manifestiert sich vielmehr die *Form* unserer *diesseitigen und im ganzen nicht-distanzierbaren Interpretations-Praxis* des Gebrauchs der Zeichen. Wenn ein Zeigen oder ein Exemplifizieren erfahren wird, muß bereits eine fraglos funktionierende Interpretation$_1$-Praxis derjenigen Kennzeichen vorliegen, die sich zeigen oder exemplifiziert werden. Zu beachten ist ferner, daß es im Zeigen nicht um Repräsentation-von-etwas, sondern um Präsentation, um Darstellung, z.B. nicht um das Sehen-von-etwas, sondern um Sichtbarkeit geht. Das zeigende Zeichen bleibt darin ganz bei sich selbst. Es hat die Bedingungen seines Vollzugs nicht in etwas außerhalb seiner, sondern in sich selbst. Darin manifestiert sich der Logos des Zeichens.
Zwar ist in dem basalen Phänomen des Zeichenverstehens *ohne* Deutung (Interpretation$_3$) das aneignende und deutend-erklärende Moment, mithin die Interpretation$_3$, gewissermaßen suspendiert. Aber dies bedeutet keineswegs, daß man damit aus der Interpretativität als solcher, aus dem *interpretativen* Charakter der Lebenspraxis, des In-der-Welt-seins und aus der lebensweltlichen Interpretations-Praxis herausgetreten und gleichsam in einen Gottesgesichtspunkt eingetreten sei. Menschliches Zeichenverstehen ist, wie betont, Zeichenverstehen nach Menschenmaß.

Nehmen wir nun den zweiten Strang unserer Unterteilung, das Zeichen-*Deuten*, wieder auf. Damit bewegen wir uns in der *kleinen Logik* sowie im Bereich der für *erfolgreiches Deuten (Interpretieren$_3$)* von Äußerungen, Texten, Handlungen und Personen relevanten *Rationalitätsannahmen*. Mit letzteren sind diejenigen Rationalitäts-Unterstellungen in den aneignend-deutenden In-

terpretationen$_3$ gemeint, ohne die ein kohärentes Deuten, das heißt ein erfolgreiches Interpretieren$_3$, nicht auskommen zu können scheint. Der Ausdruck »Rationalität« wird im folgenden bewußt in einem *weiten* Sinne verwandt. Er umfaßt nicht nur (a) die Aspekte der logischen Konsistenz, d.h. der Widerspruchsfreiheit, mithin auch (b) die Frage der logischen Transitivität sowie der Aufrechterhaltung inferentieller Kontexte, sondern darüberhinaus (c) auch die Komponenten der Kohärenz, d.h. die Frage der Bedingungen empirischer Gültigkeit, und damit (d) auch die Aspekte der in Interaktionsverhältnissen wechselseitig in Anspruch genommenen Unterstellungen und Erwartungen, mithin die Aspekte der Stimmigkeit, der Übereinstimmung und der Differenz im Verhältnis zwischen Sprecher, Äußerung, Text, Handlung einerseits und Hörer, Interpretation$_3$, Ko-Akteur andererseits. Der Erfolg solcher Annahmen bemißt sich schlicht daran, ob Verständigung und Handlungskoordination aufrechterhalten, flüssig fortgesetzt und erweitert werden können oder nicht.
Der Bereich erfolgreichen Zeichen-*Deutens* soll, wie genannt, anhand der folgenden Aspekte verdeutlicht werden: (a) der *konstruktionalen Elemente* der Verständigungsverhältnisse, (b) des *Verstehensgleichgewichts* und (c) der *Kohärenz- und Rationalitätsannahmen*.

3. Rationalität der Interpretationen

Konstruktionale Elemente – In Verständigungsverhältnissen, mithin in jedem Verstehen von sprachlichen oder nicht-linguistischen Äußerungen, Texten, Personen und Handlungen sind stets bereits eine Vielzahl kreativer, projizierender, empathischer und konstruktionaler, kurz: eine Vielzahl *interpretatorischer* Aktivitäten vorausgesetzt und in Anspruch genommen. Stenogrammartig seien die folgenden hervorgehoben[24]:
(1) Man muß das, was die andere Person äußert, als eine Sprechhandlung, und nicht z.B. als eine bloße Geräuschproduktion, an-

24 Vgl. Verf.: *Zeichen und Interpretation*, in: T. Borsche/W. Stegmaier (Hgg.): *Zur Philosophie des Zeichens*, Berlin-New York 1992, 185f.

gesehen haben. (2) Die auftretenden Zeichen müssen bis zu einem gewissen Grade desambiguiert worden sein. (3) Sofern indexikalische und direkt auf die Wahrnehmungssituation bezogene Elemente beteiligt sind, müssen diese erfaßt und die ostensiv herausgegriffenen Gegenstände identifiziert und lokalisiert worden sein. (4) Im Verstehen eines Zeichens hat man sich bereits auch auf die mit der jeweiligen Sprache oder dem nichtsprachlichen Symbolsystem gegebenen Regeln der Interpretation verstanden. (5) Im Falle der Übersetzung und des Verstehens einer fremden Sprache müssen bereits Übersetzungshypothesen, die als kreative Interpretationskonstrukte angesehen werden können, gebildet worden sein.[25] (6) Man muß die auftretenden Zeichen in Kontext, Situation und Zeit eingebettet haben. (7) Die eigenen Standards der Logik und der Wahrheit müssen hinter die fremden Äußerungen projiziert worden sein, bevor (8) die Organisation der Rede und die logische Form der Sätze fixiert werden können. (9) Auch muß man sich ansatzweise in die Position der anderen die Zeichen hervorbringenden Person versetzt haben. (10) Die propositionalen Einstellungen (z.B. Überzeugungen, Meinungen, Absichten, Wünsche, Befürchtungen), die die Zeichenäußerungen der anderen Person mitregieren und in die Umgrenzung der situativen Bedeutung der verwendeten Zeichen eingehen, müssen bereits einbezogen worden sein.

Zu beachten ist der komplexe und konjekturale Charakter gerade dieses letzten Punktes: Der Interpret muß eine Interpretation derjenigen interpretativen Einstellung und Haltung zustandebringen, die eine Person zu ihrem interpretatorisch fungierenden Gebrauch der Zeichen einnimmt, – und zwar *ohne* über ein Kriterium dafür zu verfügen, ob sich in seiner Interpretation ›dasselbe‹ abspielt wie in der der anderen Person oder nicht. Kann dies als eine generelle Beschreibung der Situation angesehen werden, in der man sich befindet, wenn man die Äußerungen, Texte und Handlungen anderer Personen deuten muß, so wird daran deutlich, daß und in welchem Sinne in den Fällen gelingender Verständigung Interpretationsprinzipien mit am Werke sind. Diese *Interpretationsprinzipien*, von denen unten einige ausbuchstabiert werden, können auf-

25 Vgl. dazu im einzelnen Kapitel 5 (Übersetzung als Interpretation).

grund der in ihnen wirksamen Annahmen hinsichtlich der *erfolgreichen* Verwendung und Interpretation der in Frage stehenden Zeichen zugleich als *Rationalitätsprinzipien* angesehen werden.

Verstehensgleichgewicht – Das Gelingen von Verständigungsverhältnissen erfordert, daß Sprecher und Interpret bereit sind, ihre die *Bedeutung* der Zeichen bestimmenden Interpretationshypothesen, mit deren Hilfe Verständigung in Gang gekommen ist, zu erweitern, abzuändern oder gar zu revidieren. Dieser zwischen Hörer und Sprecher, zwischen Interpret und Zeichen oszillierende Vorgang eines dynamischen Justierens dient dem Zweck, das zu erreichen, was man *Verstehensgleichgewicht*, Gleichgewicht im Zeichenverstehen, nennen kann. Damit sei das reziproke Einbalancieren der Verstehens-Horizonte gemeint. Anders als in der philosophischen Hermeneutik Hans-Georg Gadamers angenommen, »verschmelzen«[26] die Horizonte darin nicht. Die Rede vom Verstehensgleichgewicht schließt Kontinuität und Differenz ein. Zu den Bedingungen der Möglichkeit von Zeichenverstehen gehört nicht, daß die Horizonte verschmelzen. Wichtig ist vielmehr anzuerkennen, daß die Horizonte anderer Personen irreduzibel verschieden von dem je eigenen sein können. So gesehen könnte man geradezu für eine *Entschmelzung* der Horizonte plädieren. Ist dies eine angemessene Beschreibung der Situation der Verständigung, dann ist deutlich, daß die Bereitschaft, ein Verstehensgleichgewicht zu erreichen, Bestandteil der Rationalität von Verständigungsverhältnissen ist. Verstehensgleichgewicht ist das, was in Sachen Zeichenverstehen bleibt, sofern wir weder von einem *hinter* dem Zeichengebrauch stehenden fertigen Sinn noch davon ausgehen können, daß jede Interpretation so gut wie jede andere ist. Das Verstehensgleichgewicht kann daher als der Übergangszustand zwischen einem Zeichenverstehen *mit* Deutung und einem direkten Zeichenverstehen *ohne* Deutung konzipiert werden. Es läßt sich mithin ein Dreischritt eines von epistemischen Vermittlern zunehmend freieren Zeichenverstehens konzipieren: (a) das Verstehen *mit*

26 Vgl. H.-G. Gadamer: *Wahrheit und Methode. Grundzüge einer philosophischen Hermeneutik*, Tübingen ^{2}1965, 289f., 356f., 375.

Deutung, (b) das Verstehensgleichgewicht und (c) das direkte Verstehen oder das Verstehen *ohne* Deutung.
Verstehensgleichgewicht ist dabei in zumindest zwei Hinsichten involviert. Zum einen geht es um ein Gleichgewicht zwischen dem *allgemeinen*, in einer Zeichengemeinschaft sedimentierten Verstehenshorizont und dem *individuellen*, dem im Zeichengebrauch hier und jetzt aktualisierten, *einzelnen* Horizont des Zeichenverstehens. Zum anderen geht es um ein Gleichgewicht zwischen dem *eigenen*, individuellen Horizont und dem Horizont der Zeichenäußerung einer *anderen*, fremden Person. Zu beachten ist, daß es sich in einem so konzipierten Verstehensgleichgewicht schon nicht mehr nur um Subsumption unter einen Allgemeinbegriff handelt. Es geht eben um ein Gleichgewicht, um das Einbalancieren *allgemeiner* und *besonderer* sowie *eigener* und *fremder* Horizonte.

Kohärenz-Anforderungen – Auf der Ebene der Deutung (und Erklärung) der sprachlichen und nicht-sprachlichen Zeichen entsteht schnell die Frage nach der Richtigkeit, Korrektheit, Angemessenheit einer Deutung (Interpretation$_3$). In den Fällen, in denen die Zeichen nicht direkt verstanden werden, können Kohärenz-Anforderungen an die als akzeptabel geltenden Deutungen (Interpretationen$_3$) wichtig werden. Überhaupt keine regulatorischen Begrenzungen anzunehmen, liefe darauf hinaus, daß jede Interpretation so gut wie jede andere sein müßte. Doch dies bedeutete, daß wir es gar nicht mit bestimmter Bedeutung und Referenz der Zeichen, mithin auch nicht mit bestimmtem Verstehen und bedeutungs-bestimmender Deutung (Interpretation$_3$) zu tun hätten. In gelingender Verständigung ist dies jedoch offenkundig nicht der Fall. Allerdings können solche Standards der Kohärenz ihrerseits wiederum nur der Interpretations-Praxis entstammen. Eine nicht-interpretative und externe Instanz steht nicht zu Gebote.
Wenn im folgenden einige Kohärenz-Anforderungen, genauer einige Kohärenzanforderungs-Folgen und damit einige Rationalitätsannahmen für diejenigen Deutungen (Interpretationen$_3$) formuliert werden, die ab der Fixierung der Bedeutung eines Zeichens beteiligt sind, so ist vorab und nachdrücklich zu betonen,

daß solche Standards ihren Ort auf der Ebene der Zeichen-*Deutungen*, der kleinen Logik, *nicht* auf der des Zeichen-*Vollzugs*, der großen Logik, haben. Auf der Ebene des Zeichen-*Vollzugs* kommen solche *expliziten* Standards und Regeln nicht vor. Denn der sich *in* einer resp. in *seiner* Interpretations-Praxis erfüllende Vollzug der Zeichen kann als Bedingung dafür angesehen werden, auf der Ebene des Zeichen-*Deutens* überhaupt Standards für die Angemessenheit einer Deutung formulieren zu können. Es ist hier also erneut der Unterschied zwischen dem Zeichenlogos und der Interpretationsrationalität zu betonen. Die im folgenden angeführten (rationalen) Standards beziehen sich mithin ausschließlich auf die Interpretation$_3$-Ebene.

Die Vollzugsebene selbst kann in *diesem* Sinne nicht nur bedeutungs-frei, sondern auch frei von im Zeichengebrauch vorab verfügbaren Standards und Regeln genannt werden. Es ist eines der wichtigen Ergebnisse der Wittgensteinschen Sprachphilosophie, gezeigt zu haben, daß die Vorstellung, die Regeln der Sprache müßten *vor* dem Vollzug der Sprache vorhanden sein und den Vollzug regeln, ein Mißverständnis ist. Der Vollzug der Zeichen ist nicht vorab geregelt. Freilich heißt dies nicht, daß es darin ungeregelt zuginge; wohl aber, daß wir nicht in der Lage sind, die dortigen *impliziten* Regularitäten nach Art von *expliziten* Regeln zu benennen. Wollte man das versuchen, erginge es einem vermutlich wie jenem Tausendfüßler, der auf die Frage, welcher Regel er denn die so elegante Bewegung seiner vielen Füße verdanke, eine Antwort geben, und das heißt die elegante Koordination explizit vorführen möchte und sich dabei hoffnungslos verheddert, keinen Fuß vor den anderen bekommt. In den folgenden Formulierungen kann es sich also lediglich um Standards und Regeln der expliziten *Deutung* von Zeichen handeln. *Nicht* jedoch geht es um Regelungen des Zeichenvollzugs, nicht um ein *Sollen des Verstehens* und auch nicht darum, Individuen dazu zu verhelfen, ›besser‹ zu verstehen.

Angemessen, korrekt und vernünftig sind die Deutungen (Interpretationen$_3$) der Ausdrücke einer Sprache oder eines nichtsprachlichen Symbol- und Sinnsystems genau dann, wenn sie die der Sprache oder dem Symbol- und Sinnsystem intern bereits zugrunde liegende *Form* der *Interpretations-Praxis* treffen, zu ihr passen, in Gleichtaktigkeit mit ihr stehen, mit ihr übereinstimmen. Ob das gelingt oder nicht, zeigt sich daran, ob Verständigung in Gang kommt und gegebenenfalls flüssig aufrechterhalten und fortgesetzt werden kann oder nicht.[27] Dies schließt ein, daß die Interpretations-Praxis eine Geschichte, und das heißt ihre jeweils eigene kultur-, epochen- und zeit-spezifische Ausprägung hat, die es zu treffen gilt.

Als Anforderungs- und Regelformulierungen kommen mithin nur solche Aspekte in Frage, die sich *intern* aus dem ergeben, was es heißt, (a) sich in einer Sprache zu bewegen, (b) sich auf die dieser Sprache und den Zeichen zugrunde liegende Interpretations-Praxis zu verstehen und (c) sich in Verhältnissen der Verständigung, des Gegenstandsbezugs und der Welterschließung zu befinden. Die gesuchten Standards hätten diejenigen Präsuppositionen zu artikulieren, die wir bei uns selbst als erfüllt unterstellen, insofern wir uns als kohärente und sinnvoll sprechende, denkende und handelnde Personen verstehen. In diesem Sinne kann der Status solcher Standards durchaus transzendental genannt werden. Denn es muß sich um *interne* und in diesem Sinne um analytische, um *verständigungs-analytische*, und es kann sich nicht um *externe* Regularität handeln. Einige der wichtigsten Kohärenzanforderungs-Folgen (in nicht-hierarchischer Auflistung) sind:

(1) Gib derjenigen Interpretation$_3$ den Vorzug, die, sollte dies gewünscht sein, eine Verständigung in Gang zu setzen, aufrechtzuerhalten und fortzusetzen vermag.

(2) Vermeide Interpretationen$_3$, die mit einer signifikanten Anzahl der eigenen Zeichenverwendung und/oder der Zeichenverwendung der anderen Personen unvereinbar sind.

(3) Vermeide Interpretationen$_3$, die zu Inkonsistenzen und zu Inkohärenzen führen.

(4) Ziehe diejenigen Interpretationen$_3$ vor, die mit Deinen Intuitionen zusammengehen und verstoße nicht ohne Not gegen sie.

(5) Wähle diejenige Interpretation$_3$, die dazu führt, die meisten

27 Solche Aufrechterhaltung und Fortsetzung der Verständigung kann von den Beteiligten angestrebt werden. Sie muß es aber nicht. Unter Umständen kann der Abbruch der Verständigung die gebotene Verhaltensweise sein.

der von den Sprechern einer Sprache akzeptierten und für wahr gehaltenen Sätze auch für wahr zu halten, d.h. bevorzuge solche $\text{Interpretationen}_3$, die den Sätzen dieser Sprache Wahrheitsbedingungen oder (im Falle nicht geschlossener Sätze) Erfüllungsbedingungen zuordnen.
(6) Ziehe diejenige Interpretation_3 vor, die die bislang für-wahrgehaltenen und akzeptierten $\text{Interpretationen}_3$ und elementaren Erfahrungsurteile nicht ohne Not preisgibt.
(7) Bevorzuge diejenige Interpretation_3, die dem Sprecher Kontinuität in der Verwendungsweise eines Zeichens und dem Zeichen annähernd die gleichen semantischen Merkmale wie in früheren und vergleichbaren Situationen, mithin eine Geschichte (unter Einschluß von Diskontinuitäten und Brüchen) zuordnet.
(8) Bevorzuge diejenige Interpretation_3, die die bislang als gut gesichert geltenden inferentiellen und deduktiven Beziehungen zwischen Urteilen nicht ohne Not aufgibt.
(9) Gib derjenigen Interpretation_3 den Vorzug, die über die höhere Plausibilität und Glaubwürdigkeit verfügt.
(10) Wähle diejenige Interpretation_3, die den Äußerungen der anderen Person annähernde Übereinstimmung mit Deinen eigenen Standards der Logik und der Wahrheit einräumt. Bringe mithin eine (moderate) Version des »Principle of Charity« zur Anwendung. Hinsichtlich der Referenz bedeutet dies: Ordne den Zeichen und Ausdrücken, die ein anderer Sprecher in den Verständigungsverhältnissen verwendet, die gleichen Referenzen zu, die Du diesen Zeichen und Ausdrücken auch im eigenen Gebrauch zuordnest.
(11) Ziehe diejenige Interpretation_3 vor, die dem Sprecher ein angemessenes und nicht-nachteiliges, nicht systematisch gegen seine Überzeugungen, Wünsche und Interessen verstoßendes Verhältnis zu seiner (Um)Welt und zu seinen Mitmenschen zuerkennt.
(12) Bevorzuge die $\text{Interpretationen}_3$, die in Wahrnehmungssituationen die sensorische und/oder die kausale Evidenz bewahren.
(13) Gib derjenigen Interpretation_3 den Vorzug, die mit der empirischen Gültigkeit des betreffenden Ausdrucks zusammengeht.

(14) Wähle diejenige Interpretation$_3$, auf die man Erwartungs-, Verhaltens- und Prognoseformen aufbauen kann.
(15) Gib derjenigen Interpretation$_3$ die Präferenz, die möglichst weniger Erläuterungen bedarf, mithin in die Nähe des direkten Zeichenverstehens oder des Verstehens *ohne* Deutung führt.
Sollte jemand bei der Auflistung dieser Kohärenzanforderungs-Folgen meinen, daß dies alles doch Selbstverständlichkeiten seien, umso besser. In der Tat geht es um diejenigen Selbstverständlichkeiten, die sich intern aus dem Verständnis unserer selbst als Sprecher, Zeichenakteure, Zeicheninterpreten und Handelnde ergeben. Die genannten Interpretation$_3$-Prinzipien können in dem skizziert weiten Sinne zugleich als *Rationalitätsprinzipien* angesehen werden. Sofern wir in Verhältnissen der Fremd- und der Selbstverständigung stehen, wissen wir also implizit bereits eine Menge über Rationalität.

5. Übersetzung als Interpretation

1. Relevanz der Übersetzungsfrage

Die Relevanz von Übersetzungsfragen und ihr Zusammenhang mit der Interpretationsproblematik ist offenkundig.[28] Sie ist täglich europa- und weltweit mit Händen zu greifen. Einige Beispiele mögen genügen, um dies zu verdeutlichen: (i) In den europäischen Institutionen in Straßburg und Brüssel ist ein Großteil der Beamten ausschließlich damit beschäftigt, Übersetzungen anzufertigen. (ii) Übersetzungsprobleme treten auf, wenn man sich in einem fremden Land bewegt, dessen Sprache man nicht spricht. (iii) Übersetzungsfragen werden zentral, sobald man die Einengung auf Fragen der Übersetzungstheorie verläßt und einsieht, daß alle menschliche Kommunikation und alles menschliche Verstehen im weiten Sinne des Ausdrucks als ein Übersetzen angesehen werden kann. Damit hängt zusammen, daß (iv) das Problem der Übersetzung nicht erst in bezug auf ferne und fremde Kulturen, sondern »at home«[29] beginnt, mithin bereits hinsichtlich der Äußerungen anderer Mitglieder der eigenen Sprachgemeinschaft entsteht. Daß man die Bemerkung eines Studenten, der Stil einer bestimmten Vorlesung sei »cool«, direkt, d.h. ohne Übersetzung versteht, ist nicht garantiert. Und selbst noch das direkte Verstehen eines Ausdrucks kann als ein Grenzfall von Übersetzung, nämlich als »homophone Übersetzung« (Quine) angesehen werden. Die Übersetzungsproblematik tritt schließlich (v) bereits auch hinsichtlich dessen auf, was es heißt, sich selbst zu verstehen. Denn letztlich ist ein jeder sich selbst wohl doch das größte Rätsel. Auch da also ist Übersetzung erforderlich. Kurzum: Übersetzung ist Kondition menschlichen Fremd- und Selbstverstehens, einschließlich des darin involvierten Weltbezugs. Übersetzung ist Grundvorgang.

28 In einer leicht gekürzten Fassung erscheint das vorliegende Kapitel auch in R. Elberfeld/J. Kreuzer/J. Minford/G. Wohlfart: *Translation und Interpretation*, (= Schriften der Académie du Midi, Bd. V), München 1999, 9-24.

29 W. V. O. Quine: *Ontological Relativity*, in: a.a.O., 47.

Können Übersetzungen als *interpretations-freie* Vorgänge konzipiert werden, die sich innerhalb einer Universalgrammatik der Sprachen und Zeichen und letztlich vielleicht sogar algorithmisch und kalkülmäßig durchführen lassen? Oder ist vornehmlich auch die Übersetzungsproblematik geeignet, den Interpretationscharakter eines jeden Zeichengebrauchs sowie eines jeden menschlichen Fremd-, Welt- und Selbstverständnisses zu verdeutlichen? Im folgenden soll der *interpretative* Charakter des Übersetzens in seinem weiten wie in seinem engen Sinne herausgearbeitet werden. Daher lautet die Überschrift dieses Kapitels nicht ›Übersetzung *und* Interpretation‹, sondern ›Übersetzung *als* Interpretation‹. Übersetzungsverhältnisse, die in jedem Sprach- und Zeichengebrauch konstitutiv sind, können als Interpretationsverhältnisse konzipiert werden.

2. Scheitern von Übersetzungsmaschinen

Eine Hoffnung der letzten Jahrzehnte in Sachen Übersetzung bestand darin, daß maschinelle Übersetzung von *natürlichen* Sprachen zufriedenstellend möglich sei, daß der Computer den Human-Übersetzer überflüssig machen könne. Es komme, so die Erwartung, lediglich darauf an, die richtigen Übersetzungsprogramme zu entwickeln. Deren Ausarbeitung wurde und wird intensiv vorangetrieben. Jedoch scheint das Ergebnis vorerst dies zu sein, daß eine zufriedenstellende Computer-Übersetzung natürlicher Sprachen und Zeichen nicht gelingt. Die Komplexität, die Kreativität, die Unabschließbarkeit, der figurative, abweichende, innovative und metaphorische Charakter des tatsächlichen menschlichen Sprechens übersteigen die Fähigkeiten der Computer der bislang bekannten Art.
Der entscheidende Punkt ist jedoch nicht bloß einer der übergroßen Komplexität natürlicher im Unterschied zu künstlichen oder formalen Sprachen. In Übersetzungs-Programmen von Computern kann die Frage der Übersetzung vielmehr nur so behandelt werden, als ginge es darum, den richtigen Algorithmus zu finden. Dies setzt die Annahme voraus, daß das Sprechen und Verstehen einer Sprache sowie das Übersetzen aus der fremden

in die eigene Sprache und umgekehrt Vorgänge sind, die als das Beherrschen eines Kalküls oder eines Algorithmus angesehen werden können. Zugrunde liegt mithin die Vorstellung, daß es darum gehe, diejenige Grundregel und dasjenige Herstellungsverfahren zu finden, nach denen aus einer gegebenen Menge von Buchstaben eines Alphabets oder Grundfiguren nach bestimmten Vorschriften und Grundregeln die jeweilige Sprachfigur hervorgebracht werde. Hier tritt ein doppeltes und grundsätzliches Mißverständnis zutage: (a) es ist, wie vor allem Wittgenstein[30] gezeigt hat, irrig anzunehmen, der tatsächliche Sprachgebrauch, das tatsächliche Sprechen und Verstehen einer Sprache, werde durch *vorab feststehende* Regeln determiniert; (b) Ausdrücke einer natürlichen Sprache verwenden, verstehen und übersetzen zu können bedeutet gerade nicht, daß man »einen Kalkül betreibt nach bestimmten Regeln«.[31] Entsprechend lassen sich auch keine Algorithmen des Sprechens, des Verstehens und der Übersetzung angeben.

Die Reihe der semantischen Merkmale (Bedeutung, Referenz und Erfüllungs- oder Wahrheitsbedingungen) der erfolgreich verwendeten natürlichen Sprachzeichen ist im Prinzip unabschließbar. Sie ist in der Hierarchie ihrer Anordnung variabel. Zudem ist sie abhängig von pragmatischen Merkmalen: von den beteiligten Individuen (zum Beispiel von deren propositionalen Einstellungen, den Überzeugungen, Wünschen, Präferenzen, Relevanzen und Zwecksetzungen), von Situation, Zeit, Kontext und Kultur. Die Bedeutung natürlichsprachlicher Zeichen ist nicht definitorisch festgelegt, wie dies im Bereich künstlicher und formaler Sprachen, in Mathematik und Logik der Fall ist. Daher ist sie auch nicht in einem definitorischen Sinne analysier- und zerlegbar. Damit hängt zusammen, daß der *gegenwärtige* Gebrauch eines Zeichens *nicht* durch eine Regel *allgemein* bestimmt ist und der *zukünftige* Gebrauch eines natürlichsprachlichen Zeichens nicht vorab festliegt. Daher lassen sich die semantischen und die pragmatischen Merkmale erfolgreich verwendeter Zeichen nicht in eine abgeschlossene Liste ein für allemal feststehender und, wie im Falle künstlicher und formaler

30 Vgl. L. Wittgenstein: *Philosophische Untersuchungen I*, Nr. 65-108.
31 L. Wittgenstein, a.a.O., Nr. 81.

Sprachen, für alle möglichen Welten definierter Merkmale bringen. Mithin ist es auch nicht möglich, die semantischen und pragmatischen Merkmale in einzelne Rechenschritte zu zerlegen und sie kalkülmäßig, des näheren algorithmisch abzuarbeiten und eindeutig in Sätze und Wörter einer anderen oder der eigenen Sprache abzubilden.

Daß dies nicht möglich ist, zeigt sich insbesondere an der in jede Übersetzung immer schon involvierten *Interpretation* der Ausdrücke der anderen wie der eigenen Sprache. Die Bedeutung eines zur Übersetzung anstehenden Zeichens anzugeben heißt, eine Interpretation dieses Zeichens zu geben.[32] Die Verbindung zwischen einem Zeichen und seiner Interpretation (Voraussetzung für jede gelingende Übersetzung) ist jedoch keine *notwendige* Verbindung. Zu einem Zeichen gibt es *nicht* nur *eine einzige richtige* Interpretation. Vielmehr sind mehrere gleichermaßen legitime Interpretationen möglich. Daher kann es keinen Algorithmus der Interpretation, mithin auch keinen des erfolgreichen Verstehens und daher auch keinen der Übersetzung geben. Mit der Frage, wie man die Bedeutung *natürlichsprachlicher* Zeichen in die Maschine, in den Computer bringen könne, bewegt man sich bereits in der Nähe des genannten Mißverständnisses.

Die Vorgänge des Übersetzens, Interpretierens und Verstehens sind intern verschränkt und wechselseitig voneinander abhängig. Sie bleiben darin je einzeln und in ihren Konfigurationen im buchstäblichen Sinne unberechenbar, nicht-kalkulierbar. Jedes Übersetzen ist ein Interpretieren. Es geht in unserem Zusammenhang mithin nicht um Übersetzungen, die dann nachträglich auch noch, falls erforderlich, interpretiert$_3$ resp. gedeutet werden. Betont wird vielmehr, daß jede Übersetzung ipso facto als eine Interpretation, d.h. als eine perspektivische, konjekturale, ein- und auslegende Konstruktbildung angesehen werden kann. Dies heißt nicht, daß es im Übersetzen ungeregelt und beliebig zugehe. Doch für das natürlichsprachliche, zumal für jedes feinsinnigere Sprechen, Verstehen und Übersetzen kann es aus den genannten sprach- und zeichenlogischen Gründen keine zufriedenstellenden Übersetzungsmaschinen geben. Übersetzungsmaschinen können die Arbeit des Human-Übersetzers

32 Vgl. oben Kap. 3.2.

unterstützen. In dieser Hinsicht sind zweifellos deutliche Fortschritte zu verzeichnen, und die Entwicklungen werden weitergehen. Doch sie können den menschlichen Übersetzer nicht ersetzen. Übersetzungsmaschinen scheitern aufgrund des nicht-eliminierbaren, nicht-reduktiven und nicht-hintergehbaren *Interpretations*charakters eines jeden menschlichen Sprach- und Zeichengebrauchs.

Hat man diese Aspekte vor Augen, überrascht es kaum noch, daß maschinelle Übersetzungsprogramme des öfteren weniger zu akzeptablen Übersetzungen als vielmehr zur Zerstörung von Texten und zur Produktion von Kauderwelsch führen. In der Regel werden Wörter durch Wörter ersetzt und nicht selten selbst noch einfachste Sätze dem Verständnis entzogen. Beispiele dafür sind leicht zu finden. In einem mit einem offiziellen Grußwort des Regierenden Bürgermeisters von Berlin eingeleiteten Heft der deutsch-englischen »Berlin*News*« findet man für die Beschreibung »In Bussen und Straßenbahnen werden nur Einzelfahrscheine verkauft« als Übersetzung »Only tickets become into penitences and streetcars sell«. Oder für »Drei Flughäfen weden [Druckfehler im deutschen Original; G.A.] in Berlin angeflogen« erhält man »Three come flying for Flughäfen weden in Berlin«.[33] Das ist für einen englischen Muttersprachler nicht einmal mehr komisch, sondern unverständlich und ärgerlich. Solche Vorbehalte bestätigen sich, wie Beispiele zeigen, bis hinein in den Bereich der Übersetzung von technischen Gebrauchsanleitungen z.B. für Industrieprodukte in oder aus andere(n) Länder(n). Die Übersetzungen sind in vielen Fällen merkwürdig unverständlich, gar unbeabsichtigt komisch. Selbst in den einfachsten Bereichen der Sprachübersetzung sollte man den Computer nicht alleinlassen. Bei elektrischen Geräten zum Beispiel kann eine falsch übersetzte Gebrauchsanleitung tödliche Folgen haben.

33 Berlin*News*, 1997, Heft 2, 7f. und 9.

3. Literarische Übersetzung

Der Suche nach automatisierten maschinellen Übersetzungs-Programmen korreliert auf eigentümliche Weise die Existenz einer Art Schlagwort-Esperanto der Touristen- und Konsumenten-Zivilisation. Bei Ausdrücken wie »steak«, »hot dog«, »hamburger«, »Hotel Garni« oder »Holiday-Inn« scheint Übersetzung nicht erforderlich, allenfalls eine homophone, die direkt verstanden wird.

Doch man lasse sich nicht blenden. Spätestens in bezug auf Texte der Literatur, der Philosophie, der Religionen, der Wissenschaft, der Politik, der Diplomatie und der Kultur, und bereits in jedem über die Fastfood-Terminologie hinausgehenden Gespräch mit Angehörigen einer anderen oder der eigenen Sprachgemeinschaft manifestieren sich die Probleme der Übersetzung auf eine unvermeidbare Weise.

Dabei entstehen die Schwierigkeiten nicht nur unter dem Aspekt der Fremdheit und Andersheit. Sie entstehen auch in Folge des zeitlichen Abstands, der z.B. zwischen der Entstehung eines Textes und der späteren Aneignung durch einen Rezipienten liegt. Die Probleme literarischer Übersetzung ergeben sich nicht erst in bezug auf fremde Texte anderer Sprachen und Kulturen (hinsichtlich z.B. der Übersetzung der hebräischen Bibel, der griechischen Odyssee oder der altindischen Upanischaden etwa ins Deutsche, Französische oder Englische). Angesichts des Zeitenabstands stellen sich die Schwierigkeiten auch bereits innerhalb ein und derselben Sprache und Kultur ein. Sprachgrenzen sind stets auch Zeitgrenzen. Diese machen eine Übersetzung erforderlich, durch die der intendierte Transfer bewerkstelligt werden soll. Jeder Übersetzer weiß davon zu berichten, wie groß die diesbezüglichen Schwierigkeiten sind. Je genauer die Sätze und Wörter einer anderen und auch der eigenen Sprache fokussiert werden, desto übersetzungs- und erläuterungs-bedürftiger schauen sie zurück.

Beispiele für die Mühsal, der sich ein Übersetzer von Texten ein und derselben Sprachgemeinschaft ausgesetzt sieht, sofern die Texte durch einen zeitlichen, mentalen und poetologischen Abstand von der neuhochdeutschen Sprach- und Leseform getrennt sind, stellte jüngst Peter Wapnewski vor.[34] Am Beispiel des Mittelhochdeutschen, genauer an den Schwierigkeiten einer Übersetzung des rhapsodischen Sprechgesangs vierhebiger Verse der mittelhochdeutschen Höfischen Epen (vor allem des *Nibelungenliedes* und der *Parzival*-Dichtung Wolfram von Eschenbachs) demonstriert Wapnewski eindrucksvoll die Schwierigkeiten einer Übersetzung aus der eigenen, jedoch vergangenen Sprache in die eigene zeitgenössische, in die derzeit geltende Sprachform. Da das Neuhochdeutsche bestimmte sprachliche Möglichkeiten nicht mehr besitzt, die dem Mittelhochdeutschen noch zu Gebote standen, bleibt die Übersetzung in solchen Fällen stets auf einen erläuternden Kommentar angewiesen.

Solche und andere Erfahrungen fördern die Vorstellung, daß sich das Übersetzen von dichterischen Texten, so unverzichtbar es auch sein mag, strenggenommen doch als eine Unmöglichkeit erweist. Dies ist wohl vor allem deshalb der Fall, weil das komplexe und dichte Geflecht der Bedeutungen und Formen dichterischer Sprache abhängig ist von den Eigentümlichkeiten derjenigen Sprache und Lebensform, in denen sie artikuliert werden. Dieses Netz spezifischer Eigentümlichkeiten kann als ganzes nicht in eine andere Sprache transportiert und dort reproduziert werden, nicht einmal in die eigene spätere.[35] Letztlich entscheidet der Übersetzer, was er für wichtig hält. Und das kann durchaus an Bedeutung, Form und Sachgehalt dessen vorbeigehen, was andere Übersetzer für wichtig halten würden.

Die erwähnte These, daß das Übersetzen nicht erst in der Fremde, sondern bereits »zuhause« (Quine) beginnt, läßt sich schon mit Blick auf das *Lesen* literarischer, dichterischer, philosophischer oder religiöser Texte der eigenen Sprache verdeutlichen. Hans-Georg Gadamer hat diesen Punkt trefflich umschrieben. Bereits das Lesen eines dichterischen Textes der eige-

34 P. Wapnewski: *Übersetzt und Übergesetzt. Die Nibelungen in Passau und Parzival im Zwîvel*, in: Deutsche Akademie für Sprache und Dichtung, Jahrbuch 1997, Göttingen 1997.

35 Vgl. auch M. Hamburger: *Erfahrungen eines Übersetzers*, in: ders.: *Literarische Erfahrungen. Aufsätze*, hg. von H. Hartung, Darmstadt 1981, 15f.

nen Sprache »ist wie eine Übersetzung, fast wie eine Übersetzung in eine Fremdsprache, Umsetzung von starren Zeichen in einen strömenden Fluß von Gedanken und Bildern«. Das Lesen originaler Texte »ist wie Auslegung durch Ton und Tempo, Modulation und Artikulation«. Lesen und Übersetzen sind dabei stets bereits Vorgänge der Auslegung und Interpretation. »Beide schaffen ein neues Text-Ganzes aus Sinn und Klang. Beide verlangen eine ans Schöpferische grenzende Umsetzung. Man kann das Paradox wagen: Jeder Leser ist wie ein halber Übersetzer.«[36]

4. Unbestimmtheit der Übersetzung

Im Zusammenhang der Fragen der Übersetzung von Ausdrücken einer fremden Sprache in die eigene (oder umgekehrt) ist Quines berühmte These von der »Unbestimmtheit der Übersetzung« von grundlegender Bedeutung.[37] Die These besagt, daß »manuals for translating one language into another can be set up in divergent ways, all compatible with the totality of speech dispositions, yet incompatible with one another«, und daß dies zu unterschiedlichen Übersetzungen führt, die untereinander »in no plausible sort of equivalence« stehen.[38] Der *Unbestimmtheit* der Übersetzung gilt im folgenden besondere Aufmerksamkeit. Dabei soll es nicht nur um die Ebene der syntaktischen

36 H.-G. Gadamer: *Lesen ist wie Übersetzen*, in: ders.: *Gesammelte Werke*, Bd. 8 (= Ästhetik und Poetik I: Kunst als Aussage), Tübingen 1993, 283f.

37 In diesem Abschnitt wird auf Materialien zurückgegriffen, die ausführlicher erörtert werden in Verf.: *Unbestimmtheit der Interpretation*, in: a.a.O., 43-71.

38 W. V. O. Quine: *Word and Object*, a.a.O., Kap. II, 27; vgl. ders.: *Reply to Chomsky*, in: D. Davidson/J. Hintikka (Hgg.): *Words and Objections, Essays on the Work of W. V. O. Quine*, Dordrecht-Boston 1969, 302-311; *On the Reasons for Indeterminacy of Translation*, in: *The Journal of Philosophy* 67 (1970) 178-183; *Indeterminacy of Translation Again*, in: *The Journal of Philosophy*, 84 (1987) 5-10; *Three Indeterminacies*, in: R. Barrett/R. Gibson (Hgg.): *Perspectives on Quine*, Oxford-Cambridge Mass. 1990, 1-16; *Pursuit of Truth*, a.a.O., Kap. III.

Übersetzung, sondern von vornherein auch um die der semantischen Interpretation gehen.
Ein Charakteristikum erfolgreich verwendeter und verstandener natürlicher (im Unterschied zu formalen oder kunstsprachlichen) Zeichen ist in der Tat deren Übersetzungs- und Interpretations-*Unbestimmtheit*. Die Zeichen funktionieren nicht trotz, sondern vielmehr gerade unter Einräumung ihrer Unbestimmtheit kommunikativ. Die Ausdrücke einer natürlichen Sprache verfügen gleichsam über offene semantische und pragmatische Valenzen, durch die die Anschlußfähigkeit und damit die Kommunikabilität unter Personen gewahrt bleiben. Die Unbestimmtheit von Übersetzung und Interpretation stellt daher keine Behinderung menschlicher Verständigungsverhältnisse dar. Sie erweist sich vielmehr als eine ihrer Bedingungen, als Unterstützung von Verständigung, Gespräch und Dialog. Entsprechend gilt, daß bei Übersetzungen und Interpretationen grundsätzlich Raum für *alternative* Übersetzungen und Interpretationen gegeben sein muß, damit Kommunikation und Verständigung flüssig fortgesetzt werden können. Anderenfalls hätte man es letztlich mit bloß noch dogmatischer Mitteilung, mithin nicht mehr mit dem zu tun, was für eine Situation freier Verständigung charakteristisch ist. Die Unbestimmtheit der Übersetzung und der Interpretation erweist sich in diesem Sinne als konditional für gelingende Verständigungsverhältnisse.
Solange wir die fremden und die eigenen Ausdrücke mehr oder weniger fraglos verstehen, bemerken wir nicht die bedeutsame Rolle, die die *interpretativen* (die perspektivischen, kreativen, konstruktionalen, kurz die ein- und auslegenden) Komponenten in jedem Sprachverwenden, Sprachverstehen und Sprachübersetzen spielen. Der ursprüngliche Interpretationscharakter dieser Verhältnisse tritt explizit erst dann hervor, wenn jemand, wie in der Situation der Übersetzung, nach der Bedeutung eines Ausdrucks fragt oder uns die Bedeutung, wie in Situationen »radikaler Übersetzung« (Quine) oder »radikaler Interpretation« (Davidson), zunächst gänzlich unbekannt ist. Erst dann wird nachgeschaut, wie die entsprechenden sprachlichen Zeichen in den Verständigungsverhältnissen funktionieren. Spätestens dann aber wird deutlich, daß jedes Übersetzen als ein Interpretieren,

das heißt als eine interpretatorisch-konstruktionale Aktivität anzusehen ist.

Anders als im Fall von Beobachtungssätzen (wie z.B. »Es regnet«), die einer Wahrnehmungssituation entstammen und an dieser direkt überprüft werden können, sind die meisten Äußerungen einer Person nicht mit gegenwärtigen und öffentlich beobachtbaren Situationen korreliert. Das führt vor allem in Fällen radikaler Übersetzung in eine mißliche Lage: Der Übersetzer und Interpret muß über die Beobachtungssätze hinausgehen. Dies erfolgt vor allem durch das Finden und die Bildung von Übersetzungshypothesen. Diese sind in Situationen radikaler Übersetzung zentral. Das Bemerkenswerte an den Übersetzungshypothesen ist, daß sie »exceed anything implicit in any native's dispositions to speech behavior«.[39] Mit ihrer Hilfe konstruieren wir Analogien zwischen Sätzen, die bereits erfolgreich übersetzt worden sind, und solchen, bei denen dies noch nicht der Fall ist. Auf diese Weise werden die Grenzen der Übersetzungsarbeit erweitert »beyond where independent evidence can exist«.[40] Der Übersetzer muß »erraten«, muß »mutmaßliche Interpretationen projizieren« und verfährt »bastelnd« mit seinem Übersetzungs- und Verständigungssystem, um dessen Effektivität zu steigern.[41]

In diesen Vorgehensweisen manifestiert sich der *interpretative* Charakter der Übersetzungs- und Verständigungsverhältnisse. Die Übersetzungshypothesen können daher als kreativ-interpretatorische Konstruktbildungen angesehen werden. Sie sollen zu dem führen, was als eine angemessene Übersetzung gelten kann. Sie sind nicht einfach vorfabriziert fertig vorhanden, sondern sie müssen ›erfunden‹, in einer kreativen Konstruktbildung hervorgebracht werden; und sie hängen von den mit der Übersetzung verfolgten Zwecken, mithin letztlich von praktischen Erfordernissen ab. Wir können nicht nicht-interpretativ übersetzen.

Übersetzungshypothesen sind bereits erforderlich, um die Syntax der fremden Sätze zu konstruieren. Denn dazu benötigt man Konstrukte, die helfen, in den fremden Sätzen die relevanten

39 W. V. O. Quine: *Word and Object*, a.a.O., 70.
40 Quine, a.a.O.
41 Vgl. W. V. O. Quine: *Pursuit of Truth* , a.a.O., 45.

Wortarten zu unterscheiden und diese mit denen der eigenen Sprache in eine Beziehung funktionaler Äquivalenz zu bringen. Freilich wird durch diese interpretativen Konstruktbildungen die Unbestimmtheit der Bedeutung und Referenz der als Terme aufgefaßten Wörter *nicht* beseitigt. Das Gegenteil ist der Fall. Selbst die bestmögliche Übersetzungshypothese hebt die Unbestimmtheit der Übersetzung nicht auf. Entscheidend ist: Man kann systematisch verschiedene und inkompatible Systeme von Übersetzungshypothesen bilden, die alle gleichermaßen gut alle Daten empirischer und behavioraler Evidenz interpretieren und die gleichwohl zu »mutually incompatible translations of countless sentences insusceptible of independent control«[42] führen. Der Umstand, *daß* kreativ-konstruktionale Übersetzungshypothesen erforderlich sind, führt zur Unbestimmtheit der Übersetzung und der Interpretation.

An dieser Stelle ist ein zentraler Aspekt hervorzuheben, der manchen Kritiker der These von der Unbestimmtheit der Übersetzung irritiert hat und weiterhin irritiert. Sobald es nicht mehr um den Gebrauch eines Wortes als eines Gelegenheitssatzes (z.B. von – Quines berühmtes Beispiel – groß geschrieben »Gavagai«), sondern um die Referenz syntaktisch desselben Wortes als eines Terminus (z.B. klein geschrieben »gavagai«) geht, gilt: »The point is not that we cannot be sure whether the analytical hypothesis is right, but that there is not even (...) an objective matter to be right or wrong about.«[43] Die Unbestimmtheit der Übersetzung ist keine Unbestimmtheit von Fakten und Tatsachen. Die interpretativen Übersetzungshypothesen gehen vielmehr sowohl über *alle möglichen* empirischen Daten als auch über *alle möglichen* Sprachdispositionen hinaus.

Welcher Art das System der Hypothesen ist, das im Übersetzen bereits vorausgesetzt und in Anspruch genommen ist, d.h. welche Übersetzungs- und Interpretationstheorie man einsetzt, hängt von den Zwecken ab, die erfüllt werden sollen. So spielt bei der Wahl einer Übersetzungshypothese durchaus der Unterschied eine Rolle, ob es darum geht, möglichst schnell zu einer Übersetzung zu gelangen, oder darum, Reaktionen des fremden

42 W. V. O. Quine: *Word and Object*, a.a.O., 72.
43 W. V. O. Quine, a.a.O., 73.

Sprechers auf neuartige Situationen prognostizieren zu können, oder ob die Frage im Mittelpunkt steht, ob meine und der fremden Person Wünsche und Überzeugungen einander ähnlich sind oder nicht. Je nachdem, welcher dieser Zwecke primär verfolgt wird, werden bestimmte Aspekte stärker, andere weniger übersetzungsrelevant. Üblicherweise erfüllt für uns eine einzige Übersetzungstheorie diese unterschiedlichen Erfordernisse, jedenfalls solange wir mit ihrer Hilfe zufriedenstellende Antworten auf die jeweiligen Fragen erhalten.

Hervorzuheben ist, daß nicht nur die Bedeutung, sondern auch die Referenz von der Unbestimmtheit betroffen ist. Die Unbestimmtheit »cuts across extension and intension alike.« Die Referenz selbst »proves behaviorally inscrutable«.[44] Die Unbestimmtheit von Übersetzung und Interpretation kann als eine Konsequenz der Unerforschlichkeit der Referenz angesehen werden.

Die Unbestimmtheitsthese würde deutlich an Profil gewinnen, wenn man sie mit Bezug auf eine ideale Theorie der Natur, die wir nicht haben, sowie deren im Prinzip nicht-eliminierbare Unbestimmtheit verständlich machen könnte. Dies würde sowohl den Tiefensitz der Unbestimmtheitsthese als auch deren Differenz zur These von der »Unterbestimmtheit« verdeutlichen. Quine hat die entscheidenden Aspekte benannt: »Though linguistics is of course a part of the theory of nature, the indeterminacy of translation is *not* just inherited as a special case of the under-determination of our theory of nature. *It is parallel but additional.* Thus, adopt for now my fully realistic attitude toward electrons and muons and curved space-time, thus falling in with the current theory of the world despite knowing that it is in principle methodologically under-determined. Consider from this realistic point of view, the totality of truths of nature, known and unknown, observable and unobservable, past and future. *The point about indeterminacy of translation is that it withstands even all this truth, the whole truth about nature.* This is what I mean by saying that, where indeterminacy of translation applies, there is no real question of right choice; there is no fact of the

44 W. V. O. Quine: *Ontological Relativity*, in: a.a.O., 35.

matter even to *within* the acknowledged under-determination of a theory of nature.«[45]
Die Unbestimmtheit der Übersetzung und der Interpretation hat mithin nichts zu tun mit »inaccessible facts and human limitations«.[46] Sie trifft zudem nicht nur auf endliche menschliche Geister zu, sondern würde ebenso für idealisierte und unendliche Geister gelten. Diese drei Charakteristika der Unbestimmtheit (erstens, daß sie sogar noch der ganzen Wahrheit über die Natur widersteht; zweitens, daß sie nicht eine Frage der Tatsachen ist; und drittens, daß sie unabhängig von menschlichen Beschränkungen gilt) machen deutlich, daß sie von grundsätzlicher und nicht-reduktiver Natur ist. Eine Tatsachenfrage stellt die Frage der Unbestimmtheit der Übersetzung schlicht deshalb nicht dar, weil es in Sachen Unbestimmtheit gar nicht um Tatsachen im Sinne raum-zeitlicher Positionen und Zustände von physikalischen Körpern und Ereignissen geht. Oder, wie Føllesdal es formuliert hat: »In translation we are not describing a further realm of reality, we are just correlating two comprehensive language/theories concerning all there is.« Das ist der Grund »for the difference between theory of nature and translation and thereby for indeterminacy of translation«.[47]
Der Erfolg einer Übersetzung und Interpretation bemißt sich, mit Quine gesprochen, an der »smoothness of conversation«, »effectiveness of negotiation«, »frequent predictability of verbal and non-verbal reactions« und der »coherence and plausibility«.[48] Selbstverständlich geht es dabei nicht um definitive und allgemein verbindliche Übersetzungen und Interpretationen. Es handelt sich vielmehr um *graduelle* Vorgänge. Unter kritischem Vorzeichen kann es nicht mehr um ›Die Überhaupt Beste Prozedur und Das Überhaupt Beste Handbuch‹, sondern nur noch um bessere oder schlechtere gehen.
Was übrigens die Rolle von Einfühlung und Empathie betrifft, so

45 W. V. O. Quine: *Reply to Chomsky*, in: a.a.O., 304; Hervorhebungen G.A.
46 W. V. O. Quine: *Pursuit of Truth*, a.a.O., 101.
47 D. Føllesdal: *Indeterminacy of Translation and Under-Determination of the Theory of Nature*, in: *Dialectica*, 27 (1973) 295.
48 W. V. O. Quine: *Three Indeterminacies*, in: a.a.O., 4.

ist diese in Dialog, Verständigung und Übersetzung zwar mit erfordert und hilfreich. Doch sind hier die Grenzen deutlich zu beachten. Denn man kann natürlich weder in die andere Person hineinschauen (wir sind keine analogen Computer, die die inneren Zustände und Einstellungen anderer Personen simulieren können) noch ließen sich auf diese Weise die Unbestimmtheiten der Übersetzung, der Referenz und der Interpretation eliminieren. Ein erfolgreicher Einsatz der Einfühlung und Empathie kann und will die Unbestimmtheit der Übersetzung und der Interpretation nicht aufheben.

Der vielleicht tiefliegendste philosophische Grund dafür, daß Unbestimmtheit der Übersetzung und Interpretation nicht eliminierbar ist, mag, wie man aus der Perspektive der Interpretationsphilosophie sagen kann, in den folgenden beiden Aspekten liegen: (a) Über eine Sprache zu verfügen, setzt bereits voraus, daß man sich auf die dieser Sprache zugehörige *Praxis des Interpretierens* ihrer Ausdrücke versteht; und (b) alle Bedeutungs- und Referenzfunktionen sprachlicher wie nicht-sprachlicher Zeichen können als *Interpretations*funktionen konstruiert werden.[49] Es ist dieser *interpretative* Charakter der Verständigungsverhältnisse selbst, der intern Unbestimmtheit mit sich führt hinsichtlich der inter- ebenso wie der intra-linguistischen Übersetzung.

Die Übersetzungsproblematik und des näheren die Unbestimmtheitsthese können in eine Verbindung mit der Frage gebracht werden, wie ein Philosophieren aussehen kann, das sich nicht mehr im Würgegriff der Dichotomie der Suche nach einer essentialistischen Ontologie auf der einen oder einer universalen Grammatik auf der anderen Seite befindet. Diese Suche war über weite Strecken charakteristisch für die überlieferte Form der Metaphysik. Und in der Regel wurde in der Voraussetzung von Ontologie oder Universalgrammatik zugleich auch eine Garantie für die mögliche Gleichheit der Bedeutung zweier Ausdrücke und für mögliche eindeutige und synonyme, d.h. nicht-unbestimmte Übersetzungen und Interpretationen gesehen. Auf diese zentralen metaphysischen Hintergrundannahmen bezogen,

49 Vgl. oben Kap. 3 und 4; vgl. auch Verf.: *Interpretationswelten*, a.a.O., Kap. 14 und 15.

kommt der These von der Unbestimmtheit der Übersetzung ein hohes kritisches Potential zu. Für sich selbst genommen erläutert die Unbestimmtheitsthese die These von der Übersetzung *als* Interpretation und den *interpretatorisch-konstruktionalen* Charakter des erfolgreichen Verwendens, Verstehens und Übersetzens sprachlicher oder nicht-sprachlicher Zeichen, mithin die nicht auftrennbare Verschränkung von Bedeutung und Erfahrung.

5. Aufgaben des Übersetzers

Die Aufgaben und Erfahrungen von Übersetzern, insbesondere von Übersetzern literarischer, philosophischer, wissenschaftlicher, diplomatischer, lyrischer oder religiöser Texte, lassen sich auf unterschiedliche Weise beschreiben. Jedesmal jedoch ist darin ein bestimmtes Verständnis von Sprache, von Verständigung und von Werk mit vorausgesetzt. Zu den wichtigsten Aufgaben zählen die folgenden. Die Übersetzung von Texten sollte beitragen: (i) zum Weiterleben der Werke in unterschiedlichen Sprachen; (ii) zur Aufrechterhaltung von Verständigungsverhältnissen in den zugehörigen Bereichen und Hinsichten; (iii) zur Aneignung von fremden Sprachen in den Grenzen und Möglichkeiten der eigenen Sprache und (iv) zur Freigabe der eigenen Sprache für die Andersheit der fremden Sprache, einschließlich der Freigabe der Fremdheit der eigenen Sprache.

Vom Übersetzer wird somit viel verlangt. Gadamer erinnert an die geistreiche Charakterisierung, die Friedrich Schlegel vom verstehenden Interpreten eines Werkes gegeben hat, und wendet diese auf den Übersetzer an: »Um jemanden zu verstehen, muß man erstlich klüger sein als er, dann ebenso klug und dann auch ebenso dumm. Es ist nicht genug, daß man den eigentlichen Sinn eines konfusen Werkes besser versteht, als der Autor es verstanden hat. Man muß auch die Konfusion selbst bis auf die Prinzipien kennen, charakterisieren und konstruieren können.«[50] Letzteres sei, wie Gadamer betont, das »allerschwerste«.

50 F. Schlegel, zitiert nach Gadamer: *Lesen ist wie Übersetzen*, in: a.a.O., 280.

Hinsichtlich der Übersetzung vor allem von Dichtung ist ein weiterer Aspekt von Bedeutung, nämlich der des Abstandes der Übersetzung zum Original. Hier gilt von den Übersetzern, daß sie, wie Gadamer betont, diesen Abstand »nicht ganz verbergen und ihn doch zugleich überbrücken.« Darin sind die Übersetzer den Interpreten und Auslegern vergleichbar. »Aber sie sind noch mehr. Interpreten reden dazwischen. Des Auslegers größter Ehrgeiz kann es nur sein, daß seine Interpretation eine bloße Zwischenrede bleibt, die selbstverständlich ins Wiederlesen der originalen Texte eingeht und darin verschwindet. Dagegen bleibt des Übersetzers mitdichtende Spur für unser aller Lesen und Verstehen ein festgespannter Bogen, eine Brücke, die von beiden Seiten begehbar ist, eine Brücke zwischen zwei Sprachen wie zwischen zwei Ufern *in einem einzigen Land*.«[51]

In letzterer Einschätzung spricht der Vertreter der philosophischen Hermeneutik. Für diese ist kennzeichnend, daß die Möglichkeit des Verstehens und die der Übersetzung so gedacht werden, als wirke da ein vorausgesetzter und gemeinsam geteilter Sinn, der die Möglichkeit einer Übersetzung garantiert und im Falle gelungener Übersetzung gleichsam aktualisiert wurde. Mit dieser These ist die philosophische Hermeneutik der älteren Figur einer letztlichen universalsprachlichen Geordnetheit der Sprachen verpflichtet. Je stärker demgegenüber jedoch die Unterschiede, Differenzen und Diskontinuitäten zwischen den Sprachen betont werden, desto weniger ist es möglich, weiterhin an dem vereinheitlichenden und universalsprachlichen Bild vom Übersetzen festzuhalten. Die Differenz der Sprachen ist konditional für das Übersetzen. Der Übersetzer hat im Brückenschlag zwischen Sprachen auch Fährmann von deren Differenzen und Diskontinuitäten zu sein.

Für Walter Benjamin zum Beispiel ist vornehmlich dasjenige an einer Übersetzung wichtig, was an ihr »mehr ist als Mitteilung«, was in ihr selbst »nicht wiederum übersetzbar« ist.[52] Benjamins

51 Gadamer: *Lesen ist wie Übersetzen*, in: a.a.O., 285. Hervorhebung G.A.

52 W. Benjamin: *Die Aufgabe des Übersetzers*, in: ders.: *Gesammelte Schriften*, Band IV/1, hg. von T. Rexroth, (= Werkausgabe, Band 10), Frankfurt a. M. 1972, 15.

Aufsatz *Die Aufgabe des Übersetzers* (1929), den er seinen Baudelaire-Übertragungen vorangestellt hat, ist zugleich jedoch auch ein Zeugnis dafür, wie schwer es ist, sich von der traditionellen, auf universalsprachliche Aspekte verpflichteten Auffassung zu befreien. Denn einerseits hebt Benjamin zwar hervor, daß alle Übersetzung »nur eine irgendwie vorläufige Art ist, sich mit der Fremdheit der Sprachen auseinanderzusetzen«. Andererseits jedoch betont er nachdrücklich, daß jede Übersetzung eine Orientierung »auf ein letztes, endgültiges und entscheidendes Stadium aller Sprachfügung«[53] besitzt. Er beharrt darauf, daß das »innerste Verhältnis der Sprachen« in einer »eigentümlichen Konvergenz« bestehe. Die Sprachen seien »einander nicht fremd, sondern *a priori* und *von allen historischen Beziehungen abgesehen* einander in dem verwandt (...), was sie sagen wollen.«[54] Eine solche Hintergrundidee »reiner Sprache« ist jedoch angesichts unserer bisher vorgetragenen Befunde in Sachen Übersetzung, insbesondere in puncto Unbestimmtheit der Übersetzung und der Interpretation, nicht mehr zu explizieren und steht unter kritischem Vorzeichen nicht mehr zu Gebote.
Die Aufgabe des Übersetzers muß in ihrer Eigenständigkeit von der Tätigkeit des Dichters, der ein Original hervorbringt, unterschieden werden. Des Übersetzers Aufgabe besteht, mit einer Formulierung Benjamins gesprochen, darin, »diejenige Intention auf die Sprache, in die übersetzt wird, zu finden, von der aus in ihr das Echo des Originals erweckt wird.«[55] Darin unterscheiden sich Originaldichtung und Übersetzung grundlegend. Die Übersetzung muß daher »liebend« und im Detail die im Original vorherrschende »Art des Meinens in der eigenen Sprache sich anbilden«.[56] Eine gelungene Übersetzung »verdeckt nicht das Original«, sondern gibt den Blick darauf frei.

53 W. Benjamin, a.a.O., 14.
54 W. Benjamin, a.a.O., 13. Hervorhebungen G.A.
55 W. Benjamin, a.a.O., 16.
56 W. Benjamin, a.a.O., 18.

6. Grenzen der Übersetzbarkeit. Eigenes und Fremdes

Übersetzen ist wörtlich genommen ein Über-setzen, ein Übertragen, ist, mit einer Wendung Michael Hamburgers gesprochen, ein »Hinübertragen« des Ausgangstextes »in eine andere Sprachwelt«. Und diese andere, neue Sprachwelt ist »zugleich auch eine andere Dingwelt, Um- und Innenwelt«. Die Änderungen, die der Übersetzer sich erlaubt, sollen dazu dienen, den Text in dieser anderen Sprach-, Erlebens- und Erfahrungswelt »lebensfähig« zu machen.[57] Im Anschluß an diesen Aspekt können zwei Fragen entwickelt werden: (a) die Frage nach dem Verhältnis von Eigenem und Fremdem in der Übersetzung und (b) die Frage nach den Grenzen der Übersetzbarkeit und der Unübersetzbarkeit. Es zählt zu den vornehmlichen Aufgaben des Übersetzers, in seinem Tun diese beiden Komponenten in den Blick zu bringen.

In einer Übersetzung wird ein Text nicht einfach nur in eine andere Sprache transportiert. Durch die Aufnahme fremder Texte als Übersetzungen in die eigene Sprache können vielmehr auch die Grenzen und Möglichkeiten der eigenen Sprache erweitert werden. Gerade die deutsche Literatur zeigt, wie anregend, schöpferisch und ertragreich solche Aufnahmen vor allem hinsichtlich der Form der Sprache sein können. Beispiele sind leicht zu finden. Michael Hamburger etwa führt Hölderlins Aufnahme griechischer Versmaße und Syntax in seinen eigenen Gedichten wie in seinen Übersetzungen und die Übernahme freier Rhythmen durch Goethe und dessen Nachfolger in den sogenannten pindarischen Versen als Beispiele an.[58] Die großen Übersetzer, wie Luther oder Hölderlin, haben ganz offenkundig mit und in ihren Übersetzungen die sprachlichen Möglichkeiten des Deutschen erweitert.

Um jedoch das Eigene durch das Fremde bereichern zu können, muß zuvor bis an die Grenzen des Unübersetzbaren gegangen

57 Hamburger: *Erfahrungen eines Übersetzers*, in: ders.: *Literarische Erfahrungen. Aufsätze*, hg. von H. Hartung, Darmstadt 1981, 17.

58 Vgl. a.a.O., 17f.

worden sein. Diese Grenzen zeigen sich in der Widerständigkeit fremder Sprachen, sich nicht in den Grenzen der eigenen aneignen und verarbeiten zu lassen. Darin manifestiert sich die Individualität und Nicht-Reduzierbarkeit der besonderen Sprachen aufeinander und/oder auf ein gemeinsames Drittes. Spätestens im Zuge dieser Erfahrung muß sich auch die eigene Muttersprache und innerhalb dieser dann die jeweils zur Zeit geltende Sprach- und Leseform von dem zunächst naheliegenden Eindruck befreien, sie sei die *allgemeine* Sprache.

Grenzen der Übersetzbarkeit und des Unübersetzbaren werden daran sichtbar: (i) daß das Fremdartige und die Individualität der anderen besonderen Sprache hervortritt; (ii) daß sich die Unbestimmtheit und die Unterbestimmtheit der Übersetzung als grundsätzlich nicht-eliminierbar erweisen; (iii) daß die Bedeutungen der Ausdrücke weder als fest-stehende Entitäten noch als feste Orte an Strukturen aufgefaßt werden können (die dann durch Wörter, Sätze oder ganze Diskurse besetzt werden könnten), sondern als Zeichenfunktionen und in Abhängigkeit von bisherigem Gebrauch, Tradition, Lebens-, Ding-, Um-, Innen-, Gefühls- und Denkwelt auftreten; (iv) daß das Sprechen, das Verstehen und Übersetzen Vorgänge sind, die nicht als Beherrschen eines Kalküls mit festen Regeln und nicht im Sinne eines Algorithmus verstanden werden können; (v) daß eine Übersetzung zwischen unterschiedlichen Symbolsystemen (wie etwa Sprache, Malerei, Musik, Skulptur, Gestik) nicht möglich ist, d.h. daß zwischen diesen Bereichen keine Übereinstimmung in puncto Form, keine Isomorphie besteht und dementsprechend bislang auch niemand die diesbezüglichen Übersetzungs-*Regeln* hat angeben können; (vi) daß wir es vor allem im Bereich der Dichtung im skizzierten Sinne mit einer letztlich unübersetzbaren Individualität der hier und jetzt so-und-so verwendeten Ausdrücke einer jeden besonderen Sprache im Verhältnis zu anderen besonderen Sprachen zu tun haben; (vii) daß diese Individualität der fremden wie der eigenen Sprache auch darin besteht, es im jeweils irreduziblen tatsächlichen Gebrauch eines Ausdrucks mit verschiedenen Anordnungen in der Liste der semantischen und pragmatischen Merkmale und mit irreduziblen Relevanzen und Präferenzen zu tun zu haben; und (viii) daß das, was in einer Sprache zwar nicht Mitteilung ist, gleichwohl aber wesentlich sein kann, in der Übersetzung nicht mit in die andere Sprache transportiert wird.

Indem der Übersetzer die Widerständigkeit, die Irreduzibilität, die Andersheit und darin die *Individualität* fremder Sprachen *anerkennt*, tritt in dem Vorgang des Übersetzens (der zunächst reine sich bemächtigende Aneignung zu sein scheint) ein neues Element hervor: im Übersetzen geht es auch darum, der anderen Sprache *gerecht* zu werden. Gelungene Übersetzung hat es im Kern mit dieser Art von Gerechtigkeit zu tun. Sie ist Gerechtigkeit der Sprache und darin Ausdruck von Humanität.

Indem hier von *gelungener* Übersetzung die Rede ist, wird zugleich ein weiterer Aspekt deutlich. Die sich möglicherweise erneut einstellende Vermutung, daß Übersetzung zwar nötig, sich letztlich aber in vielen Bereichen doch als unmöglich erweise, treibt uns nicht in die in der Tat absurde Konsequenz, in Sprache und Übersetzung schließlich ein Hindernis für Verständigung sehen zu müssen. Denn letztlich ist und bleibt die Sprache, mit einer Formulierung Kants gesprochen, doch das »größte Mittel, sich selbst und andere zu verstehen«.[59] Und Übersetzung ist ihr Element.

59 I. Kant: *Anthropologie in pragmatischer Hinsicht*, Erster Teil, hg. von W. Weischedel, Darmstadt 1975, Bd. 10, 500.

Teil III
Wissenschaft, Logik und Ästhetik

6. Interpretationistische Wissenschaftsphilosophie

1. Wissenschaft und Interpretation

In den Wissenschaften spielt das Verhältnis von Theorie, Beobachtung und Wirklichkeit eine zentrale Rolle.[1] Es ist für die Konzeption der Erfahrungserkenntnis grundlegend. Das Verständnis dieser drei Grundwörter und ihrer Verbindung untereinander scheint auf der Hand zu liegen: die Wirklichkeit ist vorab fertig gegeben; die Theorien der Naturwissenschaftler sagen uns, was die Wirklichkeit ist; und die Beobachtung ist der unbestechliche Prüfstand der Theorien. Sobald man jedoch etwas näher hinschaut, sind die Verhältnisse keineswegs mehr so eindeutig. Vorgreifend kann man sagen: Wirklichkeit ist für endliche Geister stets nur Wirklichkeit *in* menschlicher Sicht, Wirklichkeit nach Menschenmaß, nicht jedoch Welt an-sich-seiender Objekte und Ereignisse, nicht Wirklichkeit nach Gottesmaß. Auf eine gänzlich nicht-epistemische Welt würden wir uns nicht verstehen. Theorien sind nicht als passive Wiedergabe, nicht als Repräsentationen einer vorfabriziert fertig daliegenden Welt anzusehen. Sie können vielmehr als aktive und kreative Konstruktbildungen des menschlichen Verstandes aufgefaßt werden, unter deren Perspektive das, was als Wirklichkeit gilt, als ein Modell der Theorie erscheint. Und Beobachtung ist keine kontemplative Spiegelung und neutrale Registratur. Sie erweist sich vielmehr als eine voraussetzungsreiche, zweckorientierte, theorieabhängige, kurz ebenfalls als konstruktionale, als interpretative Aktivität von menschlicher Seite.

Diesen konstruktbildenden, perspektivischen, schematisierenden, ein- und auslegenden, kurz *interpretativen* Charakter eines jeden Weltverständnisses kann man zum Leitfaden der Betrach-

1 Eine frühere Fassung dieses Kapitels ist erschienen unter dem Titel *Theorie, Beobachtung und Wirklichkeit. Zu einer interpretationistischen Konzeption der Erfahrungserkenntnis*, in: H. J. Sandkühler (Hg.): *Theorien, Modelle, Tatsachen. Konzepte der Philosophie und der Wissenschaften*, Frankfurt a. M. 1994, 9-28.

tung des Verhältnisses von Theorie, Beobachtung und Wirklichkeit, mithin einer Konzeption der Erfahrungserkenntnis machen. In einem solchen Rahmen wird Wissenschaftsphilosophie als ein Zweig der umfänglicheren Interpretationsphilosophie angesehen. Und das Aufstellen von wissenschaftlichen Theorien, Hypothesen und Gesetzen kann als derjenige Spezialfall allgemeiner Interpretationsbildungen behandelt werden, dessen Zweck eben darin besteht, *wissenschaftliche* Beschreibungen zu liefern. Im Zentrum der folgenden Erörterungen steht aber weniger die Frage der Theorienkonzeption als vielmehr die grundlegende Stellung der Beobachtung. Beobachtung hat ihren systematischen Ort an der Nahtstelle zwischen Theorie und Wirklichkeit. Sie kann daher nicht auf ein inner-theoretisches Problem reduziert werden und ist für jede naturwissenschaftliche Theorie von letztlich entscheidender Bedeutung.

In der Interpretationsphilosophie werden die ein Wirklichkeitsverständnis kennzeichnenden Verhältnisse als Interpretationsverhältnisse konzipiert. Alles, was raum-zeitlich lokalisiert, individuiert und spezifisch *so-und-so* ist oder geschieht, ist oder geschieht für uns innerhalb eines Interpretations-Horizonts sowie aus einer Interpretations-Praxis heraus und instantiiert deren Regeln. Dabei ist auch im Blick auf wissenschaftsphilosophische Fragestellungen zentral, daß die Rede von ›Interpretation‹ nicht auf ihren engen Sinn als ›aneignende Deutung‹ zu beschränken ist. Das dreistufige Modell der Interpretation erweist sich auch in puncto Wissenschaft, Wissenschaftstheorie und Wissenschaftsphilosophie als fruchtbar. Es lassen sich die folgenden Zuordnungen vornehmen: (a) wissenschaftliche *Theorien, Hypothesen und Gesetze* sind Anstrengungen aneignender Deutung und können auf der Interpretation$_3$-Ebene angesiedelt werden; (b) Fragen der Wissenschafts-*Philosophie* können alle drei Interpretations-Ebenen betreffen; (c) die allgemeine und die spezielle Wissenschafts-*Theorie* können als Meta-Interpretationen$_3$ verstanden werden.

Wichtig ist auch in Sachen Wissenschaft, daß wir es zwar auf allen drei Ebenen mit Interpretationsverhältnissen zu tun haben, daß das Verhältnis von Interpretation und Welt aber jeweils unterschiedlich ausfällt, je nachdem, um welche Ebene der Betrachtung es sich handelt. Eine wissenschaftliche Theorie oder Hypothese (eine Interpretation$_3$) kann an der Welt scheitern. Im Konfliktfall werden Teile der Theorie oder die Theorie insgesamt geändert, bis hin zu ihrer Ersetzung durch eine andere. Wenn in der Welt bislang nicht beobachtete Phänomene auftreten, hat dies in der Regel nicht unmittelbar eine Veränderung dessen zur Folge, was Th. S. Kuhn »normale Wissenschaft«[2] genannt hat. Wenn unsere Interpretationen$_2$ variieren, wird nicht auch sofort unser Bild von der Welt ein anderes. Wenn jedoch der kategorialisierende Interpretation$_1$-Horizont und die kategorialisierende Interpretation$_1$-Praxis sich verschieben, dann hat man es auch mit einer anders individuierten, mit einer anderen *So-und-so*-Wirklichkeit zu tun.

Auf wissenschaftliche Theorien bezogen kommt es mithin entscheidend darauf an, auf welcher Interpretations-Ebene man spricht und ob die Theorie nur Fragen der Interpretation$_3$-Ebene betrifft oder, wie etwa Relativitätstheorie, Evolutionstheorie und Gentheorie, Rückwirkungen auch auf die Interpretation$_2$- und die Interpretation$_1$-Ebene hat. Letzteres betrifft den Punkt, daß wissenschaftliche Theorien unsere Weltansicht verändern und mitbestimmen können. Wenn wir abends an den Himmel schauen, sehen wir Sterne, stellare Objekte, nicht etwa, wie in der Mythologie, die Augen der Götter. In das Erlernen einer natürlichen Sprache, die unsere Weltansicht mitbestimmt (Humboldt), geht immer schon Theorie mit ein: wir lernen Sprache-plus-Theorie. Durchgängig ist kennzeichnend, daß Theorien, Hypothesen, Begriffe und Gesetzmäßigkeiten als Interpretationsbildungen konzipiert werden können.[3] Theorien, innerhalb derer theoretische Terme vorkommen, und Theorienkonzeptionen, in denen Theorien im weiten Sinne als Netze verstanden werden, stellen genuine Fälle der Bildung von Interpretationskonstrukten dar. Auf der Theorieebene manifestiert sich der Interpretationscharakter in Form der Konstruktion des Gegenstandsbereichs, der theoretischen Terme, der Modelle, der Hy-

2 Vgl. Th. S. Kuhn: *The Structure of Scientific Revolutions*, Chicago 1962, Kap. II-IV.

3 Vgl. auch H. Lenk: *Interpretationskonstrukte. Zur Kritik der interpretatorischen Vernunft*, Frankfurt a. M. 1993, Kap. 11.

pothesen, der Gesetzmäßigkeiten, der paradigmatischen Fälle und der methodischen Standards. Und auf der in diesen Komponenten jeweils bereits vorausgesetzten Sprachebene zeigt sich der Interpretationscharakter vor allem in der Umgrenzung der semantischen Merkmale, d.h. in der Fixierung der Bedeutung, Referenz, Erfüllungs- oder Wahrheitsbedingungen der verwendeten Zeichen.

2. Interpretationszirkel und Unabhängigkeit der Beobachtung

Vor diesem Hintergrund überrascht es kaum, die Nahtstelle zwischen Theorie und Wirklichkeit, die Beobachtung, als Interpretationskonstrukt zu konzipieren. Offen zutage liegt das Interpretations-Setting auf der Ebene des Beobachtungs-*Berichts* und der Beobachtungs-*Deutung*, mithin auf der Interpretation$_3$-Ebene. Hierher gehört, daß jede intersubjektiv kontrollierbare, mitteilbare und in einen Erkenntniszusammenhang einzuordnende Beobachtung von einer Sprache, von operativen Handlungen und darüber hinaus von geschulter methodischer Wahrnehmung abhängt und daß diese Vorgänge als Interpretationsvorgänge konzipiert werden können. Der Interpretationscharakter der Beobachtung setzt aber schon früher ein. Er hat seinen Tiefensitz in den *kategorialisierenden* Funktionen des verwendeten sprach- und grundbegrifflichen Systems selbst, d.h. auf der Interpretation$_1$-Ebene, auf der allererst umgrenzt wird, was überhaupt als ein Beobachtungsvorgang und als ein relevantes Beobachtungsdatum zählt und was nicht. Es ist daher zu unterscheiden zwischen: (a) der Interpretation$_1$-Ebene, auf der es darum geht, etwas als Etwas wahrzunehmen, und auf der die Vorgänge des Sehens-*Als*, des Wahrnehmens-*Daß* und schließlich des Beobachtens-*Daß* angesiedelt sind; und (b) der Ebene, auf der es darum geht, methodisch geschult, zweckbezogen und theorieabhängig zu beobachten und auf diese Weise den empirischen Gehalt einer Theorie zu prüfen, d.h. deren Möglichkeit, an der Erfahrung scheitern zu können.
Die Frage, wo die Interpretation einer Beobachtung beginnt, ist

nicht die philosophisch grundlegende. Sie kann präzisiert werden als Frage danach, wo die deutend-aneignende Interpretation$_3$ der (in Interpretation$_1$-Vorgängen formierten) Beobachtungsdata beginnt. Das ist der für die Erfahrungswissenschaften methodisch zentrale Punkt. Aber damit ist nicht auch schon der erkenntnisphilosophisch basale Aspekt bezeichnet. Für diesen ist entscheidend, daß bereits das Zustandekommen von Beobachtungsdata und die Durchführung einer Beobachtung im Kern als Interpretationskonstruktbildungen charakterisiert werden können. Den Beobachtungsresultaten liegt eine Interpretation$_1$-Genealogie stets bereits im Rücken, und Interpretation$_3$-Deutungen stehen ihnen jeweils noch bevor.
Eine wichtige Frage ist nun, ob und wie unabhängige Beobachtungen trotz der interpretatorisch-konstruktionalen Zirkelhaftigkeit sowie der Sprach- und Theoriegeladenheit menschlicher Erfahrung und Beobachtung möglich sind. Diese Frage kann man in zwei Teile zerlegen: Wie sind unabhängige Beobachtungen logisch möglich? Wie sind sie empirisch möglich?
Interpretationsphilosophisch wird die erste Frage mit dem Hinweis beantwortet, daß die von uns verwendeten Zeichen, auch die der Natur- und Erfahrungswissenschaften, *nicht* über eine *intrinsische* Referenz verfügen und *nicht* in einer *notwendigen* Verbindung mit den Objekten und Ereignissen stehen, von denen sie handeln, auf die sie sich beziehen und die als ihre Erfüllungsbedingungen fungieren.[4] Wären die natur- und erfahrungswissenschaftlichen Zeichen mit intrinsischer Referenz und Notwendigkeit ausgestattet, dann wäre unabhängige Beobachtung unmöglich. Festgelegt wird die Referenz der Zeichen primär durch das Funktionieren unserer Interpretations-Praxis.[5] In dieser spielen auch unsere Annahmen über die Beschaffenheit der Gegenstände eine wichtige, aber eben, da notwendige Verknüpfung nicht gegeben ist, eine auch aufgrund von Beobachtungen revidierbare Rolle.[6]

4 Vgl. im einzelnen Verf.: *Interpretationswelten*, a.a.O., Teil III.
5 Vgl. Kap. 3.3.
6 Vgl. Kap. 1.2. und 2.2. Zum neuzeitlichen Konzept einer »ars observandi« und deren Rolle in der menschlichen Erkenntnis vgl. H. Poser: *Das Genie als Beobachter. Zur Preisfrage der Holländischen*

Die zweite Frage, wie Beobachtungen empirisch möglich sind, findet ihre Antwort einfach darin, daß die Differenz zwischen Zeichen und Bezeichnetem in eine operationale Prozedur der Prüfung umgesetzt werden kann. Doch wohlgemerkt: Diese Überlegung betrifft nur die Beobachtungs-Tests auf der Interpretation$_3$-Ebene. Die kategorialisierenden Interpretation$_1$-Funktionen dagegen können nicht noch einmal extern getestet werden. Denn sie liegen der Formiertheit der Gegenstände und derjenigen Wirklichkeit, auf die bezogen dann Tests durchgeführt werden sollen, bedingend immer schon voraus und sie werden in der Konzeption und Durchführung dessen, was als ein Test gilt, bereits in Anspruch genommen. Man kann sie weder empiristisch noch kognitivistisch distanzieren und suspendieren. Vielmehr geht es darum, die Zirkelhaftigkeit der Interpretationsverhältnisse *ohne* vitiöse Zirkularität zu konzipieren. Dies gelingt im Rekurs auf die Stufungen des Interpretationsmodells, zum einen mit Hilfe der Differenz zwischen der Interpretation$_3$- und der Interpretation$_1$-Ebene, zum anderen auf der Interpretation$_3$-Ebene hinsichtlich des Verhältnisses zwischen Theorie und Gegenstand. Die empirische Überprüfung, der Test einer Theorie, wird als ein Verhältnis zwischen der (auf der Interpretation$_3$-Ebene anzusiedelnden) Theorie und den (von dieser Ebene unabhängigen, aber in kategorialisierenden Interpretation$_1$-Prozessen formierten) Gegenständen konzipiert. In diesem Sinne ist zum einen empirische Testbarkeit gegeben, zum anderen aber auch die Grenze solcher Tests mit im Blick. Denn die Interpretation$_1$-Ebene selbst kann, wie betont, nicht ihrerseits extern getestet werden. Wir können uns nicht außerhalb unserer Welt aufstellen und von dort aus einen solchen Test durchführen. Die kategorialen Strukturen eines menschlichen Weltverständnisses werden von uns nicht nach Art der Verstandesbestimmungen ›gewählt‹ und ›getestet‹. Wir befinden uns vielmehr immer schon in einem Welt-, Fremd- und Selbstverständnis, wenn wir Theorien wählen und testen.

Akademie von 1768 über die Kunst der Beobachtung, in: Paragrana, 4 (1995) 86-103.

3. Theoriegeladenheit, Intentionalität und Hintergrundwissen

Hinsichtlich der Rede von der Theoriegeladenheit der Beobachtung sind Unterscheidungen geboten. Zunächst enthält solche Rede einen *rekonstruktiven* und einen *konstitutiven* Sinn. Der rekonstruktive besteht darin, daß erst *im nachhinein* deutlich wird, welchen Regeln und Abhängigkeiten man in der Mitteilung und Intersubjektivität der Beobachtungssätze gefolgt ist. Der konstitutive Sinn betrifft den Umstand, daß in der Durchführung sowie in den Resultaten einer Beobachtung ein Interpretations-Setting stets bereits in Anspruch genommen ist: Es muß (a) einen Horizont geben, innerhalb dessen man beobachtet, d.h. aufpaßt, was passiert; es muß (b) eine Sprache geben, mit deren Mitteln eine Beschreibung und Mitteilung des Beobachteten formuliert werden kann; es muß (c), sofern es um die Beobachtung theoretischer Größen (Wärme, Kraft, elektrischer Ladung) geht, eine Theorie gegeben sein, innerhalb derer die theoretischen Terme formuliert sind; und es muß (d), wenn es nicht um sinnlich-unmittelbare, sondern um mittelbare, d.h. mit Hilfe eines Beobachtungs- und Meßgeräts erfolgende Beobachtung geht, die Technik des Beobachtungs- und Meßgeräts, z.B. eines Photomultipliers oder eines Oszillographen, gegeben sein, *bevor* man überhaupt ans Beobachten gehen kann. Die für die Beobachtung in den Wissenschaften so zentralen Beobachtungs- und Meßgeräte sind unter Zweckgesichtspunkten hergestellte Artefakte. Sie können als *poietische Interpretationskonstrukte* angesehen werden.

Das Problem der *Theoriegeladenheit* der Beobachtung kann dann innerhalb des umfassenderen Rahmens der *Interpretationsgeladenheit* (i) der Erfahrung, (ii) der Theorie und (iii) der Sprache behandelt werden. Diese unterschiedlichen Komponenten des Problems sind auch terminologisch auseinanderzuhalten. Weiterhin ist die *alltägliche* Beobachtung von der *wissenschaftlichen* Beobachtung zu unterscheiden. Zu beachten ist zudem, daß zwischen der Theoriegeladenheit und der Theorieabhängigkeit, die beide innerhalb der Interpretationsgeladenheit liegen, ein Unterschied besteht. So sind etwa alle Gegenstands- und Attributs-Ausdrücke einer Theorie von eben dieser Theorie abhängig; aber etwa nur die theoretischen Terme sind im engeren Sinne theoriegeladen.

Die Rede von der Interpretationsgeladenheit der Beobachtung greift hinter die Ebene der Theorieabhängigkeit, mithin hinter die Interpretation$_3$-Ebene und damit auf die umfassendere Interpretativität$_1$ zurück. Diese schließt auch Komponenten unseres vor-wissenschaftlichen und vor-prädikativen Weltverständnisses mit ein. Dabei steht eine diesbezügliche Philosophie der Beobachtung vor der doppelten Schwierigkeit, sich von rest-positivistischen und empiristischen Reduktionen auf der einen und platonisierenden Annahmen auf der anderen Seite freizuhalten. Die Wende gegen die »Dogmen des Empirismus« (Quine)[7] reicht hier nicht aus. Und die Platonismus-Gefahr wird in der Regel erst gar nicht bemerkt. Sie besteht darin, Beobachtung als eine *Schau* zu verstehen, deren Wesen dann die *theoria* wäre, womit die Theorie den Kern der Beobachtung ausmachte und in einer Theorie der Beobachtung Ausdruck zu finden hätte. Die Interpretationsphilosophie versucht beiden Gefahren zu entgehen. Zentral ist in beiden Hinsichten die Betonung des kreativ-konstruktionalen, des perspektivischen und des deutenden Charakters des menschlichen Weltverständnisses. Im Rekurs auf ihn können sowohl die Aporien einer empiristischen Selbstinterpretation der Erfahrung als auch platonistische Festlegungen vermieden werden.

Von einem platonistischen ist der interpretationistische Sinn der Rede von der Theoriegeladenheit der Beobachtung streng zu unterscheiden. Nehmen wir als Beispiele die Rede von der ›reinen Beobachtung‹ und die von einem ›Ideal der Beobachtung‹. Im Interpretationismus sind beide durchaus konzipierbar. Freilich kommt alles darauf an, wie dies zu verstehen ist. Reine Beobachtung kann im Sinne der »theoria«, der kontemplativen Schau verstanden werden. Dieser Sinn ist jedoch weder für ein Verständnis dessen, was es heißt zu beobachten, aufzupassen, was passiert, erforderlich, noch ist er unter kritischem Vorzeichen explizierbar. Reine Beobachtung kann aber auch mit Bezug

7 Vgl. W. V. O. Quine: *Two dogmas of empiricism*, in: ders.: *From a Logical Point of View*, Cambridge Mass. [3]1980, 20-46.

auf den oben angesprochenen Aspekt verstanden werden, daß Beobachtung stets erst *im nachhinein* als theoriegeladen deutlich wird, während dies für ihren phänomenalen Vollzug, sofern dieser noch nicht in den Modus der Mitteilung übergegangen ist, nicht der Fall ist. In *diesem* Sinne gibt es in der Tat reine Beobachtung. Und in puncto Ideal der Beobachtung besteht die entscheidende Frage darin, ob dieses im Sinne einer platonistischen Idee oder im Sinne einer als-ob-regulativen Idealisierung unter gegebenen epistemischen Bedingungen und aus einer gegebenen Interpretations-Praxis heraus verstanden wird. Letzteres ist möglich und ist auch, wie in Kapitel 12.5. zu sehen sein wird, im Zusammenhang der Wahrheitsproblematik von Bedeutung.

Daß der Interpretationismus kein Empirismus ist, sich aber auch nicht einfach nur in Wende gegen diesen formuliert, wurde bereits in Kapitel 2.2. betont. Vielmehr geht es darum, ein Terrain jenseits der ganzen Dichotomie von Empirismus und Idealismus zu betreten. Das ist die Aufgabe auch in puncto Wissenschaftsphilosophie. Daß der Interpretationismus nicht als ein Idealismus mißverstanden werden darf, wurde mit dem sprachphilosophischen Hinweis darauf gestützt, daß wir uns mit unseren Sätzen, z.B. mit dem Satz »Der Tisch ist viereckig«, nicht bloß auf die Proposition ›Der Tisch ist viereckig‹ als Bedeutung des Satzes, sondern eben auf den viereckigen Tisch beziehen. Und selbstverständlich läuft der Interpretationismus nicht auf einen Solipsismus bloß subjektiv konstruierter Wirklichkeit hinaus. Denn die Interpretations-Praxis, in der Bedeutung und Referenz fixiert sowie gegebenenfalls Geltungsgründe vorgebracht werden, ist (a) öffentliche, mit anderen Personen geteilte Praxis, und in ihr spielen (b) unsere Annahmen über die Beschaffenheiten der Dinge eine wichtige Rolle.

Für eine philosophische Analyse der Beobachtung ist deren Intentionalität von grundlegender Bedeutung. Beobachtung ist Beobachtung-*von-Etwas* und sie ist *gerichtet*. Diese Intentionalität kann als eine Version der Interpretativität gefaßt werden. Denn im propositionalen Gehalt und in der Gerichtetheit sind Interpretationsfunktionen stets bereits vorausgesetzt. Unter den Aspekten, die für intentionale Zustände und Ereignisse charakteristisch sind, kommen dem Umstand, daß der Gehalt einer Beobachtung in einer Proposition ausgedrückt und mitgeteilt werden kann (»Ich/wir beobachten, daß ...«) zwei wichtige Funktionen zu: (i) Der propositionale Gehalt legt die Erfüllungs- und Wahrheitsbedingungen des intentionalen Zustands, hier des Beobachtens, fest. Die Beobachtung, daß das Teilchen x in der Nebelkammer ein abweichendes y-Verhalten zeigt, ist erfüllt und wahr dann und nur dann, wenn das Teilchen x in der Nebelkammer ein abweichendes y-Verhalten zeigt. (ii) Der propositionale Gehalt ist es auch, der die Individuation einer Beobachtung bestimmt. Von ihm hängt ab, wo eine Beobachtung aufhört und eine nächste beginnt, wo ein Teilstück der Beobachtung anfängt und ein anderes endet, und wie das Verhältnis von Teilstück und Gesamtbeobachtung ist.

Darüber hinaus setzt jede Beobachtung auch ein (nicht-repräsentationales) Hintergrundwissen[8], elementare Fähigkeiten, Praktiken, Fertigkeiten, Einstellungen und Gewohnheiten, kurz ein Wissen[9] voraus, wie man gewisse Sachen macht und wie die Dinge sich für gewöhnlich verhalten. Was gehört nicht alles bereits dazu, z.B. das Ehepaar Schulze ab 15 Uhr 30 oder die Flugbahn eines elektrisch geladenen Teilchens in der Nebelkammer zu beobachten: zunächst Fähigkeiten des Sehens, Wahrnehmens, Lokalisierens, Wiedererkennens, sodann bestimmte Techniken, in die man kulturell eingeübt oder durch eine Wissenschaft, z.B. die Physik, gezielt eingeführt werden mußte, etwa das Ablesen eines Meßgeräts oder das Öffnen eines Fensters in einem Computerprogramm. Hier sind vor allem die folgenden Aspekte festzuhalten.

Zunächst (a) ist zu beachten, daß solche Interpretation$_1$-Hintergründe als notwendige Bedingungen in das Beobachten mit eingehen und darin in Anspruch genommen sind. Sodann (b) ist zu betonen, daß diese Hintergrundfertigkeiten zwar ihrerseits nicht-repräsentational genannt werden können, sie damit aber keineswegs außerhalb des Interpretation$_1$-Netzwerks liegen. Weiterhin (c) ist zu beachten, daß nichts am Beobachtungsfeld erkennen läßt, daß es (buchstäblich oder, wie im Falle von Arte-

8 Vgl. J. R. Searle: *Intentionality*, a.a.O., 143ff.

9 Vgl. dazu im einzelnen Kap. 13 (Vereinheitlichte Theorie von Wissen und Handeln).

fakten als Meßgeräten, metaphorisch) von einem Beobachtungs-Auge gesehen ist; und schon gar nicht kann das Beobachtungs-Auge sich im Beobachten selbst sehen. Im Beobachten steckt mehr, als man beobachtet. Dies ist mit der *begrifflichen* Bemerkung zusammenzubringen, daß, mit einer Formulierung Wittgensteins gesprochen, das »›Beobachten‹ (...) nicht das Beobachtete [erzeugt]. (...) Oder: Ich ›beobachte‹ nicht das, was durch's Beobachten erst entsteht.«[10]

4. Beobachtungssätze

Über eine Sprache zu verfügen, setzt voraus, sich auf eine Interpretations-Praxis zu verstehen. Dies gilt selbstredend auch für die Wissenschafts- und des näheren für die Beobachtungssprache, und zwar unabhängig davon, ob das Zweistufenmodell des Logischen Empirismus (Beobachtungssprache und Theoriesprache im Sinne Carnaps[11] strikt zu trennen) gelingt oder nicht, und unabhängig auch davon, ob Beobachtungssätze eher im Sinne eines holistischen Empirismus Quinescher Prägung[12] zu verstehen sind.

Bekanntlich ist das Zweistufenmodell des Logischen Empirismus gescheitert. Vor allem an den Dispositionsprädikaten wurde deutlich, daß eine strikte Trennung von Beobachtungs- und Theoriesprache nicht durchführbar ist und daß Theoriegeladenheit auch bereits in der Beobachtungssprache vorliegt. Dagegen kann Quines Konzept der Beobachtungssätze nicht mehr mit dem Hinweis auf die Theoriegeladenheit angegriffen werden. Denn bei Quine geht es nicht um eine Trennung von Beobachtungs- und Theoriesprache, sondern darum, daß Beobachtungssätze offenkundig eine ausgezeichnete Rolle sowohl beim Erlernen der eigenen als auch beim Übersetzen einer frem-

10 L. Wittgenstein: *Philosophische Untersuchungen II*, in: Schriften, Bd. 1, Frankfurt a. M. 41980, 497.

11 Vgl. R. Carnap: *Beobachtungssprache und theoretische Sprache*, in: *Logica. Studia Paul Bernays dedicata*, Neuchâtel 1959, 32-44.

12 Vgl. W. V. O. Quine: *Word and Object*, a.a.O., 40ff.; und ders.: *Pursuit of Truth*, a.a.O., 2ff.

den Sprache spielen. Die Beobachtungssätze können ihre besondere Rolle deshalb spielen, weil sie in der größtmöglichen kausalen Nähe zu unseren Sinnesrezeptoren und zu denjenigen Situationen stehen, in denen sie geäußert und an denen sie direkt überprüft werden können. Allerdings bleiben auch die so konzipierten Beobachtungssätze interpretatorisch-konstruktionale Sätze. Diese Sicht hat einen Beleg auch in dem Umstand, daß die heutige Wissenschaftstheorie die Quineschen Beobachtungsbegriffe so verstehen kann, daß sie durch Theorien (im Sinne etwa des strukturalistischen Theorienkonzepts) »konstituiert« gedacht werden.[13] Die Interpretationsphilosophie erweitert diese Theorieabhängigkeit der Beobachtungssätze auf das System, die Praxis, den Horizont und die Regularitäten der Interpretation$_1$-cum-Interpretation$_{2+3}$-Verhältnisse.

Interpretatorisch-konstruktional sind die Beobachtungssätze und -begriffe übrigens auch deshalb, weil selbst noch in ihren Fällen die »Unerforschlichkeit der Referenz«[14] bestehen bleibt. Denn auch hier steht uns zur Fixierung der Referenz zunächst lediglich die Evidenz des Sprachverhaltens sowie der nachfolgenden Handlungen zur Verfügung. Letztere können dann als Interpretanten des Beobachtungszeichens verstanden werden.

Was den Vorgang des Beobachtens betrifft, so kommt dessen Interpretationscharakter hier in zwei weiteren Hinsichten ins Spiel. (a) Jedes Sehen-*Als+Daß* und jedes Wahrnehmen-*Als+Daß* (z.B. die Fernsehbilder *als* die Übertragung des 100-Meter-Finales zu sehen und wahrzunehmen, *daß* Carl Lewis seitlich auf Linford Christie blickt) kann als eine interpretatorisch-konstruktbildende, als schema-applizierende Aktivität konzipiert werden. (b) Zeichen- und interpretationsphilosophisch ist das Beobachten auch noch in seiner ›reinen‹ Form von einem undistanzierten Mitgehen in den zeichenbestimmten Geschehensvollzügen zu unterscheiden. So macht es einen erheblichen Unterschied, ob man sich den 100-Meter-Lauf von Carl Lewis

13 Vgl. W. Balzer: *Über Quines Beobachtungssätze*, in: Kant-Studien, 72 (1981) 336-355.

14 Vgl. W. V. O. Quine: *Ontological Relativity and Other Essays*, a.a.O., 30ff.; vgl. in diesem Zusammenhang auch oben Kap. 5.4. (Unbestimmtheit der Übersetzung).

am Bildschirm anschaut, ob man den Bildschirm beobachtet oder ob man beobachtet, daß ein Kampfrichter aus der Trainingsjacke von Lewis eine Geldbörse entwendet. Überdeutlich ist dieser Unterschied im Falle des *wissenschaftlichen* Beobachtens. Denn dieses erfolgt absichtlich, zweckorientiert, methodisch und quantifizierend, messend.

Die Einsicht, daß Beobachtung in dem oben skizzierten Sinne zwar *theorie*-frei, nicht jedoch *interpretation$_1$*-frei sein kann, bleibt somit auch angesichts dessen in Kraft, was man die »fallacy of conceptual retrojection« (R. Firth) genannt hat. Darunter ist der Fehlschluß zu verstehen, retrospektiv, d.h. nachdem in der sprachlichen Artikulation die Theoriegeladenheit der Beobachtung hervorgetreten ist, diese zurückzuprojizieren und damit die Unabhängigkeit der Beobachtung anzufechten. Quine[15] bezieht sich auf diesen Fehlschluß, wenn er in puncto Theoriegeladenheit der Beobachtungssätze den wichtigen Unterschied betont, daß die Beobachtungssätze dann, wenn man sie *holophrastisch* als durch Reizsituationen bedingt nimmt, theorie-frei sind, während sie dann, wenn man sie *analytisch*, d.h. Wort für Wort betrachtet, theorie-geladen sind. Interpretationsbestimmt sind sie jedoch in beiden Fällen. Denn auch in holophrastischer Einstellung hängen die semantischen Merkmale der Beobachtungssätze von der Interpretations-Praxis ab.

5. Entdeckungen machen und Neues beobachten

Eine Philosophie der Beobachtung muß verständlich werden lassen, was es heißt, Entdeckungen zu machen und Neues zu beobachten. Die Theoriegeladenheit darf mithin nicht zu fundamental und rigid angesetzt werden. Denn dann wird genau dieser wichtige Punkt unverständlich oder zu einem Mirakel. Interpretationsphilosophisch stellt sich die Situation wie folgt dar.

Auf der Interpretation$_3$-Ebene ist die Beobachtung zum einen theoriegeladen; zum anderen aber ist das, was sich in unserer Erfahrung und damit auch innerhalb des durch Beobachtungsbedingungen umgrenzten Bezirks zeigen kann, umfänglicher als

15 Vgl. W. V. O. Quine: *Pursuit of Truth*, a.a.O., 7f.

das, was aufgrund einer engen Deutung des Theorienetzes erwartet werden kann. Denn das Gegenstandsfeld, auf das sich eine Theorie richtet, wird seinerseits als ein in den umfänglicheren Interpretation$_1$-Prozessen formiertes angesehen. Neues zu entdecken und zu beobachten, wird somit konzipierbar, ohne daß wir das Neue hypostasieren oder als etwas Mirakulöses erscheinen lassen müßten. Es ist für uns nicht interpretation$_1$-transzendent. Seine Möglichkeit wird verständlich aus der Differenz und dem Gefälle zwischen der Interpretation$_3$- und der Interpretation$_1$-Ebene. Würden wir mit dem, was wir mit der Rede von der Entdeckung von Neuem im Blick haben, etwas meinen, das die Interpretativität$_1$-Grenzen und damit unsere Welt überschreitet, mithin strikt transzendent ist, dann hätten wir es nicht mit einer *wissenschaftlichen* Entdeckung von Neuem, sondern mit übernatürlicher Offenbarung zu tun. Doch das ist nicht das, was wir mit dem Sprachspiel des Entdeckens und des Beobachtens von Neuem verbinden. Auch nach dem Selbstverständnis der Erfahrungswissenschaften verdiente es nicht den Namen einer wissenschaftlichen Entdeckung.
Interpretationsphilosophisch gehört das Beobachten von unerwartet auftretendem Neuen in den Bezirk der Rede von der (von der Interpretation$_3$-Theoriegeladenheit unabhängigen) reinen Beobachtung. Ohne diese Annahme könnte das Auftreten von Neuem während einer Beobachtung, die dies nicht erwartete, nicht verständlich gemacht werden. Goethes schöne Formulierung, »daß wir schon bei jedem aufmerksamen Blick in die Welt theoretisieren«[16], ließe sich in einem Zweischritt erläutern: Zunächst könnten wir »theoretisieren« durch »interpretieren« ersetzen und sodann betonen, daß damit nicht so sehr die Interpretation$_3$-Theoriegeladenheit, sondern die umfänglichere Interpretation$_1$-Abhängigkeit dessen gemeint ist, was sich uns in unserer Erfahrung als Natur zeigt. Denn anderenfalls wäre das Entdecken von Neuem, wäre das Ideal des »treuen Beobachters der Natur« (Goethe), der gerade auch für dieses offen zu sein hat, nicht konzipierbar.

16 J. W. Goethe: *Schriften zur Farbenlehre. Didaktischer Teil, Vorwort*, in: Poetische Werke und Schriften, (=Cotta-Ausgabe), Bd. XXI, 15.

6. Wahrscheinlichkeit von Beobachtungsergebnissen

Im Zusammenhang physikalischer Aussagen über Zustände und Ereignisse im Mikrobereich, d.h. im Bereich der Elementarteilchen fällt, wie bekanntlich in der Quantenmechanik betont wird, dem beobachtenden System und dem Beobachter eine besondere Rolle zu. An ihr wird die grundlegende Bedeutung des Interpretations-Systems in der naturwissenschaftlichen Forschung besonders deutlich.

Wie alle physikalischen Aussagen sind auch mikrophysikalische Aussagen von interpretatorisch-konstruktionalem Charakter. Bekanntlich beziehen sie sich nicht (insbesondere dann nicht, wenn man der Kopenhagener Deutung folgt) auf objektive und vom Erfassen durch ein beobachtendes (messendes) System gänzlich unabhängige Objekte und Ereignisse, sondern vielmehr auf das, was sich *in* der Anwendung des beobachtenden Systems als der beobachtete Systemzustand zeigt. Das heißt, sie beziehen sich interpretatorisch auf den Zusammenhang der als Interpretationskonstrukte auffaßbaren Beobachtungen. Eine Messung besagt somit nicht direkt etwas über das fragliche System isoliert, sondern vielmehr etwas über das gemengeartige Wechselverhältnis von System und Meß- bzw. Beobachtungs-, mithin Interpretationsvorrichtung. Die mit Hilfe eines makrophysikalischen Meß- und Interpretationsgeräts durchgeführten Beobachtungen und deren Geräteanzeigen (etwa ein Zeigerausschlag) können dementsprechend nicht objektivistisch auf einen einheitlichen und gänzlich unabhängig von der Durchführung der Beobachtungen existierenden Gegenstand als Träger der beobachteten (gemessenen) Eigenschaften bezogen werden. Quantenphysikalische Aussagen sind Aussagen über die Wahrscheinlichkeit von Beobachtungs-, und das heißt von Interpretationskonstrukt-Ergebnissen. Darin ist der erkenntnistheoretisch wichtige Punkt mitbedacht, daß es unter kritischem Vorzeichen stets nur um Natur gehen kann, wie diese sich uns unter bestimmten Beschreibungs- und Beobachtungsverfahren zeigt.

In den Diskussionen um die Rolle des Beobachters in der Quantenphysik ist versucht worden, die durch Messungen beeinflußten Veränderungen des Zustands des beobachteten/gemessenen Systems in zwei Prozesse zu zerlegen, in einen Prozeß der »Aufnahme« und in einen Prozeß des »Ablesens«. Unter dem Aufnahmeprozeß ist der Übergang des zu beobachtenden/messenden Systems aus dem Zustand vor der Messung in den des Gemessenwerdens zu verstehen, und entsprechend der Übergang des Beobachtungs/Meßinstruments aus dem Zustand vor der Messung in den während der Messung. Unter dem Ableseprozeß ist der Vorgang zu verstehen, in dem ein Beobachter die Anzeige an einem Gerät abliest und damit den Zustand des zu beobachtenden/messenden Systems feststellt. Doch eine solche scharfe Trennung läßt sich nicht durchführen. Wollte man sie plausibel machen, so müßte gezeigt werden, daß der Aufnahmeprozeß als eine »Eigenbewegung« des aus dem Wechselverhältnis zwischen beobachtendem System I und beobachtetem System S bestehenden Systems S' beschreibbar ist. Genau dies aber kann nicht gelingen. Denn zu diesem Zweck müßte man ein neues Interpretationssystem zur Beobachtung von S' einführen. Der Beobachtungs- und Meßprozeß läßt sich daher nicht trennscharf in den Ableseprozeß und die *ohne* einen Beobachter ablaufende Bewegung des Systems S' zerlegen.[17] Aus der wechselseitigen Abhängigkeit von beobachtetem/interpretiertem und beobachtendem/interpretierendem System kann man nicht heraustreten. Wir können jeweils nur ein weiteres Interpretationssystem verwenden. In diesem Sinne sind die quantenmechanisch beschriebenen, die ganz kleinen Welten (ebenso, wenngleich aus anderen Gründen, wie die zu ihnen bekanntlich komplementären ganz großen, die astrophysikalischen Welten) Interpretationswelten par excellence.

7. Beobachtung und Zeit

Das Beobachten, das Aufpassen-was-passiert, ist offenkundig ein Vorgang in der Zeit. Und mit dem Sprachspiel der Beobachtung, zumal der wissenschaftlichen, d.h. der intersubjektiven Beobachtung, ist verbunden: daß es andere, gleichzeitige, spätere

17 Vgl. F. v. Kutschera: *Grundfragen der Erkenntnistheorie*, Berlin-New York 1982, 381ff.

und/oder frühere Beobachtungen geben kann oder gegeben hat; daß eine wissenschaftliche Beobachtung wiederholbar sein muß; daß in einer Beobachtung darauf geachtet wird, was sich da verändert, gleichbleibt, neu auftritt oder verschwindet; daß Beobachtung auf den Prozeß- und damit auf den Zeitcharakter der Beobachtungssituation und -gegenstände bezogen ist. Kurz: Beobachtung setzt immer schon eine Zeitordnung und Zeitrelationen voraus. Ohne sie könnte es gar nicht zur Organisation von Beobachtungserlebnissen und -ereignissen kommen. Das aber heißt, daß die Zeitmodi (Beharrlichkeit, Aufeinanderfolge, Zugleichsein) im Begriff der Beobachtung bereits vorausgesetzt sind.

Vor diesem Hintergrund können wir eine Verbindung zwischen der Intentionalität, der Zeitabhängigkeit und der Wahrheit einer Beobachtung herstellen. Der propositionale Gehalt einer Beobachtung bestimmt, wie zu sehen war, den Beobachtungszustand und dessen Erfüllungs- sowie Wahrheitsbedingungen. Insofern nun die Wirklichkeitsauffassung von der Zeitordnung und von dem Zeitbewußtsein abhängig ist, hängt die Wahrheit einer Beobachtung von der Zeit ab. Die Zeit, die wir selbst nicht beobachten können, wird so zum Inbegriff und zum Modus sowohl des vernehmenden Erfassens von als auch des konstruktbildenden Sprechens und Denkens über Wirklichkeit, des näheren auch des beobachtenden und seine Beobachtungen intersubjektiv mitteilenden Bewußtseins. Das auf Beobachtungen gestützte Bestätigen oder Nicht-Bestätigen von Hypothesen und Theorien sowie die Entdeckung von Neuem haben ihre ›letzte‹ grundlegende Vorbedingung in der Zeit. Zeitordnungen aber können, wie in Kapitel 2.3. dargelegt, als Interpretationsordnungen konzipiert werden. Dies berührt den vielleicht tiefsten Punkt der internen Verschränkung von Beobachtung, Interpretation und Wirklichkeit, die Abhängigkeit der Beobachtung von der Interpretationszeit.

Die Zeit wird darin, mit Kant[18], als die Bedingung der Verknüpfung aller Vorstellungen überhaupt und als das Schema der kategorialisierenden Grundbegriffe gedacht. Die interpreta-

18 Vgl. I. Kant: *Kritik der reinen Vernunft*, B, 176ff.

tionsphilosophische These lautet hier, daß der Weg von einer subjektiv-beliebigen Sukzession des Wahrgenommenen und Beobachteten zur intersubjektiv mitteilbaren und objektiven Geordnetheit einer Beobachtungswelt als ein Weg der Bildung von Interpretationskonstrukten und als eine Genealogie von Interpretations-Schritten rekonstruiert werden kann. Immer dann, wenn wir Beobachtungen in der Zeit machen und diese mitteilen, haben wir eine Zeitordnung und Zeitverhältnisse bereits eingebracht. Man würde gar nicht zu zeitlich geordneten Beobachtungswelten kommen, wenn man nicht von vornherein die entsprechenden Interpretation$_1$-Gesichtspunkte (der Fortdauer, des Nacheinander, des Zugleichseins) eingearbeitet hätte.

8. Beobachtung und Zeichen

Beobachtung ist ein Vorgang in Zeichen, in Interpretationszeichen. Beobachtungszeichen sind *aktiv-referenziale* Zeichen (d.h. sie gehen auf das Beobachtete), *repräsentierende* Zeichen (d.h. sie artikulieren die Beobachtung), *erfüllungs-konditionale* Zeichen (d.h. sie haben Erfüllungs- oder Wahrheitsbedingungen) und *propositionale* Zeichen (d.h. sie handeln vom Beobachteten und ihr Gehalt kann in einer Proposition »Beobachten, daß ...« ausgedrückt werden). Alle vier Komponenten (Referenzialität, Repräsentationalität, Erfüllungsbedingungen, Propositionalität) setzen Interpretativität, genauer ein Interpretations-System, eine Interpretations-Praxis und eine Interpretations-Regularität stets bereits voraus und nehmen diese sinnlogisch in Anspruch.

Dies gilt auch für das Verhältnis von naturwissenschaftlichen Zeichen und Natur. Die Zeichen werden darin als auf Natur bezogen und repräsentierend gedacht. Aufgrund des mathematischen Charakters physikalischer Theorien ist diese Beziehung auf Natur allerdings als ein Zweischritt zu konzipieren: die Mathematisierung der Physik bringt es mit sich, daß sich deren Theorien zunächst auf Gegenstände im Sinne mathematischer Gegenstände beziehen und dieses Konstrukt dann auf Natur appliziert wird. Die Objektivität der Naturwissenschaft und damit auch die der Beobachtung beruhen dann vor allem auf deren

Intersubjektivität. Zugleich wird darin eine gemeinsame Wirklichkeit unterstellt. Die Gemeinsamkeit besteht insbesondere darin, daß alle Beteiligten ihre Messungen nach den gleichen Verfahren durchführen.

Man kann den Übergang von sensorischer Empfindung zu Wahrnehmung und gezielter konzeptueller Beobachtung zeichenphilosophisch als einen Übergang von *analogischen* zu *digitalischen* Zeichen, als eine »Analog-Digital-Konversion«[19] (Dretske) beschreiben. Eine Beobachterstellung einzunehmen heißt dann, von den analogisch, kontinuierlich und nicht-diskret verfaßten sowie fraglos verstandenen Netzwerken der Interpretationszeichen in digitalische, nicht-kontinuierliche, diskrete und distinkte Zeichenzusammenhänge und Zeichenfolgen überzugehen. Da es sich bei der Beobachtung nicht bloß um Wahrnehmung, sondern um konzeptualisierte Wahrnehmung handelt, ist Beobachtung eine explizit kognitive Tätigkeit, durchgeführt mit dem Ziel, zu intersubjektiv mitteilbaren und nachprüfbaren Sätzen zu gelangen. Beide Komponenten (kognitive Tätigkeit und Beobachtungs-Mitteilung) erfolgen in und mit Hilfe digitalischer Interpretationszeichen. Der Übergang in sie ist ein Übergang in zeichenbestimmte Interpretationskonstruktbildungen.

Dies heißt allerdings nicht, daß Beobachtung ein ausschließlich in digitalischen Zeichen erfolgender Vorgang ist. Das ist sie offenkundig nicht. Unterschiede sind zu beachten. Betrachten wir einen Physiker, der die Flugbahn eines elektrisch geladenen Teilchens in der Nebelkammer beobachtet, oder einen Detektiv, der ein Ehepaar auf dem Oktoberfest observiert. Alle Informationen, die ›hereinkommen‹, sind in Interpretationszeichen transportierte Informationen. Die Zeichen können analogisch oder digitalisch sein. Analogische Zeichen liegen vor, wenn es sich etwa um ein skalenloses Anzeigegerät, digitalische, wenn es sich etwa um eine rote Lampe handelt, die entweder leuchtet oder nicht leuchtet und für die alle Zwischenstufen nicht im Interpretationsschema zählen. Oder im Falle des Detektivs: analogisch ist seine Informationsaufnahme, wenn er ein Foto vom Ehepaar

19 Vgl. F. I. Dretske: *Knowledge and the Flow of Information*, Oxford 1981.

Schulze beim Essen von Erdbeeren macht, digitalisch, wenn er sich die schriftliche Notiz macht »15 Uhr 30. Ehepaar Schulze ißt Erdbeeren« oder wenn er einen protokollierenden Satz in sein Diktiergerät spricht. Für den Aufnahmeprozeß des Beobachtens sind mithin beide Weisen, die informationshaltigen Zeichen zu lesen, die analogische wie die digitalische, gleichermaßen charakteristisch.

Anders jedoch wird die Situation, sobald ein Beobachtungs*bericht* angefertigt wird, der Beobachtungssätze, -begriffe und -urteile enthält. Denn dies ist ein Vorgang, der in diskreten, disjunkten und distinkten Sprachzeichen erfolgt. Im Prozeß des Informationsaufnehmens der Beobachtung selbst kann es sich mithin noch sowohl um analogische als auch um digitalische Repräsentation handeln. Spätestens aber der einer wissenschaftlichen Beobachtung intern zugehörige intersubjektive Beobachtungs*bericht* besteht in einer digitalischen Repräsentation, die durch das Verwenden und Verstehen diskreter, distinkter und disjunkter Interpretationszeichen gekennzeichnet ist. Überdeutlich wird dies übrigens dann, wenn es auf der Basis des Beobachtungsmaterials dazu kommt, Hypothesen und Theorien aufzustellen. Dann bewegen wir uns voll in digitalischen Interpretationszeichen. Auch der schriftliche oder mündliche Observierungsbericht unseres Detektivs und dessen Theorie über das Verhältnis des beobachteten Ehepaars zu dem Agenten X ist von dieser Art.

Weitere Aspekte sind hier von Belang. Zunächst (a) ist nicht zu vergessen, daß eine Beobachtung stets von nur begrenzter Verarbeitungskapazität ist, d.h. die Emsigkeit und Feinkörnigkeit des Beobachtens stoßen schnell an ihre Grenzen. Das gilt für die natürliche Beobachtung ebenso wie für die mit Hilfe von Artefakten und Beobachtungsinstrumenten durchgeführte. Sodann (b) werden nicht alle Aspekte, die als Input in eine Beobachtung Eingang finden, in der Beobachtung repräsentiert. Und von den repräsentierten wiederum wird nur ein Teil dazu eingesetzt, etwa eine Hypothese zu bestätigen oder nicht zu bestätigen.

Weiterhin (c) ist zu betonen, daß den Beobachtungsergebnissen stets bereits eine Auszeichnung der für beobachtungs-*relevant* gehaltenen Aspekte vorausliegt. Beobachtung verfährt segmentierend und selektiv. Im Falle unseres Detektivs zum Beispiel ist vorab umgrenzt, was als ein relevantes Beobachtungsdatum gelten kann. Wenn es darum geht, durch Beobachtung herauszufinden, welcher Art das Verhältnis des Ehepaars Schulze zu dem Agenten X ist, dann ist (es sei denn, es handelte sich um die Detektivklasse, zu deren Mitgliedern Holmes, Poirot und Marlow gehören) der wahre Beobachtungssatz, daß das Ehepaar Schulze an ungeraden Wochentagen Petersilie auf die Frühstücksbutter streut, wohl kaum ein Kandidat für ein *relevantes* Beobachtungsdatum. Sollte allerdings der Agent X aufgrund des Verzehrs von Petersilienbutter den Tod finden, dann kann dieses Beobachtungsdatum sogar ins Zentrum rücken und für die ›neue Theorie‹ überaus relevant werden. Außer der Detektiv- hält bekanntlich auch die Wissenschaftsgeschichte Beispiele dieses Typs parat.

Schließlich (d) ist auf den folgenden Zweischritt hinzuweisen: Die Überfülle sensorisch-analogischer Zeichenflut wird in komplizierten (und nach der empirischen Seite hin in den Einzelwissenschaften, z.B. in den Neurowissenschaften, beschreibbaren) Interpretations-Schritten auf *relevante* Beobachtungsfelder und -daten reduziert; und auf solcher Basis stellen wir dann Theorien auf.

Vor diesem Hintergrund wird leicht einsichtig, was es heißt, daß unsere Welten als Interpretationswelten qualifiziert werden können. Die Wirklichkeit, mit der wir es zu tun haben und auf die unsere Theorien, Hypothesen und Beobachtungen gehen, muß als *unsere* Wirklichkeit und kann darin als Modell von Interpretation$_1$-Strukturen angesehen werden. Zu einer anderen, gänzlich interpretationsmodell-unabhängigen Wirklichkeit haben wir offenbar keinen Zugang. Der Sprung in eine völlig nicht-epistemische Welt ist endlichen Geistern verwehrt. Glücklicherweise, möchte man hinzufügen. Denn eine nicht-epistemische Welt wäre nicht Welt von unserer Welt, und wir würden uns nicht auf sie verstehen. Was allerdings unsere interpretations-abhängige Wirklichkeit angeht, so können wir strenggenommen noch nicht einmal sagen, daß sie nur eine einzige und bestimmte Geschichte hat. Entscheidend wird schließlich, daß unsere Welt, unsere Wirklichkeit, anders erscheint, sobald man sie mit anderen *Möglichkeiten* umgibt.[20] Setzt man noch hinzu, daß dies letztlich darauf hinausläuft zu sagen, daß das, was als *wirklich* gilt, nicht jeweils nur *eine* bestimmte, sondern *alle* Möglichkeiten in sich hat, dann trifft sich das mit einer grundlegenden Auffassung der Quantenphysik. Denn dieser zufolge gilt, daß ein Objekt »has not just a single history but all possible histories«, wobei sich dann in bestimmten Fällen die »probabilities of neighboring histories reinforce each other. It is one of these reinforced histories that we observe as the history of the object.«[21]

20 Vgl. L. Wittgenstein: *Philosophische Untersuchungen, passim.*
21 St. W. Hawking: *Black Holes and Baby Universes and Other Essays*, New York 1993, 45.

7. Imagination und Kognition

1. Imagination und Interpretation

Die voranstehenden Kapitel haben auf vielfältige Weise dargelegt, daß sich jedes menschliche Welt-, Fremd- und Selbstverständnis in Zeichen und Interpretationen, des näheren aus Interpretations-Horizonten und aus einer Interpretations-Praxis heraus sowie auf diese hin vollzieht. Dies ist nicht erst für den prädikativen, sondern bereits auch für den vor-prädikativen Bereich, mithin für das ganze Spektrum der Vorgänge vom phänomenalen Diskriminieren bis zum Wissen und Handeln kennzeichnend. Im folgenden wird die Aufmerksamkeit auf eine besonders wichtige Art der Interpretativität, auf die Imagination resp. Einbildungskraft, gelenkt. Die These lautet, daß Imagination hinsichtlich der Form und des Gehalts von Wahrnehmung, Sprache, Denken und Repräsentation nicht nur eine begleitende, sondern eine grundlegende Rolle spielt.[22]

Dabei soll es *nicht* um Imagination im Sinne einer außergewöhnlichen und nur Wenigen vorbehaltenen mysteriösen Fähigkeit gehen. Zentral ist vielmehr die Frage, ob und in welchem Sinne Imagination konstitutiv bereits in denjenigen Bereichen wirksam ist, die uns so überaus selbstverständlich scheinen (wie z.B. dann, wenn wir etwas sehen, an etwas denken oder uns an etwas erinnern). Es geht um die Imagination, die man die *intuitive Imagination* nennen kann. Mit diesem Ausdruck sei die im Selbstverständlichen wirksame Imagination bezeichnet, deren Regeln nicht explizit entfaltet werden können. Auch geht es weder um die Fähigkeit, sich vieles ausmalen zu können, noch um Ideenreichtum, Geschicklichkeit, Illusion oder Halluzination. Es geht in einem präzisen und im folgenden zu erläuternden Sinne um ein individuelles Vermögen, das immer dann schon im Spiele ist, wenn wir im Wahrnehmen, Sprechen und Denken er-

22 Eine frühere Version dieses Kapitels erschien in: Th. S. Hofmann/S. Majetschak (Hgg.): *Denken der Individualität. Festschrift für Josef Simon*, Berlin–New York 1995, 381-397.

folgreich etwas individuieren, identifizieren und repräsentieren und bei näherer Prüfung dann feststellen, daß darin mehr steckt als man individuiert, identifiziert und repräsentiert.

So stellt sich bei genauerer Prüfung zum Beispiel heraus, daß in der jeweils *gegenwärtigen aktualen* Situation auch *nicht-aktuale* Komponenten eine konstitutive Rolle spielen. Diese Komponenten sind, Kantisch gesprochen, weder mit dem Sinnenmaterial gegeben, noch können sie rein aus unseren Verstandesbegriffen beigebracht werden. Unter Imagination oder Einbildungskraft soll daher die individuelle Fähigkeit verstanden werden, in einen *gegenwärtigen aktualen* Vorgang des Wahrnehmens, Sprechens und Denkens, des näheren des raum-zeitlichen Lokalisierens, des Individuierens, des Identifizierens und des Repräsentierens von Objekten, Ereignissen, Personen und Situationen diejenigen *gegenwärtig nicht-aktualen* Komponenten einzubringen, *ohne* die es gar nicht zu solchem Lokalisieren, Individuieren, Identifizieren und Repräsentieren kommen könnte.[23] Auf das Stufenmodell der Interpretationsverhältnisse bezogen heißt dies, daß Imagination auf den verschiedenen Ebenen der Interpretation wirksam und erforderlich ist. Ihre grundlegendste Funktion übt sie auf der Interpretation$_1$-Ebene aus in der Bereitstellung von Raum-Zeit-Stellen zwecks Lokalisierung von Objekten und Ereignissen sowie im Rahmen der Prozesse der Individuation und Identifikation. In diesem grundlegenden Sinne gehört Imagination resp. Einbildungskraft zu den Voraussetzungen der Objektivität einer Erfahrungserkenntnis. Denn diese hat, wie schon in Kapitel 2.3. mit Bezug auf Kant betont wurde, die raum-zeitliche Geordnetheit der Erfahrungswelt zur Voraussetzung. Zugleich wird deutlich, warum Imagination als eine grundlegend relevante Art von Interpretativität anzusehen ist.

Ein einfaches Beispiel für das Zusammenspiel von aktualen und nicht-aktualen Aspekten wäre etwa folgendes: Um die Person auf der gegenüberliegenden Straßenseite als Onkel Paul zu erkennen, sind bereits frühere und in der gegenwärtigen Situation nicht-aktuale Wahrnehmungen Onkel Pauls konstitutiv mit im Spiel.

23 Zu dieser im Kern Kantischen Bestimmung des Begriffs der Imagination vgl. P. F. Strawson: *Freedom and Resentment and other essays*, London 1974, Kap. 3, insbesondere 53f.

Ohne eine interne Verbindung zwischen der jetzigen Wahrnehmung und vergangenen sowie anderen möglichen nicht-aktualen Wahrnehmungen, und das heißt *ohne* diese genuine Imaginationsleistung, sähe man da bloß eine andere Person, würde sie aber nicht als Onkel Paul erkennen. Eine Erweiterung dieses Imaginationsbegriffs besteht dann darin, daß auch nicht-gegenwärtige aktuale Dinge (wie z.B. das mentale Bild eines Einhorns) einbezogen werden können. Beide Bestimmungen gehen mit Kants Konzept der Einbildungskraft zusammen, die in ihrem theoretischen Gebrauch als dasjenige transzendentale Vermögen gedacht ist, »das Mannigfaltige der Anschauung in ein Bild [zu] bringen« und »einem Begriff sein Bild zu verschaffen«.[24]

Zu beachten ist, daß der hier vertretenen Auffassung zufolge die Imaginationsverhältnisse *innerhalb* der umfassender und basaler angesetzten Interpretationsverhältnisse gesehen werden. Jede imaginatorische Aktivität ist eine interpretative Aktivität; aber nicht jede interpretative ist eine imaginatorische im engeren Sinn. Es gibt konstruktionale, einteilende, organisierende, kurz interpretatorische Tätigkeiten, die noch nicht imaginatorisch zu nennen sind, z.B. das Sortieren und Auflisten gegebener Elemente.

24 I. Kant: *Kritik der reinen Vernunft*, A, 120 und B, 179f. Daß die Rolle der Imagination/Einbildungskraft systematisch wie historisch für die Entwicklung der neueren Philosophie von Descartes bis in die Gegenwart von grundlegender Bedeutung ist, zeigen die Arbeiten von Josef Simon. Systematisch zentral ist die Einbildungskraft für Simon im Kontext (a) des Zeichenverstehens (vgl.: *Philosophie des Zeichens*, a.a.O., 197ff., 203, 218ff., 249, und öfters) und (b) der Wahrheitsproblematik (vgl.: *Wahrheit als Freiheit*, Berlin-New York 1978, 110-118, 130ff., 137ff., 184ff., et passim). Zugleich hat Simon den Charakter der Imagination/Einbildungskraft als eines »individuellen« Vermögens im Rahmen seines eigenen Konzepts des individuellen Denkens gegen die mit dem Denken des Allgemeinen verbundene Gefahr der Verdrängung und des Übergehens des Individuellen herausgestritten. Dabei spielt der Unterschied zwischen der »disziplinierte(n), auf *Denken ausgerichtete(n)* Einbildungskraft« und einer »in ihrer ganzen Fülle betätigte(n) Einbildungskraft« (*Philosophie des Zeichens*, a.a.O., 198f.) im Sinne auch des Unterschieds zwischen *logischem* und *ästhetischem* Urteil eine wichtige Rolle.

Unter den Charakteristika der weit gefaßten Rede von Interpretationsverhältnissen, in die zugleich auch imaginatorische Elemente involviert sind, sind vor allem die folgenden vier von Belang: erstens unsere Aktivitäten der *Anwendung von Schemata und Mustern* zu Zwecken der Material- und der Erfahrungsorganisation; zweitens unsere Aktivitäten des *perspektivischen Auslegens und der deutenden Aneignung* von Situationen, Ereignissen und Materialien; drittens das *Verwenden und Verstehen sprachlicher* wie *nicht-sprachlicher Zeichen* aus einer ganzheitlichen Perspektive, aus einem Welt-Horizont heraus und auf diesen hin (innerhalb dessen es dann zu einem wechselseitigen Anpassen von Ganzem und Teil sowie von Allgemeinem und Besonderem kommt, wobei die Einbettung des Zeichengebrauchs in Situation, Kontext, Zeit und Zweckmäßigkeit von besonderer Wichtigkeit ist); und viertens die Tatsache, daß die Fähigkeit, über eine Sprache und über nicht-sprachliche Zeichensysteme zu verfügen, stets bereits voraussetzt, daß man *sich auf die Interpretations-Praxis versteht*, aus der die semantischen und pragmatischen Merkmale der sprachlichen wie der nichtsprachlichen Zeichen umgrenzt und festgelegt werden. Andernfalls wüßten wir nicht, wovon unsere Zeichen handeln und worauf sie sich beziehen.

Innerhalb der in diesem Sinne weit und grundsätzlich gefaßten Interpretativität kann man nicht nur die *Imagination*, sondern auch die *Kognition* verorten. Kognitive Tätigkeiten können auf allen ihren Ebenen als Interpretationsaktivitäten, als Interpretationskonstruktbildungen charakterisiert werden. Und dem Verhältnis von Imagination und Kognition kommt dann mit Recht ein besonderes Interesse zu. Die Ausdrücke »Kognition« und »kognitive Aktivitäten« werden hier im *weiten* Sinne der Aktivitäten des Zerlegens, des Erfassens von Gehalten, des Synthetisierens, des Klassifizierens, des Subsumierens und des Abstrahierens verwendet. Dieser *weite* Sinn von Kognition als bewußte Schema-Applikation ist von dem *engen* Sinn zu unterscheiden, der in einem satz-propositionalen Urteil besteht. Hinsichtlich der frühen Stufen interpretatorischer Schematisierung im Bereich der Empfindung und des Wahrnehmens haben wir es mit Verhältnissen zu tun, die zwar schon epistemisch relevant, aber nicht bzw. noch nicht satz-propositional sind, d.h. nicht durch einen urteilsgrammatischen Satz ausgedrückt werden können. Dieser Punkt ist, wie zu sehen sein wird, auch im Hinblick auf das Verhältnis von Imagination und Kognition wichtig.

2. Wahrnehmung und Imagination

Interpretationsbildungen sind nicht erst für die begrifflich klassifizierenden und subsumierenden Kognitionen im engeren Sinne, sondern bereits auch für den vor-prädikativen Bereich der Empfindungen und dann für den der Wahrnehmungen charakteristisch. Bereits ins sinnliche Affiziertwerden sind, in Form der Anwendung von Organisationsmustern, Interpretationsbildungen auf vielfältige Weise involviert. Empfindung ist stets *interpretierte* Empfindung. Eine »uninterpretierte« Empfindung wäre »gegenstandslos« und in diesem Sinne »die Empfindung von nichts«.[25]
Dieser Interpretationscharakter setzt sich fort in den Wahrnehmungen. Das Wahrnehmen kann als ein Vorgang vielfältiger Konstruktbildungen (des Abgrenzens, Unterscheidens, Organisierens, Gestaltbildens), und die Gegenstände der Wahrnehmung können als Konstrukte verstanden werden, denen eine interpretatorische Genealogie bereits im Rücken liegt. Im Wahrnehmen steckt, wie Wahrnehmungspsychologen gern sagen, mehr, als man wahrnimmt, zum Beispiel begriffliche Elemente in bezug auf das Wahrgenommene sowie propositionale Einstellungen (Erwartungen, Überzeugungen, Befürchtungen). Überdeutlich wird der interpretative Charakter, sobald Verbalisierung und Mitteilung der Wahrnehmung erfolgt, sobald über sie berichtet wird. Wie aber steht es um die Imagination in der Wahrnehmung?
Dem naiven Bewußtsein erscheint es so, als spiele die Imagination in der Wahrnehmung keine Rolle. Man glaubt zunächst, die Sinne lieferten uns nicht bloß die Eindrücke, sondern sie »setzten solche auch sogar zusammen, und brächten Bilder der

25 J. Simon: *Philosophie des Zeichens*, a.a.O., 77.

Gegenstände zuwege«.[26] Doch vornehmlich dann, wenn man die Betrachtung bottom up, von unten, beim Empirischen anfängt, läßt sich mit Kant die Einsatz- und Funktionsstelle der Imagination/Einbildungskraft in der Wahrnehmung markieren. Entscheidend ist, daß die Sinneseindrücke aus und durch sich selbst noch nicht denjenigen geregelten und zeitlich geordneten Zusammenhang[27] stiften und noch nicht diejenige Bildlichkeit zuwegebringen, von denen wir in einer gelingenden Wahrnehmung fraglos immer schon ausgehen. Mit Kant ist nun an genau diesem Punkt zu betonen, daß es offenkundig erst noch »in uns ein tätiges Vermögen der Synthesis dieses Mannigfaltigen« geben muß, das seine Handlung des Verbindens »unmittelbar« an den Wahrnehmungen ausübt. Dieses Vermögen ist die Imagination/Einbildungskraft. Sie ist somit ein »notwendiges Ingredienz der Wahrnehmung selbst«.[28]

Die Rolle der Imagination in der Wahrnehmung tritt auch hervor, sobald die ins Wahrnehmen involvierten *begrifflichen* Komponenten betrachtet werden. Dies gilt vor allem hinsichtlich der beiden grundlegenden und von Strawson[29] mit Recht betonten Aspekte, daß es die Imagination ist, die (a) Wahrnehmungen verschiedener Gegenstände derselben Art und (b) verschiedene Wahrnehmungen desselben Gegenstands verknüpft. Wir rekognoszieren z.B. selbst noch sehr unterschiedliche Dinge als Stühle; wir verknüpfen unsere Wahrnehmungen eines Buchs in der Bibliothek gestern nachmittag, auf dem Schreibtisch im Sekretariat heute vormittag und jetzt in der Hand von Peter so untereinander zu einer Reihe, daß es jedes Mal das numerisch identische Buch gewesen ist und ist, das wir wahrnehmen. Das aber heißt, daß eine verknüpfende, zusammenhangstiftende Kraft immer schon beteiligt ist, sobald man es mit der wahr-

26 Kant: *Kritik der reinen Vernunft*, A, 120.
27 Vgl. dazu oben Kap. 2.3. (Zeitordnung der Erfahrungswelt).
28 Kant, a.a.O., A, 120.
29 Vgl. zum folgenden P. F. Strawson: *Freedom and Resentment*, a.a.O., 47ff.; 53; 55f.; und ders.: *Individuals. An Essay in Descriptive Metaphysics*, London-New York ³1971, 98ff., wo es um die Frage der Verschränkung von Fremd- und Selbst-Zuschreibungen personaler Zustände geht.

nehmbaren Identität einer Art sowie mit der zugehörigen Identität des Begriffs und mit wahrnehmbarer Identität von Einzeldingen oder der Ding- bzw. Ereignis-Identität zu tun hat.
Offenkundig stellt die Verbindung zwischen einer hier und jetzt stattfindenden und vorübergehenden Wahrnehmung eines Objekts mit verschiedenen anderen Objekten derselben Art und mit anderen verschiedenen Wahrnehmungen desselben Objekts in verschiedenen Situationen, Kontexten und Zeiten eine Verknüpfungsleistung dar, die so *nicht* in den jetzigen und vorübergehenden Sinnensituationen allein liegt und durch diese selbst nicht schon gegeben ist. Mit Strawson können wir die vergangenen und möglichen anderen Perzeptionen desselben Objekts »nicht-aktuale Perzeptionen« nennen. Und die Imaginationsleistung besteht dann exakt darin, »aktuale (bildliche) Repräsentanten von nicht-aktualen Perzeptionen« zu produzieren und diese konstitutiv in der gegenwärtigen Wahrnehmung mit präsent sein zu lassen.
Zugleich geht es um unsere Fähigkeit, unterschiedliche Objekte als unter denselben Begriff fallend rekognoszieren zu können. Wenn man, so betont die Deskriptive Metaphysik Strawsons mit Recht, jemandem die Fähigkeit zuschreibt, einen Gegenstand in einer gegenwärtigen Wahrnehmung als z.B. einen Baum zu rekognoszieren, dann kann man ihm diese Fähigkeit nur dann sinnvoll zuschreiben, wenn man zugleich bereit ist, ihm auch die Fähigkeit zuzuschreiben, daß er auch andere Dinge ebenfalls als Bäume zu rekognoszieren vermag. Diese Fähigkeit ist in einer gelingenden gegenwärtigen Perzeption *intern* mitgesetzt. Hier liegt eine Verknüpfung aktualer und nicht-aktualer Komponenten, mithin genuine Imaginationsleistung vor. Doch offenkundig wird diese wichtige Rolle der Imagination in der Wahrnehmung selbst nicht repräsentiert. Denn nichts an der Wahrnehmung und am Wahrgenommenen läßt erkennen, wie sehr sie sich bereits einer Genealogie interpretatorisch-konstruktionaler Aktivitäten und unter diesen wiederum den Imaginationsleistungen verdanken.
Zugleich ist hier, mit Kant und Strawson, der wichtige Punkt zu betonen, daß man sich die konstitutive Rolle der Imagination im Sinne des Einbringens nicht-aktualer Wahrnehmungen in eine

gegenwärtige aktuale Wahrnehmung nicht so vorstellen darf, als gehe es darum, daß aktuale Bilder in unseren Köpfen produziert werden, von denen wir dann sagen, daß sie jetzt die nicht-aktualen Wahrnehmungen repräsentieren. Das wäre eine irrige Auffassung, obgleich die Frage der Imagination eng mit der der mentalen Bilder zusammenhängt. Die nicht-aktualen Wahrnehmungen treten – und das macht sowohl den Reiz als auch die eigentümliche Schwierigkeit der Behandlung dieser Fragen aus – nicht in diesem Sinne, sondern auf eine *elusive*, auf eine nicht oder nur sehr schwer zu fassende Art und Weise in die aktualen Wahrnehmungen ein.

Die produktive Rolle der Imagination in der Wahrnehmung kann auch anhand dessen verdeutlicht werden, was Wittgenstein unter dem Titel des »Aufleuchtens« und des Wechsels von Aspekten anspricht. Berühmt ist das Beispiel der Linienfigur, die man zunächst als einen Hasen, dann als eine Ente sieht, oder umgekehrt. Wie aber ist es zu verstehen, daß man einer solchen Verschiebung des Aspekts gewahr wird? Gemeint ist nicht der Fall, daß jemand überaus einfallsreich in dem ist, was er in einer gegebenen Linienführung zu sehen vermag. Das beträfe die *inventive* Imagination. In puncto *intuitiver* Imagination ist wichtiger, was da passiert, wenn sich in der Ersten-Person-Perspektive und ohne eine Anstrengung, irgendwie erfinderisch sein zu wollen, eine Verschiebung des Aspekts einstellt.[30] Nehmen wir, Wittgensteins Beispiel, an: »Ich treffe Einen, den ich jahrelang nicht gesehen habe; ich sehe ihn deutlich, erkenne ihn aber nicht. Plötzlich erkenne ich ihn, sehe in seinem veränderten Gesicht sein früheres. Ich glaube, ich würde ihn jetzt anders porträtieren, wenn ich malen könnte.« Wichtig ist hier unter anderem der innere Zusammenhang zwischen dem Sehen-*Als*, dem Denken-*An* und dem plötzlichen Aspektwechsel. Während ich das Gesicht vor mir sehe, sehe ich es plötzlich als etwas anderes. Wer einen Gegenstand anschaut, der hat zwar bereits einen interpretierten Gegenstand, aber er »muß nicht an ihn denken«. Wer aber, so Wittgenstein, »das Seherlebnis hat, dessen Ausdruck der Ausruf ist, der *denkt* auch an das, was er sieht«. Darum erscheint

30 Zum Aspektsehen vgl. auch das folgende Kapitel 8 (Sagen und Zeigen).

das Aspektaufleuchten »halb Seherlebnis, halb ein Denken«. Und was im Aufleuchten des Aspekts wahrgenommen wird, ist nicht eine »Eigenschaft des Objekts«, es ist eine »interne Relation zwischen ihm und anderen Objekten«. Es geht hier also nicht um ein Verhältnis von der Art, wie es vorliegt zwischen einer »Farbe im Gesichtseindruck«, etwa rosa, und der Farbe des Objekts. Vielmehr ist es beinahe, »als ob das ›Sehen des Zeichens in diesem Zusammenhang‹ ein Nachhall eines Gedankens wäre. ›Ein im Sehen nachhallender Gedanke‹ – möchte man sagen«.[31] Auf diese Weise wird ein tiefsitzender Zusammenhang zwischem dem visuellen Erleben und dem zugehörigen Gedanken deutlich. Doch was hat dies mit der Frage der Imagination zu tun?

Entscheidend sind zwei Aspekte, die beide genuine Imaginationsleistungen darstellen. Zum einen sind im Aspektaufleuchten sowohl interne Relationen zu anderen Objekten als auch das Denken-*An* aktiviert und *in* die gegenwärtige Wahrnehmung konstitutiv eingebracht. Zum anderen ist mit der skizzierten Situation verknüpft, daß wir in solchen Fällen diejenige Interpretations-Praxis in bezug auf die syntaktischen, semantischen und pragmatischen Merkmale der sprachlichen und nicht-sprachlichen Zeichen beherrschen, die erforderlich ist, um eine Beschreibung dessen zu geben, was wir da wahrnehmen. Dies aber schließt folgende wichtige Komponente ein: Über die Fähigkeit zu verfügen, etwas *als* Etwas wahrnehmen und es *als* ein *So-und-so*-Etwas beschreiben zu können, setzt das Beherrschen einer Interpretations-Praxis voraus, die ihrerseits *nicht nur auf diesen einen einzigen Fall* anwendbar ist, sondern in bezug auf verschiedene, unterschiedliche Situationen und Fälle zu verschiedenen Zeiten und in unterschiedlichen Kontexten gleichermaßen applikabel sein muß. Eine Interpretations-Praxis, die nur auf *diese eine* Situation und nur auf *diesen einen* Fall *allein* anwendbar sein soll, eine solche *singuläre* und *private* Praxis funktionierte auch in *diesem einen* Fall nicht. Sie widerspräche (ähnlich wie dies in Wittgensteins bekanntem Argument gegen die Möglichkeit eines nur *einmaligen* Regelfolgens und einer *priva-*

31 L. Wittgenstein: *Philosophische Untersuchungen II, XI*, 508; 507 und 523; vgl. auch Strawson: *Freedom and Resentment*, a.a.O., 57.

ten Sprache dargelegt wird[32]) zutiefst dem regel-bezogenen und dem öffentlichen Charakter dessen, was es heißt, sich auf eine Interpretations-Praxis zu verstehen. Deren Regularitäten sind nicht nur für einen einzigen Fall, für eine Person allein und nur ein einziges Mal anwendbar. Eine solche Interpretations-Praxis könnte den behaupteten Fall gerade nicht bewältigen. Denn dazu ist die Mit-Präsenz möglicher anderer und gegenwärtig nicht-aktualer Interpretationsweisen und anderer entweder differenter Fälle derselben Art oder derselben Fälle in differenten Situationen und Zeiten erforderlich. Diese Eigenart der Interpretations-Praxis ist mitgesetzt, wenn sie in *diesem gegenwärtigen* Fall funktioniert. Mithin aber sind hier gegenwärtig nicht-aktuale Komponenten konstitutiv dafür, daß eine gegenwärtige aktuale Situation die Situation ist, die sie für uns ist. Ohne Inanspruchnahme dieser gegenwärtig nicht-aktualen Komponenten, mithin ohne Imagination, wäre eine bestimmte Wahrnehmung nicht die Wahrnehmung, die sie ist.
Dieses imaginatorische Element ist natürlich nicht auf den visuellen Bereich begrenzt. Es gilt für alle Bereiche des Wahrnehmens. Im Auditiven zum Beispiel ist Imagination bereits in Anspruch genommen, wenn man in bezug auf z.B. eine Klangfolge nach wiederholtem und hinsichtlich des Tempos unterschiedlichem Vorspielen schließlich sagt: »›*Jetzt* ist es richtig‹, oder ›*Jetzt* erst ist es ein Marsch‹, ›*Jetzt* erst ist es ein Tanz‹.«[33] Dem entspricht auf der Ebene des Berichtens über einen Aspekt des Sehens oder Hörens, daß es relevant ist, auf »andere Objekte der *Wahrnehmung«* hinzuweisen.[34] In beiden Hinsichten ist Imagination somit konstitutiv im Spiel.

3. Sprache, Zeichen und Imagination

Über sprachliche und nicht-sprachliche, z.B. bildliche oder musikalische Zeichen zu verfügen, setzt, wie betont, voraus, daß man sich auf die zugehörige Praxis der Interpretation der Zeichen versteht. Die Frage ist nun, ob im *gelingenden und erfolg-*

32 Vgl. L. Wittgenstein: *Philosophische Untersuchungen I*, Nr. 243-315.
33 L. Wittgenstein: *Philosophische Untersuchungen II*, xi, 518.
34 Vgl. P. F. Strawson, *Freedom and Resentment*, a.a.O., 59.

reichen Sprach- und Zeichengebrauch *imaginatorische* Elemente eine konstitutive Rolle spielen oder nicht. Behandeln wir diese Frage zunächst im Hinblick auf die Bedeutung, sodann in puncto Referenz.

In Sachen *Bedeutung* lassen sich die imaginatorischen Anteile in drei Schritten skizzieren. (i) Das bloße Auftreten zum Beispiel einer irgendwie geschnörkelten Linie geht erst in dem Augenblick in ein Anzeichen oder gar in ein Zeichen-mit-symbolisierender-Kraft, z.B. in eine Karikatur von Onkel Paul, über, in dem wir es aus einem Interpretations-Horizont und einer Interpretations-Praxis heraus *als* ein *So-und-so*-Zeichen verstehen. Es muß also die Verknüpfung mit einem habitualisierten Interpretationssystem hergestellt sein, damit ein Zeichen überhaupt als symbolisierendes Zeichen fungieren kann. Exakt *diese* Verknüpfung aber ist nicht einfach schon mit dem bloßen Irgendwie-Vorhandensein als einem syntaktischen Zeichen gegeben. In jedem erfolgreichen Zeichengebrauch jedoch liegt genau diese Verbindung schon vor und ist bereits in Anspruch genommen. Und das (mit Kant nicht psychologisch und nicht anthropologisch, sondern transzendental verstandene) Vermögen, das diese Verbindung zuwege bringt, ist die Imagination. Übrigens zeigt sich auch hier, daß die Imaginationskraft ein *individuelles* Vermögen ist: Der eine sieht direkt, daß es sich um eine Karikatur Onkel Pauls handelt; eine andere Person sieht es erst später oder gar nicht.[35]

(ii) Für das Bedeutungsverstehen ist wichtig, daß der Hörer/Interpret die propositionalen Einstellungen, die ein Sprecher zu den von ihm verwendeten Zeichen einnimmt, sowie deren intentionalen Gehalt in Umrissen erfaßt. Ohne deren Einbeziehung kann die Bedeutung der verwendeten Ausdrücke nicht angege-

35 In eingefahrenen Praktiken sind die imaginatorischen Anteile nicht mehr so offenkundig. Dann ist die Imagination zur Routine geworden. Sobald jedoch ungewöhnliche, irritierende, z.B. *metaphorische* Zeichen auftreten, ist Imagination in dem skizzierten Sinne erfordert. Man könnte dies die Situation *radikaler Imagination* nennen. Beim erstmaligen Auftreten und Verstehen einer Metapher (z.B. der erstmaligen Rede von einer »kalten Farbe«) ist ein Höchstmaß an Imagination beteiligt, und zwar sowohl auf seiten desjenigen, der die Metapher produziert, als auch auf der Seite desjenigen, der sie ohne weitere Erklärungen versteht.

ben werden. Beide Aspekte jedoch (propositionale Einstellung, intentionaler Gehalt) sind offenkundig nicht bereits mit der bloß syntaktischen Form eines auftretenden Zeichens gegeben. Das aber heißt: Imagination ist eine Voraussetzung für gelingendes Bedeutungsverstehen.

(iii) Die Frage nach der Bedeutung eines Zeichens ist eng mit der seiner Übersetzung und diese wiederum mit dem Problem der Unbestimmtheit der Übersetzung und der Interpretation verbunden.[36] Fragt man, ob im Übersetzungsvorgang Imagination erfordert ist oder nicht, so lautet die Antwort: Sie ist grundlegend erfordert und kommt bereits sehr früh ins Spiel, beim Aufstellen und Auswählen des Systems der Übersetzungshypothesen, der Quineschen analytischen Hypothesen.

Der Witz der diesbezüglichen Überlegungen Quines ist, daß wir, wie in Kapitel 5.4. zu sehen war, einerseits zwar auf behaviorale Aspekte zurückgreifen müssen, andererseits aber auf diesem Wege schnell an Grenzen stoßen, da die »Reizbedeutungen« nicht weit reichen. Für alle weiteren Schritte muß man Hypothesen ausdenken, gewissermaßen Brücken bauen und Netze auswerfen. Bereits die *syntaktische* Form der Sätze kann nur im Rückgriff auf solche Hypothesen konstruiert werden. Übersetzungshypothesen zu erfinden heißt, Partikel und einfache Gebilde aus der fremden Sprache zu abstrahieren und sie in eine zuordnende Verbindung zu Partikeln und Konstruktionen in der eigenen Sprache zu bringen. Dabei ist man auf kreative Konstruktionsbildung angewiesen. Das aber heißt: Wenn erfolgreiches Übersetzen vorliegt, dann ist ein solches Netz von Übersetzungsannahmen bereits im Spiel und in Anspruch genommen worden. Da dieses Netz aber *nicht* mit den *behavioralen* Bedeutungsbestimmungen selbst schon gegeben ist, sondern über diese immer schon hinausgegangen sein muß, ist in diesem Sinne Imagination Voraussetzung für gelingende Bedeutungsübersetzung. Ob das Übersetzen gelingt oder nicht, merkt man daran, ob die Kommunikation in Gang kommt und fortgeführt werden kann oder nicht. Auf diese Weise aber erweist sich Imagination als eine zentrale Voraussetzung für Kommunikation und gelingende sowie erfolgreiche Verständigung.

36 Vgl. dazu im einzelnen oben Kap. 5.4.

Wie steht es um das Verhältnis von *Referenz* und Imagination? Einer der spannenden Punkte im erfolgreichen Referieren eines Zeichens ist, daß es offenbar darum geht, die Intension des Zeichens mit dem Referenten in der Zeichenverwendung, d.h. den Fregeschen Sinn der Zeichen mit dem, worauf das Zeichen sich bezieht, so zu verbinden, daß sowohl die intensionalen als auch die extensionalen Komponenten in ihrer Rolle bei der Bestimmung der Referenz eines Zeichens einsichtig gemacht werden können.[37] Genau diese Verknüpfung aber ist weder mit der syntaktischen Form des Zeichens noch mit der Intension oder der Extension noch auch mit dem Referenten gegeben. Nichts am Tisch zeigt, daß er von »Tisch« denotiert und daß mit »Tisch« auf ihn referiert wird. Gleichwohl ist diese Verknüpfung offenkundig immer schon vorausgesetzt, wenn die Referenz von »Tisch« gelingt. Sie ist in diesem Sinne im gelingenden Referieren präsent, lebendig. Das Vermögen aber, diese Verknüpfung zustande zu bringen, ist genau das, was mit Imagination gemeint ist. Erfolgreiche Referenz ist ohne Imagination nicht möglich. Letztere ist in ersterer stets bereits erfolgreich wirksam.

Überdeutlich wird dies (a) in Fällen der *Erinnerung* und des *Gedächtnisses* und dann, wenn wir über *vergangene*, gegenwärtig nicht-aktuale Situationen und Ereignisse sprechen oder an solche denken; (b) in Fällen der Referenz auf *mögliche Situationen*, in denen wir uns zum Zeitpunkt der Äußerung nicht befinden (z.B. der Bezugnahme auf die Geburtstagsparty im nächsten Jahr); (c) in Fällen *fiktiver* Rede (wenn wir z.B. den Satz »Don Quichotte spielt donnerstags mit Pegasus und Mr. Pickwick Skat« verstehen) und (d) in Fällen *kontrafaktischer Konditionale* (»Wenn Peter dieses Auto nicht gekauft hätte, dann würde er auch nicht ...«). In jedem dieser Fälle sind *gegenwärtig nicht-aktuale Komponenten* entscheidend dafür, daß wir die entsprechenden Äußerungen überhaupt verstehen können. Mithin ist Imagination wirksam, sobald wir die Äußerungen verstehen.

Dies gilt übrigens nicht nur für die Referenz auf die Welt und auf andere Personen. Es gilt auch für die Selbstreferenz, für den Selbstbezug in der Ersten Person. Das Wort »ich« hat zwar inde-

37 Zu den Einzelheiten vgl. oben Kap. 3, und Verf.: *Interpretationswelten*, a.a.O., Kap. 14.

xikalischen und deiktischen Charakter, aber keinen festen Referenten. Das Ich ist, wie schon Kant[38] gegen die ältere Metaphysik betont, keine Substanz. Wenn man sich also in Zeichen erfolgreich auf sich selbst bezieht, dann ist Imagination in dem Sinne bereits in Anspruch genommen, daß diese Referenzialität weder einfach am verwendeten syntaktischen Zeichen noch an dem, was man sinnlich von sich selbst wahrnimmt, und auch nicht mit dem bloßen »Ich bin« schon gegeben ist. Auch immer dann also, wenn wir uns in Zeichen auf uns selbst beziehen und etwas über uns selbst erkennen, ist zunächst eine *interpretatorische* und sodann eine *imaginatorische* Einstellung bereits eingenommen worden.

4. Repräsentation und Imagination

In welchem Sinne ist Imagination im Spiel, wenn wir es mit *bildlichen* Repräsentationen, z.B. mit einem Porträt, einer Photographie oder einer Karikatur zu tun haben? Entscheidend ist zunächst, daß die Repräsentationsfunktion eines Zeichens von *Ähnlichkeit* unabhängig ist.[39] Picasso soll auf den Einwand, sein Porträt Gertrude Steins sehe dieser nicht ähnlich, geantwortet haben: »Macht nichts! Es wird.«[40] Im Prinzip könnte irgendein Zeichen z.B. Onkel Paul repräsentieren.

Zu sagen und zu denken, daß ein bestimmtes Zeichen, z.B.: »¶«, Onkel Paul repräsentiert, schließt ein, daß es eine Interpretations-Praxis gibt, derzufolge das Zeichen *so* zu verstehen ist, und daß man diese Interpretations-Praxis beherrscht und ihren Regeln folgt. Über die erforderliche Interpretations-Praxis zu verfügen, heißt aber von vornherein, daß diese Praxis, wie betont, nicht nur in *diesem einen* Fall Anwendung findet, sondern auch für *vergangene* und *andere mögliche*, d.h. für *gegenwärtig nicht-aktuale Fälle* die relevante war und ist. Und dieser Umstand

38 Vgl. I. Kant: *Kritik der reinen Vernunft*, A, 348ff.

39 Vgl. dazu N. Goodman: *Languages of Art*, a.a.O., Kap. 1; und H. Putnam: *Reason, Truth and History*, a.a.O., Kap. 1. Zur Frage des bildlichen Zeigens vgl. unten Kap. 8.3. und 8.4.

40 Zit. nach N. Goodman: *Languages of Art*, a.a.O., 33.

steht, wie gezeigt, zu der gegenwärtigen aktualen Repräsentation in einer *internen* Beziehung. In diesem Sinne ist Imagination hier bereits involviert, um das gegenwärtige Zeichen überhaupt als eine Repräsentation von Onkel Paul sehen zu können. Zudem muß man dann, wenn man ein Zeichen als eine Repräsentation Onkel Pauls sieht, die Relation erfaßt haben, die zwischen dem im Bild auftretenden Zeichen und Onkel Paul besteht. Auch *diese* Aktivität ist eine imaginatorische. Sie wird weder vom auftretenden Zeichenkörper, z.B. von einem rot-gelben Farbauftrag, noch durch die Existenz Onkel Pauls ernötigt. Bei Routine-Repräsentationen fallen die imaginatorischen Komponenten nicht mehr auf. Jedoch sind sie bei innovativem und abweichendem Zeichengebrauch umso greifbarer. Und noch offenkundiger ist Imagination beteiligt, wenn zum Beispiel die Bewegungen eines Pantomimen *als* Repräsentation von Pferd und Reiter gesehen werden.
Der für das Verständnis eines Zeichens *als* einer Repräsentation Onkel Pauls *initiale* Schritt wird nicht z.B. von einer Leinwand, dem Farbauftrag oder einer Hell-Dunkel-Differenz intrinsisch mitgeliefert. Er wird aber auch nicht erst im Sinne eines nachträglichen Brückenschlags hergestellt. Sondern *indem* man am symbolisierenden Zeichen sieht, daß es Onkel Paul repräsentiert, ist exakt darin Imagination am Werk. Wenn man zu sich selbst oder zu anderen sagt und denkt, daß man z.B. in dem rechten unteren Teil eines Gemäldes einen Waschbären sieht, dann teilt man nicht nur sein visuelles Erlebnis mit und sagt nicht nur, was für eine Art von Bild das Gemälde in diesem Teil ist (nämlich ein einen-Waschbären-darstellendes-Bild). Vielmehr sagt man damit auch, was man für den Gegenstand des Bildes hält (den Waschbären), und man behauptet auf diese Weise eine interne Relation zwischen dem Waschbär-Zeichen und dem, wovon es handelt und worauf es sich bezieht. Das Finden und Erfassen genau dieser internen Relation aber setzt Imagination voraus. Dies zeigt sich auch daran, daß eine Person *so etwas*, ein trauriges Gesicht zum Beispiel oder die Ähnlichkeit mit einem Frosch, sieht, eine andere dagegen nichts. Und offenkundig kommt Imagination nicht willentlich, nicht auf Kommando unseres Willens.
In den gegenwärtigen Debatten um Fragen der *mentalen Reprä-*

sentation sind zwei unterschiedliche Ansätze dominant. Für die einen (z.B. für J. A. Fodor und Z. W. Pylyshyn) finden mentale Repräsentationen *sprach-, satz- und propositionsartig*, d.h. durch Zeichenverknüpfungen nach Art der Sprache statt.[41] Für die anderen (z.B. für S. M. Kosslyn und N. Block) sind mentale Repräsentationen *quasi-bildliche* Vorgänge.[42] Imagination/Einbildungskraft als notwendiges Ingredienz der Kognition wird nun nicht zuletzt auch von dem Moment an relevant, wo die mentale Repräsentation und die anderen Aktivitäten des Geistes nicht mehr nur allein von der linguistischen und der propositionalen, d.h. in einer sprachlichen Proposition ausdrückbaren Seite her konzipiert werden, sondern zugleich *nicht-linguistische* Symbolsysteme in die Betrachtung einbezogen werden müssen.[43] In Sachen Kognition und mentale Repräsentation blockieren sich die beiden Lager (die Propositionalisten auf der einen und die Pikturalisten auf der anderen Seite) wechselseitig. Es besteht aber gar kein Grund, sich ausschließlich für eine der beiden Seiten entscheiden zu müssen. Vielmehr spricht alles für ein Zusammenspiel beider. Linguistische oder propositionale und damit *digitale* Symbole sind keineswegs die einzigen Mittel der mentalen, vorstellungsmäßigen Repräsentation, und sie sind keineswegs die einzigen symbolisierenden Zeichensysteme, die in einer umfassenden Theorie der Kognition zu behandeln wären. Doch unabhängig davon, welche Position man in dieser Debatte

41 Vgl. J. A. Fodor: *Representations*, Cambridge Mass. 1981; *A Theory of Content and Other Essays*, Cambridge Mass. 1990. Z. W. Pylyshyn: *The Imagery Debate*, in: *Psychological Review*, 88 (1981) 16-45; *Computation and Cognition*, Cambridge Mass. 1984.

42 Vgl. S. M. Kosslyn: *Image and Mind*, Cambridge Mass. 1980; *Ghosts in the Mind's Machine. Creating and Using Images in the Brain*, New York-London 1983. N. Block: *Mental Pictures and Cognitive Science*, in: W. G. Lycan (Hg.): *Mind and Cognition*, Cambridge Mass. ²1991, 577-607.

43 Die Einbeziehung solcher Systeme ist für eine umfassende Theorie der menschlichen Kognition unerläßlich. Es sind keine Gründe für die These in Sicht, daß wir unser Konzept der mentalen Repräsentation auf linguistische Systeme und Formen zu begrenzen haben. Dies betont mit Recht auch R. Schwartz: *Symbols and Thought*, in: Synthese, 1 (1996) 399-407.

einnimmt, ist Imagination bei den zu explizierenden Vorgängen in jedem Falle erfordert und beteiligt. (a) Wenn es die digitalisierende Sprache ist, die das Modell der mentalen Repräsentation abgibt, benötigen wir ein Vermittlungsstück, das die digitale Sprachstruktur mit der analogisch verfaßten Sinnlichkeit vereint. Wir benötigen, in High-Tech-Deutsch ausgedrückt, einen Digital-Analog-Umwandler[44], in der Sprache der klassischen Philosophie Einbildungskraft. (b) Wenn nicht-sprachliche, z.B. bildliche Symbolsysteme einzubeziehen sind, dann haben wir es mit Vorstellungen als mentalen Repräsentationen zu tun, die analogisch verfaßt sind. Hier ist Imagination/Einbildungskraft im Sinne des Ins-*Bild*-bringens des Mannigfaltigen der Anschauung, im Sinne einer analogischen Repräsentation des Bereichs der Sinnlichkeit beteiligt. Dieser Bereich selbst kann dann seinerseits und je nach Stufe (vom phänomenalen Diskriminieren über das Sehen, das Sehen-*als*, das Sehen-*daß*, das Wahrnehmen-*als* zum Wahrnehmen-*daß* und weiter zum Klassifizieren und Subsumieren im engeren Sinne) digitalisiert werden. Das Auftreten digitalisierender und die Sinnenmaterialien auf diese Weise organisierender Aktivitäten zeigt zum einen den *interpretatorisch-konstruktionalen* Charakter schon in diesem Bereich. Zum anderen wird deutlich, wie früh bereits auch Imaginationskraft im Sinne einer *Verknüpfung* des Analogischen und Digitalen erfordert ist.

Für die Repräsentationsfunktion der Zeichen ist auch charakteristisch, daß darin Zeichenformen gebildet werden, die viele andere Zeichen, die es zu organisieren gilt, in sich zusammenfassen. Es kommt, mit einer Formulierung Nietzsches gesprochen, zu einer »Erfindung von Zeichen für ganze Arten von Zeichen«.[45] Dies ist ein Vorgang, für den Imaginationskraft kennzeichnend ist. Denn die aktual auftretenden Zeichen, die dann durch andere Zeichen neu organisiert und abgekürzt werden, enthalten aus sich selbst heraus weder die Aufforderung, mit Hilfe anderer Zeichen abgekürzt zu werden, noch die Regeln, nach denen diese Zeichen-über-Zeichen-Bildungen zu erfolgen

44 Den Ausdruck verwendet Dretske: *Knowledge and the Flow of Information*, a.a.O., 139 und 153.

45 F. Nietzsche: KGW VIII 1, 1[28], S. 13.

hätten. Diese interpretatorischen und imaginatorischen Vorgänge setzen sich bis in die wissenschaftliche Begrifflichkeit und selbstredend bis in die einzelnen Künste fort. So gehört viel Imaginationskraft dazu, eine veränderte oder gar eine neue Theorie zu ›finden‹, die akzeptiert wird, insofern sie »ein System tiefer und einfacher systematischer Verbindungen zwischen Sachverhalten aufzudecken (erlaubt), die zuvor nur eine Masse disparater und mannigfaltiger Fakten gewesen waren«.[46] Dies ist eine hohe Leistung der Imagination, weil genau diese Eigenschaft einer Theorie nicht an den Fakten selbst abzulesen ist, ja bereits, wie oben in Abschnitt 7.2. zu sehen war, in der Rede von rekognoszierbaren Fakten Imagination vorausgesetzt und in Anspruch genommen werden muß. Zugleich wird an der Zeichen-über-Zeichen-Bildung auch etwas von der Kontinuität und Einheit der Imaginationsverhältnisse deutlich, die in dem Spektrum zwischen unserer alltäglichen intuitiven Imagination bis hin zu den artifiziellen Imaginationswelten in den Künsten besteht. Umgekehrt zeigt dies auch, wie es logisch möglich ist, daß die Kunst so tief in die Organisation unserer Erfahrung eingreifen *kann*.

5. Analogische und digitalische Einbildungskraft

Hinsichtlich des Verhältnisses von Perzeption und Kognition lautet eine wichtige Frage, mit Hilfe welcher Kennzeichnungen man die beiden Bereiche heuristisch unterscheiden und charakterisieren kann. Auf der Ebene der Symbolsysteme besteht eine Möglichkeit darin, mit Nelson Goodman zwischen *analogischen* und *digitalischen* Zeichen zu unterscheiden, und diese Unterscheidung auch, wie etwa im informationstheoretischen Konzept Fred I. Dretskes, zur Beschreibung des Perzeptions- und

46 C. G. Hempel: *Recent Problems of Induction*, in: R. G. Colodny (Hg.): *Mind and Cosmos*, Pittsburgh 1966, 132.

47 Vgl. N. Goodman: *Languages of Art*, a.a.O., 159-164, 170ff., 252ff.; und: Goodman/C. Z. Elgin: *Reconceptions in Philosophy and Other Arts and Sciences*, London 1988, 126-130; Vgl. F. I. Dretske: *Knowledge and the Flow of Information*, a.a.O., 135ff.

des Kognitionsbereichs einzusetzen.[47] In Sachen Imagination könnte man dann eine *analogische* und eine *digitalische Imaginationskraft* unterscheiden.
Der Unterschied zwischen Analogem und Digitalem läßt sich zunächst an der Differenz zwischen einem Bild und einer sprachlichen Aussage erläutern.[48] Bilder sind analogisch verfaßt und stellen analogische, d.h. kontinuierliche und nicht-differenzierte Repräsentationen dar, Aussagen dagegen digitale, d.h. diskontinuierliche und disjunktive Repräsentationen. Auf den Informationsgehalt bezogen heißt dies etwa, daß, Dretskes Beispiel, die digitale Aussage »In der Tasse ist Kaffee« nur die Information enthält, daß in der Tasse Kaffee ist. In der sprachlichen Aussage sind keine zusätzlichen Informationen darüber enthalten, z.B. wie groß die Tasse ist, wieviel Kaffee darin ist, ob es Milchkaffee oder Mokka ist. Blickt man dagegen auf eine Photographie der Tasse und ihrer Umgebung, so wird die Information in analoger, kontinuierlicher Form geliefert, und man trifft auf eine Fülle von Informationen, die nicht in der Formulierung enthalten sind, daß in der Tasse Kaffee ist. Wollte man von allen oder auch nur von einigen dieser Aspekte eine Beschreibung geben, so wäre man schnell bei Sätzen, die den Umfang von ganzen Telefonbüchern und mehr hätten, und würde doch niemals an ein die analogische Verfassung des Tassen-Szenarios und der Photographie erfassendes Ende kommen.
Der Übergang vom Empfinden und Wahrnehmen zum Denken und Erkennen kann als Übergang von einer durch die Analog-

Es ist hier nicht auf Dretskes Informationsbegriff und auch nicht auf seine These einzugehen, daß Perzeption und Kognition isolierte Bereiche sind. In dieser Hinsicht bestehen deutliche Unterschiede zwischer einer interpretationsphilosophischen und einer informationstheoretischen Konzeption der Kognition. Information setzt Interpretation immer schon voraus, nicht jedoch kann jene zur Limitierung von dieser eingesetzt werden. Mithin kann die grundlegende Ebene der Betrachtung auch nicht die eines »information-processing system« (a.a.O., 141) sein. Daß Perzeption und Kognition nicht strikt getrennt werden können, war eines der Resultate der obigen Auffassung der Wahrnehmung als Interpretationskonstrukt. Vgl. Abschnitt 7.2.

48 Vgl. dazu auch unten Kap. 8 (Sagen und Zeigen).

form charakterisierten sinnlichen Repräsentation zu einer im engeren Verständnis kognitiven und durch Digitalisierung gekennzeichneten Repräsentation angesehen werden. Dabei ist wichtig zu sehen, daß die im sinnlichen Bereich vorliegende übergroße Fülle und Dichte der Zeichen beim Übergang in die Digitalform der kognitiven Repräsentation zwangsläufig verlorengeht.[49] Durch diese Verarmung jedoch wird andererseits die begrifflich-kognitive, sich in Aussagen artikulierende Repräsentation möglich.

Auf der Ebene der zu diesem Zweck verwendeten Symbolsysteme geht dem die Unterscheidung zwischen analogischen und digitalischen Zeichen voraus. Man kann Zeichensysteme nach dem Grad ihrer Dichte oder Differenziertheit unterscheiden. Hier liefern die in der Symboltheorie Nelson Goodmans entwickelten Unterscheidungen ein taugliches und ergiebiges Instrumentarium, etwa: die syntaktische Dichte (Beispiel: skalenloses Thermometer) oder syntaktische Differenziertheit (Beispiel: digitales Thermometer); die semantische Dichte (Beispiel: die vielen kontinuierlichen Ausdrücke der Eskimos für Schnee) oder semantische Differenziertheit (Beispiel: die rubrizierenden Etiketten bei der Einordnung von Gemälden); die kontinuierliche Fülle (Beispiel: die Gesichtszüge in einem Porträt) oder die digitale Distinktheit (Beispiel: Kreuzchen auf dem Lottoschein); die multiple Referenz (Beispiel: Linien in einem Vexierbild) oder die disjunktive Referenz (Beispiel: das Zeichen »r« bezieht sich auf den Radius und nicht auf den Umfang des Kreises).[50]

Der allgemeinen Symboltheorie zufolge sind Zeichen- und Interpretationssysteme dann analogisch zu nennen, wenn sie syntaktisch und semantisch dicht sind. Hier zählt am Zeichen jeder einzelne Punkt, und jede noch so minimale Differenz kann entscheidend sein. Digitalisch sind solche Systeme, wenn sie differenziert, diskontinuierlich und disjunktiv sind. In ihnen zählen nur jeweils bestimmte und klar gegeneinander abgegrenzte Punkte. Was dazwischen, z.B. in einer musikalischen Notation

49 Vgl. auch F. I. Dretske: *Knowledge and the Flow of Information*, a.a.O., 142.

50 Vgl. auch Kap. 8 (Sagen und Zeigen).

zwischen einem C und einem Cis liegt, zählt nicht als Zeichen des Schemas. Manche Zeichen kann man sowohl analogisch als auch digitalisch lesen, z.B. die Zeigerbewegung einer Uhr.

Produktive Imagination ist nun in dem dargelegten Sinn am Werk, sobald wir es im vor-prädikativen und analogisch verfaßten Bereich mit phänomenaler Gestalthaftigkeit und im prädikativen, satz-propositionalen und begrifflichen Bereich mit Begriffs- und mit Einzelding-Identität zu tun haben. Daß Imagination bereits im vor-prädikativen Bereich wirksam ist, zeigt sich an dem Umstand, daß dort (a) Gestalthaftigkeit und (b) Intentionalitätsstrukturen, d.h. Gerichtetheit und Gehalt vorliegen.[51] Imaginationskraft ist dann insbesondere an den Schnitt- und Verschränkungsstellen der beiden Bereiche erfordert, dann, wenn es die Übergänge und wechselseitigen Transformationen zu bewerkstelligen gilt. Hier kann ein Vermögen, genauer eine Interpretationsfunktion präsupponiert werden, die in sich sowohl die analogische als auch die digitalische Komponente vereint und darum als eine Art Analog-Digital- sowie Digital-Analog-Umwandler anzusehen wäre.

Zu beachten ist, daß diese Verhältnisse nicht nur in einer Richtung verlaufen, sondern beiderseitig sind, d.h. dem Digital-Umwandler entspricht ein Analog-Umwandler. In diesem Sinn ist Imaginationskraft beteiligt, sobald von einer analogisch verfaßten Sinnesempfindung zu einem sprachlichen Urteil, z.B. von dem Anblick einer grünen Wiese zu dem Urteil, daß die Wiese grün ist, übergegangen wird. In dem Urteil ist die grüne Wiese dann digital repräsentiert. In der umgekehrten Richtung korrespondiert dieser Transposition die Anwendung der analogischen Struktur der sinnlichen Natur auf digitale Zeichen. Diese Anwendung schließt, wenn sie erfolgreich ist, Prozesse des Veranalogisierens, und das heißt des näheren Prozesses der Verkontinuierlichung, der Infinitesimalisierung und vor allem der Verzeitlichung ein. Genau darin manifestiert sich Imagination/Einbildungskraft.

51 Intentionalität ist bereits für das visuelle Erleben zentral. Vgl. von seiten der Philosophie der Wahrnehmung J. R. Searle: *Intentionality*, a.a.O., Kap. 2. Aus wahrnehmungspsychologischer Sicht vgl. vor allem die Studien von D. Marr: *Vision*, San Francisco 1982.

Man könnte nun eine eher *analogische* und eine eher *digitalische Einbildungs/Imaginationskraft* unterscheiden. Der jeweilige Akzent hängt davon ab, ob die analogische oder die digitalische Komponente stärker betont wird. Er hängt auch davon ab, in welchem Bereich und auf welcher Ebene innerhalb des Spektrums zwischen dem analogisch-sinnlichen Affiziertwerden auf der einen und den Objekten sowie dem diskursiv-digitalen Wissen auf der anderen Seite man sich bewegt. Werden die durch Verstandesbegriffe erfolgenden Repräsentationen als digitalische Repräsentationen angesehen und die sinnlichen als primär analogische gefaßt, dann könnte man in dieser Begrifflichkeit einen Schritt in die zeichen- und interpretationsphilosophische Rekonstruktion der produktiven Einbildungskraft sehen.

Ein Beispiel für *analogische Imaginationskraft* müßte eines aus dem Gebiet nicht-linguistischer und analogischer Zeichen- und Interpretationssysteme, etwa eines aus dem Bereich des Visuellen oder Perzeptiven sein, und zwar so, daß dabei nicht-aktuale Aspekte z.B. in das Sehen-*Als* konstitutiv eingehen. Das klingt kompliziert, ist es aber keineswegs. Denn man trifft oft und wie selbstverständlich auf solche Fälle. Der Leser möge sich vorstellen, er wolle eine Ferienwohnung in der Toskana mieten und erhalte daraufhin von seinem Reisebüro Bilder, die das Wohnzimmer in seiner Verbindung mit der Küche zeigen, und zwar aufgenommen von der Eingangstür her ins Wohnzimmer mit Blick in Richtung Küche. Für gewöhnlich wird man imstande sein, eine Vorstellung davon zu entwickeln und diese gegebenenfalls auch mitteilen zu können, wie die beiden Räume aussehen, wenn man sie nicht von der Eingangstür her, sondern etwa von der Küche her sieht. Man wäre wahrscheinlich in der Lage, verschiedene Darstellungen der beiden Räume, z.B. eine Zeichnung, die von der Küche her erfolgt, als richtige oder unrichtige Wiedergabe zu beurteilen.[52] Genau dieses Einnehmen-Können und Einbringen

52 Vgl. R. Schwartz: *Symbols and Thought*, in: a.a.O., 404, der das Zimmer-Beispiel benutzt, um zu zeigen, daß es auch in nicht-linguistischen Symbolsystemen eine »transition from one knowledge state to another« (a.a.O.) gibt. Ein Übergang der skizzierten Art ist jedoch nicht als ein inferentieller Übergang aufzufassen.

eines *anderen und nicht-aktualen* Perspektivepunktes bereits auch *in* das sinnlich-phänomenale Identifizieren und Individuieren einer Darstellung, die in diesem Fall analogisch ist, ist als eine Manifestation analogischer Imaginationskraft anzusehen.

Als *analogische* Imagination haben wir es, Kantisch gesprochen, mit der *ästhetischen* Einbildungskraft zu tun, die nicht unter den Regeln des Verstandes steht. Dies ist in zwei Hinsichten nicht der Fall: (a) insofern es sich um Imagination im vor-begrifflichen Bereich handelt und (b) als *freie* Einbildungskraft im Sinne der Kantischen *Kritik der Urteilskraft*. Diese Einbildungskraft kann deshalb frei genannt werden, weil sie noch nicht den Verstandesregeln, d.h. noch nicht der Grammatik des logischen Urteils, unterworfen ist, und weil sie vom linearen Zeitmodell, d.h. von der linear-temporalen Verfassung des Verstandes gelöst ist, an das die Einbildungskraft in ihrem *theoretischen* Gebrauch gebunden bleibt. Sie ist auf diese Weise von den nach Verstandesregeln erfolgenden Synthesisleistungen freigesetzt, und zwar nicht als konstitutive, sondern als subjektiv-reflektierende Einbildungskraft, des näheren als ästhetische Freiheit.

Es gehört Imaginationskraft dazu, eine Perspektive, die nicht vorab gegeben ist, einzunehmen. Und es gehört Imaginationskraft dann auch dazu, diese Perspektive nicht zu verlieren, sondern zu halten. Beides erfolgt auf dem Wege der genannten Prozeduren des Einbringens gegenwärtig nicht-aktualer Aspekte in gegenwärtige Situationen und im Sinne der Aufrechterhaltung der zugehörigen Interpretations-Praxis. Insofern sich in diesen Vorgängen unser Leben (und »Leben« heißt Kant zufolge, über das »Vermögen« zu verfügen, »seinen Vorstellungen gemäß zu handeln«[53]) vollzieht, bedeutet dies zugleich, daß sich die »Belebung« unseres »Gemüts«, mithin unser Leben aus einem Imaginationsgrund heraus vollzieht. Diesen Grund können wir nicht selbst noch einmal transparent und distanziert vor uns hinstellen. Er bleibt individuell. So überrascht es denn auch kaum zu hören, was Kant von der Einbildungskraft bereits in ihrem theoretischen Gebrauch sagt: Es handle sich bei ihr um eine »verborgene Kunst in den Tiefen der menschlichen Seele«, deren Eigen-

53 I. Kant: *Die Metaphysik der Sitten*, in: *Werke*, hg. von W. Weischedel, Darmstadt 1975, Bd. 7, 315.

art wir »der Natur schwerlich jemals abraten« und »unverdeckt vor Augen legen werden«.[54]

54 I. Kant: *Kritik der reinen Vernunft*, B, 180f.

8. Sagen und Zeigen

In jedem Empfinden, Wahrnehmen, Sprechen, Denken und Handeln spielt das Zeigen eine wichtige Rolle. Darauf und auf den Zusammenhang von Zeigen und Interpretieren bezogen sollen im folgenden vier Thesen erläutert und verteidigt werden:
(i) Phänomen und Logik des Zeigens sind von grundlegender Bedeutung in jedem erfolgreichen Verwenden und Verstehen sprachlicher und nicht-sprachlicher Zeichen in Verhältnissen des Fremd-, Selbst- und Weltverständnisses.
(ii) Zeigen ist ein Ereignis *in Zeichen* und *interpretativen* Charakters.
(iii) Sofern das Zeigen seinen Sitz auf der Ebene des Logischen oder des Logos der Zeichen hat, verweist der interpretative Charakter des Zeigens zugleich darauf, daß das Logische resp. der Logos der Zeichen selbst *interpretativ* genannt werden kann.
(iv) Auch im gelingenden Vollzug nicht-sprachlicher Zeichen sind ein *Interpretationssystem* und eine *Interpretations-Praxis* stets bereits vorausgesetzt und in Anspruch genommen.

1. Differenz von Sagen und Zeigen

Wird man durch einen Gesichtsausdruck, durch eine Geste oder etwa durch einen Farbton affiziert und bewegt, dann kann man meist nicht sagen, was einen da affiziert und bewegt. Gleichwohl sind die Zeichen direkt verstanden worden. In solchen Fällen hat man es nicht nur mit dem Verhältnis von sprachlichen und nicht-sprachlichen Zeichen- und Symbolsystemen zu tun. Wichtig ist auch und vor allem die Frage nach dem Verhältnis dessen, was überhaupt in einer Sprache *gesagt* werden kann, und dem, was einer sprachlichen Identifikation und Artikulation entzogen ist, sich jedoch am sprachlichen oder am nicht-sprachlichen Zeichen selbst *zeigt*. Die hohe Relevanz solchen Zeigens für menschliche Lebensvollzüge ist offenkundig. In der Philosophie ist der Unterschied zwischen Sagen und Zeigen insbesondere durch Wittgensteins *Tractatus* prominent geworden.

Das »Hauptproblem« der Philosophie sei, schreibt Wittgenstein an Russell, »die Theorie über das, was durch Sätze – d.h. durch Sprache – gesagt (und, was auf dasselbe hinausläuft, *gedacht*) und was nicht durch Sätze ausgedrückt, sondern nur gezeigt werden kann.«[55] Diese Auffassung steht in einem Zusammenhang mit Grundlagenproblemen der modernen Logik. Des näheren geht es um den Unterschied zweier Arten von Sätzen. Zum einen (a) gibt es Sätze, die etwas sagen, genauer die etwas über die Wirklichkeit sagen, wie z.B. »Auf dem Tisch liegt ein blauer Kugelschreiber«. Dies sind Sätze, die wahr oder falsch sein können. Um ihre Wahrheit oder Falschheit festzustellen, ist es erforderlich, sie mit der Wirklichkeit zu vergleichen und festzustellen, ob das, was sie sagen, der Fall ist oder nicht. Es reicht nicht, einfach nur die Zeichen selbst anzuschauen. Zum anderen (b) gibt es Sätze (wie etwa »Es regnet oder es regnet nicht« oder »Es regnet und es regnet nicht«), bei denen man (nachdem sie in eine logische Notation gebracht worden sind, also im Beispiel: »p v ¬p« sowie »p · ¬p«) nur die Zeichen selbst anzuschauen braucht, um über Wahrheit oder Falschheit dieser Sätze zu entscheiden. Man stellt dadurch fest, ob die Sätze stets wahr, d.h. Tautologien, oder stets falsch, d.h. Kontradiktionen sind. Solche Sätze müssen nicht mit der Wirklichkeit verglichen werden. Tautologien sind bedingungslos wahr. Kontradiktionen sind unter keiner Bedingung wahr.

Dies heißt auch, daß weder Tautologien noch Kontradiktionen die Wirklichkeit »bestimmen« können (*T*, 4.463). Daher sagen die Sätze der Logik nichts über die Wirklichkeit. In dieser Hinsicht sind Tautologien und Kontradiktionen »sinnlos«, allerdings nicht »unsinnig« (*T*, 4.461 f.). Dagegen gilt Wittgenstein zufolge von eigentlichen Sätzen, von Sätzen, die etwas über die Wirklichkeit sagen, daß sie ihren Sinn *zeigen*. Ein solcher Satz *zeigt*, wie die Sachlage ist, wenn der Satz wahr ist, und »er *sagt*, *daß* es sich so verhält« (*T*, 4.022).

Doch auch die logischen Sätze *zeigen* etwas. Daß bei bestimmten

55 L. Wittgenstein an B. Russell, 19. August 1919, in: Wittgenstein: *Briefwechsel*, hg. von B. F. McGuinness/G. H. von Wright, Frankfurt a. M. 1980, 88. Der *Tractatus logico-philosophicus* wird im folgenden abgekürzt als: *T*, plus Nummer, also z.B.: *T*, 4.466.

Verknüpfungen der Sätze Tautologien oder Kontradiktionen entstehen, *zeigt* etwas über den Vollzug und das Funktionieren der Sprache. Jedoch läßt sich – und das ist der im folgenden und im Hinblick auf das Zeigen entscheidende Punkt – der *Vollzug* der Sprache selbst nicht seinerseits in Wörtern wiedergeben und beschreiben. Dies ist der Sinn der Wittgensteinschen Formulierung: »Was gezeigt werden *kann*, *kann* nicht gesagt werden« (*T*, 4.1212). Denn um die logische Form eines Satzes oder Zeichens ihrerseits darstellen zu können, müßten wir uns »mit dem Satze« und mit dem Zeichen »außerhalb der Logik« aufstellen können (*T*, 4.12). Da zugleich Satz und Wirklichkeit intern verschränkt sind und da die Logik die Welt »erfüllt« (*T*, 5.61), hieße dies ineins, daß wir uns außerhalb der Welt aufstellen können müßten. Von beiden Möglichkeiten sind wir jedoch systematisch abgeschnitten. Entscheidend ist die Einsicht, daß in einer Abbildung und Darstellung von etwas nicht zugleich auch die Form eben dieser Abbildung und Darstellung (*T*, 2.172) abgebildet/dargestellt werden *kann*. Der *Vollzug* eines Zeichens, das, was wir in Kapitel 4.2. den Zeichenlogos genannt haben, kann nicht im Vollzug dieses Zeichens selbst repräsentiert werden. Die Form der Abbildung/Darstellung, so Wittgensteins Vorstellung, *zeigt sich* im Bild, in der Darstellung, wird an ihnen aufgewiesen.

Man kann diesen zentralen Punkt auch anders fassen. Wenn ein Bild erfolgreich abbildet oder projiziert, dann treffen die beiden folgenden Thesen zu: (a) Die Beziehung der Abbildung oder Projektion zu dem, was abgebildet/projiziert wird, kann *nicht* als eine eigenständige und abtrennbare *Eigenschaft* des Abbildens oder Projizierens aufgefaßt werden, über die dann *propositional* etwas *gesagt* werden könnte. (b) Die logische Form, der Zeichenlogos, widersetzt sich jedem Versuch derartiger Ver-gegenständlichung und Positivierung. Sie erweist sich in diesem Sinne als eigentümlich elusiv.[56]

56 Kann man über das Zeigen dann überhaupt noch etwas sagen? Läuft man nicht mit jedem Wort in die Falle der Unsinnigkeit? Bekanntlich hat Wittgenstein diesen Punkt konsequent markiert: »Wovon man nicht sprechen kann, darüber muß man schweigen« (*T*, 7).
Zu beachten ist hier jedoch der von W. Vossenkuhl: *Ludwig Wittgenstein*, München 1995, 114, betonte Unterschied zwischen der *lo-*

Allerdings sollte dieses Zeigen, dieses Unaussprechliche, nicht als etwas Geheimnisvolles angesehen werden. Auch ist es gar nicht erforderlich, das Zeigen auszusprechen. Denn, wie Wittgenstein einmal notiert, stehen die Dinge so: »Wenn man sich nicht bemüht das Unaussprechliche auszusprechen, so geht *nichts* verloren. Sondern das Unaussprechliche ist – unaussprechlich – in dem Ausgesprochenen *enthalten*!«[57]
Etwas sagen heißt, sprachliche Zeichen zu verwenden, die semantische und pragmatische Merkmale besitzen. Die Frage, woher die Zeichen diese Merkmale haben, führt in dem in Kapitel 3 entfalteten Sinne zu der Frage der *Interpretation* der Zeichen kraft einer eingespielten *Praxis der Interpretation* der Zeichen. Da den Zeichen diese Merkmale weder vorab und magisch eingebaut noch subjektivistisch und willkürlich zugeordnet sind, setzt jedes sprachliche Sagen eine Interpretations-Praxis stets bereits voraus, in der diese Merkmale umgrenzt und, falls erforderlich, fixiert werden. Die semantischen und pragmatischen Merk-

gischen und der *kognitiven* Hinsicht in der Rede vom Zeigen. »Wenn wir über das Zeigen nachdenken und seinen fundamentalen logischen Charakter – anhand der Tautologien – verstehen, tun wir etwas, was nicht selbst unter den Bedingungen der Logik steht. (...) Die Tautologien sind ... lediglich logisch, nicht aber kognitiv fundamental.«
In *kognitiver* Einstellung über das Zeigen zu sprechen heißt nicht, daß man damit das Sagen in puncto logische Form doch wieder hinter das Zeigen plazieren möchte. Das wäre schlecht zirkulär. Zudem würden dadurch die Dinge auf den Kopf gestellt. Denn ein gelingendes Sprechen-über-etwas verdankt sein Gelingen der logischen Form, dem logischen Vollzug, mithin dem, was *sich zeigt*, nicht aber *gesagt* werden kann. Aber in der *kognitiven* Einstellung des Sprechens-über können Erläuterungen, Verdeutlichungen und Hinführungen gegeben werden, die bis zu dem Punkt eines möglichen Andockens an die Sphäre des Zeigens führen. Jedoch ist solches Andocken selbst dann nicht ausschließlich als eine Leistung des Sprechens/Sagens anzusehen. Denn erfolgreiches (propositionales) Sagen verdankt seinen Erfolg auch derjenigen logischen Form und demjenigen logischen Vollzug des sprachlichen Zeichens, der selbst nicht als ein propositionales Etwas individuiert, distanziert und vorgestellt werden kann.

57 Brief an P. Engelmann, 9. April 1917, in: L. Wittgenstein: *Briefwechsel*, a.a.O., 78.

male sprachlicher ebenso wie nicht-sprachlicher Zeichen bestehen, so die in den Kapiteln 1 bis 3 entwickelte These, in der angemessenen Interpretation dieser Zeichen.
Die *Form* dieser *Interpretations-Praxis*, und das heißt soviel wie der repräsentierende/abbildende Logos der Zeichen, wird in den Zeichenfunktionen der Zeichen nicht selbst wiederum repräsentiert/abgebildet. Auch der Versuch, hier mit einer metasprachlichen Konstruktion, mit der Rede von der »Form der Form« zu operieren, hilft nicht weiter. Dies würde bestenfalls in einen infiniten Regreß führen: »der Form der Form der Form ...«. In jeder solcher Metastufe ist der Logos der Zeichen jeweils bereits vorausgesetzt. Der Logos ist Form, nicht Objekt einer metasprachlichen Konstruktion. Die im gelingenden und erfolgreichen Sagen[58] stets bereits in Anspruch genommene Form der Interpretations-Praxis kann als die *sinn-logische Grenze* des Sagens angesehen werden, die ein propositionales Sagen überhaupt erst ermöglicht.
In jedem tatsächlichen Sprechen/Sagen ist der Aspekt des Zeigens in dem Sinne bereits im Spiel, daß, wie betont, der *Vollzug* eines Zeichens nicht ein Etwas ist, das in einer gegenständlichen Aussage mitgeteilt werden könnte, und zwar weder *de re* noch *de dicto*, d.h. weder der Sache noch der Beschreibung nach. Der performative Charakter des tatsächlichen Sprechens bzw. der *Vollzug* der Sprache wird selbst nicht zu etwas Mitgeteiltem *in* der Sprache. Im gelingenden Sprechen bleibt der Vollzug selbst unaussprechlich. Das berühmte Wittgensteinsche *Unaussprechliche* ist gerade *nicht*, wie man hin und wieder selbst von Wittgensteinianern hören kann, ein Etwas, ist kein Objekt. Es ist das, was sich nicht wahrheitskonditional in einer Aussage sagen läßt, und zwar deshalb nicht, weil es überhaupt kein Gegenstand *in* der semantischen Logik, mithin kein gegenständlicher Teil dieser Logik ist. Daher kann das Unaussprechliche auch nicht *im* Satz semantisch dargestellt/repräsentiert werden. Es meint vielmehr genau dasjenige, was im tatsächlichen Sprechen als das Selbstverständlichste präsent ist, das, was in dem da ist, was man in einer paradoxen Formulierung seine *elusive Präsenz* nennen kann.

58 Der terminologische Sinn von »gelingend« und »erfolgreich« wurde in Kapitel 1.2., Anmerkung 13 erläutert.

Ohne sie käme es gar nicht erst zum Funktionieren sprachlicher Zeichen in Verhältnissen der Verständigung und des Welterschließens. Diese Präsenz und Präsentation ist nicht Re-präsentation. Sie wird nicht ihrerseits als ein Etwas mit Hilfe referierender Ausdrücke identifiziert und re-präsentiert.

Angesichts der grundlegenden Stellung des Zeigens könnte man sogar so weit gehen, alles, was wir individuiert und spezifiziert *sagen* können, als eine Art Supervenienz der logischen Form, mithin der Form des Zeigens, letztlich als eine Art Supervenienz der Form derjenigen Interpretations-Praxis anzusehen, die nicht ihrerseits als ein Gegenstand *in* der semantischen Logik vorkommt, sondern als deren Grenze fungiert. Die Effektivität der Form der Interpretations-Praxis erfordert nicht, daß diese Form ihrerseits propositional repräsentiert wird.

Zu beachten ist die hier gegenüber Wittgensteins Konzentration auf die Logik vorgenommene Erweiterung. Es geht nicht nur um das Verhältnis von Logik und Wirklichkeit, mithin nicht nur um die logische Form im engeren Sinne, die ein Satz »mit der Wirklichkeit gemein haben muß, um sie darstellen zu können« (*T*, 4.12). Es geht um das Logische bzw. um den Logos der Zeichen in den Verhältnissen der Verständigung und des Welterschließens. Darin handelt es sich zunächst (a) nicht mehr bloß um propositionale Aussagen über oder um referierende Wörter in bezug auf die Wirklichkeit und Welt. Zentral ist vielmehr das erfolgreiche Funktionieren sprachlicher ebenso wie nicht-sprachlicher Zeichen in einem umfänglicheren Sinne. Sodann (b) bilden die *begrifflichen* und die *anschaulichen* Aspekte in den Darstellungs- und Repräsentationsleistungen stets bereits eine Einheit. Im Begriff des Zeichens liegt, daß Begriff und Anschauung nicht trennscharf gegeneinander isoliert werden können. Darüber hinaus (c) geht es *nicht* um *intersubjektive Mitteilung*; denn die Performation der Zeichen kann selbst nicht zur Mitteilung in den mitteilenden Zeichen werden. Schließlich (d) handelt es sich auch nicht um ein Sich-Zeigen im Sinne einer *metaphysischen Isomorphie*, einer irgendwie prä-etablierten Übereinstimmung von Logik und Wirklichkeit. Der Logos der sprachlichen und der nichtsprachlichen Zeichen ist weder objektivierbarer Gegenstand noch Aussage noch Mitteilung noch Isomorphie. Gleichwohl aber ist er als Form des Zeichenvollzugs in jedem gelingenden und erfolgreichen Verwenden und Verstehen von Zeichen da, und zwar in der erwähnten Weise elusiver Präsenz.[59]

Im Zeigen, wie es hier thematisch wird, geht es nicht um den propositionalen Satz. Es geht vielmehr um die performative Struktur des tatsächlichen Verwendens und Verstehens der Zeichen und des weiteren um den Charakter der Verbindung von Subjekt und Prädikat im Urteil. In beiden Hinsichten sind Interpretationsverhältnisse im Sinne des *interpretativen Charakters* der zeichen-logischen Grenze der Praxis des Gebrauchs der Zeichen selbst stets bereits vorausgesetzt.[60]

2. Interpretationscharakter des Zeigens

Welcher Zusammenhang besteht zwischen Zeigen und Interpretieren? In welchem Sinne können die Phänomene des Zeigens als *interpretative* Phänomene angesehen werden?

Zeigen ist ein Ereignis *in Zeichen*, in nicht-sprachlichen wie in

59 Diese Sicht der Dinge schließt die These ein, daß der Komplex des Zeigens, sofern er in der skizzierten Breite genommen wird, nicht das *Prinzip der Bipolarität* eigentlicher Sätze zur Voraussetzung hat. Letzteres behauptet P. M. S. Hacker als Wittgensteins Position in: *Als das Pfeifen verstummen mußte*, in: H. J. Schneider/M. Kroß (Hgg.): *Mit der Sprache spielen. Die Ordnungen und das Offene nach Wittgenstein*, Berlin 1999, 95-117.
Die oben vorgenommene Erweiterung ist nicht von der Wittgensteinschen Figur abhängig, daß Sätze, die etwas über die Wirklichkeit sagen, wahr oder falsch sein können müssen, und daß solche Sätze *aufgrund genau dieses Umstands* eben nichts über diejenige Form sagen können, die sie *notwendigerweise* mit der Wirklichkeit gemeinsam haben müssen, um diese darstellen zu können. Hier wird deutlich, daß die Problematik des Zeigens (a) unabhängig von der Bipolarität wirklichkeits-bezogener Sätze formuliert werden kann und (b) nicht nur den fundamental logischen Charakter, sondern, erweitert, die in Verhältnissen der Verständigung und des Welterschließens funktionierenden Zeichen überhaupt betrifft.

60 Das Modell der Interpretationsverhältnisse wurde oben in den Kapiteln 1 und 2 mit Rekurs auf Verf.: *Interpretationswelten*, a.a.O., Einleitung; und Verf.: *Interpretations-Welten*, in: a.a.O., 1-19, erläutert.

sprachlichen. Letzteres liegt etwa in den Ausdrucksqualitäten der Poesie und Dichtkunst vor. Zudem können nicht-sprachliche Zeichencharaktere auch an sprachlichen Zeichen auftreten, z.B. als syntaktische Gestalt oder graphische Form. Zeigen kann nicht *schlechthin* oder *an sich* erfahren werden. Es ist stets spezifisches Zeigen und an die Zeichen gebunden, an denen es auftritt. Daher kann auch in puncto Zeigecharakter der zeigenden Zeichen die interpretations-philosophische Sicht zum Zuge gebracht werden: Zeigende Zeichen sind Zeichen, die das zeigen, was sie zeigen, und zwar weder aufgrund einer den Zeichen vorab eingebauten okkulten Qualität (das wäre Magie der Zeichen) noch aufgrund bloß subjektiver und beliebiger Deutungen seitens der Benutzer oder Interpreten (das wäre relativistische Beliebigkeit der Zeichen[61]). Zeichen sind vielmehr, so die These, die zeigenden Zeichen, die sie sind, aufgrund der zugrunde liegenden und im Zeigen bereits vorausgesetzten sowie in Anspruch genommenen Interpretations-Praxis der Zeichen. Diese Praxis umgrenzt, was sich auf welche Weise in und an einer Zeichenverwendung zeigt. Weder Magie noch Relativismus der Zeichen sind in der Lage, den phänomenalen und den logischen Charakter des Zeigens verständlich zu machen. Allerdings setzt das Zeigen eine so fest verankerte und so gut eingespielte Interpretations-Praxis voraus, daß gar nicht mehr bemerkt wird, daß überhaupt Interpretationsverhältnisse vorliegen. Die Evidenz ist unüberbietbar hoch, und das Zeigen der Zeichen wird *direkt*, mithin *ohne* weitere epistemische Vermittler verstanden. Der *interpretative* (der perspektivische, projektive, konjekturale, konstruktionale, ein- und auslegende) Charakter der beteiligten Prozesse scheint in solcher Direktheit und ›Unmittelbarkeit‹ verschwunden zu sein.

Beispiele für die Art und Weise, in der sich die Form der Interpretations-Praxis an der Oberfläche konkreter Zeichen- und Handlungsvollzüge zeigt, lassen sich leicht benennen: (i) Wenn etwa *Metaphern, satirische Ausdrücke, Humor oder Ironie* direkt verstanden werden und belebend wirken, dann zeigt sich darin etwas von der Form der Interpretations-Praxis, aus der heraus

61 Daß der Interpretationismus kein Relativismus ist, wurde oben in den Kapiteln 2 und 3 ausführlich dargelegt.

und auf die hin das Verwenden und Verstehen dieser Zeichen erfolgt. (ii) Im Zusammenhang von Handlungen kann man etwa *Entscheidungen* als Beispiele anführen. Angesichts bestehender Handlungsalternativen eine Entscheidung zu treffen heißt nicht, sich in einer apriorischen Ordnung zu bewegen, und kann nicht als das Befolgen eines Algorithmus oder Kalküls mit bestimmten Regeln beschrieben werden. Zudem liegen die ›letzten‹ Motive und Beweggründe unserer Entscheidungen und Handlungen oftmals im dunkeln. Daher kann man sagen, daß sich in Entscheidungen und Handlungen die zugrunde liegende und im ganzen nicht distanzierbare Interpretations- und Lebenspraxis manifestiert, zeigt. Dies wird auch deutlich, sobald man die für Entscheidungen und Handlungen wichtigen Aspekte der Präferenzierung und der Erwartung zu benennen und zu fixieren versucht.

Daß nicht-sprachliche Zeichen (z.B. Gesten) und nicht-verbales Zeigen stets bereits eine Interpretations-Praxis voraussetzen, ergibt sich aus dem grundlegenden Umstand, daß Zeichen nur dann symbolisierende Zeichen sind, wenn sie eine symbolisierende Funktion ausüben. Zeichen ohne Funktion sind nicht nur tote Zeichen, sondern strenggenommen gar keine Zeichen. Zeichenfunktionen sind aber abhängig von den in einer Gemeinschaft von Zeichenbenutzern und Zeicheninterpreten praktizierten Weisen der Verständigungs-, Verstehens- und Handlungsverhältnisse, kurz sie sind abhängig von der zugrunde liegenden Praxis der Interpretation der Zeichen. Diese Interpretations-Praxis ist nicht optional, sondern *konditional* für gelingende und erfolgreiche Zeichenfunktionen. Da man die Zeichenfunktionen, z.B. die Bedeutungsfunktion oder die Zeigefunktion, auch in ihren Vollzügen als perspektivisch, abgrenzend, sortierend, konjizierend und konstruierend, kurz als *interpretativ* charakterisieren kann, können die Zeichenfunktionen eines Zeichens in dem in Kapitel 3 dargelegten doppelten Sinne als Interpretationsfunktionen konstruiert werden: (a) das, was als die Funktion eines Zeichens gilt, ist stets bereits von interpretativen Praktiken, Kontexten und Vorgängen abhängig; und (b) die Zeichenfunktionen ihrerseits und für sich genommen vollziehen sich interpretativ. Sofern Zeichen für uns überhaupt als Zeichen da sind, verdankt sich ihr Dasein bereits zugrunde liegenden Interpretationsverhältnissen.

Vor diesem Hintergrund trifft sowohl auf sprachliche als auch auf nicht-sprachliche Zeichen der in Kapitel 3.2. markierte Punkt zu: Die Bedeutung eines Zeichens liegt und *zeigt sich* in seiner *angemessenen Interpretation*. Dies ist in dem dargelegten doppelten Sinne zu verstehen: (a) daß die Interpretationsfunktion konditional für die Zeichenfunktion ist, und (b) daß dann, wenn der Verständigungs- und Zeichenprozeß nicht mehr flüssig funktioniert und nach der Bedeutung eines Zeichens gefragt wird, eine Interpretation dieses Zeichens im Sinne einer Deutung gegeben wird, durch die die Bedeutung des fraglich gewordenen Zeichens wiederhergestellt oder neu festgelegt wird. Dabei meint die Rede von »angemessen« das Zusammenstimmen einer Interpretation$_3$/Deutung mit der zuvor fraglos funktionierenden Zeichenfunktion, und das heißt mit der dieser zugrunde liegenden Interpretationsfunktion und Interpretations-Praxis.

Entscheidend in dem zweiten der beiden angeführten Sinne ist, daß die in einer Interpretation$_3$/Deutung verwendeten Zeichen *direkt*, ohne weitere Rückfragen, verstanden werden müssen. Ist dies gegeben, dann ist die nachträgliche Interpretation$_3$/Deutung mit der für die fraglich gewordene Zeichenfunktion konditionalen Interpretations$_{1+2}$-Funktion direkt zusammengeschlossen. *Was* genau dies ermöglicht, läßt sich nicht selbst noch einmal vergegenständlicht in einem propositionalen Satz *sagen*. Denn in solchem Sagen wäre der zu verdeutlichende Punkt selbst bereits vorausgesetzt. Aber *daß* solche Verhältnisse vorliegen, *zeigt sich* am gelingenden und erfolgreichen Gebrauch der Zeichen, daran, daß die Verständigungs- und Handlungszusammenhänge aufrechterhalten und fortgesetzt werden können.

Bedeutung ist, wie Wittgenstein einmal formuliert, »das, was die Erklärung der Bedeutung erklärt«.[62] Darin handelt es sich nicht einfach um eine Erklärung im Sinne der Zurückführung einer aufgetretenen Wirkung auf Ursachen. Auch geht es nicht darum, daß diese Erklärung die Bedeutung sei. Die Rede von dem, was die Erklärung der Bedeutung erklärt, könnte man dahingehend

62 L. Wittgenstein: *Philosophische Untersuchungen I*, Nr. 560.

verstehen, daß es um das geht, was sich an der Form einer gegebenen Erklärung/Interpretation$_3$ *zeigt*, wobei *Form* jetzt nicht als logische Notation, sondern einfach als Art und Weise der Interpretation$_3$ verstanden wird.
Man kann den zur Debatte stehenden Zusammenhang abbilden auf das Verhältnis zwischen einem in seinen semantischen und pragmatischen Merkmalen fraglich gewordenem Zeichen und einem erfolgreichen Folgezeichen resp. Interpretanten, der das, was dann die Bedeutung eines Zeichens genannt wird, umgrenzt und fixiert. Entscheidend ist, daß es sich dabei nicht um eine *Erklärung*, sondern eben um eine *Interpretation kraft anderer Zeichen* handelt. Und *kraft* (nicht: instrumentalistisch *mittels*) dieser anderen Interpretationszeichen wird gleichsam das vormals direkt verstandene Zeigen wiederhergestellt oder eine neue Direktheit geschaffen. Es wird auf diese Weise *nicht* eine Fixierung der Bedeutung *in Begriffen* oder *in satz-propositionaler Einstellung* gegeben.
Beispiel dafür, daß das Zeigen von einer vorausgesetzten Interpretations-Praxis abhängig ist, sind selbst noch die logischen Sätze. Man braucht, so war zu hören, die Zeichen und die Notation logischer Sätze nur anzuschauen, um zu sehen, daß es sich um Tautologien oder Kontradiktionen handelt. Man brauche also etwa nur, Wittgensteins Beispiel (*T*, 6.1201), die Notation »¬(p·¬p)« anzuschauen, um zu sehen, daß es sich hier um eine Tautologie handelt. Um dies jedoch durch bloßes Anschauen zu erkennen, muß man zuvor bereits in die Zeichen, in die Zeichenfunktionen und damit vor allem in die diesen zugrunde liegende Interpretations-Praxis eingeführt worden sein. Man muß bereits wissen, daß in der gewählten Notation »¬« als Negationszeichen und daß »·« als Konjunktionszeichen fungiert.[63] Menschen, die bislang noch keinerlei Umgang mit diesen Zeichen gehabt haben, würden nicht automatisch ›sehen‹, daß es sich in dem genannten Beispiel um eine Tautologie handelt und daß höchste Evidenz vorliegt. Wenn man die Evidenz einer Tautologie erkennt, dann ist dies zwar in der Tat der Punkt, über den hinaus es nichts mehr

63 Analog gilt zum Beispiel: *daß* »fa« *zeigt*, daß f und a im Sinn von »fa« vorkommen, setzt bereits ein Interpretationssystem und eine Interpretations-Praxis voraus.

zu sagen gibt. Aber *daß* man die Evidenz einer Tautologie ›sieht‹, schließt ein, daß man bereits in die zugehörige Interpretations-Praxis eingeübt sein muß, die die Evidenz dieser Tautologie überhaupt erst ermöglicht. Damit das Zeichen »¬(p·¬p)« zeigt, daß es sich um eine Tautologie handelt, muß: (a) das Gebilde »¬(p·¬p)« als ein Zeichen phänomenal und notational diskriminiert worden sein, (b) der Bereich umgrenzt und fixiert sein, im Blick auf den das Zeichen als eine Inskription oder Instantiierung zählt, (c) diejenige Evidenz an den Zeichencharakteren markiert sein, die dem Zeichen zukommt, sofern es als eine Tautologie mit nicht mehr zu überbietender Evidenz angesehen wird. Ist dies der Fall, *sieht* man das Zeichen »¬(p·¬p)« nicht *als* eine Tautologie, sondern man *sieht* die Tautologie. Und daß dies direkt gegeben ist, setzt das fraglose Eingespieltsein einer Interpretations-Praxis des Zeichens voraus, die, im Beispiel, direkt evidenz-generierend funktioniert, und sich darin selbst zugleich vergessen macht.[64] In diesem Sinne könnte man sogar davon sprechen, daß Tautologien letztlich auch als Tautologien der

64 Eine Interpretations-Praxis in dem skizzierten Sinne vorauszusetzen, schließt die beiden Thesen ein, (i) daß Zeichenfunktionen als Interpretationsfunktionen rekonstruiert werden können, und (ii) daß die Form der Praxis der Interpretation der Zeichen stets bereits in die Fixierung dessen, was als die logische Form der Zeichen gilt, eingegangen ist. Dies heißt jedoch keineswegs, daß irgendeine subjektive Beliebigkeit in die logische Form gelangt. Es geht hier nicht um Subjektivismen, sondern vielmehr um Zeichenlogik und Zeichenprozesse. In der Logik, so ist mit Wittgenstein festzuhalten, »drücken nicht *wir* mit Hilfe der Zeichen aus, was wir wollen, sondern in der Logik sagt die Natur der naturnotwendigen Zeichen selbst aus« (*T*, 6.124).

Damit jedoch – und das ist die weitreichende These – die Zeichen zu dieser Leistung imstande sind, ist bereits eine fest verankerte und gut eingespielte Interpretations-Praxis der Zeichen vorausgesetzt. Sofern die Interpretations-Praxis in ihrer Ausprägung nicht als überzeitlich oder zeitlos angesehen wird, ergibt sich von hier aus auch eine Möglichkeit, mit den Fragen (a) der Revidierbarkeit der Logik und (b) der Logiken im Plural umzugehen. Entscheidend ist dann die Frage nach möglichen unterschiedlichen Umgrenzungen und Bestimmungen dessen, was als die logische Form des Verwendens und Verstehens der Zeichen gilt.

Form der Interpretations-Praxis angesehen werden können, die die Zeichenverwendung und das Zeichenverstehen regiert. Das könnte man die *interpretations-praktische Grundlage* selbst noch der logischen Sätze nennen.
Freilich müßte die nähere Ausarbeitung dieses Punktes berücksichtigen, daß tautologische Strukturen der Form der Interpretations-Praxis natürlich nicht einfach mit den logischen Tautologien gleichgesetzt werden können. Denn die tiefsitzende Form der Interpretations-Praxis entzieht sich gerade einer Abbildung auf der Ebene der Logik. Eine der philosophisch zentralen Aufgaben besteht hier darin, das Verhältnis beider zu konzipieren, d.h. zu zeigen, wie die *Form* der Zeichen-und-Interpretations-*Praxis*, mithin die ›große Logik‹, mit der ›kleinen Logik‹ (im Sinne des prämissenfolgernden Schließens) und mit der ›mittleren Logik‹ (im Sinne des Aufstellens von Listen zugelassener Zeichen und der Metalogik) zusammenhängt.[65]
Diese Zusammenhänge zu erläutern heißt natürlich *nicht*, daß das, was nicht *gesagt* werden kann, auch nicht da und nicht präsent, nicht in anderen Zeichen artikulierbar, nicht kommunikabel, nicht wahrnehmbar oder nicht relevant ist. Das Gegenteil ist der Fall. Es kann lediglich nicht durch den Sinn eines propositionalen Satzes ausgedrückt werden. Mithin geht es schlicht um die nicht-propositionalen, nicht-satzartigen, nicht-begrifflichen Komponenten des gelingenden Zeichengebrauchs und Zeichenverstehens. Und insofern diese Komponenten in nicht-sprachlichen Zeichen präsent, phänomenal wahrnehmbar, artikulierbar und kommunikabel sind, sind auch in ihrem gelingenden Verwenden und Verstehen stets bereits ein Interpretationssystem und eine Interpretations-Praxis vorausgesetzt und in Anspruch genommen. Das Zeigen tritt aus dem propositionalen und diskursiven Raum der Grammatik des Satzes, nicht jedoch aus dem Raum der Interpretativität und der Interpretationszeichen heraus.
Vor diesem Hintergrund kann man zu der These fortschreiten, daß die logische Form selbst (*kraft* derer wir logisch schlußfolgern und uns in Verhältnissen der Verständigung, des Handelns

65 Vgl. oben Kap. 4.1. und 4.2.

und des Welterschließens bewegen) als *interpretativ* charakterisiert werden kann. Es ist, so die weitreichende These, die *Form des Vollzugs der Zeichen selbst*, die als *interpretative* charakterisiert werden kann. Dies ist vornehmlich unter zwei Aspekten möglich: (a) Die zeichen-logische Form und Grenze ist *interpretativen* Charakters, sofern sie in ihrem welt- und sinn-formierenden Wirken von der Art ist, daß *kraft* ihrer *allererst umgrenzt* wird, was überhaupt *als seiend* und was *als nicht-seiend* gilt. Auf ihre wirklichkeits- und sinn-bestimmende Funktion ist zurückzuführen, daß die raum-zeitlich lokalisierten und individuierten Objekte und Ereignisse die Objekte und Ereignisse sind, die sie für uns sind. (b) Die zeichen-logische Form und Grenze verkörpert zugleich *eine Markierung und eine Be-grenzung* des Raums der Möglichkeiten (*nicht* einen Ausschluß bestimmter Möglichkeiten) in dem Sinne, daß, was die Grenzen der Logik angeht, Tautologien die obere und Kontradiktionen die untere Grenze des Möglichen bilden.

In der Interpretationsphilosophie wird das *Zeigen* in einem internen Zusammenhang gesehen mit dem Zeichen-*Vollzug*, im Unterschied zur Zeichen-*Deutung*. Dieser Unterschied wurde in Kapitel 4.1. erläutert. Das Zeigen gehört auf die Seite des Zeichen-*Vollzugs*, auf die Seite des sich realisierenden Vollzugs eines Zeichens als Zeichen. Darin hat das Zeichen die Bedingungen seines Gelingens nicht in etwas anderem außerhalb seiner selbst. Im Zeigen ist das Zeichen gleichsam ganz bei sich selbst. Dem entspricht, daß es im gelingenden Verwenden und erfolgreichen Verstehen sprachlicher wie nicht-sprachlicher Zeichen primär *nicht* um *Mitteilung* von Bedeutungen geht. Es geht vielmehr, so die These, um das *Erfassen* des sich realisierenden *Vollzugs* der symbolisierenden Zeichen als symbolisierender Zeichen. Der Vollzug der Zeichen aber ist, wie dargelegt, gerade das, was in einer Sprache nicht noch einmal gegenständlich, nicht als ein *Etwas* und nicht *propositional* in einem Satz gesagt werden kann. Mithin geht es im Zeichenverstehen letztlich um das Erfassen dessen, was sich da im Gebrauch der Zeichen zeigt, manifestiert, darstellt, ausdrückt, kurz um das Erfassen des Zeigens. Das ist ein wichtiger Punkt. Von ihm her wären eine Reihe der grundlegenden Probleme in der Sprach- und Zeichenphilosophie neu zu formulieren.

3. Bereiche und Hinsichten des Zeigens

Es lassen sich Bereiche und Hinsichten unterscheiden, in denen das Zeigen sowie die darin bereits vorausgesetzte Interpretations-Praxis von grundlegender Bedeutung sind. Dabei wird im folgenden in zwei Schritten vorgegangen. In einem ersten Schritt wird eine Präzisierung der Sagen-Zeigen-Differenz bei Wittgenstein gegeben.[66] In einem zweiten Schritt werden weitere Bereiche und Hinsichten benannt, die über den logischen Charakter des Wittgensteinschen Zeige-Szenarios hinausgehen.

(1) Hinsichtlich des *Verhältnisses von Satz und Wirklichkeit* geht Wittgenstein im *Tractatus* (*T*, 2.16 ff.) und im *Big Typescript* (mit Anspielung auf Leibniz) von einer »prästabilierten Harmonie«[67]

66 Vgl. dazu auch P. M. S. Hacker: *Als das Pfeifen verstummen mußte*, a.a.O., der 10 Aspekte zusammengestellt hat, die bei Wittgenstein zu unterscheiden seien. Darauf ist hier nicht im einzelnen einzugehen. Trotz der vielfältigen Bezugnahmen auf Wittgenstein geht es hier primär nicht um eine philologische Interpretation der entsprechenden Passagen bei Wittgenstein. Die ersten 6 der insgesamt 21 Bereiche und Hinsichten unserer folgenden Auflistung werden auch bei Hacker angeführt. Allerdings werden sie in dem hier erörterten Zusammenhang einer von Hackers Auffassung abweichenden Deutung unterzogen. Zudem besteht ein grundlegender Unterschied zu der Sicht Hackers. Man muß keineswegs dessen Grundgedanken teilen, die Unterscheidung von Sagen und Zeigen habe für Wittgenstein nach dem *Tractatus* gänzlich an Bedeutung verloren, da Wittgenstein die Unhaltbarkeit dieser Unterscheidung eingesehen habe. Alles kommt hier darauf an, wie überhaupt das Sagen-Zeigen-Verhältnis zu verstehen ist und wie es präzisiert werden kann.

67 L. Wittgenstein: *Big Typescript*, 189, hier zit. nach Hacker, *Als das Pfeifen verstummen mußte*, a.a.O., 98. (Das *Big Typescript* gehört zum bislang noch nicht veröffentlichten Nachlaß, einsehbar als Teil des Mikrofilms der unveröffentlichten Manuskripte Wittgensteins, Cornell University, Ithaca, N.Y.).
L. Wittgenstein: *Zettel*, in: *Schriften*, Bd. 5, Nr. 55: »Wie alles Meta-

beider aus. Der abbildende Satz muß dieselbe logische Form aufweisen wie die abzubildende Wirklichkeit, und genau diese gemeinsame Form kann nicht ihrerseits abgebildet, nicht in einem Satz ausgesagt werden. Sie zeigt sich vielmehr an dessen Form. Zu betonen ist hier, daß dieser Punkt des Nicht-Sagen-Könnens und der diesem komplementäre Punkt des Zeigens *auch ohne* die Annahme einer ontologischen Harmonie oder Isomorphie in Kraft bleibt. Die oben bereits vorgetragene These lautet: Egal, ob man eine solche prästabilierte Harmonie oder eine andere Art der Isomorphie oder des Passens des Symbolverwendens/verstehens annimmt, das Zeigen ist auf jeden Fall von grundlegender Bedeutung. Das Zeigen ist primär nicht an die Wirklichkeit, sondern an die Zeichenfunktionen geknüpft, wohnt diesen gleichsam inne. In diesem Sinne kann es ontologie-neutral entfaltet werden. Die Pointe ist: daß ein Zeichen auf das zutrifft, was es denotiert, bzw. daß das Denotat unter das es denotierende Zeichen fällt, kann nicht seinerseits noch einmal in einem denotierenden Zeichen als dessen Denotat durch einen propositionalen Satz gesagt und begrifflich entschieden werden. Die grundlegende Stellung der Zeige-Problematik bleibt daher in Kraft, unabhängig davon, ob man die Abbildtheorie des *Tractatus* oder eine andere Form von Ontologie akzeptiert oder nicht.

(2) In puncto *Semantik* kann man nicht sagen, was die Bedeutung eines Namens, z.B. die Bedeutung des Namens einer einfachen Farbe F ist.[68] Dabei wird die Bedeutung eines Namens als der Inhalt bzw. Gegenstand angesehen, für den der Name *stellvertretend steht*. Ein Name ist aber nicht interpretiertes Zeichen, und daher kann man von ihm nicht sagen, er habe, auf das Farbbeispiel bezogen, die-und-die Farbe zur Bedeutung. Denn das setzte die Interpretation$_3$ des Namens wie der Farbe bereits voraus. Auch kann man nicht sagen, was der Sinn eines Satzes, z.B. der Sinn des Satzes »fa« ist. Man sagte dann ja, daß der Satz »fa« diejenige Situation zu seinem Sinn hat, in der f und a verknüpft

physische ist die *Harmonie* zwischen Gedanke und Wirklichkeit in der Grammatik der Sprache aufzufinden« (Hervorhebung, G.A.); vgl. *Philosophische Untersuchungen I*, Nr. 429.

68 Vgl. Hacker, *Als das Pfeifen verstummen mußte*, a.a.O., 99.

sind. Das aber würde den Sinn voraussetzen, ihn jedoch nicht sagen. Der Sinn des Satzes »fa« manifestiert sich vielmehr daran, daß »fa« *zeigt*, daß f und a zu seinem Sinn gehören.

Zu betonen ist, daß Zeichen *in ihren Zeichenfunktionen* keine Stellvertreter sind, weder von Gegenständen noch von ihren Bedeutungen. Die Formulierung, daß Zeichen »stellvertretend für etwas stehen«, ist ein Mißverständnis, sofern damit entweder Gegenstände oder die eigenen Bedeutungen gemeint sind. *In ihrem Vollzug* sind Zeichen keine Stellvertreter. Das einzige, was ein Zeichen vertreten kann, sind andere Zeichen. So kann etwa eine Handbewegung an die Funktionsstelle einer sprachlichen Äußerung (etwa »Komm her!«) treten. Das Stellvertreter-Modell ist nicht geeignet, die Zeichenfunktionen als solche verständlich zu machen. Vielmehr werden diese in jenem, sollte ihm überhaupt etwas abgewonnen werden können, stets bereits vorausgesetzt. Das gegenständliche ebenso wie das autosemantische Stellvertreter-Modell der Zeichen sollte nicht verfeinert, sondern verabschiedet werden.

Daß Zeichen nicht stellvertreten, führt dazu, so die These, daß man nicht *sagen* kann, was die Bedeutung eines Namens ist. Eben weil Zeichen in ihren Zeichenfunktionen nicht stellvertreten, ist die Zeigen-Komponente in jedem gelingenden Verwenden und erfolgreichem Verstehen von Zeichen unverzichtbar und nicht eliminierbar. Wäre das Stellvertreter-Modell zutreffend und läge gegenständliche oder autosemantische Stellvertretung vor, dann ließe sich dies noch sagen. Da dieses Modell jedoch nicht zu Gebote steht, kann die Relevanz des Zeigens für die Zeichenfunktionen selbst gar nicht hoch genug veranschlagt werden. Man kommt, so könnte man den Punkt hinsichtlich sprachlicher Zeichen formulieren, mit den Wörtern, insbesondere mit den Namen, gleichsam nicht ›hinter‹ deren semantischen Erfolg.

Frage: Wo aber genau *zeigt sich* die Bedeutung? Antwort: *Im* Gebrauch, genauer *in der Zeichenfunktion des Zeichens*, mithin *im Vollzug* des Zeichens. Weitere Frage: Und was zeigt sich da? Antwort: Nicht ein bestimmter Gehalt, nicht ein Etwas, sondern vielmehr die Form, die Art und Weise des Zeichenvollzugs, die Form der den Zeichenvollzügen zugrunde liegenden und von diesen stets bereits in Anspruch genommenen Interpretations-Praxis. Es zeigt sich, so könnte man sagen, das Zeigen selbst. Letztlich ist dies eine Folge davon, daß die semantischen Eigenschaften und Funktionen von Wörtern, Namen, Urteilen und Sätzen nicht durch irgendwelche Fakten oder Tatsachen konstituiert werden. Semantische Zeichenfunktionen sind keine Tatsachen- oder Faktenfunktionen. Denn es geht hier gar nicht um Fakten oder Tatsachen, sondern um Zeichenfunktionen. Diese müssen ihr Werk bereits getan haben, *bevor* überhaupt von semantischen Verhältnissen (einschließlich der Wahrheits- oder Erfüllungsbedingungen) zwischen Sprache/Zeichen und Welt/Wirklichkeit gesprochen werden kann. Das aber heißt erneut: Das Zeigen hat seinen Tiefensitz auf der Ebene des die Verhältnisse zwischen Sprache und Welt allererst formierenden Logos der Zeichen sowie der darin bereits vorausgesetzten Form der Interpretations-Praxis.

(3) Man kann Dingen, Situationen und Sätzen keine *internen Eigenschaften* zuschreiben.[69] Denn interne Eigenschaften sind Eigenschaften, die den Dingen, Situationen und Sätzen *notwendigerweise* zukommen. Dies zu *sagen*, würde eine Form von Wörtern und Sätzen verlangen, die nicht mehr dem Prinzip der Bipolarität entsprechen, d.h. nicht mehr wahr *oder* falsch sein *können*. In diesem Sinne kann man von einer Tautologie nicht zuschreibend *sagen*, sie sei eine Tautologie. Denn eine Tautologie zu sein, ist eine interne Eigenschaft von Sätzen, die Tautologien sind. Aber: »Jede Tautologie *zeigt* selbst, daß sie eine Tautologie ist« (*T*, 6.127; Hervorhebung: G.A.).

(4) Von einem Satz zu *sagen*, er folge aus einem anderen oder er widerspreche einem anderen, ist, sofern dabei an *interne Relationen zwischen Sätzen* gedacht wird, strenggenommen nicht möglich.[70] Denn *interne* Relationen sind *notwendigerweise* zukommende Relationen, die nicht auch anders sein könnten. Mithin würden Sätze, durch die dies *gesagt* werden soll, dem Erfordernis der Bipolarität sinnvoller Sätze nicht genügen. Daß jedoch

69 Vgl. Hacker, a.a.O., 99.
70 Vgl. Hacker, a.a.O., 99f.

die Sätze »p« und »¬p« in der Verbindung »¬(p·¬p)« eine Tautologie darstellen, dies *zeigt*, daß die Sätze »p« und »¬p« einander widersprechen (*T*, 6.1201).

(5) Was den logischen Charakter *kategorialisierender und klassifizierender Merkmale* von Dingen betrifft, ist zu beachten, daß die *ontologische* Kategorie eines Dings von der *logischen Form* abhängt.[71] Erstere wird durch letztere gegeben, nicht umgekehrt. Da die Form eines Dings selbst kein Ding ist, kann die Form auch keinen Namen haben. Daher kann man logisch gesehen nicht *sagen*, ein Ding falle unter eine bestimmte Kategorie oder einen bestimmten Typ, etwa Rot sei eine Farbe. Daß es sich aber so verhält, wird deutlich, *zeigt sich* in jedem Satz der Art »X ist rot«.

(6) Was die *Prinzipien der Naturwissenschaften* und die *Naturgesetze* (z.B. das Gesetz der Kausalität oder das der Energieerhaltung) angeht, so sind diese weder empirische Sätze noch logische Wahrheiten.[72] Sie sind *Formen* von Gesetzen (*T*, 6.32). Die Naturgesetze sind nicht *Dinge* in der Natur. Sie sind *Formen* der Organisation von Erfahrung. In diesem Sinne kann man logisch strenggenommen nicht *sagen*, daß es Naturgesetze, etwa das Kausalitätsgesetz, gibt und daß diese in der Natur vorhanden sind und dort herrschen. Daß es sich aber so verhält, manifestiert sich, *zeigt sich* daran, daß wir die Natur mittels solcher Sätze, z.B. mit Hilfe von Kausalitäts- oder Erhaltungssätzen, sehr erfolgreich beschreiben können.

Über die bislang genannten und primär auf den logischen Charakter des Zeigens bezogenen Aspekte hinaus lassen sich weitere Bereiche und Hinsichten benennen, in denen das Zeigen von grundlegender Bedeutung ist.

(7) Es kann die Situation eintreten, daß ein Zeichen (etwa ein sprachlicher Ausdruck oder eine nicht-sprachliche Geste) nicht mehr direkt verstanden wird. Dann werden *Folgezeichen* einge-

71 Vgl. Hacker, a.a.O., 100.
72 Vgl. Hacker, a.a.O., 101.

setzt, die das nicht mehr direkt verstandene Zeichen interpretieren$_3$/deuten, um auf diese Weise die semantischen und pragmatischen Merkmale des Zeichens neu zu umgrenzen. Erst in einem Folgezeichen oder in einer Kette von Folgezeichen wird sich herausstellen und in diesem Sinne *zeigen,* (a) wie das fragliche Zeichen zu verstehen ist und (b) ob ein eingesetztes Folgezeichen oder eine Kette von Folgezeichen erfolgreich sind. Man kann nicht sagen und nicht begrifflich entscheiden, worauf der Erfolg des Folgezeichens beruht. Aber er *zeigt sich* daran, daß sich derjenige, der nach der Bedeutung des fraglich gewordenen sprachlichen oder nicht-sprachlichen Zeichens gefragt hat, mit den ihm als Antwort gegebenen Folgezeichen zufrieden gibt und die Verständigung flüssig weitergehen kann.

(8) Dies gilt auch und vor allem dann, wenn (a) das Folgezeichen oder der Interpretant nicht in einem sprachlichen Zeichen, sondern in einer *Handlung* besteht und (b) es sich um *Handlungszusammenhänge* handelt. In dem sich direkt anschließenden oder in einem zukünftigen Handeln wird sich herausstellen, wird *sich zeigen*, wie eine bestimmte Handlung zu verstehen ist, und ob die gegebene Interpretation$_3$/Deutung eines Zeichens oder die Folge- und Anschlußhandlung erfolgreich ist oder nicht. Der Erfolg und der Beleg dafür, daß es sich so verhält, erweist sich, *zeigt sich* an der Aufrechterhaltung und am reibungslosen Fortgang des Handlungszusammenhangs.

(9) Eine Grenze der Sprache manifestiert sich auch in der alltagssprachlichen Erfahrung, daß der *individuelle Gehalt einer mentalen Einstellung* und eines *mentalen Zustands* (der Gehalt z.B. einer Erwartung) mit Hilfe allein sprachlicher Ausdrücke und Sätze nicht vollständig individuiert, d.h. bestimmt und von anderen Einstellungen und Zuständen abgegrenzt werden *kann.* Um dies zu bewerkstelligen, sind *phänomenale* (und in einer Phänomenologie darzulegende) Komponenten ebenso relevant wie *kontext-*, *situations-*, *zeit-* und *personen*-bezogene Aspekte. Bezogen auf die entsprechenden sprachlichen Ausdrücke selbst (z.B. »erwarten, daß ...«) heißt dies, daß diese *nicht ausschließlich* in einer sprach- und des näheren satz-propositionalen Ein-

stellung realisiert, analysiert und erklärt werden können. Zu beachten ist, daß die repräsentierenden Zeichen in ihren Repräsentationen diese Phänomenalitäts-, Kontext-, Situations- und Zeit-Abhängigkeit gerade *nicht* repräsentieren und auch nicht repräsentieren *können*.

Hinzu tritt ein weiterer Gesichtspunkt. Der zur Individuation des Gehalts von z.B. Wünschen, Überzeugungen oder Erwartungen erforderliche Feinkörnigkeits- und Kontinuumscharakter und die dazu benötigte kontinuierliche, stetige Dichte der Individuations-Zeichen geht über die Möglichkeiten der Sprache hinaus. Dies meint nicht bloß einen empirischen und quantitativen Aspekt. Vielmehr handelt es sich um eine systematische Sperre, die eine Sprache mit ihren eigenen Mitteln nicht beheben *kann*. Sprache, so kann man in Aufnahme einiger Aspekte der allgemeinen Symboltheorie Nelson Goodmans[73] sagen, ist weder in semantischer noch in syntaktischer oder pragmatischer Hinsicht ein dichtes und kontinuierliches Symbolsystem, das es aufgrund seiner Dichte und seines Kontinuumscharakters fertigbrächte, eine mentale Einstellung und einen mentalen Zustand vollständig zu individuieren.

Dies ist zugleich der erste von zwei Gründen, dem zufolge Individualität für die Sprache eine nicht zu überwindende Schranke darstellt. Sie ist auch in dem berühmten Diktum vom *individuum est ineffabile* ausgedrückt. Der zweite Grund besteht darin, daß jeder sprachliche Ausdruck vom Charakter der Allgemeinheit ist, egal wie weit man seine Präzision durch Adjektive, Adverbien oder adverbiale Modifikationen auch erhöhen mag. Im Unterschied zu Zeichen in nicht-sprachlichen Symbol- und Repräsentationssystemen (wie z.B. bildlichen Systemen) sind Sprachen und sprachliche Zeichen nicht-kontinuierliche, diskrete und disjunkte Zeichen. Eine vollständige Individuierung erfordert zusätzliche Komponenten zu denen, die eine Sprache in ihren Zeichen und propositionalen Mitteln und Möglichkeiten bereitzustellen vermag. Ein Beispiel wäre etwa die Einbeziehung derjenigen Aspekte eines Empfindungs- und Wahrnehmungsvorgangs (z.B. des phänomenalen Empfindens und Wahrnehmens von *Farbtönen*, etwa eines speziellen Karme-

73 Vgl. N. Goodman, *Languages of Art*, a.a.O., insbes. Kap. IV.

sinrots), die als kontinuierliche und unendlich dichte Aspekte unterhalb dessen liegen, was durch die typ-identifizierenden Wörter und Ausdrücke einer Sprache und deren bedeutungsvolle Sätze erfaßt und artikuliert werden kann. Diese Aspekte sind aber gleichwohl *phänomenal*, mithin auf der Ebene des subjektiven Erlebens und Empfindens nicht nur da, sondern für eine gegebene Sinnesempfindung und Sinneswahrnehmung äußerst relevant.[74] Diese Grenze der sprachlichen Artikulation und Individuation in bezug auf mentale Erlebnisse, Einstellungen und Zustände läßt komplementär das Phänomen des Zeigens hervortreten. Denn *daß* trotz dieser Grenze eine hinreichende und zufriedenstellende Individuation des Gehalts mentaler Erlebnisse, Einstellungen und Zustände (z.B. einer Farbempfindung, eines Wunsches, einer Erwartung) gegeben ist, manifestiert sich, *zeigt sich* an dem Umstand, daß in *gelingenden und erfolgreichen* Zeichen-, Verständigungs- und Handlungsverhältnissen diese Verhältnisse flüssig, ohne das Erfordernis einer weiteren Präzisierung des Gehalts, fortgesetzt werden können.

(10) Das Zeigen ist auch im Zusammenhang der angesprochenen Rede von der *Ineffabilität* zentral. Ineffabel können Einzeldinge/Individuen genannt werden, zu deren vollständiger Erfassung, Individuation, Repräsentation und Mitteilung keine angemessenen Zeichen in einem Sprach-, Symbol- und Repräsentationssystem zur Verfügung stehen.[75]
Da sprachliche Systeme digitalische und keine analogischen

74 Zu diesem letzten Punkt vgl. D. Raffman: *Über die Beharrlichkeit der Phänomenologie*, in: T. Metzinger (Hg.): *Bewußtsein. Beiträge aus der Gegenwartsphilosophie*, Paderborn-München ²1996, 347-366.

75 Goethe schreibt in einem Brief an Lavater vom 20. Sept. 1780, in: J. W. Goethe: *Sämtliche Werke. Briefe, Tagebücher und Gespräche*, Abtlg. II, Bd. 2 (29), hg. von H. Reinhardt, Frankfurt a. M. 1997, 300: »Hab ich dir das Wort / Individuum est ineffabile / woraus ich eine Welt ableite, schon geschrieben?« Vgl. L. Oeing-Hanhoff/T. Borsche: *Art.: Individuum, Individualität*, in: J. Ritter/K. Gründer (Hgg.), *Historisches Wörterbuch der Philosophie*, Band 4, Darmstadt 1976, Spalten 309 und 312.

Systeme sind[76], trifft man in jedem sprachlichen Symbolsystem auf Ineffabilitäten. Daher ist, wie betont, davon auszugehen, daß *phänomenale* Einzeldinge und Einzelerfahrungen mit den Mitteln der Sprache nicht vollständig erfaßt, individuiert und repräsentiert werden können. Es ist von so vielen Ineffabilitäten auszugehen, wie sich in den unterschiedlichen Symbolsystemen phänomenale Individualitäten zeigen, die sich dem Erfaßtwerden in digitalischen Zeichen entziehen. Dies betrifft das ganze Spektrum von z.B. der sinnlich wahrnehmbaren Maserung eines Stücks Baumrinde bis hin zum individuellen Ausdruck etwa eines Gefühls, zum Beispiel des Gefühls belebender Heiterkeit. Bezieht man darüber hinaus mit ein, daß beim Transfer von einem Symbolsystem in ein anderes keine von Unbestimmtheiten freie Übertragung möglich ist, so vergrößert sich das Reich der Ineffabilitäten um ein Vielfaches.[77]

(11) Betrachtet man in sprachlichen Sätzen das *Ich-Pronomen und dessen Indexikalität*, so stellt sich heraus, daß das Ich und das Selbst nicht propositional und nicht gegenständlich, nicht ver-objektivierend realisiert, analysiert und erklärt werden können. Dies haben schon die Analysen Kants zu den Paralogismen und in jüngster Zeit vor allem die Arbeiten von John Perry zum »essential indexical« Ich deutlich gemacht.[78] Das Ich ist keine Substanz, kein Gegenstand in der Welt, kein Etwas, das propositional durch den Sinn eines bedeutungsvollen sprachlichen Satzes ausgedrückt werden könnte. Daher kann man strenggenommen nicht *sagen*, daß es ein Ich oder Iche gibt. Aber jeder Satz mit indexikalischem Ich und der Form »Ich ...« *zeigt*, daß es sich so verhält.

(12) Das Phänomen des Zeigens ist natürlich in allen Bereichen der *sinnlichen Empfindung und Wahrnehmung*, der visuellen *Sichtbarkeit* sowie der taktilen, akustischen, olfaktorischen, sensitiven *Präsenz* gegeben. Dies betrifft auch die an die Sinnlichkeit

76 Vgl. dazu auch unten die Abschnitte 19 und 20 dieses Kapitels.
77 Vgl. dazu Kap. 5.4. (Unbestimmtheit der Übersetzung).
78 Vgl. I. Kant: *Kritik der reinen Vernunft*, B, 399ff.; und J. Perry: *The Problem of the Essential Indexical and other Essays*, Oxford 1993.

gebundenen Formen von Kunstwerken. Auch für solchen sinnlichen Gehalt gilt, daß er nicht mittels sprachlicher Ausdrücke realisiert, vollständig individuiert, erfaßt und artikuliert werden kann.[79]

Gemeint ist damit die eigentümliche Fähigkeit etwa eines Bildes, eines bildhaften Kunstwerks, *aufgrund eben seiner Bildhaftigkeit* (und analog etwa eines musikalischen Kunstwerks aufgrund seiner *klanglichen Eigenschaften*) Aspekte sichtbar oder hörbar zu machen, zu *zeigen*, auszudrücken, die nicht durch den Einsatz sprachlicher Ausdrücke, nicht durch die Grammatik des Urteils getroffen, nicht durch Sprache vollständig individuiert und erfaßt werden können. Man betrachte, um nur ein Beispiel zu geben, etwa eines der herausragenden Gemälde aus der Zeit der frühen Renaissance, in denen die Verkündigungssituation dargestellt ist. Darin zeigt sich eine besondere und nicht-sprachliche Ausdruckskraft, die zu affizieren vermag. In einem solchen Gemälde geht es nicht darum, ein Etwas, das bereits fertig vorhanden ist, durch das Bild oder durch einen sprachlichen Ausdruck wiederzugeben, zu repräsentieren. Vielmehr macht das Bild sichtbar, was sprachlich nicht individuiert und deskriptiv nicht erfaßt werden *kann*. In diesem Sinne ist Kunst stets Kunst des Zeigens, und zwar ganz im Sinne der berühmten Formulierung Paul Klees: »Die Kunst gibt nicht das Sichtbare wieder, sondern macht sichtbar«.[80] Analoges gilt in noch herausragenderer Weise für die Musik.

Man kann sich mit Hilfe sprachlicher Ausdrücke in einer Sprache unter Umständen erfolgreich daran abarbeiten, einen bildhaften oder einen anderen sinnlichen, z.B. einen musikalischen Gehalt zu beschreiben. Das ist etwa der Fall, wenn es gelingt, sich der Expressivität und dem Ausdruckscharakter eines Gemäldes oder eines musikalischen Klangs mit Hilfe sprachlicher Ausdrücke zu nähern. Frage: Worauf beruht der Erfolg einer sol-

79 Vgl. in diesem Zusammenhang die Kunstreflexionen von K. Fiedler: *Schriften zur Kunst*, Band I und II, hg. von G. Boehm, München 1971; vgl. dazu auch: S. Majetschak: *Auge und Hand. Konrad Fiedlers Kunsttheorie im Kontext*, München 1997.

80 P. Klee: *Schöpferische Konfession*, Berlin 1920, hier zitiert nach W. Grohmann: *Paul Klee*, Stuttgart 1954, 97.

chen annähernden Beschreibung? Antwort: Ein solcher Erfolg beruht, sofern er sich einstellt, letztlich nicht auf den sprachlichen propositionalen Mitteln, sondern auf denjenigen Aspekten der verwendeten sprachlichen Zeichen, die einen zu affizieren vermögen und ihrerseits nicht propositional ausgesagt werden können. In solchen Fällen bemißt sich selbst noch der deskriptive Erfolg sprachlicher Zeichen daran, ob diese Zeichen eine Situation herbeizuführen vermögen, in der die Form des sprachlichen Ausdrucks an die Form der bildhaften oder der musikalischen Darstellung anzudocken erlaubt, und ob man in diesem Sinne vom Logos des Bildes oder des Klangs affiziert wird oder nicht.

(13) Das Zeigen spielt eine wichtige Rolle auch in den Vorgängen des *Lehrens und Lernens.* In ihnen ist *hinweisendes Zeigen* oftmals erfolgreicher als *sprachliches* Beschreiben. Ist eine eingespielte Interpretations-Praxis gegeben, können hinweisende Definitionen und der zeigende Verweis auf Beispiele erfolgreich eingesetzt werden (»Diese Flüssigkeit ist ›Wasser‹«; »Das ist ein Beispiel für ›karmesinrot‹«).
Daß erfolgreiches Zeigen eine Interpretations-Praxis stets bereits voraussetzt, läßt sich auch an der Frage der *hinweisenden Definition* verdeutlichen. Um die Bedeutung und die Referenz eines Ausdrucks zu erläutern, kann man auf den Gegenstand als ein Beispiel für das zeigen, wovon der Ausdruck handelt und worauf er sich bezieht. So zeigt jemand z.B. auf den Tisch vor mir und spricht dabei das Wort »Tisch« aus, um die Bedeutung und die Referenz von »Tisch« zu erläutern. Ein solches Hinweisen-auf oder eine hinweisende Definition liefert *nicht* eine *Beschreibung* des Gegenstands. Damit ein solches hinweisendes Zeigen oder eine solche Definition ihr Ziel erreicht, muß, wie Wittgenstein[81] betont, schon ein Netzwerk von anderen Aspekten sowie das zugehörige Sprachspiel bereitgestellt sein. Mithin muß Sprache bereits funktionieren, wenn eine hinweisende Definition erfolgreich sein will. Nicht jedoch kann man völlig voraussetzungsfrei die Bedeutung und Referenz von sprachlichen Zeichen durch hinweisende Definitionen einführen.

81 Vgl. L. Wittgenstein: *Philosophische Untersuchungen I*, Nr. 28ff.

Diese Feststellung erfolgt unabhängig von dem in Kapitel 3 erwähnten und noch grundlegenderen Aspekt, daß die Bedeutungen der Wörter, Ausdrücke und Sätze einer natürlichen Sprache *nicht*, wie in Logik und Mathematik, durch Definitionen festgesetzt werden. Die Wörter einer natürlichen Sprache haben bereits eine Bedeutung. Im Unterschied zu künstlichen Sprachen hat man es hier also gar nicht mit einer Situation zu tun, in der die Bedeutung durch eine Definition erst festgelegt werden müßte. Im tatsächlichen Gebrauch der Wörter sind die semantischen und pragmatischen Merkmale der Zeichen gegeben. Und daß es sich so verhält, *zeigt sich* in jedem gelingenden Verwenden und erfolgreichen Verstehen sprachlicher Zeichen. Diese können bestenfalls erläutert oder verdeutlicht, nicht jedoch im strengen Sinne definiert werden.
Wenn eine hinweisende Definition und überhaupt ein *hinweisender* Zeichengebrauch erfolgreich sind, dann sind ein Interpretationssystem und eine Interpretations-Praxis längst bereits im Einsatz. Stellt sich ein Zeigen ein, dann muß die zugehörige Interpretations-Praxis bereits aktiviert worden sein. So gesehen üben wir in Lehrsituationen andere Personen in die angemessenen Interpretationspraktiken ein.
Wohlgemerkt: Es handelt sich dabei *nicht* um Interpretation im Sinne *nachträglicher* Deutung. Denn es geht hier nicht darum, ein in seinen semantischen und pragmatischen Merkmalen fraglich gewordenes Zeichen wieder zufriedenstellend zu vereindeutigen. Vielmehr geht es um diejenigen Fälle, in denen *kraft* der *hinweisenden Aktivität* ein *direktes* Verstehen hervorgebracht werden soll. Mithin geht es um die Form der Praxis des Zeichengebrauchs selbst, die in dem in Kapitel 8.2. erläuterten Sinne als *interpretativ* charakterisiert werden kann. In diesem Sinne wurde von dem *interpretativen* Charakter der logischen Form der Praxis des Zeichengebrauchs gesprochen. Darin liegen die *interpretativen* Voraussetzungen auch des nicht-verbalen Zeigens. Um nachträgliche Deutung kann es sich allein schon deshalb nicht handeln, weil Zeigen *direkt* erfolgt und nicht von einer nachträglichen Deutung abhängig ist.

(14) Dieser Punkt läßt sich auch durch einen Blick auf die von

Wittgenstein so genannten *Grammatischen Sätze* verdeutlichen.[82] Grammatische Sätze (Wittgensteins Beispiele: »Jeder Stab hat eine Länge«, »Der Befehl befiehlt seine Befolgung«) sind Sätze, die zwar nur in bestimmten Fällen, etwa beim Lehren einer Sprache, eingesetzt werden. Dann aber geben sie Aufschluß über die Art und Weise, mithin über die Form der Verwendung der Ausdrücke in einer Sprache. Gerade weil sie nicht von der Art sind, verifiziert oder falsifiziert werden zu können, zeigen sie die zugrunde liegende Form der Praxis des Gebrauchs der Wörter und Sätze auf eine besondere Weise. Daher kann man in selbstbezüglicher Schleifenbildung sagen: Grammatische Sätze zeigen genau diejenige Form der Interpretations-Praxis der Zeichen, von der abhängt, daß die Sätze die logische Form und die semantischen und pragmatischen Merkmale besitzen, die sie besitzen, und sie zeigen darüber hinaus, daß sie diese Form zeigen können. Grammatische Sätze setzen daher, so die gestaffelte These, (a) den Zeige-Charakter und (b) die in diesem bereits vorausgesetzte und ihm zugrunde liegende Form der Interpretations-Praxis voraus und nehmen diese in Anspruch.

(15) Auch in der *symbolischen (mathematischen) Logik* ist das Zeigen von grundlegender Bedeutung. In der modernen Logik handelt es sich bekanntlich nicht mehr um die inhaltlichen Bedeutungen einzelner Ausdrücke, nicht mehr um Wörter der Sprache. Seit Frege geht es um künstliche formalisierte Sprache, innerhalb derer, so Freges Ideal, Formeln allein *kraft* der Bezugnahme auf die äußere Gestalt der vorkommenden Zeichen verstanden und erklärt werden.[83] Es geht nur um die formalen, nur um die zeichen-syntaktischen Aspekte und deren strukturelle Beziehungen. Darin wird nicht instrumentell, nicht *mit Hilfe von* Werkzeugen aus Prämissen korrekt zu Konklusionen übergegangen. Vielmehr zeigt sich *kraft* der Form des Symbolismus

82 Vgl. L. Wittgenstein: *Philosophische Untersuchungen I*, Nr. 251 und 458.

83 Vgl. G. Frege: *Begriffsschrift. Eine der arithmetischen nachgebildete Formelsprache des reinen Denkens*, Halle 1879; Neudruck, hg. von I. Angelelli, Darmstadt, ³1977. Vgl. B. Mates: *Elementare Logik*, Göttingen, ²1978.

quasi sinnbildlich *an diesem selbst*, mithin an der Form der Zeichen, wie die Form fortgeschrieben werden kann, kurz: wie es weitergeht und welche anderen Formeln aus einer Formel gewonnen werden können.
Wittgenstein zufolge ist jeder Satz der Logik »ein *in Zeichen* dargestellter modus ponens«. Der Witz daran ist, daß man den modus ponens, die bejahende Schlußfolgerung, »nicht durch einen Satz ausdrücken (*kann*)« (*T*, 6.1264; Hervorhebungen, G.A.). Wenn also von den zwei Aussageschemata (1) »A → B« und (2) der Setzung von »A« auf (3) die Gültigkeit von »B« übergegangen wird, dann ist dieser Übergang nicht so zu verstehen, als rekurriere man darin instrumentell auf die logische Form »A → B, A, B«. Vielmehr kommt der Effekt »daß B« *kraft* der logischen Form zustande. Und diese kann ihrerseits nicht als ein Etwas vergegenständlicht werden, in bezug auf das dann ein propositionaler Satz gebildet werden könnte.

(16) Die Rede vom Zeigen kann ausgeweitet werden bis hin zu *kulturellen Gebilden* und *kulturellen Epochen*. Der lebensweltliche und kulturelle Sinn ebenso wie der ›Geist‹ einer Epoche manifestieren, *zeigen sich* an der Form der kulturellen und ›geistigen‹ Hervorbringungen. Es kann daher als eine, vielleicht sogar als *die* ausgezeichnete Aufgabe vor allem der Kunst angesehen werden, genau diese Form aufzuzeigen, zur Darstellung zu bringen, zu zeigen. Kunst, so könnte man sagen, kann das Innere einer Kultur *zeigen*, *aufzeigen*; ganz im Sinne Shakespeares, der in der Rede an die Schauspieler im *Hamlet* deren Aufgabe beschreibt als: »to show the very age and body of the time his form and pressure«.[84]

(17) Mit dem Phänomen des Zeigens in *nicht-sprachlichen Symbolsystemen* sind wir alltäglich und bestens vertraut. Man denke zum Beispiel an Filme, Bilder, Stadtpläne, Gesten, Richtungspfeile, Farbflächen, Tabellen, Modelle, Verhaltensformen, Skizzen, Zeichnungen, Figuren, Diagramme, Fotos, Karikaturen, Verkehrsschilder, Graphen, Landkarten, bildhafte Hinweis- oder Verbotsschilder, Geschwindigkeitsanzeiger, Benzinanzei-

84 W. Shakespeare: *Hamlet*, Akt III, Szene 2.

ger. Solche nicht-sprachlichen Zeichensysteme sind in kognitiver Hinsicht überaus relevant. Sie sind Systeme der Repräsentation, funktionieren kognitiv und zeigen, wie die betreffenden Dinge stehen.

Solche nicht-linguistischen Zeichen *zeigen* etwas: der Pfeil zeigt eine Richtung an; das Foto zeigt Onkel Paul; die Skizze zeigt die Form des Hausdaches; die Geste zeigt Ablehnung; das Diagramm zeigt die Entwicklung des Börsenindex; die Karikatur zeigt den Bundeskanzler; das Verkehrsschild zeigt, daß rechts abzubiegen ist; die Zeichnung zeigt den Dachfirst des Gebäudes von Westen. Kurzum: wir sind bestens damit vertraut, daß nicht-sprachliche Zeichen etwas zeigen oder sich in und an ihnen etwas zeigt. Und natürlich machen wir dabei einen Unterschied zwischen denjenigen Eigenschaften, die die Zeichen, die etwas zeigen, selbst besitzen, und den Eigenschaften, die sie zeigen. In beiden Hinsichten jedoch sind *Interpretationsverhältnisse* längst im Spiel: Denn *daß* phänomenale Zeichen diejenigen Eigenschaften ausdrücken oder besitzen, die sie ausdrücken oder besitzen, ist, soll es sich nicht unkritisch um Magie der Zeichen handeln, davon abhängig, daß menschliche Geister in ihrer Praxis der Interpretation die Zeichen *auf eine bestimmte Weise*, mithin so ansehen, daß sie eben das zeigen, was sie für uns zeigen.

Über eine solche Feststellung hinaus kann man davon ausgehen, daß zwar vieles, was in nicht-sprachlichen Systemen zeigend repräsentiert und präsentiert wird, auch in einer Sprache gesagt werden kann. So kann das, was ein Diagramm über die Entwicklung des deutschen Aktien-Indexes *zeigt*, auch in der Sprache mit Hilfe sprachlicher Ausdrücke in Verbindung mit Zahl-Wörtern *gesagt* werden.[85]

85 Es sei erneut betont, daß es hier *nicht* um verschiedene *sprachliche* Systeme, sondern um unterschiedliche Symbol- und Repräsentationssysteme geht. Es handelt sich um den Unterschied, der z.B. besteht zwischen (a) einer *sprachlichen Beschreibung* eines Szenarios (etwa in einem Bericht, den ein Detektiv von einer Personenbeobachtung gibt) und (b) einer *bildlichen Repräsentation* eines Szenarios (etwa durch die Fotos, die der Detektiv gemacht hat und die er nun, ohne einer sprachlichen Erläuterung zu bedürfen, als seinen ›Bericht‹ abliefert).

Aber bereits das Sprichwort, daß ein Bild mehr als tausend Worte sagt, macht deutlich, daß Bilder über eine *bildhaft* repräsentierende und präsentierende Kraft, über eine Bildhaftigkeit verfügen, die sich von sprachlichen Ausdrücken unterscheidet und deren *bildhafter Gehalt* nicht mit Hilfe sprachlicher Ausdrücke realisiert, vollständig individuiert, erfaßt und repräsentiert werden kann. Analoges gilt z.B. für die Expressivität eines musikalischen Klangs.

Auch an diesem Punkt wird deutlich, daß Aspekte des Unterschieds zwischen Sagen und Zeigen behandelt werden können als Unterschiede zwischen sprachlichen Symbol-, Repräsentations- und Interpretationssystemen auf der einen und nichtsprachlichen (z.B. bildhaften, musikalischen) Symbol-, (Re)Präsentations- und Interpretationssystemen auf der anderen Seite.

(18) Hier kommen zwei weitere Aspekte ins Spiel: (i) das, was Wittgenstein das *Aspekt-Sehen* nennt[86] und was auch unter dem Titel des *Einnehmens-einer-Perspektive* oder *eines Interpretations-Horizonts* thematisiert werden kann; und (ii) der Punkt, daß jede Form des Aspekt-Sehens stets bereits von einer *Interpretations-Praxis* abhängig ist und deren eingespieltes Funktionieren voraussetzt.

Beispiel: Sehen, daß der Pfeil nach links zeigt, heißt das auftretende Zeichen von derjenigen eingespielten Interpretations-Praxis her zu sehen, in der Pfeile gewöhnlich in die Richtung ihrer spitzen Enden zeigen. Ohne die Anwendung und den Einsatz einer solchen Interpretations-Praxis wäre das Zeichen nicht das Zeichen, das es ist, und könnte es nicht die Zeichenfunktion (in diesem Falle in die linke Richtung zu zeigen), ausüben, die es ausübt. Ohne die Praxis der Interpretation der Zeichen, ohne das zur Zeit fraglose Funktionieren der Fertigkeiten, Gewohnheiten und Praktiken des Verwendens und Verstehens symbolisierender Zeichen wäre exakt diejenige Direktheit nicht gegeben, mit der wir sehen, daß der Pfeil nach links zeigt.

Interpretationsverhältnisse liegen hier in dem doppelten Sinne

86 Vgl. L. Wittgenstein: *Philosophische Untersuchungen II*, 503-526. Zum Aspektsehen in seinem Verhältnis zur intuitiven Imagination und zum Denken vgl. oben Kapitel 7.2.

vor: (a) Das Aspekt-Sehen ist selbst *interpretativen* Charakters. Es kann dadurch gekennzeichnet werden, daß ein perspektivischer Standpunkt eingenommen und durchgeführt wird. (b) Der *Zustand* des Aspekt-Sehens (d.h. der Zustand, in dem man sich befindet, wenn man einen Aspekt sieht und bemerkt) manifestiert sich, zeigt sich im konkreten sprachlichen und nichtsprachlichen Verhalten und in den konkreten Äußerungen und Handlungen der betreffenden Person. In puncto Bestimmtheit des Verhaltens, Äußerns und Handelns sind die entsprechenden Zuschreibungen aber davon abhängig, was als *relevante* Verhaltens-, Ausdrucks- und Handlungszeichen *angesehen* wird. Das aber heißt, daß Abhängigkeit von der zugrunde liegenden und mit anderen geteilten, mithin öffentlichen Interpretations-Praxis gegeben ist.

Das Aspekt-Sehen ist in unserem Zusammenhang in einem dreifachen Sinne von Interesse: (α) für sich selbst genommen, da es sich um einen Vorgang in nicht-sprachlichen Symbolsystemen handelt; (β) im Hinblick auf die Frage des Zeigens; und (γ) hinsichtlich der Frage nach der Relevanz nicht-sprachlicher Komponenten und nicht-sprachlichen Zeigens für die semantischen und pragmatischen Merkmale sprachlicher Ausdrücke und nicht-sprachlicher Zeichen. Das Aspekt-Sehen ist für die Umgrenzung dieser Merkmale überaus bedeutsam.

Wir haben es hier mit einem Punkt zu tun, an dem nicht-sprachliche Symbolsysteme kraft ihrer Funktion des nicht-verbalen Zeigens eine mitbestimmende Rolle im Hinblick auf die Semantik und Pragmatik sprachlicher und nicht-sprachlicher Ausdrücke spielen. In diesem Sinne geht es hier um eine Schnittstelle zwischen sprachlichen und nicht-sprachlichen Symbolsystemen. Dies führt dazu, daß die Betrachtung gerade auch dann über die sprachlichen Systeme hinaus erweitert werden muß, wenn es um die semantischen und pragmatischen Merkmale *sprachlicher* Systeme geht. Mit anderen Worten: es scheint, daß wir auch in der Sprachphilosophie nur weiterkommen, wenn wir die allgemeine Symboltheorie einbeziehen. Ein Beispiel dafür wäre die Analyse *metaphorischer* Ausdrücke. Wissen, was Wörter und Ausdrücke bedeuten, heißt auch wissen, welches die präsentierten und sich zeigenden Bedeutungen sind. Und das schließt mit ein, die involvierte Variante des Aspekt-Sehens zu erfassen, sich mithin auf diejenige Interpretations-Praxis zu verstehen, von der her und auf die hin das Aspekt-Sehen sowie der »Aspektwechsel« so sind, wie sie sind.

(19) Erwähnt wurde bereits, daß in der allgemeinen Symboltheorie Nelson Goodmans zwischen *analogischen* (dichten, stetigen, kontinuierlichen) und *digitalischen* (distinkten, disjunkten, differenzierten) *Zeichen und Symbolsystemen* unterschieden werden kann.[87] Mit Hilfe dieser Unterscheidung kann ein wichtiger Aspekt der Differenz zwischen Sagen und Zeigen verdeutlicht werden.

Beispiel: Beim Schmecken und Riechen einer Tasse Mokka-Kaffee sagt man vielleicht, das Aroma dieses Kaffees sei phänomenal und unbeschreiblich. Man kann, wie etwa P. M. S. Hacker[88], damit lediglich meinen, daß die Sprache für eine Beschreibung des Aromas inadäquat ist oder daß eine bestimmte Form der Beschreibung sich nicht auf den Aroma-Fall anwenden läßt. In diesem Falle geht es lediglich um die Frage, was als eine Beschreibung einer Eigenschaft zählt. Man kann das Aroma-Beispiel und die Frage der Repräsentation nicht-sprachlicher phänomenaler und subjektiver Sinneserfahrung jedoch auch in zeichen- und symboltheoretischer Perspektive, des näheren im Lichte der Unterscheidung zwischen *analogischen* und *digitalischen* Zeichen behandeln. Dann ist das Beispiel aufschlußreich.

Die phänomenale Sinneserfahrung des Schmeckens und Riechens des Aromas vollzieht sich in einem (syntaktisch, semantisch und pragmatisch) dichten resp. *analogischen* nicht-sprachlichen (Re)Präsentationssystem. Das »(Re)« in dieser Rede von »(Re)Präsentationssystem« ist deshalb einzuklammern, weil es sich bei *phänomenalen* Sinneserfahrungen, wie dem sensorischen Aufnehmen eines Aromas, strenggenommen nicht um Re-präsentationen mit Hilfe identifizierender, referierender und darstellender Zeichen handelt. Vielmehr geht es um Verhältnisse der *Präsentation*, um Verhältnisse des Zeigens eher als des Sagens.

87 Vgl. oben Kap. 7.5. Vgl. N. Goodman: *Languages of Art*, a.a.O., 157-162, 170ff.

88 P. M. S. Hacker, *Als das Pfeifen verstummen mußte*, a.a.O., 108f.

Ein analogisches Symbolsystem ist dadurch gekennzeichnet, daß im System jede noch so feine Nuance relevant ist. Im Beispiel geschieht die Präsentation auf der Ebene der phänomenalen Sinneserfahrung direkt und analogisch, nicht im Sinne einer digitalisierenden, durch sprachliche Prädikate und begriffliche Typ-Ausdrücke identifizierenden und re-identifizierenden Repräsentation. Das Aroma ist daher im buchstäblichen Sinne phänomenal und unbeschreiblich, d.h. man würde es mit noch so vielen Wörtern, Adjektiven oder adverbialen Modifikationen einer Sprache nicht erfassen *können*. Denn Sprache ist bereits aufgrund des für sie charakteristischen Alphabets syntaktisch und semantisch distinkt, disjunkt, differenziert und digitalisierend. In ihr findet keine *analogische* (Re)Präsentation statt (von wenigen Ausnahmen, wie z.B. in Ausrufen wie »Au!«, einmal abgesehen). Es handelt sich hier mithin um Ineffabilität als Folge der Differenz zwischen unterschiedlich verfaßten Symbol- und (Re)Präsentationssystemen. Mithin geht es auch gar nicht um die Frage der Adäquatheit oder Inadäquatheit der Sprache. Es geht vielmehr um Aspekte, die in einem *sprachlichen* Symbol- und Repräsentationssystem nicht in der gleichen vollständigen Weise realisiert, repräsentiert oder präsentiert werden können, wie dies in einem nicht-sprachlichen Symbol- und (Re)Präsentationssystem möglich ist. Das ist alles. Aber genau dieser Punkt ist bedeutsam. *Sagen* erscheint dann als ein Modus in digitalischen Repräsentationssystemen, *Zeigen* als ein Modus in analogischen Präsentationssystemen. Je feinsinniger und je ununterbrochener, das heißt je kontinuierlicher die Zeichen- und Symbolverhältnisse werden, desto schwieriger und letztlich unmöglich wird es, sie in diskreten und disjunkten sprachlichen Zeichen und schließlich in einer Proposition zu erfassen, zu repräsentieren und zu beschreiben.

Auch hier ist der Unterschied zwischen Sagen und Zeigen ein kategorialer, das heißt was sich als ununterbrochener Zusammenhang, als Kontinuum *zeigt*, *kann nicht* mit Hilfe diskontinuierlicher sprachlicher Zeichen *gesagt* werden. Der Unterschied zwischen *Sagen und Zeigen* ist hier also einer zwischen *differierenden Formen der Symbolisierung*. Er unterscheidet sich damit deutlich von dem oben erörterten und ebenfalls nicht-eliminierbaren Unterschied zwischen dem, was in einem propositionalen Satz von einem Gegenstand gesagt werden kann, und dem, was sich in dem Wittgensteinschen Sinne *zeigt* (daß nämlich die *logische Form* und der *Vollzug* des Sprechens einer Sprache keine Gegenstände in der Welt sind, und daß die *Form der Abbildung* nicht in der Abbildung selbst repräsentiert wird). Nimmt man noch die Rede vom Zeigen im Sinne der dargelegten *Bildhaftigkeit* (oder *musikalischen Klanglichkeit*) und weiterhin die im Sinne des *hinweisenden Zeigens* hinzu, dann sind die vier wichtigsten Formen des Zeigens benannt. Für sie gilt, wie betont, daß immer dann, wenn ein Zeigen vorliegt oder sich einstellt, ein Interpretationssystem und eine Interpretations-Praxis stets bereits vorausgesetzt sind. Andernfalls könnten auch die zeigenden Zeichen ihre Funktionen des Zeigens, die sie direkt üben, nicht ausüben.

(20) Der skizzierte Zusammenhang kann anhand der Frage des Verhältnisses von *Sprache und Bild* weiter verdeutlicht werden. Die in der allgemeinen Symboltheorie Goodmans durchgeführte Charakterisierung von Zeichen- und Symbolsystemen mit Hilfe der genannten syntaktischen, semantischen und pragmatischen Eigenheiten stellt Instrumente bereit, *bildhafte* von *sprachlichen* Zeichensystemen zu unterscheiden.[89] *Bildhafte* Systeme, das heißt Systeme, deren Elemente *Bilder* sind, sind dadurch charakterisiert, daß ihnen die für *sprachliche* Systeme kennzeichnende syntaktische und semantische Disjunktheit fehlt. Sie sind statt dessen durch syntaktische und semantische Dichte ausgezeichnet. Daher können, mit Goodman, *Bilder* von *sprachlichen* Zeichen dadurch unterschieden werden, daß sie als Elemente in analogischen und dichten Symbolsystemen fungieren. Jede noch so feine Nuance am Zeichen zählt als ein eigener Zeichencharakter im System, und für jede noch so kleine Nuance dessen, was repräsentiert werden soll, steht im Symbolsystem ein eigener Zeichencharakter zur Verfügung.

Dem entspricht, daß es für Bilder, anders als für Sprachen, keine

89 Nach Maßgabe der unterschiedlichen Grade an Zeichen-Dichte läßt sich dann innerhalb der bildhaften Systeme wiederum zwischen z.B. Filmbildern, Landkarten und Diagrammen unterscheiden.

Alphabete oder Vokabulare im Sinne von endlichen Listen deutlich unterschiedener Zeichencharaktere gibt. In Sprachsystemen sind im Rekurs auf solche Listen alle dort möglichen sprachlichen Gebilde buchstabierbar. In Systemen mit Alphabeten, betont Goodman[90], ist jede unterschiedliche Inskription eines Zeichens gleichwertig. So zählen ein »a«, ein »*a*«, ein »a« oder ein »A« als gleichwertig austauschbar. Dagegen kann in analogischen Systemen, d.h. in solchen Systemen, die nicht durch Alphabete oder Vokabulare bestimmt sind, jeder noch so feinsinnige Unterschied von grundlegender Bedeutung sein. Das ist z.B. der Fall bei einer kaum merklichen Verschiebung im Blauton eines Landschaftsgemäldes oder einer kaum merklichen Verschiebung in einer der klanglichen Hinsichten einer musikalischen Aufführung. Auf diese Weise ist zugleich der Unterschied zwischen einer sprachlichen Beschreibung und einer bildlichen (oder musikalischen oder mimischen oder skulpturalen) Darstellung und Repräsentation oder Präsentation markiert. Und dieser Unterschied stellt eine wichtige Version des Unterschieds zwischen Sagen und Zeigen dar.

Daß auch *bildhafte* oder andere sinnlich-sensorische Zeichen von Interpretationsprozessen und von der jeweils zugrunde liegenden Interpretations-Praxis abhängig sind, ist offenkundig. Die Interpretationsabhängigkeit beginnt nicht erst dort, wo über die semantischen Merkmale (Bedeutung, Referenz, Wahrheits- oder Erfüllungsbedingungen) nachgedacht oder berichtet wird. Sie ist vielmehr *konditional* dafür, (a) daß etwas überhaupt als ein Zeichen und Symbol fungiert und (b) daß es in der ihm eigenen Weise symbolisiert, z.B. bildhaft oder anders. Mit Goodman gesprochen: »Nothing is intrinsically a representation«.[91] Repräsentation ebenso wie Präsentation ist stets bereits abhängig von dem in Anspruch genommenen Interpretationssystem. Ohne ein bereits vorausgesetztes Interpretationssystem hätten wir es gar nicht mit symbolisierenden und individuierten sowie in ihren Funktionen individuierenden Zeichencharakteren zu tun. Die semiotische Einteilung der Zeichencharaktere nach Arten von Zeichen kann überhaupt erst vorgenommen werden, nachdem

90 N. Goodman: *Languages of Art*, a.a.O., 130-141.
91 N. Goodman, a.a.O., 226.

die Interpretations-Praxis bereits ihr Werk erfolgreich getan hat. Dies gilt bis hin zu der Frage, ob etwas überhaupt ein Bild ist oder nicht. Denn auch dies ist nicht vorab und nicht ein für alle Mal festgelegt. Es hängt ab von dem verwendeten Zeichen-und-Interpretationssystem, des näheren von der Frage, ob das zur Debatte stehende Zeichen als *bildhaftes* Zeichen fungiert oder nicht.

(21) Unter den in der allgemeinen Symboltheorie Goodmans benannten unterschiedlichen Weisen des Symbolisierens kommt der *Exemplifikation*[92] eine wichtige Stellung zu. Sie ist auch im Hinblick auf das Verhältnis von Sagen und Zeigen aufschlußreich. Während die *Denotation* eines Zeichens oder Symbols darin besteht, extensional auf diejenigen Gegenstände zu verweisen, auf die das Zeichen oder Symbol bezugnimmt, geht es in der *Exemplifikation* darum, daß ein Zeichen oder Symbol auf Eigenschaften seiner selbst bezugnimmt. In der Exemplifikation funktioniert das symbolisierende Zeichen als eine »Probe (sample)«[93], als ein Exemplar derjenigen Eigenschaften, die es selbst besitzt und auf die es bezugnimmt. Goodmans Beispiel: Die Stoffprobe eines Schneiders exemplifiziert (stellt aus, führt vor, macht sichtbar, zeigt) bestimmte Eigenschaften des Stoffes, z.B. seine Farbe und sein Muster, nicht etwa seine Größe oder sein Gewicht.
In diesem Zusammenhang kann die Differenz von Sagen und Zeigen in einer bestimmten Hinsicht verdeutlicht werden. Die Stoffprobe zeigt resp. exemplifiziert bestimmte ihrer Eigenschaften, etwa den Farbton. Selbst die feinkörnigste *sprachliche* Beschreibung dieses Farbtons, sagen wir einer bestimmten Variante von Karmesinrot, mit Hilfe von Adjektiven und Adverbien ist nicht in der Lage, ein vollwertiges Äquivalent für einen einzigen Blick auf die phänomenale Farbe der Stoffprobe zu liefern. Deutlich wird an dem Beispiel zugleich, daß die *gezeigte* und *exemplifizierte Eigenschaft* an das tatsächliche phänomenale Auftreten des Zeichens und Symbols geknüpft ist, *nicht* also unabhängig von diesem charakterisiert werden kann. Zugleich wird die Schwierigkeit deutlich, das, was exemplifiziert wird, in

92 N. Goodman, a.a.O., Kap. II.
93 Vgl. N. Goodman, a.a.O., 57-67.

sprachlichen Ausdrücken nicht artikulieren zu können. Goodman hat diesen Punkt einmal in einem Vergleich mit dem physikalischen Messen und der dabei jeweils erforderlichen Toleranzgrenze formuliert: »Saying what a picture exemplifies is like measuring with no set tolerances.«[94]

Es braucht kaum eigens betont zu werden, daß Exemplifikation keineswegs der Ausnahmefall ist, etwa der von Schneidern und ihren Stoffproben oder der von Kunstwerken, die durchweg exemplifikatorische Strukturen verkörpern. Sie ist vielmehr in vielen lebensweltlichen Bereichen anzutreffen und für diese kennzeichnend. Mit dem Umgang mit Proben, Beispielen, Exempeln, paradigmatischen Fällen sind wir alltäglich und bestens vertraut. Sie spielen nicht nur in den Künsten, wie in Musik, Tanz oder Skulptur, sondern auch in Lehr- und Lernsituationen eine wichtige Rolle. Wissen, wann und in welchem Sinne etwas als eine Probe oder als ein Beispiel fungiert, heißt wissen, welche Bedeutung es hat und was sich an ihm zeigt. In den Naturwissenschaften ist dies zum Beispiel in bezug auf die Frage wichtig, wie ein bestimmtes Experiment zu verstehen ist. Exemplifikation kann als der Kern des Bestätigungscharakters eines Experiments angesehen werden. Das Experiment exemplifiziert oder exemplifiziert nicht diejenigen theoretischen Konstruktionen und Gesetzmäßigkeiten, diejenigen Interpretationskonstrukte, die der Anordnung des Experiments zugrunde liegen.

In der exemplifikatorischen oder zeigenden und expressiven Verfassung und Wirkung von Zeichen ist eine eingespielte Interpretations-Praxis stets bereits in Anspruch genommen. Die diesbezüglich wichtigsten Aspekte sind: (i) Exemplifikation ist eine selbst-referenziale Beziehung, und alle referenzialen Funktionen eines Zeichens können als interpretatorisch qualifiziert, als Interpretationsfunktionen konstruiert werden. (ii) Wenn Exemplifikation erfahren wird, dann muß bereits auch eine Kenntnis darüber vorliegen, welches sprachliche Prädikat und/oder nichtsprachliche Kennzeichen (z.B. welches Farb- oder Gefühlskennzeichen) exemplifiziert wird. Wäre dies nicht der Fall, dann würde man gar nicht bemerken, daß ein Zeigen und Sich-Zeigen

94 N. Goodman, a.a.O., 235.

vorliegt. Auch neu auftretende und bislang gänzlich unvertraute Zeichen müssen, soll die durch sie erfolgende Affizierung bewegen, in einer Beziehung zu der zugrunde liegenden Interpretations-Praxis stehen. (iii) Welche Prädikate und/oder nichtsprachlichen Kennzeichen instantiiert, exemplifiziert und ausgedrückt werden, hängt von dem Interpretationssystem ab, das in Kraft ist. (iv) Ein symbolisierendes Zeichen kann unbegrenzt viele Eigenschaften bzw. Prädikate und Kennzeichen instantiieren. Aber nicht alle werden auch exemplifiziert. Dazu ist erforderlich, daß das Zeichen als ein Symbol für das instantiierte Kennzeichen fungiert.[95] Zu den instantiierten Eigenschaften kann gehören, daß ein auftretendes Zeichen jetzt am Samstag, neben meinem Schreibtisch, oberhalb der niedergeschriebenen Primzahl 3 auftritt. Aber das, was das Zeichen exemplifiziert und wodurch es für mich relevant wird, mich ›mitnimmt‹ und mir ›zu denken gibt‹, kann darin bestehen, daß es ein heiteres Zeichen ist. Mithin ist die Grenze zwischen den unbegrenzt vielen instantiierten und den exemplifizierten und unter diesen wiederum den expressiven, den ausgedrückten Kennzeichen stets bereits gezogen, wenn ein Zeichen als ein Exemplifikations- und weiter dann als ein Ausdrucks-Zeichen phänomenal erfahren und erlebt wird. (v) Den exemplifizierenden und ausdrückenden Zeichen sind bereits obere Reichweiten sowie untere Grenzen des Kennzeichnens gezogen, wenn ein Zeichen *dies-und-dies*, nicht aber jenes, Heiterkeit zum Beispiel und nicht Traurigkeit, ausdrückt und man es darin direkt versteht. (vi) Innerhalb dieses Horizonts sind dann Ambiguität, multiple Referenz und Vagheit möglich, und jeder Schritt zu deren Abbau, mithin jeder Schritt zunehmender Bestimmtheit des Zeichens, kann als ein Interpretationsschritt angesehen werden. Im Exemplifizieren oder Zeigen zeigt sich, es sei wiederholt, die *Form* unserer Interpretations-Praxis.

Die über den Aspekt einer Differenz zwischen Sagen und Zeigen hinausgehende Frage nach einem möglichen Primat innerhalb des Verhältnisses beider könnte auch entlang des Verhältnisses von Denotation und Exemplifikation behandelt werden. Könnte es nicht sein, daß, damit ein Zeichen überhaupt *denotativ* fungieren, d.h. auf extensionale Sachverhalte Bezug nehmen kann, es

95 N. Goodman, a.a.O., 53.

stets bereits *exemplifikatorisch* funktionieren, d.h. auf sich selbst resp. auf Eigenschaften seiner selbst bezogen sein muß? Das wäre eine zeichen-und-interpretations-philosophische Formulierung der These, daß Gegenstandsbezug einschlußweise Selbstbezug voraussetzt. Und in genau dem Sinne, in dem oben die Exemplifikation mit dem Zeigen in Verbindung gebracht wurde, läge damit zugleich ein Primat des Exemplifizierens gegenüber dem Denotieren, mithin des Zeigens gegenüber dem Sagen vor.

4. Begriffliches Sagen und ästhetisches Zeigen

Die vorgestellten Varianten des Verhältnisses von Sagen und Zeigen und vor allem die Überlegung zum möglichen Primat des Zeigens gegenüber dem Sagen führen auch in Hinsicht auf Fragen des lebensweltlichen Sinns zu einer veränderten Perspektive. Diese betrifft die Funktion und den Status der Formen sinnlicher, mithin ästhetischer Wahrnehmung im Unterschied zu logischen Begriffen. Die Überlegungen führen zu einer Uminterpretation des Verhältnisses von Logik und Ästhetik, von logischen Begriffen und sinnlichen Künsten.[96] Denn der Vorgang des Zeigens ist mit Aspekten des sinnlich Erscheinenden, des sinnlichen Empfindens und Wahrnehmens, der phänomenalen Sinneserfahrung verbunden und daher *ästhetisch* zu nennen. Zugleich setzt, wie dargelegt, jedes Zeigen stets bereits ein Interpretationssystem und eine Interpretations-Praxis voraus und nimmt diese in Anspruch. Bedenkt man den in Kapitel 1.2. erläuterten weiten Sinn solcher Rede von Interpretations-Praxis, so kann diese mit der Rede von Lebenspraxis und Lebenswelt annähernd gleichgestellt werden. Auch kann die Rede von *interpretations-praktischer Form* sowie *interpretations-praktischem Sinn* mit der Rede von *lebensweltlicher Form* und *lebensweltlichem Sinn* in bestimmten Hinsichten verbunden werden. Deutlich wird damit der tiefe Sitz des Zeigens im Leben, und zwar sowohl nach der Seite der ästhetischen als auch nach der Seite der logischen Form solchen Zeigens. Und insofern vornehmlich an Kunstwerken das Moment des ästhetischen Zeigens in einer aus-

96 Dies ist Thema der beiden folgenden Kapitel 9 und 10.

gezeichneten Weise hervortritt, sind es vor allem die Künste, die den Sinn einer gelebten Interpretations-Praxis, mithin einen lebensweltlichen Sinn zu verdeutlichen, anzuzeigen, ins Bild zu setzen vermögen. Daher ist auch nicht überraschend, daß dem ästhetischen Zeigen im Leben meist eine größere Bedeutung zukommt als dem begrifflichen Sagen.

9. Logik und Ästhetik

1. Grenz- und Organisationscharakter

Geht es um das Verhältnis von Logik und Ästhetik, so ist zunächst der Unterschied zwischen dem *engen* und dem *weiten* Sinn der Rede von Logik zu beachten. Hier können wir auf die in Kapitel 4.1. vorgenommene Unterscheidung von kleiner und großer Logik zurückgreifen, die dort im Zusammenhang der Differenz zwischen Zeichen-*Deutung* und Zeichen-*Vollzug* eingeführt wurde. Die formale oder kleine Logik kann von der kategorialisierenden oder großen Logik unterschieden werden.[97] Formale Logik ist die Lehre des prämissenfolgernden und formell gültigen Schließens. In ihr kommt die Wirklichkeit erklärtermaßen nicht vor. Die formale Logik sagt nichts über die Wirklichkeit und nichts über unsere Erfahrung. Demgegenüber geht es in der kategorialisierenden oder philosophischen Logik um genau diejenigen Strukturen und Prozesse, in deren Vollzug menschliche Erfahrung als eine *So-und-so*-Erfahrung formiert, bestimmt, individuiert und organisiert wird. Die Gegenstände der Erfahrung sind nicht einfach vorfabriziert fertig da, nicht rein gegeben. Erfahrungen hat man nicht einfach, so wie man Hände und Füße hat. Sie werden gemacht und stehen mithin unter den Bedingungen ihrer Genese und Organisation. Im Lichte dieser Überlegung geht es im folgenden vor allem um die form- und gestalt-bildenden Funktionen des grundbegrifflichen Systems, mit dem wir als endliche und perspektivische Wesen ausgestattet sind. Immer dann, wenn wir von der Welt um uns herum, von Zuständen anderer Personen und von unseren eigenen Zuständen sagen, sie seien *So-und-so*-Zustände und sie seien *so-und-so* beschaffen, haben diese Funktionen ihr Werk bereits getan. Alles, was überhaupt Gegenstand der Erfahrung für uns sein *kann*, kann dies, so wurde in den Kapiteln 1 und 2 dargelegt,

97 Im folgenden werden auch einige Materialien einbezogen, die ausführlicher behandelt worden sind in Verf.: *Logik und Ästhetik*, in: Nietzsche-Studien, 16 (1987) 112-148.

stets nur *in* demjenigen Interpretations-Horizont und *aus* derjenigen Interpretations-Praxis sowie demjenigen Schema heraus sein, mit dem wir ausgestattet sind, das wir verwenden und auf das wir uns verstehen. Eine gänzlich nicht-epistemische Welt und eine absolute Realität außerhalb jedweder menschlicher Interpretationsverhältnisse *kann* es für endliche Geister nicht geben. Die kategorialisierende Struktur ist in jeder Erfahrung, der inneren wie der äußeren, und in jedem Wahrnehmen, Sprechen, Denken und Handeln stets bereits vorausgesetzt. Die Klärung ihrer Form und Eigenart ist Aufgabe der philosophischen Logik. In ihr geht es mithin nicht nur um formale Konsistenz, sondern darüber hinaus um empirische Gültigkeit, d.h. um diejenigen Bedingungen, die die Welt ihrerseits entfalten muß, damit wir von ihr überhaupt eine Erfahrung haben *können*.

Die Rede von Logik im weiten Sinne des Logischen meint also das, was Kant rein verstandesbegrifflich unter dem Stichwort der transzendentalen Logik, Hegel als die Denken und Sein verschränkende Bewegung der Kategorien an ihnen selbst und Wittgenstein in der pointierten Formulierung thematisch macht, daß es die Logik ist, die *vor* jeder *So-und-so*-Erfahrung liegt. Das Logische, der Zeichenlogos in dem in Kapitel 4 entwickelten Sinne, meint diejenige Grenze der Welt, der Erfahrung und des Sinns, von der her und auf die hin sich Wirklichkeit und Sinn als Wirklichkeit und als Sinn zu bedeuten geben. Für diese Grenze ist charakteristisch, daß sie ihrerseits nicht noch einmal hintergangen, nicht distanziert und nicht operational hergestellt werden kann.

Entsprechend solcher Rede von Logik ist auch in der Rede von Ästhetik ein *enger* und ein *weiter* Sinn zu unterscheiden. Der enge Sinn meint Ästhetik als Theorie der Künste. In dem weiten und im folgenden leitenden Sinne dagegen geht es um Ästhetik als Lehre der sinnlichen Wahrnehmung und Erkenntnis sowie der auf die Formen sinnlicher Anschauung bezogenen Organisation. Ästhetik ist daher nicht begrenzt auf oder gar deckungsgleich mit der Wissenschaft der Kunst. Sie ist vielmehr grundlegend auch in allen anderen Weisen des menschlichen Welt- und Selbstverständnisses sowie auf dem ganzen Spektrum von sensorischer Empfindung über alltägliche Wahrnehmung, explizite

Objekte und begriffliches Denken bis hin zu Hypothesen- und Theoriebildung. Freilich sind die Künste im engeren Sinne ein ausgezeichneter Bereich der Ästhetik. Wichtiger aber ist im folgenden, daß der weite Sinn von Ästhetik dazu führt, Logik und Ästhetik in ihren welt- und sinn-erschließenden Funktionen gleichberechtigt auf ein und derselben Ebene anzusiedeln und das Zusammenwirken beider zu betonen. In der Erläuterung des Stufenmodells der Interpretation in Kapitel 1.1. wurde zudem betont, daß auch die Rolle der Ethik auf diese fundamentale Ebene verortet werden kann, mithin der innere Zusammenhang von Logik, Ästhetik und Ethik unterstrichen. Erst in ihrem Zusammenspiel bilden logische, ästhetische und ethische Form eine Welt, und individuell meine Welt.

Des näheren schließt die Rede vom Ästhetischen vor allem die folgenden Momente ein: *Anschauung* (im Unterschied zum begrifflichen Denken); *Sinnlichkeit* (im Unterschied zu kognitiver Erfahrung im engeren Sinne); *Zeigen* (im Unterschied zum Sagen); *Bildung von Formen und Gestalten* (im Unterschied zu begrifflicher Klassifikation); das *Zusammenspiel von Teilen zu einem gegliederten Ganzen* und den *Holismus*, mithin die *Gleichzeitigkeit* (im Unterschied zum Verhältnis von Allgemeinem und Besonderem sowie in Differenz zur Linearität und Diskursivität der Grammatik des logischen Urteils).

Wirklichkeit und Sinn sowie Wahrheit und Richtigkeit können in dem dargelegten Sinne als Funktionen des ursprünglichen Interpretations-Horizonts und der Interpretations-Praxis konzipiert werden. Auf diesem Boden wird der Zusammenhang von ›Logik und Ästhetik‹ in ihrem skizziert weiten Verständnis konzipierbar. Zugleich kann das Begriffspaar ›Wissenschaft und Kunst‹ (a) in seinem Verhältnis von Einheit und Differenz gefaßt und (b) in seinem auf die Ebenen des Logischen und des Ästhetischen bezogenen asymmetrischen Status verdeutlicht werden. Die Künste im engeren Sinne können, wie in Kapitel 10 dargelegt werden wird, mit den Wissenschaften verglichen werden. Eine künstlerisch zu nennende Tätigkeit und Fähigkeit des Hervorbringens und Schaffens jedoch geht, sofern sie auf der Ebene des Zeichenlogos situiert ist, jeder bestimmten *So-und-so*-Wirklichkeit und -Erfahrung bereits voraus. Diese Seite der Kunst, die hinsichtlich der Wirklichkeit nicht mimetischen, nicht nachahmenden, sondern formierenden, erzeugenden Charakters ist, besitzt eine gewisse Priorität vor der Wissenschaft. Wissenschaft ist demgegenüber weniger ursprünglich-formierenden als vielmehr entdeckenden und rekonstruierenden Charakters. Im Rekurs auf dieses Szenario kann man auch den Unterschied zwischen einem *weiten* und einem *engen* Begriff der Kunst im Sinne der einzelnen Künste (der Werke also z.B. von Mozart, Goethe, Rubens oder Giacometti) explizieren.

Eine zentrale Kategorie nicht nur in den Künsten und in den Wissenschaften, sondern in jedem Welt-, Fremd- und Selbst-Verhältnis ist die der *Organisation*. Jedes Interpretieren ist ein Organisieren im Sinne z.B. des Anordnens, Komplettierens, Vereinfachens, Übersichtlich- und Regelmäßig-Machens, Gewichtens, Tilgens, Ausdichtens, Subsumierens, Ausgrenzens oder Deformierens. Die organisierend wirkenden Interpretationsprozesse sind nicht als passive Wiedergabe, sondern als aktives Hervorbringen aufzufassen. Interpretationen aller Art sind Mittel der Organisation. Der Begriff der Organisation ist gerade auch in bezug auf Kunstwerke im engeren Sinne zentral. Wird, wie etwa bei Nietzsche, die Kunsttätigkeit an das Leben und dessen Steigerung gebunden, dann kann man sagen, daß es in Kunstwerken auch um eine organisierende Kraft geht, die in Hinsicht auf ihr Material ein Optimum an Dichte, Komplexität und Fülle und *zugleich* ein Optimum an lebenssteigernder Funktionalität erreichen möchte. Dies kann man das *Kompossibilitätsprinzip der Kunst* nennen.

Menschliche Lebewesen können ohne Kenntnis der formalen Logik und ohne Kunstwerke im engeren Sinne leben. Aber ohne das Logische und ohne das Künstlerische in dem skizziert weiten Sinne des Ästhetischen könnten sie sich nicht im Leben halten. Denn ohne diese Tätigkeit und Fähigkeit könnten sie nicht die Form ihrer Lebenswelt, nicht die Form ihrer Ding- und Ereignis-Welt, nicht die Gestalthaftigkeit, mithin nicht die Wirklichkeit ihrer Welt aufrechterhalten. Sie würden gar nicht in einer bestimmten und individuierten Welt, nicht in ihrer Welt leben. Die »Lust an Einfachheit, Übersichtlichkeit, Regelmäßigkeit, Helligkeit«, notiert Nietzsche einmal, ist ein »starke[r] Instinkt«

der Menschen. Er wirkt bereits in allen menschlichen Sinnestätigkeiten organisierend. In der Wahrnehmung zum Beispiel ist dies deutlich der Fall. Jedes *So-und-so*-Wahrgenommene und dem Bewußtsein Vorgeführte ist bereits Produkt logisch-ästhetischer Prozesse der Organisation. Dies ›Logische‹, dies ›Künstlerische‹, heißt es bei Nietzsche, »ist unsere fortwährende Thätigkeit.«[98] Ohne sie würden sich Diffundierung, Dissoziation und Zerfall des Lebens einstellen. In diesem Sinne gehören die logischen und die ästhetischen Prozesse zu den äußersten Existenzbedingungen.

Die *Welt* des Menschen ist die Welt des *Menschen*. In diesem Sinne *ist* der Mensch seine Welt. In Verbindung mit dem (freilich nicht zu hypostasierenden) Homo-Mensura-Satz kann man daher sagen, daß es darum geht, den Menschen »als eine Grenze darzustellen«.[99] Bezogen auf den hier erörterten Zusammenhang ist der Mensch Grenze im Sinne des logisch-ästhetischen, des durch Wahrnehmen, Sprechen, Denken, Handeln und Gestalten welt- und sinn-erschließend wirkenden Grenze-seins. Die Grenze der Welt und des Sinns ist logisch-ästhetischen (und ethischen) Charakters. Umgekehrt bedeutet dies, daß, wie in Kapitel 1.1. betont, Logik, Ästhetik und Ethik letztlich ›dieselben‹ Grenzen haben.

Logik und Ästhetik setzen mithin nicht erst auf der Ebene der expliziten Sprach- und Verstandesoperationen und des Kunstschaffens im engeren Sinne ein. Sie sind vielmehr bereits in den Sinnestätigkeiten, in den Funktionen von Auge, Ohr, Tastsinn, Geschmack und Geruch leitend. Sie sind Teil der organisierenden Kraft im vor-wissenschaftlichen Bereich. Vom Auge sagt Nietzsche einmal, daß es »ein unbewußter Dichter und ein Logiker zugleich«[100] ist. Was aber soll es heißen, daß das Auge im

98 F. Nietzsche: KGW VII 3, 34[49], S. 155f. Vgl. auch oben Kap. 7, wo die Rolle der Imagination in der Wahrnehmung beschrieben wurde.

99 F. Nietzsche: KGW VII 2, 25[393], S. 111; VIII 3, 14[184], S. 163. Zur Philosophie Nietzsches und zu dem Übergang vom *Organismus*- zum *Organisations*-Modell vgl. Verf.: *Nietzsche*, Berlin – New York 1984, 2. Aufl. 1998, Kap. V.

100 F. Nietzsche: KGW V 2, 15[9], S. 535.

Sehen Künstler und Logiker zugleich ist? Eine Antwort kann im Zuge einer Analyse der Wahrnehmung sowie dessen gegeben werden, was es heißt, etwas *als* Etwas zu sehen. Dies führt auf die Relativität des Sehens. Die Ergebnisse der Wahrnehmungsforschung belegen, daß das Auge sein Material organisiert.[101] Es grenzt ab, assoziiert, unterscheidet, bevorzugt, setzt hintan, ergänzt, tilgt, zerlegt, scannt, synthetisiert, konstruiert und projiziert. Das Auge gibt nicht etwas Vorhandenes bloß passivisch wieder. Vielmehr organisiert es und bringt darin das, was und die Weise, wie es etwas sieht, in seinem *So*sein auch immer erst hervor. Es handelt sich nicht um passive Kontemplation, sondern um organisierende, synthetisierende Aktivitäten. Selbst bei geschlossenem Auge ist der Sehnerv noch aktiv. Wollte man diese Aktivität aus dem Sehen heraussubtrahieren, so hätte man das Sehen negiert. Oder anders formuliert: Der Mythos des unschuldigen Auges läßt sich nicht aufrechterhalten, und ein rein passives Auge wäre ebenso blind wie ein fixiertes.[102]
Darüber hinaus ist zu beachten, daß jedes Sehen von etwas *als* Etwas, jedes Sehen-*Als*, der Frage nach der Spezifikation der Instrumentarien und Einzelheiten ausgesetzt ist. In der Beantwortung dieser Frage wird deutlich, daß andere Individuationen, Identifikationen und Bestimmtheiten möglich wären. Zudem kann unter kritischem Vorzeichen nicht von sich-selbst-individuierenden und nicht von sich-selbst-identifizierenden oder sich-selbst-*als-so-und-so*-klassifizierenden Wahrnehmungsgegenständen ausgegangen werden. Auch dies zeigt, daß jedes auf spezifische Weise und bestimmt Gesehene als ein Produkt *perzeptiver Interpretation* angesehen werden kann. Darüber hinaus heißt, etwas *als* ein *So-und-so*-Etwas sehen, das Sehen-*Als* mit dem Denken-*Als*, d.h. Sehen und Denken, Wahrnehmung und Konzeptualisierung, in eine Verbindung zu bringen.
Das *Als-ein-So-und-so*-Gesehene ist gewissermaßen eine Sym-

101 Vgl. E. B. Goldstein: *Wahrnehmungspsychologie*, Heidelberg – Berlin – Oxford 1987; I. Rock: *Vom visuellen Reiz zum Sehen und Erkennen*, Heidelberg–Berlin 1998.

102 Vgl. N. Goodman: *Languages of Art*, a.a.O., 7f. und 12f.; vgl. E. Gombrich: *Art and Illusion. A Study in the Psychology of Pictorial Representation*, New York 1960, Kap. 9.

biose aus Sehen und Denken. Wenn man beim Blick auf ein Vexierbild zunächst ein dichtes und verästeltes Gestrüpp sieht, dann aber plötzlich einen Jägersmann mit seiner Flinte im Gebüsch erkennt, d.h. syntaktisch ›dasselbe‹ Zeichen anders sieht, scheint dieses Sehen des Zeichens, mit Wittgenstein gesprochen, ein »im Sehen nachhallender Gedanke«[103] zu sein. Seherlebnis, Anschauung und Begriff sind hier in einer Weise miteinander verschränkt, die sich einer trennscharfen Analyse entzieht. In dem, was und in der Weise, *wie* etwas *als* Etwas gesehen wird, sind Gestalt und Gedanke, Anschauung und Begriff immer schon amalgamiert. In diesem Sinne ist das Auge ein Künstler und ein Logiker zugleich. Dazu gehört auch, daß das Auge eine *Grenze*, die Grenze nämlich des Gesichtsfelds ist. *Im* Gesichtsfeld kommt das Auge nicht vor, und »nichts am Gesichtsfeld läßt darauf schließen, daß es von einem Auge gesehen wird.«[104] Darin liegt zugleich die Möglichkeit, daß alles, was wir sehen resp. *so-und-so* sehen können, auch *anders* ausfallen könnte, daß es keine vorab feststehende Ordnung der Dinge gibt, daß mithin jede *so-und-so gesehene* Welt als Ergebnis logisch-ästhetischer Interpretations-Prozesse angesehen werden kann. Dabei ist das Resultat im Zeichen ebenso Anschauung wie Begriff.

Die Formen des in seiner Grundstruktur logisch-ästhetisch (und ethisch) verfaßten Welt-, Fremd- und Selbstverständnisses sind keine überzeitlichen Konstanten. Sie können sich, wenngleich unmerklich, im Laufe der Zeit ändern. Oder umgekehrt: an ihnen konkresziert und zeigt sich die epochenspezifische Ausprägung desjenigen dominanten Interpretationsschemas, das jeweils für eine Zeit festlegt, was als wirklich und sinnvoll gilt. In Wissenschaft und Kunst, ebenso wie in Moral und Religion, erfährt der Mensch daher vieles über sich, d.h. über die jeweils dominanten und ursprünglich-produktiven Interpretations*formen* seines Welt-, Fremd-, und Selbst-Verständnisses/Verhältnisses. Auch von hier aus können das Logische und das Ästhetische im Sinne der welt- und sinn-formierenden Grenze aufgefaßt werden, die *vor* bzw. *in* jeder individuierten und bestimmten *So-*

103 L. Wittgenstein: *Philosophische Untersuchungen II*, 523.

104 L. Wittgenstein: *Tractatus logico-philosophicus*, Nr. 5.633. Zum Aspekt-Sehen vgl. unten Kap. 8.3. (Sagen und Zeigen).

und-so-Erfahrung wirksam ist. Eben diese Grenze kann als *interpretativ* charakterisiert werden. Dies wurde in Kapitel 8 (Sagen und Zeigen) im Detail entwickelt.

Da die Ebene des Logischen nicht noch einmal hintergangen werden *kann* und sich das Ineinander der logischen und ästhetischen Momente oftmals einer genaueren Auftrennung entzieht, kann Wirklichkeit als das ineinandergreifende Resultat des Logischen und des Ästhetischen (sowie des Ethischen) angesehen werden. Logifizieren (*nicht* der Logozentrismus!) und Ästhetisieren (*nicht* der lebensenthobene Ästhetizismus!) sind zwei fundamentale Weisen der Welt-und-Selbst-Interpretation. Das Leben logifiziert und ästhetisiert durch uns, sobald wir dasjenige formieren, individuieren und identifizieren, was uns dann als eine So-und-so-Welt, als Wirklichkeit und Sinn gilt.

Zu beachten ist auch, daß das Logische und Ästhetische in dem hier verstandenen Sinne nicht Möglichkeiten aus einem vorgegebenen Arsenal reiner Possibilia auswählt, sondern, als Grenze der Welt, Möglichkeiten in genau dem Maße schafft, in dem es wirkliche Welten formiert. Wirklichkeit wird hier also nicht als Limitierung oder Kompossibilität reiner Möglichkeiten aufgefaßt. Vielmehr werden Möglichkeiten *innerhalb* der Wirklichkeiten gesehen, bei epistemischer Priorität der letzteren.[105] Deshalb kann das Künstlerische und das Logische als ursprünglich-produktiv gekennzeichnet werden. Logik und Ästhetik formieren Welten, sie wählen nicht bloß aus vorhandenen möglichen Welten aus.

2. Interpretations-logische Ästhetik

In die Semantik der Interpretationszeichen gehen stets mehrere Komponenten ein, vor allem die psychologische, die pragmatische, die inhaltliche und die logische. Auf die Ästhetik bezogen ließen sich entsprechend eine psychologische, eine pragmatische, eine materiale und eine logische Ästhetik unterscheiden. Die Rede von ›logischer Ästhetik‹ ist hier in dem oben skizzierten

105 Vgl. dazu Verf.: *Nietzsche*, a.a.O., 412ff.

weiten Sinne der logisch-ästhetischen Grenze welt- und sinnformierender Funktionen des Interpretations-Horizonts und der Interpretations-Praxis zu verstehen. Daher kann man sagen, daß das, was man jetzt die *interpretations-logische Ästhetik* nennen kann, grundlegend ist. Sie ist in den drei anderen Formen bereits vorausgesetzt. Zugleich ergibt sich aus der Natur des Interpretationsbegriffs, daß die Semantik auch der Kunst nicht mehr gegenstandstheoretisch und nicht mehr im Sinne eines Bedeutungs-Platonismus sowie nicht mehr als Quale oder als Universale, sondern als Funktion, eben als Funktion der Interpretationszeichen aufgefaßt werden kann.

Als Grenze der Welt und des Sinns ist die interpretations-logische Ästhetik intern mit den Lebensvollzügen verknüpft. Wird Kunst nicht in einer Engführung als artistischer Ästhetizismus verstanden und wird sie an die Lebenspraxis zurückgebunden, dann ergibt sich, im Rekurs auch auf Positionen Nietzsches, eine Möglichkeit, das Kunstproblem in bezug sowohl auf das Verhältnis von Kunst und Praxis als auch hinsichtlich der Beziehung von Künstlerischem und Logischem sowie von Kunst und Sinn bzw. Sinnlosigkeit, d.h. Nihilismus, zu thematisieren. Kunst kann die Form der Praxis und sie kann Sinn direkt zur Anschauung und Darstellung bringen. Auch vermag sie um- und neu-organisiernd in eine individuelle Lebenspraxis zurückzuwirken. In beiden Hinsichten ist sie theoretischen Begriffen und begrifflichem Denken in puncto Direktheit voraus. Das anschauliche Fundament von Begriffen bedarf oftmals erst noch zusätzlicher Verdeutlichung und Erläuterung. Und begriffliches Denken läßt sich jeweils nur mit Hilfe zusätzlicher Vermittlungsschritte, gleichsam nur mit Hilfe eines lebensweltlichen Konvertierers, in eine Lebenspraxis implementieren. Auch gelingt es ihm in der Regel nicht, lebensweltlichen Sinn zu stiften oder gar lebenspraktische Sinnlosigkeit zu überwinden. In Nietzsches Sicht ist dies einer der Gründe, warum vor allem die Kunst, und nicht das begriffliche Denken, Gegenbewegung und Überwindung des Nihilismus sein *kann*.

In Sachen Kunst und Ästhetik sind zu unterscheiden (a) die Ebene der Intentionen und der Psychologie des Künstlers sowie des Betrachters; (b) der materiale Gehalt, der Inhalt, falls vorhanden; (c) die Form des Kunstwerks sowie dessen denotative, nicht-denotative, exemplifikatorische und expressive, kurz seine unterschiedlichen symbolisierenden Eigenschaften; (d) das Verhältnis der künstlerischen Tätigkeit zum ursprünglich-einheitlichen Welt-und-Selbst-Verständnis und (e) die Unterscheidung zwischen Inhalt und Form, wobei diese Unterscheidung selbst eine inhaltliche und konventionelle ist, und es darauf ankommt, *deren* Form, d.h. die Form zu *diesem* Inhalt und zu *dieser* Konventionalität zu finden und zur Darstellung zu bringen. Dies ist die Aufgabe sowohl der philosophischen Logik, die dadurch ästhetisch, als auch der philosophischen Ästhetik, die dadurch logisch wird. Kunst *zeigt* die *Form* der *Grenze* der Welt und des Sinns.[106] Logik und Ästhetik sind, so könnte man unter Einbeziehung von Zeit und Geschichte sowie in Abwandlung der bekannten Formulierung Hegels über die Philosophie sagen, *ihre Zeit in Gedanken und Formen bzw. Gestalten gefaßt.*[107]

106 Vgl. dazu Kapitel 8 (Sagen und Zeigen), insbes. 8.3. bis 8.4.

107 Die logisch-ästhetische Grenze der Welt und des Sinns ist keine naturalistische und keine empirische Grenze. In der Kunstauffassung Nietzsches wird sie als physio-logische Grenze, und Kunst in einem bestimmten Sinne als Physiologie des Leibes entfaltet. Vgl. dazu Verf.: *Logik und Ästhetik*, a.a.O. Es ist angebracht, den Interpretationscharakter auch dieser Ebene zu betonen. Dies kann durch Hinweis auf einige Verschränkungen von Kunst-Physiologie und allgemeiner Symboltheorie erfolgen. Zu nennen sind die folgenden Aspekte: (a) daß spezifische organische Prozesse als vielfältige Interpretationsprozesse beschrieben werden können; (b) daß die Erfahrungen, die ein lebendiges Wesen macht, transfiguriert und symbolisch transformiert werden; (c) daß Produktion und Rezeption von Interpretationszeichen mit dem Organismus verbunden sind, d.h. nicht gänzlich unabhängig von den Funktionen des menschlichen Leibes geklärt werden können; Nietzsches Auffassung trifft sich hier mit derjenigen von N. Goodman: *Languages of Art*, a.a.O., 259; (d) daß die ästhetische und die kognitive Wirkung und Funktion der Kunst, d.h. das, was wir durch die Kunst erkennen, etwas ist, das wir ebenso »in our bones and nerves and muscles« (Goodman, a.a.O.) fühlen wie mit unserem Geist erfassen; (e) daß das Kognitive im weiten Sinne der Leistungen des bewußten Denkens weder das Sinnliche noch das Emotive ausschließt (vgl. Goodman, a.a.O.), sondern beide umfaßt; (f) daß der Mensch wohl nicht das ästhetisierende und logifizierende Wesen sein könnte, das er ist,

Zeugnis der ursprünglichen Produktivität des Künstlerischen sowie des Zeichenlogos, seiner welt- und sinn-formierenden Funktion, ist auch die Metapher.[108] Der metaphorische Gebrauch von Ausdrücken und Zeichen ist nicht etwas, das erst spät und zusätzlich, gewissermaßen als ausschmückende Bereicherung des an sich buchstäblichen Sprach- und Zeichengebrauchs auftritt. Vielmehr sind sowohl die alltägliche Sprache als auch die Wissenschaften mit Metaphern durchsetzt. Ferner ist das Auftreten von Metaphern keineswegs auf die Sprache, auf sprachliche Zeichen-und-Interpretationssysteme beschränkt. Metaphorischer Gebrauch findet sich auch in nicht-verbalen Symbolsystemen. So gibt es eine metaphorische Verwendung z.B. von bildlichen, musikalischen, skulpturalen, gestischen oder tänzerischen Ausdrücken. Vor allem aber ist zu betonen, daß Metaphern einen genuinen Beitrag zur Erweiterung unserer Interpretations-Horizonte und damit der Erkenntnis leisten. Mit Metaphern haben wir es zu tun, wenn einzelne Ausdrücke oder ganze Schemata aus einem Bereich in einen anderen übertragen werden und diesen aufschlußreich neu-, d.h. um-organisieren, um-interpretieren.[109] Metaphern erschließen Sachverhalte, und das gelingende Verwenden sowie das direkte Verstehen von Metaphern gehört, wie in Kapitel 4.2. betont wurde, in den Bereich des Zeichenlogos, des Zeichen-*Vollzugs*. Wenn zutrifft, daß Metaphernbildung ein »Fundamentaltrieb«[110] des Menschen ist, dann hieße ihn auszuschalten, ein wichtigen Trieb des Menschen zu eliminieren. Vor allem auf drei Aspekte kommt es in unserem Zusammenhang an. Zunächst (a) sind Metaphern primär gegenüber der Begriffsbil-

wenn nicht auch die ganze ihn bedingende Welt des Organischen und darüber hinaus auch die des Unorganischen vom Charakter des Gestaltbildens wäre; Nietzsche zufolge ist die Welt des Organischen »eine Aneinanderfädelung von Wesen mit *erdichteten* kleinen Welten um sich« (KGW VII 3, 34 [247], S. 223; Hervorhebung G.A.)

108 Vgl. auch oben Kap. 4.2.

109 Vgl. N. Goodman: *Languages of Art*, a.a.O., Kap. II.

110 F. Nietzsche: Über Wahrheit und Lüge im aussermoralischen Sinne (= WL), KGW III 2, S. 381.

dung. Allgemeine Begriffe, d.h. Begriffe in ihrer Allgemeinheit und buchstäblichen Bedeutung, können als alt-gewordene Metaphern aufgefaßt werden. Dies bedeutet sodann, (b) daß ein Begriff immer dann ein nicht-leerer, ein gehaltvoller Begriff ist, wenn er die mit seiner ursprünglichen Metaphorizität ihm zugrunde liegende Anschaulichkeit, seine *Anschauung*, nicht verloren hat. Metaphern sind ursprünglich »Anschauungsmetaphern«[111]. Anschauung tritt in diesem Sinne zu einem allgemeinen Begriff nicht erst nachträglich hinzu. Vielmehr muß dieser jene, will er gehaltvoller Begriff sein, bereits voraussetzen und in Anspruch nehmen. Dies führt schließlich (c) zum Übergang von der figurativen zur buchstäblichen und allgemeinen Bedeutung. Allgemeine Begriffe können in diesem Sinne als starrgewordene Metaphern angesehen werden, denen man ihre Genealogie aus der Metaphorizität nicht mehr ansieht. Um eine pointierte Formulierung Goodmans aufzugreifen: die Metapher »fades to mere truth«[112]. Insofern nun die ursprünglich-produktive Funktion der Metapher wesentlich von ihrer Anschauung lebt und diese deren Applikation, Bedeutung und organisierende Kraft stützt, besitzt Metaphorizität eine im Kern *ästhetische* Dimension. Die Metapher wirkt *als* ästhetische Anschauung *logisch*. Sie zählt zu den Funktionsweisen der logisch-ästhetischen Interpretations-Grenze der Welt und des Sinns. Jeder gehaltvolle Begriff und jede bestimmte *So-und-so*-Wirklichkeit hat durch sein bzw. ihr anschauliches und metaphorisches zugleich ein ästhetisches Fundament.

Mit dem Moment der *Anschauung* ist das der *Bildung von Gestalten* verbunden. Beide sind sowohl in der äußeren wie in der inneren Erfahrung und auch im bewußten Denken von Bedeutung. Erfahrung ist in beiden Hinsichten an eine »Zeichenschrift« (Nietzsche) geknüpft. Auch darin manifestiert sich ihr ästhetisches Fundament.

111 F. Nietzsche: WL, KGW III 2, S. 377.

112 N. Goodman: *Languages of Art*, a.a.O., 80. Nietzsche, KGW III 2, S. 375: Die Wahrheiten sind »Metaphern, die abgenutzt und sinnlich kraftlos geworden sind, Münzen, die ihr Bild verloren haben und nun als Metall, nicht mehr als Münzen in Betracht kommen.« Zum »Hart- und Starr-Werden« der Metapher vgl. WL, KGW III 2, S. 377f.

Erfahrung bedarf des Gedächtnisses und dieses wiederum ist nur möglich kraft der »Abkürzung eines geistigen Vorgangs zum Zeichen«.[113] In diesem Sinne kann Erfahrung als »Zeichenschrift« verstanden werden. Gedächtnis, mithin Zeichenbildung, ist auch Bedingung für Urteile. Urteile könnte es nicht geben, wenn es nicht ein Gedächtnis gäbe, einem »identischen Fall« begegnet zu sein, wenn also nicht zuvor im Felde der Empfindungen eine Art »Ausgleichung« und »Vergleichung« stattgefunden hätte. Auch dies ist ein Vorgang in Zeichen und erfolgt mit Hilfe von Zeichenabkürzungen. Sodann ist das Urteilen selbst natürlich ein Ereignis in Zeichen. Denn im Urteil, »daß X ein F ist«, wird das prädizierende Zeichen F mit dem Subjektzeichen X in einem urteilsgrammatischen Satzzeichen »daß X ein F ist« verknüpft. Das zum Urteilen erforderliche Gedächtnis ist abhängig davon, daß das Gewohnte und zuvor bereits Erlebte hervorgehoben wird. Daher gilt, mit einer Formulierung Nietzsches gesprochen: »Bevor geurteilt wird, muß der Prozeß der Assimilation schon gethan sein«.[114] Diese der Grammatik des Urteils vorausliegenden Prozesse der Assimilation bzw. des ›Dichtens‹, sind (a) Prozesse im weiten Sinne einer ›geistigen‹ Tätigkeit *vor* der Bewußtheit, und sie sind (b) Prozesse der Gestaltbildung, mithin ineins des Logischen und Ästhetischen.

In unserem Zusammenhang ist die Herausbildung der Repräsentationsfunktion der Zeichen von besonderem Interesse. Grundlegend ist dabei das Verhältnis zwischen den sich in komplexen Zeichen ereignenden Vorgängen und Prozessen selbst und, mit einer Formulierung Nietzsches gesprochen, den »Abkürzungen der Zeichen«. Entscheidend ist die Bildung, die »Erfindung von Zeichen für ganze Arten von Zeichen«.[115] In diesem Sinne hängt die Repräsentationsfunktion mit der Zeichen-über-Zeichen-Bildung zusammen. Letztere liegt der Frage nach den repräsentationalen und semantischen Merkmalen der Abkürzungszeichen stets bereits im Rücken. Zugleich ist deutlich, daß die Repräsentationsfunktion der Zeichen nicht nach dem Stellvertreter-Modell konzipiert werden kann. Zeichen können

113 F. Nietzsche: KGW VII 3, 34[249], S. 225; vgl. 38[2], S. 325.
114 F. Nietzsche: KGW VII 3, 40[15], S. 366.
115 F. Nietzsche: KGW VIII 1, 1[28], S. 13.

Gegenstände nicht stellvertreten. Das einzige, für das ein Zeichen ein Stellvertreter sein kann, ist seinerseits ein Zeichen. Diese Auffassung paßt zu dem skizzierten Verständnis der Repräsentationsfunktion.

Die Zeichen-über-Zeichen-Bildung ist nicht beliebig. Sie hat ihre Schranke und erfährt ihre Ausrichtung an der zugrunde liegenden Struktur der Interpretations-Praxis und des Interpretations-Horizonts sowie des verwendeten lebensweltlichen Zeichen-und-Interpretationssystems, aus dem wir nicht heraustreten können. Dem lebenspraktischen Zeichenlogos und dessen Grammatik kann man nicht entspringen. Hervorzuheben ist jedoch, daß die Ausbildung einer Zeichensprache mit repräsentationalen (oder logischen) Eigenschaften und damit der Übergang vom Zeichen als bloßem Anzeichen zum Zeichen als mit Organisations- und Repräsentationskraft ausgestattetem Symbol für den Menschen kennzeichnend ist und zugleich den Kern seiner Macht über die Natur ausmacht. Vornehmlich in dem »Zeichen-Apparat« und den mit diesem verbundenen »Abbreviatur-Fähigkeiten« drückt sich die »Überlegenheit« des Menschen aus.[116] Daß unsere Welt stets Zeichen-und-Interpretations-Welt ist, macht sie uns also keineswegs fremd, sondern vielmehr so vertraut wie nur irgend möglich. Das gnostische Syndrom der Weltfremdheit kann hier nicht entstehen. Es ist die welt- und sinnformierende Stellung der Zeichen und Interpretationen selbst, die einer Fremdheit der Welt und des Lebens, mithin der Metaphysik der Gnosis, den Boden entzieht. Vielmehr wäre das Streben nach einer gänzlich nicht-epistemischen Welt Ausdruck des gnostischen Syndroms.

Die Zeichen-bildende und Gestalten-produzierende Kraft des Menschen liegt der Erfahrung ebenso zugrunde wie der Begriffsbildung im engeren Sinne. Bevor Begriffe gebildet wurden, mußten onto- wie phylogenetisch Gestalten produziert worden sein. Nietzsche hat die Vorstellung entwickelt, daß der Begriff »am Laute erst entstanden, als man viele Bilder durch Einen Laut zusammenfaßte: mit dem Gehör also die optischen inneren Phänomene rubrizirte«.[117] In dem oben skizzierten Sinne des Trans-

116 F. Nietzsche: KGW VII 3, 34(131], S. 184.
117 F. Nietzsche: KGW VII 2, 25[463], S. 132f.

fer-Modells der Metapher ist dieser Vorgang metaphorisch zu nennen. Denn zur Organisation mentaler Bilder werden Schemata aus dem Bereich der Laute und der Schrift eingesetzt. Da sich das Denken im engeren Sinne nicht in Bildern, sondern in Begriffen bewegt und die Existenz identischer Fälle voraussetzt (da wir anderenfalls der Semantik unserer Ausdrücke nicht trauen könnten), gelangt man von hier aus zu Nietzsches berühmtem Diktum: »Bevor ›gedacht‹ wird, muß schon ›gedichtet‹ worden sein.« Das »Zurechtbilden zu identischen Fällen«, zur »Scheinbarkeit des Gleichen« ist daher »ursprünglicher« als das »Erkennen des Gleichen«.[118] Gleichheit ist nicht etwas Gegebenes. Sie wird hergestellt.

Das Künstlerische liegt dem begrifflichen Denken mithin in doppelter Hinsicht voraus. Zunächst müssen Anschauung und Metaphorizität vorhanden sein, damit die Begriffe nicht leer sind. Sodann steht das Denken unter der Bedingung des ›Dichtens‹ zu identischen Fällen. Sind bereits diese Voraussetzungen, die, sofern es zu einem Denken kommt, notwendig erfordert sind, als *interpretativ* zu kennzeichnen, dann können auch die Operationen des begrifflichen Denkens als ein Interpretieren angesehen werden. Dies ergibt sich (a) angesichts des subsumierenden und klassifizierenden Charakters begrifflichen Denkens. Der gleiche Punkt stellt sich sodann (b) im Zuge der trivialen Feststellung ein, daß Denken ein Vorgang in Zeichen ist, und daß jeder erfolgreiche Zeichengebrauch stets bereits eine Interpretations-Praxis voraussetzt und in Anspruch nimmt. Zudem (c) erfolgt das Denken im engeren operativen Sinne als Applikation eines »Schemas«, das wir, mit Nietzsche gesprochen, »nicht abwerfen können«, ohne damit das vernünftige Denken selbst aufzuheben.[119]

Das Ästhetische ist aber nicht nur Voraussetzung des Denkens. Es ist darüber hinaus zu zwei Leistungen fähig, die das begriffliche Denken aus sich heraus nicht zu erbringen vermag. Zunächst (1) ist in Aufnahme der oben in Kapitel 8 entfalteten Unterschei-

118 F. Nietzsche: KGW VIII 2, 10[159], S. 216.

119 F. Nietzsche: KGW VIII 1, 5[22], S. 198. Zu der sich von hier aus ergebenden Zentralstellung des Nominalismus in der Philosophie Nietzsches vgl. Verf.: *Nominalismus und Interpretation*, in: a.a.O.

dung von Sagen und Zeigen zu beachten, daß das Passen von Satz bzw. Sagen und Sachverhalt nicht seinerseits noch einmal begrifflich entschieden, aus*gesagt* werden kann. Ein solcher Versuch führt in einen unendlichen Regreß. Das Passen *zeigt sich* vielmehr an der *Form* des Sagens und ist in diesem Sinne eine Angelegenheit wesentlich der Ästhetik des Satzes und Gedankens. Diese Zusammenhänge gelten auch im Hinblick auf den Versuch, die ursprünglich-einheitliche Struktur der Welt-und-Selbst-Interpretation zur Darstellung zu bringen. *Daß* und *wie* diese Struktur zu der von ihr formierten, organisierten und erfaßten Welt paßt, sekundär mit dieser übereinstimmt, kann eben nicht noch einmal begrifflich ausgesagt oder inhaltlich entschieden werden. Es zeigt und manifestiert sich aber an der Form des Welt- und Selbst-Verhältnisses. Und dabei geht es nicht einfach um diejenige Form, die sich von ihrem Inhalt unterscheiden läßt, sondern um jene Form, die zu der inhaltlich erfolgenden Unterscheidung von Inhalt und Form die Form abgibt. Die Stimmigkeit eines welt- und sinn-formierenden Interpretierens mit dem darin Interpretierten kann daher an der Form der Interpretation, am Stil der Gedanken und in besonderer Weise an der Form und am Stil von Kunstwerken wahrgenommen werden. An Kunstwerken tritt das Moment der ästhetischen Form in ausgezeichneter Weise hervor. Sie können die Struktur der jeweils dominanten Form der ursprünglich-einheitlichen, *vor* jeder Auftrennung nach Mensch *und* Welt sowie *vor* jeder theoretischen Einstellung wirksamen Welt-und-Selbst-Interpretation z.B. ins Bild oder in einen Klang, in Präsenz setzen. Kunst kann die Form der logisch-ästhetischen Interpretativität zur Darstellung bringen.

Sodann (2) ist es, wie vor allem Nietzsche betont hat, vornehmlich die Kunsttätigkeit, die das Welt-, Selbst-, Sinn- und Zeichen-Interpretieren des Menschen in seinem das Dasein bejahenden, endogenen und diesseitigen Charakter zeigt. Kunst ist dieser Auffassung zufolge Ausdruck der Bejahung des Daseins, und das heißt des Zeichen-und-Interpretationen-Daseins. Das begriffliche Denken dagegen steht, sobald es sein anschauliches Fundament und damit seinen ästhetischen Sitz im Leben vernachlässigt, in der Gefahr, zu einem leeren Begriffsgehäuse zu verkommen (das dann seinerseits, als Begriffsmetaphysik, produktiv werden und letztlich zu einer Abwertung des Lebens führen kann). Zeigt sich in der Kunst dagegen etwas von der Form der interpretations-logischen Grenze der Welt und des Sinns, dann kann Kunst als Gegenbewegung zu einer metaphysischen Herabsetzung des Daseins gesehen werden.

4. Lebensweltlicher Sinn der Kunst

Kunst ist in der Lage, Form und Struktur einer Lebenspraxis zur Präsenz, zur Darstellung zu bringen, sie zu zeigen und dadurch zu einer Intensivierung und Erweiterung der Horizonte des Lebens beizutragen, mit einer Formulierung Kants gesprochen: das »Gemüt zu beleben«.[120]

Rückt Kunst in diese grundlegende Stellung, so ist die entscheidende Frage nicht mehr, *was* Kunst oder ein Kunstwerk ist. Ausschlaggebend ist vielmehr, was es heißt, das Welt-und-Selbst-Verständnis am Leitfaden der Kunst zu verstehen. Die Frage »Was ist Kunst?« ist wohl nur auf dem Wege zu klären, den Wittgenstein in gewisser Nähe zu rekursiven Verfahrensweisen zur Beantwortung der Frage »Was ist Bedeutung?« vorgeschlagen hat.[121] Kunst ist das, was die Erklärung der Kunst eines Zeichens resp. eines Kunstzeichens erklärt. Wenn man also den Gebrauch eines Zeichens als Kunst verstehen will, dann muß man, neben syntaktischen, semantischen und pragmatischen Eigentümlichkeiten der Zeichen, herausfinden, was man Erklärung der Kunst nennt. Kunst zu sein ist nicht eine Eigenschaft (gar eine fest-stehende, stabile) von Zeichen oder Objekten, und sie ist keine magische Fähigkeit der Referenz, keine qualitas occulta der Bezugnahme. Kunst hat Dasein in einer spezifischen Weise zeichenvermittelter Interpretation.

Wenn wir eine Interpretation und ein Zeichen als Kunst ansehen und einer Person künstlerische Fähigkeiten zuschreiben, so meint dies weder, daß es Zeichen gibt, die unabhängig von der Art ihrer Verwendung Kunstzeichen *sind*, noch, daß jemand, der

120 I. Kant: *Kritik der Urteilskraft*, § 48.

121 In puncto Bedeutung vgl. L. Wittgenstein: *Philosophische Untersuchungen I*, Nr. 560.

innere mentale Erlebnisse (Vorstellungsbilder, Empfindungen, Gefühle) hat, damit auch schon ein Künstler ist. Kunst ist mit ihrer Artikulation und Darstellung auf ähnliche Weise verschränkt wie die Formulierung eines Gedankens mit dessen Aussprechen. Ein nicht-dargestelltes resp. nicht-realisiertes Kunstwerk ist kein Kunstwerk, und das Aussprechen eines Gedankens denkt, wie man in der Linie Wittgensteins sagen kann, diesen nicht ein zweites Mal. Entsprechend heißt künstlerische Fähigkeit besitzen, Zeichen auf eine bestimmte Weise verwenden zu können. Ob ein Zeichen als Kunst, als künstlerisches Zeichen fungiert, hängt mithin davon ab, wie es eingesetzt und gelesen wird. Auch in dieser Perspektive tritt die essentialistische und metaphysische Frage »*Was* ist Kunst?« in den Hintergrund. Im Zentrum steht vielmehr die von der Lebenspraxis des Zeichen-Gebrauchs her grundlegende Frage, wie die Zeichen eingesetzt und gelesen werden. Die künstlerischen Zeichen unterscheiden sich von Zeichen, die im begrifflichen Denken und in wissenschaftlichen Theorien vorkommen, durch die Art ihrer Verwendung. In diesem Zusammenhang kann man auf die von Nelson Goodman eingeführten »Symptome« des Ästhetischen (die nicht als Definitionen und nicht einmal als Kriterien ästhetischer Beurteilung mißverstanden werden dürfen) und auf den Unterschied zwischen analogischen und digitalischen Zeichen zurückgreifen.

Goodman hat[122] in bezug auf die Zeichen in sprachlichen wie in nicht-sprachlichen Systemen fünf Komponenten unterschieden: (a) die »*syntaktische Dichte*«, die vorliegt, wenn kleinste Unterschiede am Zeichen zu unterschiedlichen Symbolen führen, Beispiel: ein Glissando in der Musik; (b) die »*semantische Dichte*«, die vorliegt, wenn das Zeichensystem selbst noch für die geringsten Unterschiede zwischen den Dingen ein Symbol bereitstellt, Beispiel: die Ausdrücke der Eskimos für Schnee; (c) die »*relative Fülle*«, die vorliegt, wenn selbst noch die kleinste Nuance eines Symbols zählt, Beispiel: die Gesichtszüge in einem Porträt; (d) die in Kapitel 8 (Sagen und Zeigen) erörterte »*Exemplifikation*«, die vorliegt, wenn ein Symbol als Probe von Eigenschaften fun-

122 Vgl. N. Goodman: *Languages of Art*, a.a.O., 252-255; ders.: *Ways of Worldmaking*, Indianapolis ²1981, 67-70; und ders.: *Of Mind and Other Matters*, Cambridge Mass. 1984, 135-138.

giert, die es besitzt und auf die es sich bezieht, Beispiel: ein Stück Torte in der Auslage einer Konditorei; (e) die »*multiple und komplexe Bezugnahme*«, die vorliegt, wenn ein Symbol mehrere Funktionen der Referenz erfüllt, Beispiel: die Anordnung von Gegenständen durch einen Aktionskünstler.

Der Formulierung dieser Symptome liegt die Vorstellung zugrunde, daß man Zeichen und Zeichensysteme nach dem Grad ihrer Dichte und Fülle bzw. ihrer Differenziertheit und Diskretheit unterscheiden kann. Dem entspricht, daß man, wie bereits betont, Zeichen entweder *analogisch* oder *digitalisch* einsetzen und lesen kann. Analogisch sind Zeichensysteme, wenn sie syntaktisch und semantisch dicht, d.h. undifferenziert und kontinuierlich sind. Hier zählt am Zeichen jede Nuance und jede noch so minimale Differenz. Digital sind Zeichensysteme, wenn sie differenziert, diskontinuierlich und disjunktiv sind. In ihnen zählt nicht jeder minimale Aspekt am Zeichen selbst, sondern lediglich bestimmte herausgehobene und klar abgegrenzte Punkte. Alle zwischen zwei solchen Punkten liegenden Werte werden nicht als Zeichen des Schemas eingestuft.

Diese zeichentheoretische Annäherung an die Ästhetik der Künste läßt sich mit dem in Abschnitt 9.1. eingeführten Kompossibilitätsprinzip der Kunst (Optimum an individuierender Komplexität bei zugleich gewährleisteter Funktionalität) verbinden. Je stärker diesen Symptomen im Hervorbringen wie im Aufnehmen der Zeichen Raum gegeben werden kann, *ohne* an organisierender Kraft einzubüßen, desto intensiver die Kunsterfahrung. Sieht man, wie etwa Nietzsche, den Fluß der Dinge als ›letzte Wahrheit‹ an, so läßt sich diese symboltheoretisch als die Ebene höchster Dichte, Fülle und fortwährenden Sich-Verschiebens der diesen Fluß ausmachenden Interpretations-und-Zeichen-Prozesse auffassen. Denn mit der Dichte der Zeichen wächst deren Fluß. Zugleich läßt sich auch die Gefahr benennen, in die eine solche Intensivierung und Erweiterung der Horizonte führen könnte. Sie besteht in dem drohenden Zerfall der organisierenden Kraft und damit in einer Diffundierung der Formen des Lebens. Das Individuum, das zu genau liest, das die Zeichen-Welt hochgradig und schließlich auf eine idiosynkratische Weise analogisch, d.h. zu wenig undifferenziert aufnimmt, lebt gefährlicher als ein vorwiegend mit digitalen Zeichen operierender Mensch.

Zugleich lassen sich die im Hinblick auf die bereits angesprochene Frage der Überwindung des Nihilismus zentralen Aspekte der Diesseitigkeit und Daseinsbejahung seitens der Kunst interpretations- und zeichenphilosophisch fassen. Nietzsches These, daß Kunst den Weg in ein lebensverneinendes Jenseits abschneidet, heißt, daß die großen transzendenten Verlockungen, die mit Kunstwerken z.B. im Rahmen des *Ausdrucks*problems verbunden sind, symboltheoretisch im Rekurs auf Dichte, Fülle, Exemplifikation und Referenz der Zeichen unterlaufen werden können. Das ist der Übergang von einer Jenseits- zu einer Diesseitsbetrachtung der Kunstwerke am Leitfaden der Frage, wie es zu denken ist, daß Zeichen als Kunstwerke fungieren und worauf ihre Expressivität beruht. In Kunstwerken gelangt nicht ein ›hinter‹ den Werken liegendes und bislang verborgenes Wesen und Sein zum Ausdruck. Vielmehr zeigt sich an ihnen etwas von der mit den Mitteln *begrifflichen Denkens* nicht einholbaren, jedoch dominanten Form der lebensweltlichen Interpretations-Praxis des Zeichen-Gebrauchs. Kunst kann in diesem Sinne Lebensform ausdrücken, und sie kann, wird der Interpretations-und-Zeichencharakter der Daseinsvollzüge übernommen, daseins-bejahend, das heißt interpretations- und zeichen-bejahend in diese zurückwirken. Sie vollzieht sich im und als Gebrauch und Spiel von Interpretationszeichen. Darin kann sie welt- und sinn-bildend wirken, bejaht eo ipso alles Zeichen-Dasein und bewegt sich in diesem Sinne bereits jenseits des Nihilismus. Nach-nihilistisch geht es in der Kunst um diese Praxis der Zeichen und Interpretationen.

10. Wissenschaft und Kunst

1. Wissenschaft als Kunst

Daß Wissenschaft zu treiben ein Vorgang in Interpretationszeichen ist, wurde in Kapitel 6 dargelegt. Diese Charakterisierung erstreckte sich dort auf das ganze Spektrum von der empirischen Beobachtung über die Hypothesen- und Theoriebildung bis hin zur Formulierung wissenschaftlicher Gesetze. Diese interpretativen Aktivitäten dienen dazu, wissenschaftliche Beschreibungen faktisch kontingenter Prozesse zu liefern. Um das zu erreichen, bedarf es zuvor bereits eines umgrenzten Gegenstandsbereichs und in methodischer Hinsicht einer Fragestellung, eines Gesichtspunkts, einer Forschungsmethode, eines Forschungsziels sowie der theoretischen (z.B. der mathematischen) und praktischen (z.B. der experimentellen) Instrumentarien zur Durchführung des Programms. Wissenschaft zu treiben ist eine »Interpretationskunst«[123] auf methodisch anspruchsvollstem Niveau.

Daß die Künste als menschliche Tätigkeitsbereiche angesehen werden, deren Vollzüge in Interpretationszeichen erfolgen, ist nicht überraschend. Die sie kennzeichnenden Verfahren sind im Kern interpretativen Charakters. Sie sind sinnlich darstellender, expressiver, perspektivischer, konjekturaler, organisierender, hervorhebender, anordnender, pointierender, vernachlässigender, akzentuierender, eben interpretativer Art. Dies gilt in konstitutiver ebenso wie in retrospektiver Hinsicht, und es gilt in der Ersten-Person-Perspektive des Akteurs ebenso wie in der Dritten-Person-Perspektive eines Rezipienten. Darüber hinaus ist Interpretation erfordert sowohl hinsichtlich der Bedeutungsexplikation als auch hinsichtlich der Auffassung von Kunst als Ausdruck geschichtlicher und kultureller Erfahrung. Kunst ist interpretations-bedingt und interpretations-abhängig. Künstlerische Aktivitäten und Kunstwerke haben jeweils eine Interpre-

123 Der Ausdruck entstammt F. Nietzsche: *Jenseits von Gut und Böse*, Nr. 22, in: KGW VI 2, S. 31.

tations-Genealogie bereits hinter sich, stehen in gegenwärtigen Interpretationszusammenhängen und haben ihre zukünftige Interpretationsgeschichte noch vor sich. Bereits die Identität und die Individuation eines Kunstwerks ist vom Ziehen einer Interpretationsgrenze und von einem Ansehen-*als*-Kunstwerk abhängig: ›Dies ist ein Kunstwerk, jenes ist keines‹. Und ›hier endet dieses Kunstwerk, dort beginnt ein nächstes‹.

Wissenschaft und Kunst sind menschliche Tätigkeitsbereiche, deren Verfahren interpretativ genannt und deren Zusammenhang und Differenz auf dem beiden gemeinsamen Boden der Interpretationsverhältnisse rekonstruiert werden können. Im Unterschied jedoch zu dem im vorigen Kapitel entwickelten Zusammenhang von Logik und Ästhetik ist das Verhältnis von Wissenschaft und Kunst nicht auf der Ebene der ursprünglich-produktiven Welt- und Sinn-Organisation sowie der Praxis-Orientierung anzusiedeln. Denn Wissenschaft setzt die oben genannten Aspekte bereits voraus. Zudem sind wissenschaftliche Theoriebildung und Forschungsprogramme von einem Vorverständnis abhängig. Dieses ist mit dem in einer Zeit und Kultur dominanten Weltbild verzahnt. Zugleich ist zu beachten, daß die kritische Wirkung von Wissenschaft sich von dem sie tragenden Vorverständnis emanzipieren und schließlich sogar gegen dieses wenden kann. Das Verhältnis von kritischer Wissenschaft und traditionalen Weltbildern vor allem in der Moderne liefert dafür eindrucksvolle Belege. Dies bringt einen wichtigen systematischen Aspekt in den Blick. Wissenschaft kann zwar zur Destruktion traditionaler Weltbilder beitragen; aber sie ist in dem im folgenden skizzierten Sinne ihrerseits nicht in der Lage, diese Funktionsstelle zu besetzen oder eine neue zu schaffen. Ein *wissenschaftliches* Weltbild *kann* es strenggenommen *nicht* geben. In diesem Sinne ist Wissenschaft der Ebene des Logischen und Ästhetischen nachgeordnet. Wissenschaften setzen sowohl eine individuierte Wirklichkeit als auch einen Horizont bereits voraus, innerhalb dessen bestimmte Fragen und Antworten als wissenschaftliche Fragen und Antworten gekennzeichnet werden können. So kann man z.B. in der Molekularbiologie das Gegenstandsfeld, die Methoden und darüber hinaus auch angeben, was als eine wissenschaftliche Frage und was als eine wissenschaftliche Antwort zählt. Dieser Möglichkeit liegt die Ebene des Logischen und Ästhetischen in dem in Kapitel 9.1. dargelegten Sinne stets bereits voraus.[124]

Daher auch heißt ›Wissenschaft treiben‹ (in Kantischer Terminologie gesprochen), einem *hypothetischen*, nicht jedoch einem *kategorischen* Imperativ folgen. Auf die Frage, ob Wissenschaft sein *soll*, kann keine unbedingte Antwort im Sinne eines kategorischen Imperativs gegeben werden. Fragt man dagegen, ob das Logische und das Ästhetische sein sollen, so ist deutlich, daß eine Antwortung im Sinne eines bloß hypothetischen Charakters sinnlos ist. Ist es schon je einem lebendigen Wesen gelungen, Welt, Wirklichkeit und Sinn zu haben, *ohne* bei deren Individuation und Identifikation logisch-künstlerische Prozeduren zu verwenden? Ein solches Lebewesen wäre nicht Geist von unserem Geiste, und auf eine gänzlich nicht-epistemische Welt würden wir uns auch nicht verstehen. Strenggenommen wissen wir nicht einmal, was wir meinen, wenn von einem solchen Lebewesen die Rede ist. Von der konstitutiven Vollzugsebene der Zeichen-und-Interpretations-Prozesse zu sagen, sie sei lediglich hypothetisch, nicht aber unabdingbar erforderlich, wäre eine Variante des Irrtums, die Möglichkeit, zwischen unterschiedlichen Welt-Interpretationen auf der dritten Ebene der Interpretation wählen zu können, als die Möglichkeit mißzuverstehen, aus der ursprünglichen Interpretativität$_{1}$ der Lebenspraxis als solcher heraustreten zu können.

Die auch heute noch weit verbreitete Auffassung, das Verhältnis von Wissenschaft und Kunst lasse sich am Leitfaden des Gegensatzes beider bestimmen und zwischen ihnen bestehe eine unüberbrückbare Kluft, läßt sich bei näherer Prüfung nicht aufrechterhalten. Dies ist allein schon deshalb nicht der Fall, weil Wissenschaften und Künste als menschliche Tätigkeitsbereiche Ausdruck ein und desselben menschlichen Welt-und-Selbst-Verständnisses sind. Bei allen Unterschieden zwischen Wissenschaft und Kunst z.B. in der Wahl der methodischen Mittel oder in der Darstellungsform ist doch festzuhalten, daß beide letztlich aus

124 Im folgenden wird auch Material einbezogen, das verwandt wurde in Verf.: *Wissenschaft und Kunst*, in: J. Simon (Hg.): *Kunst und Wissenschaft bei Nietzsche*, Würzburg 1986, 9-25.

ein und derselben interpretativen Lebenswelt resp. lebensweltlichen Interpretations-Praxis heraus und auf diese hin betrieben werden. Die Frage des Verhältnisses von Wissenschaft und Kunst läßt sich daher auf der Basis der lebensweltlichen Interpretationsverhältnisse entfalten. Wissenschaft und Kunst können als unterschiedliche Varianten menschlicher Welt-und-Selbst-Interpretation angesehen werden.

Wissenschaft ist im wesentlichen auf die Ebene buchstäblich zu verstehender und mathematisch formulierter Aussagen über eine bereits als vorhanden vorausgesetzte Welt begrenzt. Dagegen ist Kunst im weiten Sinne künstlerischen Tätigseins an eben dieser Formation und Organisation der Welt, an der Form der Welt-und-Selbst-Interpretation in einem Maße beteiligt, das über das der Wissenschaften hinausgeht. Darin wird eine Priorität der Kunst vor der Wissenschaft und eine Asymmetrie beider (jede Wissenschaft ist eine Kunst, aber nicht jede Kunst ist wissenschaftlich) deutlich. Zugleich wird es von hier aus möglich, (a) Wissenschaft als eine Kunst und (b) Kunst als kognitiv relevante Tätigkeit anzusehen.

Der innere Zusammenhang von Wissenschaft und Kunst tritt auch zutage, wenn die im vorigen Kapitel dargelegte Einsicht, daß jeder gehaltvolle Begriff unter der Bedingung der Anschauung steht, dazu führt, die *Anschauung* zur Grundlage auch wissenschaftlicher Naturbetrachtung zu machen. In der Tradition der Moderne ist diese Perspektive vor allem von Goethe entwickelt worden. Seine diesbezüglichen Vorstellungen sind nach wie vor aufschlußreich. Goethe vertrat die Auffassung, daß die Gesetze in der Kunst und in der Wissenschaft letztlich die gleichen sind und eine Einheit bilden. Anschauung, Morphologie, Teil-Ganzes-Beziehung, Metamorphose-Gedanke sind Interpretamente, die die Einheit von Wissenschaft und Kunst verdeutlichen sollen und auch der wissenschaftlichen Naturbetrachtung eine zutiefst ästhetische Dimension zusprechen. Oder umgekehrt: letztlich gibt es keinen metaphysischen Gegensatz zwischen Wissenschaft und Kunst, zwischen Kunst und Erkenntnis. Das Problem der Einheit der Natur, das Kant und den Transzendentalismus bedrängte, kann in einer solchen Auffassung gar nicht mehr auftreten. Denn Goethe benötigt, aufgrund des Zuschnitts seiner Weltbetrachtung, zur Einheit der Natur kein fiktives Als-ob und keinen ästhetischen Schein. Gehört Anschauung in diesem Sinne zu den Grundlagen der Naturbetrachtung, dann wird konsequenterweise nicht der *bestimmenden* oder der *reflektierenden* Urteilskraft (Kant), sondern der »*anschauenden* Urteilskraft« (Goethe)[125] ein Vorrang eingeräumt. Intern ist mit dem Moment der Anschauung zugleich auch das des Holismus verknüpft. Wissenschaft *muß* Kunst sein, »wenn wir von ihr irgendeine Art von Ganzheit erwarten«. Und dies ist der Fall, weil, wie Goethe in der *Farbenlehre* betont, »im Wissen sowohl als in der Reflexion kein Ganzes zusammengebracht werden kann«.[126]

Der Tatsache, daß der künstlerischen Tätigkeit, dem Künstlerischen und Ästhetischen, nicht nur eine emotive, sondern eine zugleich kognitive, eine welt-, sinn-, gestalt- und form-organisierende Kraft zukommt, entspricht umgekehrt, daß wissenschaftliche Erkenntnis eine ganze Reihe künstlerischer Momente voraussetzt. Dies ist vor allem dort der Fall, wo neue Entdeckungen gemacht werden, die stets ein hohes Maß an Phantasie, Einbildungskraft, Einfallsreichtum und spielerischer Flexibilität voraussetzen.[127] Wissenschaftler unterschätzen manchmal die kognitiven und erkenntnismäßigen Komponenten der Künste. Und umgekehrt verkennen Künstler oftmals, »was für Phantasie jede größere Erkenntniß zur Voraussetzung hat«.[128] Auch hier wiederum bildet Goethe eine rühmliche Ausnahme. Goethe, notiert Nietzsche einmal, wußte, »was zum wissenschaftlichen Menschen gehört: er ist ein Ideal, in dem alle menschlichen Tüchtigkeiten sich vereinigen wie alle Ströme im Meer«.[129] Auch auf die grundlegende Rolle der Einbildungskraft für den großen Naturforscher hat Goethe immer wieder hingewiesen.[130] Die

125 J. W. Goethe: *Anschauende Urteilskraft*, in: Goethe: *Poetische Werke und Schriften* (= Cotta-Ausgabe), Bd. XIX, Stuttgart o.J., 114f.

126 J. W. Goethe: *Materialien zur Geschichte der Farbenlehre*, a.a.O., Bd. XXI, 570.

127 Vgl. dazu auch oben Kap. 6.5. (Entdeckungen machen und Neues beobachten) und Kap. 7 (Imagination und Kognition).

128 F. Nietzsche: KGW V 1, 4 [213] S. 483.

129 F. Nietzsche, a.a.O.

130 Vgl. z.B. Goethe zu Eckermann, 27.1.1830. In: Eckermann, J. P.:

Einbildungskraft ist, wie in Kapitel 7 dargelegt, ein beurteilendes, regel-gebendes und regel-befolgendes produktives Vermögen, das in Wissenschaft und Kunst gleichermaßen vorauszusetzen und unentbehrlich ist.

Während man also gemeinhin das Verhältnis von Wissenschaft und Kunst von ihrem Gegensatz her bestimmt (Kunst ist keine Wissenschaft, und Wissenschaft ist keine Kunst), wandelt sich das Bild bei näherem Hinsehen gründlich. Wissenschaft kann als eine Kunst besonderer Art, und Kunst als eine kognitiv relevante Tätigkeit angesehen werden. Dies läßt sich mit Rekurs auf Auffassungen Nelson Goodmans unter vier Gesichtspunkten präzisieren.

Zunächst (a) ist zu beachten, daß die Vorgehensweisen (Dekomposition, Aufbau und Organisation des Materials) in beiden Bereichen ähnlich sind. Dies gilt unabhängig davon, daß das Ziel der Wissenschaft, im Unterschied zur Kunst, in buchstäblich denotierender Theorie besteht, die sprachlich oder mathematisch verfaßt ist.[131] In beiden Sphären sind Prozeduren z.B. des Zerlegens, der Neu-Organisation, Vereinfachung, Subsumption, Ausgrenzung, Komplettierung, Hervorhebung, Bevorzugung und der Re-Identifikation grundlegend.

Sodann (b) ist zu bedenken, daß Wissenschaft in ihrem Sprach- und Zeichengebrauch keineswegs rein buchstäblich verfährt und dadurch der Kunst gleicht, der als Mittel auch fiktive, nichtsprachliche und metaphorische Modi der Bezugnahme zur Verfügung stehen. Goodman erinnert an den Gebrauch der Metapher auch in den Wissenschaften. Dabei wird das Transfer-Modell der Metapher, also die Auffassung zugrunde gelegt, daß Metaphern darin bestehen, daß sprachliche Prädikate oder nichtsprachliche Zeichen aus einem Bereich in einen anderen transferiert werden und dort zu einer aufschlußreichen Neu-Organisation des Materials führen. So gesehen kann man mit Goodman sogar die Anwendung der Mathematik zur Beschreibung physikalischer Prozesse als einen Metaphernvorgang auffassen.[132] Da

Gespräche mit Goethe in den letzten Jahren seines Lebens, hg. von F. Bergemann, Frankfurt a. M. 1981, 660.

131 N. Goodman: *Ways of Worldmaking*, a.a.O., 107.

132 N. Goodman, a.a.O., 107.

der Erfolg der modernen Naturwissenschaften im Kern auf der Mathematisierung beruht, könnte man sogar sagen, daß dieser Erfolg das Ergebnis auch eines Metaphernprozesses ist. Außerdem sind natürlich in den Wissenschaften Metaphern anzutreffen wie etwa in der Rede von »Schwarzen Löchern«, »Urknall« oder »Elektischer Fluß«. Metaphern dürfen, geht es um das Verhältnis von Metapher und Erkenntnis, nicht als zusätzlicher und ausschmückender Zeichengebrauch mißverstanden werden, der auch entfallen könnte. Vielmehr wirken sie kognitiv. Der Unterschied zwischen Kunst und Erkenntnis kann nicht im Rückgriff auf eine vermeintliche Dichotomie von Metapher und Kognition gefaßt werden.

Schließlich (c) wird von hier aus deutlich, daß auch am Leitfaden der Alternative ›faktisch‹ versus ›fiktional‹ keine logische Kluft zwischen Wissenschaft und Kunst errichtet werden kann. Nur auf den ersten Blick scheint es so, daß Wissenschaft in einem Wirklichkeitsbezug steht, während Kunst auf die Hervorbringung fiktiver Welten hinausläuft, und daß die Wissenschaft, im Unterschied zur Kunst, den Rahmen ihrer abgesicherten Beweisbasis nicht überschreitet. Aber man beachte zwei Aspekte: Zum einen sind es gerade die beiden reinsten aller Vernunftdisziplinen, die Logik und die Mathematik, die fortwährend ›künstliche‹ Welten produzieren. Zum anderen akzeptiert die Wissenschaft durchaus Theorien, die über die zugängliche Datenbasis hinausgehen, vorausgesetzt, solche Theorien führen zu einer aufschlußreichen Organisation und Ordnung der gegebenen Daten.[133]

Darüber hinaus (d) zeigt sich auch am Gesetzesbegriff, daß Wissenschaft eine Kunst, und zwar, wie eingangs betont, eine »Interpretationskunst« ist. Auf sie weist Nietzsche im Zusammenhang der Rede der Physiker von der »Gesetzmässigkeit der Natur« hin. Die Gesetze der Natur, die wissenschaftlichen Gesetze, liegen nicht einfach in ihr herum. Sie bestehen nur kraft bestimmter Deutungen seitens des menschlichen Verstandes. Sie sind nicht selbst ›Fakten‹ in der Welt, sondern Verallgemeinerungen auf der Basis einer begrenzten Summe von Beobachtungen. Gemessen an der tatsächlichen Komplexität und Individualität der

133 C. G. Hempel: *Recent Problems of Induction*, in: a.a.O., 132.

einzelnen Ereignisse und Prozesse stellen wissenschaftliche Gesetze erklärtermaßen Vereinfachungen strategischer Art dar. In dieser Einschätzung treffen sich übrigens die Auffassungen Nietzsches und Goodmans. Treten bei genauer Beobachtung zu viele und widerspenstige Informationen und zu pedantische Daten auf, dann ist man geneigt, die »nearest amenable and illuminating lie« zu wählen. Die meisten wissenschaftlichen Gesetze sind von solcher Art. Sie sind »not assiduous reports of detailed data but sweeping Procrustean simplifications«.[134] Goodman nennt als Beispiel »$v = p \cdot t$«, Nietzsche das der chemischen Verbindung des Wassermoleküls: »Wasser = H_2O«. Das Gleichheitszeichen »=« ist, mit Nietzsches Formulierung, »vollends unmöglich genau zu machen«.[135] Wohlgemerkt, solche Überlegungen sind nicht als eine Kritik an der Wissenschaft zu lesen, und sie machen natürlich die wissenschaftlichen Gesetze in keiner Weise ›falsch‹. Aber sie begrenzen den szientistischen Anspruch mancher Wissenschaftler, ›Die Eine Objektive Wahrheit‹ in bezug auf das, ›was wirklich ist und geschieht‹, formuliert zu haben. Wissenschaftliche Gesetze werden heute dagegen als Deskriptionen faktisch-kontingenter Vorgänge verstanden.

Auch die Wissenschaftssprache, ihre Notationen und Vokabulare, sind Modi der Interpretation, und die Wahrheit ihres gegenständlichen Bezugs gilt stets nur *auf Zeit*, d.h. nur solange die unter den Wissenschaftlern verabredeten Standards erfüllt werden. Ein Anhänger des vor-kopernikanischen Geozentrismus *konnte* sich nicht vorstellen, daß sein Satz »Die Sonne dreht sich um die Erde« jemals ›falsch‹, und der heliozentrische Satz »Die Erde dreht sich um die Sonne« jemals ›wahr‹ werden könnte. Heute weiß man, daß, relativ auf das Bezugssystem, beide Sätze, obwohl entgegengesetzt, zugleich zutreffend sein können.[136]

134 N. Goodman: *Ways of Worldmaking*, a.a.O., 121.
135 F. Nietzsche: KGW V 2, 11 [149], 397.
136 Vgl. N. Goodman, a.a.O., 109-116.

2. Kunst als kognitiv relevante Tätigkeit

Als Komplementärstück zu der Überlegung, daß Wissenschaft eine Kunst ist, kann man das bekannte Diktum des englischen Landschaftsmalers John Constable anführen: »Painting is a science ... of which pictures are but the experiments.«[137] Malerei sei, so Constable, »an inquiry into the laws of nature« und sollte als eine solche betrieben werden. Warum also, fragt der Maler, kann Landschaftsmalerei nicht »be considered as a branch of natural philosophy«?[138] Kunst rückt damit in den Rahmen der Erforschung und Darstellung der Wirklichkeit. Dafür, daß in den Künsten Verfahren vorkommen, die den Charakter wissenschaftlicher Experimente haben, gibt es zahlreiche Beispiele. Eines der bekanntesten ist die Einführung der Standardperspektive in der Malerei der Renaissance.[139]

Dies darf freilich nicht so verstanden werden, als ahmten die Künste wissenschaftliche Verfahren nach. Das hat es zwar auch gegeben. Aber der Gesichtspunkt, auf den es hier ankommt, ist eher der umgekehrte, daß künstlerische Vorgehensweisen kognitiv bedeutsam sind und nicht selten in ihren Prozeduren den Wissenschaften vorangehen. Paul Feyerabend führt drei Beispiele an[140], wo im Bereich der Künste Konzeptionen vorweggenommen wurden, die erst erheblich später Eingang in die Wissenschaften gefunden haben: (1) Die Konzeption des Raumes als etwas von den in ihm enthaltenen Gegenständen Unabhängiges wird in der Malerei und Architektur der Renaissance lange vor Newton eingeführt. (2) Die Darstellung von Individualität und Sozialität erfolgte in Dichtkunst, Epos und Drama längst vor

137 Aus Constables vierter Vorlesung in der Royal Institution (1836); vgl. C. R. Leslie: *Memoirs of the Life of John Constable*, hg. von J. Mayne, London 1951, 323; hier zit. nach Goodman, *Languages of Art*, a.a.O., 33.

138 Constable, zit. bei E. Gombrich, *Art und Illusion*, a.a.O., 33. Vgl. die Erläuterungen Gombrichs 46ff.

139 Vgl. dazu P. Feyerabend: *Wissenschaft als Kunst*, Frankfurt a. M. 1984, 17-23, der am Beispiel Brunelleschis nachweist, daß eine solche perspektivische Versuchsanordnung alle Eigenschaften eines wissenschaftlichen Experiments besitzt.

140 P. Feyerabend, a.a.O., 48f.

und eindringlicher als in wissenchaftlicher Psychologie und Soziologie. (3) Selbst logische Schemata, z.B. der modus tollens, treten, lange bevor sie zu formal-logischen Prozeduren des Schließens im Sinne der logike techne werden, in der Tragödie auf.
Zu Zeiten des erwähnten Constable wurden Experimente vor allem mit Farbskalen in bezug auf Eigenarten der Repräsentation gemacht. Die Maler standen vor dem Problem, das Verhältnis zwischen der Lokalfarbe und der feingestuften Farbskala so zu fassen, d.h. in ein *Übersetzungs*verhältnis zu bringen, daß das Bild seinen Eindruck von Tiefe und Licht hervorbringt.[141] Daran zeigt sich, daß es in der Repräsentation nicht um ein Imitieren und Kopieren der Natur, sondern um die Herstellung der denotativen Kraft eines Bildes, um Produktion der Referenz *kraft* darstellerischer Mittel geht. Von diesem Punkt aus ergibt sich der nächste Schritt sowie die grundlegende Einsicht, daß dieser experimentierende Charakter der Künste, die Art und Weise, wie z.B. ein Bild seine Materialien gliedert, unterscheidet und verbindet, sowie seine form- und gestaltbildende Kraft zu entfalten und nachhaltig zu verankern weiß, Rückwirkungen auf den Betrachter und seine Sicht der Dinge, d.h. Auswirkungen auf seine Art und Weise haben kann, wie von da an Wirklichkeit wahrgenommen, gesehen, gelesen, organisiert, neu-interpretiert wird. Auf diese Struktur bezogen leistet ein Bild, »like a crucial experiment«, eine »genuine contribution to knowledge«.[142]
Ästhetische und emotive Erfahrung ist eine zugleich kognitive, welt-und-selbst-interpretierende Erfahrung, die den Gebrauch unserer Interpretationssysteme erweitert und verändert, sowohl in bezug auf ein Verständnis von Kunstwerken im engeren als auch hinsichtlich des Welt-und-Selbst-Verstehens im weiteren Sinne.[143] Die Dichotomie von Wissenschaft und Kunst, errichtet am Leitfaden der Dichotomie von Erkenntnis und Gefühl, läßt sich nicht aufrechterhalten, sobald ästhetische und emotive Erfahrung in die Voraussetzungen des Erkennen-Könnens einge-

141 Vgl. E. Gombrich, a.a.O., 46.
142 N. Goodman: *Languages of Art*, a.a.O., 33.
143 Vgl. auch N. Goodman, a.a.O., 248.
144 Vgl. dazu Verf.: *Nietzsche*, a.a.O., 72-81.

hen. Aus der ästhetischen Erfahrung[144] heraus entstehen also überhaupt erst die Möglichkeiten einer dann im Rahmen dessen, was Wissen und Erkennen genannt wird[145], zentralen Artikulierbarkeit, Repräsentation, Mitteilbarkeit und Kommunikabilität. Zwischen der ästhetischen Erfahrung, in die emotive, sinnliche und affektive Komponenten eingehen, und der Erkenntnis eine Kluft zu errichten, mutet daher als eine seltsame Strategie an, wo doch Wissen und Erkennen ohne das interpretations-logisch Ästhetische und ohne die Ästhetik der Zeichen der Repräsentation nicht einmal artikulierbar wären.

Der Unterschied zwischen Wissenschaft und Kunst wird von einer bloß *externen* Differenz, von einem bloß äußeren reflektierenden Nebeneinander beider, zu einer *internen* Differenz in den Zeichen-und-Interpretations-Funktionen. Dies trifft sich in einigen Hinsichten mit der Position der allgemeinen Symboltheorie, wie sie Nelson Goodman vertritt. Der Unterschied zwischen Kunst und Wissenschaft ist *nicht* der zwischen »feeling and fact, intuition and inference, delight and deliberation, synthesis and analysis, sensation and cerebration, concreteness and abstraction, passion and action, mediacy and immediacy, or truth and beauty«. Es handelt sich vielmehr um Unterschiede »in domination of certain specific characteristics of symbols«.[146] So ist in wissenschaftlichen Theorien die buchstäbliche Denotation distinkter, disjunkter und differenzierter Zeichen vorherrschend. In den Künsten dagegen sind, so Goodmans Überlegung, nicht-diskrete, nicht-disjunkte, kontinuierliche, multipel referierende und exemplifikatorische sowie expressive Charaktere der Zeichen vorrangig. Und insofern die Umgrenzung ebenso wie die Unterscheidung solcher Zeichencharaktere stets bereits eine eingespielte Interpretations-Praxis voraussetzt und in Anspruch nimmt, fällt der Unterschied zwischen Wissenschaft und Kunst, den wir machen und verstehen, in die Interpretation. Er ist ein Unterschied *de interpretatione*.

145 Vgl. dazu unten Kap. 13.
146 N. Goodman, a.a.O., 264.

Teil IV
Pluralität und Wahrheit

11. Interner Pluralismus

Ist theoretischer Pluralismus logisch möglich? Diese Frage kann nicht mit dem Hinweis darauf beantwortet werden, daß Pluralität empirisch doch vielerorts anzutreffen ist, etwa als Pluralität von Methoden, Stilen, Meinungen oder konkurrierenden Theorien. Ein solcher Hinweis beantwortet nicht die Frage nach eben dieser Möglichkeit selbst und danach, ob und in welchem Sinne Pluralität unvermeidlich und nicht-eliminierbar ist oder nicht. Im folgenden werden die sprach-, zeichen- und interpretationsphilosophischen Grundlagen des theoretischen Pluralismus skizziert.[1] Es wird sich zeigen, daß Pluralität *intern* ins Spiel kommt, sobald dem *interpretativen* Charakter des Funktionierens von Wörtern, Zeichen und Symbolen gebührend Rechnung getragen wird. Entscheidend ist, daß es sich dabei nicht um *externe*, sondern um *interne* Pluralität handelt. Pluralität tritt auf der Innenseite der Zeichenverwendung in Form möglicher Alterität auf den Plan. Alterität ist, wie bereits in Kapitel 2.5. betont, intern mit der Bestimmtheit einer Welt und Wirklichkeit gesetzt. Pluralität erscheint daher nicht als synkategorematisch zu der einen Welt, sondern vielmehr als konditionale Pluralität. Ohne sie hätte man es gar nicht mit einer bestimmten, nicht mit unserer und ein jeder von uns es nicht mit seiner Welt zu tun. Entscheidend ist, daß das interpretationsphilosophische Konzept der Pluralität nicht mit einer Übersicht-von-außen, d.h. erklärtermaßen nicht mit der Vorstellung rechnet, man bzw. ein Subjekt könnte *von außen* uneingeschränkte und vollständige Übersicht

1 Es geht hier also nicht um Fragen eines metaphysischen Pluralismus, dem zufolge die Wirklichkeit aus vielen selbständigen Entitäten besteht, wie dies etwa im Atomismus oder in der Leibnizschen Monadenlehre gedacht wird. Auch geht es im folgenden nicht um das Verhältnis von Vielheit und Einheit. – Eine frühere und ausführlichere Fassung dieses Kapitels ist erschienen in: G. Abel/H. J. Sandkühler (Hgg.): *Pluralismus. Erkenntnistheorie, Ethik und Politik*, (= Dialektik. Enzyklopädische Zeitschrift für Philosophie und Wissenschaften, 1996, Heft 3), Hamburg 1996, 49-68.

über viele verschiedene Welten haben. Ausgangspunkt ist vielmehr, daß gerade dies nicht die epistemische Situation endlicher Geister beschreibt und daß wir von genau dieser Möglichkeit systematisch abgeschnitten sind. Dieser Aspekt ist grundlegend, auch in Sachen Pluralismus.
Eine von mehreren Fragen lautet dann, ob ein solcher interner Pluralismus unabhängig von reduktionistischen Annahmen formuliert werden kann oder nicht. Zeigen wird sich, daß der interpretative Pluralismus auf keinen Fall als ein Pluralismus des »anything goes« mißverstanden werden darf. Es handelt sich vielmehr um einen Pluralismus mit internen Restriktionen.

1. Gründe der Pluralität

(i) *Zeichen und Bedeutung* – Die Bedeutung von Zeichen hängt, so wurde in Kapitel 3.2. betont, von einer bereits vorausgesetzten Interpretations-Praxis und des näheren von der angemessenen Interpretation der Zeichen ab. Sofern nun die Art des Zeichengebrauchs nicht abschließend sowie nicht situations- und individuen-unabhängig und nicht allgemein verbindlich ein für alle Mal feststeht, wird eben dadurch die Möglichkeit variierender und alternativer Fixierung der semantischen und pragmatischen Merkmale und in diesem Sinne *intern* Pluralität freigegeben. Der Spielraum variierender Festlegungen kann nicht definitiv auf nur ›Eine Einzige Richtige Interpretation‹ limitiert werden. Dem entspricht, daß die Liste der semantischen Merkmale eines Zeichens im Prinzip unabschließbar ist. Es kann jederzeit jemand kommen und ein weiteres Merkmal mit hinzufügen. Auch die Bedeutungs*explikation* von Ausdrücken und Zeichen kann niemals vollständig sein. Hinzu tritt, daß wir über kein Kriterium der Gleichheit der Bedeutung im Zeichengebrauch zwischen Sprecher und Hörer, zwischen Zeichenbenutzer und Zeicheninterpret, verfügen. Zwei oder mehrere Personen können sich in ein und derselben Situation sensorischer Evidenz sowie in dem gleichen neurophysiologischen Zustand befinden und die von ihnen praktizierte Zeichenverwendung kann durch ein und dasselbe öffentlich wahrnehmbare Ereignis (z.B. den Zusammenstoß zweier Autos an einer Ampel) verursacht worden sein: dennoch garantiert dies keine Gleichheit der semantischen und pragmatischen Merkmale der verwendeten Zeichen. Das gilt nicht einmal für die Beobachtungssätze und die in diesen verkörperten Fälle größtmöglicher kausaler Nähe zu unseren Sinnesorganen, und es gilt auch nicht für die indexikalischen Ausdrücke.[2] Selbst in den bestmöglichen Fällen sensorischer Evidenz und Gleichheit der Ursachen kann nicht ausgeschlossen werden, daß Bedeutung und Referenz des fremden Ausdrucks und Zeichens andere sind als vom Hörer und Interpreten angenommen. Interne Pluralität ist hier nicht zu eliminieren. Allerdings ist der Spielraum der Alterität keineswegs beliebig. Denn es soll ja die Verständigung zwischen Sprecher und Hörer sowie zwischen handelnden Akteuren gewährleistet sein. Komplementär zur pluralität-eröffnenden Interpretations-*Abhängigkeit* der Ausdrücke und Zeichen gehört deren ebenfalls pluralität-eröffnende Interpretations-*Bedürftigkeit*. Diese ist gegeben, sobald die Ausdrücke und Zeichen nicht mehr fraglos funktionieren. Auch in diesem Bereich gilt die Peircesche Einsicht, daß jeder Gedanke »durch einen anderen interpretiert werden muß«.[3] Und an genau diesem Punkt kann nicht mehr von so etwas wie ›Dem Einen Einzigen Vorab Fertigen Zeichen‹ ausgegangen werden, dessen Aufgabe es ist, die erforderliche Interpretation erfolgreich zu steuern. In dieser Funktion können vielmehr unterschiedliche Zeichen gleichermaßen erfolgreich sein. Doch steht *diese* Pluralität *nicht* der wichtigen Einsicht entgegen, daß keineswegs jede Interpretation so gut wie jede andere ist.[4] Es geht hier also nicht um einen Pluralismus der Beliebigkeit. Denn offenkundig vermag dieser nicht verständlich zu machen, was geschieht, wenn Verständigung in Zeichen gelingt. Es geht vielmehr darum, daß die Anzahl gleichermaßen zufrieden-

2 Zur Frage der Beobachtungssätze vgl. Kap. 6.4.; zum Interpretationscharakter auch der indexikalischen Ausdrücke vgl. Verf.: *Interpretationswelten*, a.a.O., Kap. 13 und 14, insbes. 13.2. und 14.4.

3 Ch. S. Peirce: *Schriften zum Pragmatismus und Pragmatizismus*, hg. von K.-O. Apel, Frankfurt a. M. ²1976, 31.

4 Vgl. auch Kap. 3 (Bedeutung und Referenz).

stellender Interpretationen nicht auf ›Die Eine Einzig Richtige Interpretation‹ begrenzt werden kann. Und eben dies führt intern die Möglichkeit des Auch-*anders*-sein-könnens, mithin Pluralität, führt einen Pluralismus mit verständigungsbezogenen Restriktionen mit sich.

(ii) *Zeichen und Folgezeichen* – Daß die Bedeutung eines Zeichens in dem dargelegten Sinne an eine Interpretations-Praxis gebunden ist, heißt, wie betont, zugleich, daß Zeichen keine intrinsische, keine ihnen vorab eingebaute und auch keine analytisch-definitorische Bedeutung besitzen. Die Verbindung zwischen einem auftretenden Zeichen und seinem es interpretierenden und darin seine Bedeutung bestimmenden Folgezeichen, dem Interpretanten, ist keine rigide, keine im vorhinein geregelte und keine deterministische Verbindung. *Andere* Interpretationen, mithin *andere* Bedeutungen, bleiben jederzeit möglich. Ein Zeichen findet seine Bedeutung in der Interpretation. Und diese ist eben, was die natürlichen Zeichen angeht, nicht vorweg festgelegt und nicht auf nur jeweils ›Ein Einziges Richtiges Metaphysisch Seriöses Folgezeichen‹ verpflichtet. Jedoch ist auch diese Verbindung nicht willkürlich. Sie verlangt Vertrautheit mit dem gewöhnlichen Sprach- und Zeichengebrauch, und sie erfordert die kreative Fähigkeit, zur rechten Zeit das rechte Zeichen zu finden und es situationsgemäß und verständigungsfördernd zu plazieren. Willkürlich ist dies in keinem Fall. Denn offenkundig ist nicht jedes beliebige Zeichen gleichermaßen anschlußfähig und bedeutungsbestimmend. Diese Überlegung gilt übrigens nicht nur für das Verhältnis von fraglich gewordenem Zeichen und es interpretierendem Folgezeichen. Sie gilt generell für das Verhältnis von Zeichen und anschließendem, fortsetzendem, abweichendem oder abbrechendem Folgezeichen.
Die Frage, worauf denn der Erfolg eines Folgezeichen gründet, kann daher nicht im Rekurs auf ein Modell beantwortet werden, dem zufolge das Gelingen des Folgezeichens darauf beruht, daß im Folgezeichen genau diejenige Regularität *explizit* gemacht werde, die im jeweiligen Vorgängerzeichen als *implizite* Regularität bereits vorhanden gewesen sei. Auch dies wiederum gilt für das Verhältnis von Zeichen und Folgezeichen generell. Betrach-

tet man Phänomene wie z.B. die gelingende Metapher, die Ironie oder den Witz, so ist zu betonen, daß diese nicht im Rekurs auf das Implizit-Explizit-Schema verständlich gemacht werden können. Ihre Pointe hängt vielmehr damit zusammen, daß sich für ihren Erfolg eben keine Meta- oder Über-Regel angeben läßt, der dabei gefolgt worden sei. Es läßt sich keine allgemeine Regel dafür angeben, wie der Übergang von einem auftretenden Zeichen zu seinem gelingenden Folgezeichen vor sich geht. Das Verhältnis von Zeichen und Folgezeichen ist kein determiniertes, kein notwendiges, sondern ein *freies* Verhältnis. Damit aber besteht Spielraum für *andere* und *alternative* Folgezeichen. Dies könnte man als den am Verhältnis von Zeichen und Folgezeichen ansetzenden Grund des zeichen-und-interpretationsphilosophischen Pluralismus nennen. Denn es ist genau diese Nicht-Determiniertheit, die intern Pluralität freigibt und darüber hinaus das Zeichen-Folgezeichen-Verhältnis einer formalen Behandlung entzieht. Mehrere und andere interpretative Folgezeichen können gleichermaßen erfolgreich ins Ziel kommen, d.h. zum erfolgreichen Gebrauch der Zeichen beitragen.

(iii) *Interpretativität und Variabilität* – Der nicht-hintergehbare Interpretationscharakter der menschlichen Welt-, Fremd- und Selbstverständnisse und -verhältnisse führt *intern* die Möglichkeit der Variabilität, der Unabschließbarkeit, der Alterität und in diesem Sinne Pluralität mit sich.[5] Andere Interpretationen und andere Interpreten sind möglich. Kann, wie in Kapitel 1.2. ausgeführt, die menschliche Lebenspraxis als *interpretativ* charakterisiert werden und ist Interpretativität in sich plural verfaßt, dann kann man sagen, daß Interpretativität und Pluralität intern und nicht-reduktiv zum Grundcharakter menschlicher Lebensvollzüge gehören. Perspektivität und interne Pluralität mög-

5 Wollte man diese Interpretativität hintergehen, ›hinter‹ sie kommen, so liefe dies darauf hinaus, die Bestimmtheit dieser Verhältnisse zu zerstören. Dies würde letztlich in *nihilistische* Konsequenzen führen. Auf dieses Szenario bezogen ist nicht unwichtig festzustellen, daß es nicht zuletzt die These des internen und konditionalen Pluralismus ist, die den theoretischen Nihilismus zu unterlaufen vermag. Denn andere Interpretationen bleiben jederzeit möglich.

lichen Auch-*anders*-sein-könnens lassen sich nicht eliminieren. Selbst wenn es jemandem tatsächlich gelänge, sie zu hintergehen, so brauchten wir ihm dies erstens nicht zu glauben und zweitens befände er sich damit doch auch nur wiederum in (kleingeschrieben) *einer* anderen Perspektive, weder in (großgeschrieben) ›Der Einen Einzigen Perspektive‹ noch in einem perspektive- und damit auch pluralitäts-transzendenten ›Einen Absoluten Standpunkt‹.

Sofern wir es überhaupt mit einem *bestimmten* Welt-, Fremd- und Selbstverständnis sowie mit *umgrenzten* semantischen und pragmatischen Merkmalen und mit *angebbaren* Wahrheits- oder Erfüllungsbedingungen sowie mit *spezifischem* Sinn zu tun haben, sind Interpretations-*Grenzen* in bezug auf Mannigfaltigkeiten immer schon gezogen und Interpretations-*Schnitte* in bezug auf Kontinua bereits gelegt worden. Diese Grenzen und Schnitte jedoch hätten im Prinzip auch anders ausfallen können. Und in genau diesem Sinne sind mit jeder *So-und-so*-Bestimmtheit Alterität und Pluralität gesetzt. Letztere wird noch dadurch erhöht, daß die unterschiedlichen Weisen menschlichen Welt-, Fremd- und Selbstinterpretierens (z.B. die alltäglich-phänomenale, die wissenschaftliche oder die künstlerische) nicht nach Regeln ineinander übersetzbar sind und nicht auf ein allen gemeinsames Symbolsystem reduziert werden können.[6] Das heißt nicht, daß wir in vielen disjunkten Welten gleichzeitig leben. Aber die vielfältigen und polyzentrischen Weisen des Interpretierens können nicht auf so etwas wie ›Den Einen Einzigen und Monistischen Grundvorgang‹ zurückgeführt werden. Entsprechend gelingt es auch nicht, ein universales Koordinatensystem oder eine fixe und ahistorische Menge allgemeiner Regeln anzugeben, als deren Instantiierungen die einzelnen wirklichen Interpretationen endlicher Geister dann anzusehen wären.

(iv) *Unbestimmtheit* – Die Idee einer universalen Grammatik ist die Idee, daß Zeichen aus einer Sprache in eine andere Sprache ohne Unbestimmtheit übersetzt werden können und daß Übersetzung und Interpretation durch eine Struktur garantiert wer-

6 Vgl. dazu N. Goodman: *Ways of Worldmaking*, a.a.O., Kap. I.

den, die bei allem Austausch der Zeichen gleichbleibt. Wäre dieses Modell zutreffend, dann müßten Unbestimmtheiten der Übersetzung und der Interpretation von Zeichen im Prinzip eliminierbar sein. Daß dies nicht der Fall ist, hat vor allem Quine mit seiner These von der Unbestimmtheit der Übersetzung gezeigt. Diese These wurde oben in Kapitel 5.4. erörtert. In genau dem Maße nun, in dem sich die Unbestimmtheit der Übersetzung und der Interpretation als unvermeidlich und als nicht-eliminierbar erweist, liefert die Unbestimmtheitsthese in sich selbst zugleich ein Argument für den sprach-, zeichen- und interpretationsphilosophischen Pluralismus.

Unbestimmtheit und Pluralität werden insbesondere im Zuge des *öffentlichen* Charakters der Sprache und der damit verbundenen *Externalisierung* der Semantik und der Epistemologie deutlich. Sobald *andere* Personen und *andere* Interpretationen beteiligt sind, ist die Grenze behavioraler Evidenz schnell erreicht. Da wir zudem auch *nicht* über ein *Kriterium* der *Gleichheit* der semantischen Merkmale der von verschiedenen Personen verwendeten Zeichen verfügen, werden Unbestimmtheit und Pluralität schließlich nicht-eliminierbar. In genau dem Maße, in dem im Zuge dieser Externalisierung der Semantik die Bedeutung eines Satzes nicht mehr, wie z.B. noch bei Frege, in einer Proposition gesehen werden kann, schließt dies auch ein, daß es mehrere unterschiedliche, jedoch gleichermaßen gut verteidigbare Weltinterpretationen gibt. Wichtig ist zu betonen, daß weder die Unbestimmtheitsthese noch die mit dieser gegebene These der internen Pluralität der Übersetzung und der Interpretation ihren Grund in einem menschlichen Unvermögen oder Defizit haben. Der hier in den Blick gebrachte *interne Pluralismus* geht vielmehr über alle möglichen empirischen Daten ebenso wie über alle möglichen Sprecherdispositionen hinaus.

Deutlich wird auf diese Weise zugleich, daß weder die Unbestimmtheits-These noch die mit dieser intern verknüpfte Pluralismus-These von einem Physikalismus oder Neurobiologismus abhängig sind. Unbestimmtheit und Pluralität der Übersetzung und der Interpretation besagen, daß verschiedene Übersetzungen und Interpretationen ein und derselben Verhaltensdata möglich sind. Wenn nun jede Differenz im Verhalten eine Differenz auch in der mikrophysikalischen Struktur bedeutet, dann heißt dies auch: Es gibt verschiedene und sogar untereinander inkompatible Übersetzungshandbücher, die alle gleichermaßen gut zu denselben physikalischen Zuständen und Verteilungen aller Elementarteilchen passen. Das aber heißt, daß der physikalische Zustand der Welt und der neurobiologische Zustand der menschlichen Individuen in diesem Sinne für die Pluralismus-Frage irrelevant sind, herausgekürzt werden können. Auch dies zeigt, daß der zeichen-und-interpretationsphilosophische Pluralismus unabhängig von reduktionistischen Annahmen formuliert werden kann.

(v) *Verstehen* – In den Vorgang des Verstehens von z.B. Äußerungen einer anderen Person, Texten, Theorien oder ganzen Diskursen ebenso wie von Handlungen ist stets bereits ein ganzes Bündel *interpretatorischer* (z.B. projizierender, konjekturaler und empathischer) Aktivitäten involviert. Diese führen, wie skizziert, intern die Möglichkeit der Pluralität mit sich. Erwähnt seien etwa die folgenden Komponenten, mit denen der Spielraum der Alterität und des Auch-*anders*-sein-könnens, mithin Pluralität im Sprach- und Zeichenverstehen gegeben ist (*ohne* damit in ein Mißverstehen oder gar in ein Nichtverstehen geraten zu müssen): die semantischen und pragmatischen Merkmale der Zeichen müssen desambiguiert werden; den anderen Person müssen diejenigen Meinungen, Überzeugungen und Einstellungen zugeschrieben werden, in bezug auf die man unterstellen kann, daß sie die Bedeutung der fremden Äußerungen mitregieren; man muß Konjekturen vornehmen; und man muß seine eigenen Standards der Logik und der Wahrheit hinter die Zeichenäußerungen der anderen Person plazieren, um deren Zeichen syntaktisch, semantisch, pragmatisch und sinnbezogen zu organisieren. Keine dieser Weisen des Interpretierens ist definitiv und allgemein verbindlich festgelegt oder durch einen Kalkül bestimmt. Man bedenke etwa den konjekturalen und darin Spielraum alternativer Interpretationen eröffnenden Charakter derjenigen Vorgänge, in denen die propositionalen Einstellungen, z.B. die Wünsche und Überzeugungen einer anderen Person umgrenzt werden. Dieses Szenario ist zunächst in sich ein plurales, d.h. an ihm sind mehrere unterschiedliche, aber gleichermaßen wichtige Komponenten beteiligt. Sodann enthält jede einzelne dieser Komponenten die Möglichkeit alternativer Interpretationen. Nebenbei sieht man hier übrigens auch, daß die interne Pluralität des Auch-*anders*-Verstehens keineswegs ein Hindernis für die menschliche Verständigung darstellt. Sie zählt vielmehr zu deren Bedingungen.

Hinzu treten weitere und ebenfalls intern pluralität-eröffnende Aspekte, nämlich: (a) daß ins Verstehen nicht nur ein Typ von Interpretation, sondern mehrere Typen der Interpretation und die Stufen des Interpretationsmodells involviert sind, und daß neben kognitiven auch ästhetische und ethische Aspekte beteiligt sind; (b) daß Verstehen nicht als eine Eins-zu-eins-Einfühlung verstanden werden kann, da man die interpretativen und vor allem die intentionalen Zustände der anderen Person nicht nach Art eines analogischen Computers bei sich selbst simulieren kann; (c) daß das Verstehen einer anderen Person in besonderem Maße eine individuelle Fähigkeit ist, die man zwar üben, nicht aber theoretisch lernen kann; (d) daß ein gelingendes Verstehen vornehmlich auch darin besteht, die auftretende Interpretation in das Geflecht anderer und bereits akzeptierter Interpretationen einzubetten; (e) daß man das Fremde an den Zeichenäußerungen einer anderen Person nicht unter seinen eigenen Interpretations-Horizont subsumieren kann; diese Haltung kann man den *freilassenden Pluralismus* des Fremd- und Selbstverstehens nennen[7]; (f) daß wir im Verstehen nicht zu einem definitiven und allgemein verbindlichen, sondern stets nur zu einem pragmatischen Abschluß kommen können; (g) daß wir selbst es sind, die für das Verstehen sorgen müssen, Verstehen mithin individuell an einem jeden selbst liegt; (h) daß Verstehen keine univoke Handlung ist; (i) daß zum Zwecke gelingender Verständigungsverhältnisse Sprecher und Interpret bereit sein müssen, ihre Interpretationshypothesen gegebenenfalls zu revidieren; andere Hypothesen können zu anderen Zeiten, in anderen Kontexten und Situationen als die geeigneteren, angemesseneren, vernünftigeren gelten; (j) andere Personen können aus anderen Interpretations-Horizonten sprechen und agieren als man selbst; daß Verständigung

7 Die ethischen Konsequenzen dieses Punktes werden unten in Kapitel 14 (Interpretationsethik und Demokratie) entfaltet.

jedoch möglich ist, zeigt erneut, daß es hier nicht um einen Relativismus der Beliebigkeit gehen kann.

(vi) *Individuationen* – Das, was uns als eine *bestimmte* und *individuierte*, als eine *So-und-so*-Wirklichkeit/Welt und als ein *individuierter* Erfahrungsinhalt gilt, ist stets bereits abhängig von den Funktionen des verwendeten Zeichen-und-Interpretationssystems und instantiiert dessen Regeln. Der Witz ist, daß vornehmlich im Zuge exakt der Bestimmtheit und Individuation einer Welt die Möglichkeit der Pluralität von Welten intern im Spiele ist. Es geht, wie betont, um jene *interne* Pluralität, die immer dann schon mitgesetzt ist, wenn wir es überhaupt mit einer *bestimmten* Welt zu tun haben. Wenn es sich, so das von Nelson Goodman[8] entwickelte Argument, um zwei oder mehrere gleichermaßen legitime, jedoch nicht aufeinander reduzierbare und nicht auf ein gemeinsames Prinzip zurückführbare Versionen oder um kategorialisierende Interpretationen handelt, dann ist es nur konsequent, nicht mehr bloß von zwei oder mehreren Versionen oder Interpretationen ein und derselben Welt, sondern von zwei oder mehreren Welten zu sprechen. Angesichts der kategorialen Versionen- oder Interpretationenabhängigkeit dessen, was überhaupt als eine individuierte, bestimmte und spezifizierbare Welt gelten kann, steht uns so etwas wie ›Die Eine Einzige Fertige Welt‹ nicht zu Gebote.
Auch in der Erfahrung treffen wir eine Pluralität symbolischer Welten, z.B. der Wissenschaften, der Künste oder der Religionen an. Das schließt nicht nur nicht aus, sondern erklärtermaßen ein, daß die Rede von der Welt, in der wir leben, in anderer Hinsicht, etwa in Hinsicht auf unser menschliches »In-der-Welt-sein« (Heidegger) und im Sinne bestimmter Präsuppositionen unseres Sprechens, Denkens und Handelns, durchaus guten Sinn macht. Jedenfalls kennt und betont die Interpretationsphilosophie neben der Pluralität auch den Gesichtspunkt der Einheit der Welt und auch den Aspekt, daß es Sinn macht, von einer Einheit der Welt im Unterschied zur Pluralität der Wirklichkeiten zu sprechen.[9]

8 Vgl. N. Goodman: *Ways of Worldmaking*, a.a.O., Kap. VII.
9 Vgl. Verf.: *Interpretationswelten*, a.a.O., 374f., 474, 477, 505. Vgl. Kap. 1, Anm. 7.

Doch jede individuierte Welt und Wirklichkeit ist abhängig von einem Interpretationssystem und den mit diesem bereits gegebenen Individuationsprinzipien. Grundsätzlich wären auch andere Individuationsprinzipien möglich gewesen. Sind dann jedoch erst einmal bestimmte solcher Prinzipien zur Anwendung gebracht, steht in der Folge natürlich vieles nicht mehr frei. Aber diese Festlegung eliminiert nicht die Möglichkeit, daß es im Prinzip zu andersartigen Individuationen hätte kommen können und noch kommen kann. Nur dieser Aspekt ist im Augenblick von Belang, wenn es um die Frage des internen Pluralismus geht. Im Prinzip kann ein Zeichen alles Mögliche symbolisieren und repräsentieren. Es kommt allein darauf an, in welcher Weise es eingesetzt wird. Erst in einem gegebenen System wird dieser Spielraum begrenzt. Doch auch dann kann er nicht eliminiert werden. Auch innerhalb einer gegebenen Rahmensprache ist es möglich, die Denotationen der vertrauten Ausdrücke zu permutieren.

Wenn das menschliche Wirklichkeitsverständnis nicht als eine Abbildung vorfabriziert fertiger Strukturen angesehen werden kann, wir uns aber mit unseren Entwürfen gleichwohl in der »übergroßen Fülle« (Kant), in der wir leben, erfolgreich orientieren, dann muß es sich bei den menschlichen Wirklichkeitsentwürfen um dynamische Entwürfe pragmatischer Stringenz handeln. Diese manifestieren sich zum Beispiel als Beschreibungen und als Theorien, die Plausibilität und rationale Akzeptanz besitzen, *ohne* daß es dazu eines ohnehin nicht verfügbaren *externen* Gesichtspunkts und Kriteriums bedürfte.

Da nicht die Welt sich selbst, sondern wir sie mit Hilfe unserer sprach- und grundbegrifflichen Schematisierungen nach Gattungen und Arten einteilen, bleiben alternative Einteilungen, bleiben Alterität und Variabilität jederzeit möglich. Neben der unterschiedlich starken Verankerung der verschiedenen Weisen des Einteilens der Wirklichkeit in unserer Lebens- und Interpretations-Praxis spielen hier die *Zwecke*, die mit einer Einteilung und Klassifikation verfolgt werden, die entscheidende Rolle. Nelson Goodman and Catherine Z. Elgin erinnern an ein Beispiel aus der Biologie.[10] Für deren fachspezifische Interessen ist

10 Beispiel und Erläuterung finden sich bei N. Goodman/C. Z. Elgin: *Reconceptions*, a.a.O., 15f.

ein System der Klassifikation der Organismen erforderlich, das unter physiologischem Gesichtspunkt klassifiziert. In dieser Perspektive werden Wale nicht unter die Fische, sondern unter die Säugetiere eingeordnet. Die offenkundigen Ähnlichkeiten zwischen Walen und Thunfischen werden als nicht so relevant eingestuft wie die physiologischen Ähnlichkeiten zwischen Walen und Kamelen. Aufgrund der Zwecke, die ein Biologe verfolgt, wird der physiologischen Klassifikation Vorrang vor einer anderen, im Prinzip jedoch ebenfalls möglichen Klassifizierung gegeben. Im Beispiel könnte das etwa eine Klassifikation nach dem natürlichen Lebensraum sein. Ist letzterer Gesichtspunkt von Interesse, wie dies etwa für einen Tierschutzverein der Fall sein kann, dann gehören Wale und Thunfische auf der einen sowie Kamele und Hasen auf der anderen Seite zusammen. Es gibt nicht so etwas wie ›Die Eine Einzige Instanz‹, die dann eine dieser beiden Einteilungen als die metaphysisch einzig seriöse auszeichnen, die andere dagegen als unzutreffend aussortieren könnte. Je nachdem, welcher Zweck mit einer Einteilung verfolgt wird, machen wir von unterschiedlichen Systemen der Einteilung Gebrauch. Diese prinzipielle Pluralität möglicher alternativer Einteilungen ist nicht eliminierbar.

(vii) *Satz und Sachverhalt* – In puncto Sprache-Welt-Relation und hinsichtlich einer Auffassung der Wahrheit als Korrespondenz ist das Problem nicht, wie man ›Die Eine Einzige Zutreffende Relation‹ zwischen Satzzeichen und Sachverhalt auffinden kann. Das Problem besteht vielmehr darin, daß es *zu viele* solcher gleichermaßen gut korrespondierender Relationen gibt. Man müßte schon vorab einen Zugang zur sprach- und geist-unabhängigen Welt haben, um eine bestimmte Relation von außen als die metaphysisch einzig zutreffende aussortieren zu können. Über einen solchen Zugang zu einer gänzlich *uninterpretierten* Welt verfügen endliche Geister jedoch offenkundig nicht. Dieser Punkt wird auch durch ein modell-theoretisches Argument Hilary Putnams verdeutlicht. Welche theoretischen oder operationalen Einschränkungen auch immer man in bezug auf die Korrelation von Satzzeichen und Sachverhalt, von Sprache/Zeichensystem und Welt, formuliert, stets gibt es viele und gleichermaßen zufriedenstellende Referenzrelationen.[11] In dieser Einsicht liegt zugleich ein Argument zugunsten des sprach- und zeichenphilosophischen Pluralismus. Denn hinsichtlich des Sprache/Zeichen-Welt-Verhältnisses ist modelltheoretisch eine Pluralität gleichermaßen gut erfüllter Referenzrelationen unumgänglich. Putnam verstärkt das Argument durch die Überlegung, daß ein Prädikat P, vor allem ein vages Prädikat P, eine Relation R zu mehr als bloß einem Mitglied aus einer definiten Gesamtheit G der Sachverhalte unterhalten kann. Dann aber muß man zulassen, daß das Prädikat P dann, wenn einige dieser Sachverhalte bestehen, andere dagegen nicht, sowohl wahr als auch falsch ist. Dies bedeutet, daß die strenge Bivalenz von wahr und falsch, mithin eines der stärksten Palliative gegen den philosophischen Pluralismus, unterminiert ist.

(viii) *Unterbestimmtheit und wissenschaftliche Methode* – Wissenschaftliche Theorien gehen in ihrer Reichweite stets deutlich über die verfügbaren Beobachtungsdaten hinaus, auf deren Basis sie aufgestellt und über die sie formuliert sind. Aufgrund genau dieses Gefälles zwischen Theorie und Daten, d.h. aufgrund der »Unterbestimmtheit« jeder Theorie gegenüber ihren Daten, kann es mehrere alternative, konfligierende und sogar inkompatible Theorien geben, die jedoch alle die empirischen Daten gleichermaßen legitim beschreiben, mithin in empirischer Hinsicht äquivalent sind. Unterbestimmtheit (die nicht mit der oben in Abschnitt iv behandelten »Unbestimmtheit« verwechselt werden darf) meint nicht bloß einen behebbaren Defekt. Sie ist grundsätzlicher Art. Physikalische Theorien sind, wie Quine betont, unterbestimmt »even by all possible observations«.[12] Deshalb ist der Pluralismus wissenschaftlicher Theorien prinzipiell nicht eliminierbar.

Die Gründe, sich jeweils für die eine und gegen eine andere, den fraglichen Zweck theoretisch gleich gut erfüllende Möglichkeit

11 Vgl. H. Putnam: *Realism and Reason*, a.a.O., ix und 1-25; und ders.: *Reason, Truth and History*, a.a.O., Kap. II.

12 W. V. O. Quine: *On the Reasons for Indeterminacy of Translation*, in: a.a.O., 179.

zu entscheiden, sind (ganz wie Goodman[13] dies für die Gründe der Entscheidung in Sachen Projizierbarkeit und Nicht-Projizierbarkeit von Prädikaten gezeigt hat) einer *formalen* und *vereinheitlichenden* Behandlung nicht zugänglich. Sie sind praktischer und pragmatischer Natur. Die entsprechenden Urteile sind, mit einer Wendung Hilary Putnams gesprochen, »ultimately somewhat of an intuitive matter which could not be formalized short of formalizing total human psychology«.[14] Doch von genau dieser Möglichkeit sind wir aufgrund des *interpretatorischen* Charakters der involvierten Zeichenprozesse nicht nur kontingenterweise, sondern systematisch abgeschnitten.

Wissenschaftliche Theorien sind zudem weit davon entfernt, frei von Kontroversen zu sein. Auch sind, wie Putnam betont, keine Gründe dafür in Sicht, daß definitive und allgemein verbindliche Konvergenz jemals erreicht werden könnte.[15] Dies ist nicht einmal hinsichtlich des Beobachtungsvokabulars der Fall. Zudem gibt es strenggenommen nicht ›Die Eine Wissenschaftliche Methode‹ und nicht ›Das Eine Paradigma‹, das den vielen Einzelwissenschaften gemeinsam wäre und die verschiedenartigen Untersuchungen abdecken könnte, die als Wissenschaft bezeichnet werden.

In all den genannten Hinsichten (Punkte i bis viii) ist Pluralität im Sinne des skizzierten sprach-, zeichen- und interpretationsphilosophischen Pluralismus intern möglich, nicht-reduktiven Charakters, ohne reduktionistische Annahmen formulierbar, daher unvermeidlich und unter kritischem Vorzeichen nicht-eliminierbar.

13 Vgl. N. Goodman: *Fact, Fiction, and Forecast*, Cambridge Mass. ⁴1983, Kap. III und IV.

14 H. Putnam: *Reason, Truth and History*, a.a.O., 133.

15 Vgl. H. Putnam: *The Many Faces of Realism*, LaSalle 1987, S. 63ff. und 72.

2. Arten der Pluralität

Im Gefolge der dargelegten Gründe des theoretischen Pluralismus lassen sich verschiedene Arten der Pluralität benennen, unter anderem die Pluralität (i) der Welten, (ii) der logischen Form, (iii) der Referenten und der Ontologien, (iv) der Theorien und (v) der Wahrheiten.

(i) *Welten* – Wenn jede individuierte, bestimmte und spezifizierbare Welt abhängig ist von den kategorialisierenden Funktionen des verwendeten Zeichen-und-Interpretationssystem, dann ist von einer Pluralität der Welten auszugehen. Denn dann gibt es so viele individuierte, bestimmte und spezifizierbare Welten, wie es nicht aufeinander reduzierbare oder auf ein gemeinsames Prinzip zurückführbare, stimmige und kohärente (d.h. die Bedingungen der empirischen Gültigkeit einbeziehende) Zeichen-und-Interpretationssysteme zu einer Zeit gibt. Man beachte, daß Stimmigkeit und Kohärenz starke Restriktionen darstellen. Es geht um eine Pluralität »richtiger«, jedoch untereinander konfligierender Weltversionen.[16] Zu betonen ist, daß diese Pluralität nicht aus einer Mögliche-Welten-Semantik heraus, sondern von der Innenseite *wirklicher* Welt-Versionen/Interpretationen konzipiert ist. Es handelt sich in diesem Sinne um eine Pluralität wirklicher Welten, die dadurch formiert werden, daß symbolisierende Zei-

16 Vgl. Goodman: *Ways of Worldmaking*, a.a.O., x, 17-21, 111-120. Zum Konzept der »Richtigkeit (rightness)« vgl. N. Goodman/C. Z. Elgin: *Reconceptions*, a.a.O., 11-27, 44ff., 51-58, 155-165.
Angemerkt sei, daß es in dem in unserem Zusammenhang zur Debatte stehenden Punkt lediglich um die Frage der *Pluralität* der Welten/Wirklichkeiten geht. Davon zu unterscheiden sind die von Goodman darüber hinaus vertretenen Thesen (a) des »Welterzeugens (worldmaking)« und (b) des »Irrealismus«. Die Interpretationsphilosophie vertritt, wie vor allem in Kap. 2.2. zu sehen war, keinen Irrealismus. Und sie setzt den Akzent weniger auf das »Erzeugen« von Welten als vielmehr auf die Prozesse des Welt-Formierens, -Individuierens und -Bestimmens sowie auf die Vorgänge der Organisation der Erfahrung. Ausgangspunkt ist mithin, daß wir immer schon in einer Welt leben, nicht, daß wir anfänglich zwischen verschiedenen Welten wählen müßten.

chen, z.B. Wörter, Zahlen oder Bilder, kategorialisierende Funktionen haben. Sofern man es überhaupt mit *einer bestimmten* Welt, mit seiner Welt zu tun hat, muß es in diesem Sinne *viele andere* Welten geben. Und unter den vielen Versionen kann es, wie vor allem Goodman anhand des Verhältnisses von physikalistischen und phänomenalistischen Weltversionen gezeigt hat, nicht ›Die Eine Priviligierte Version‹ geben.

(ii) *Logische Form* – Die These der Unbestimmtheit und der Pluralität der Übersetzung und der Interpretation hat zur Folge, daß auch die logische Form der Sätze unbestimmt und pluralität-freigebend sein kann. Innerhalb zweier gleichermaßen zufriedenstellender Theorien können jeweils sehr unterschiedliche Elemente als z.B. singuläre Termini, Quantoren oder Prädikate aufgefaßt werden. Die Pluralität kann auch nicht hinsichtlich des Äquivalenzverhältnisses von *objektsprachlichem* und *metasprachlichem* Zeichen eliminiert werden, wie dies etwa bei Donald Davidson in einer im Stile Tarskis gefaßten Wahrheitstheorie (»›S‹ ist wahr dann und nur dann, wenn S«) intendiert ist.[17] Da das objektsprachliche Zeichen S auf der metasprachlichen Ebene als der *Name* ›S‹ des objektsprachlichen Zeichens auftritt, und da die Namenfunktion eines Zeichens niemals identisch sein kann mit der objektsprachlichen Zeichenfunktion selbst, bleibt stets Raum für *alternative* Interpretationssysteme im Hinblick auf die objektsprachlichen Prädikate.

(iii) *Referenten und Ontologien* – Eine weitere Konsequenz der Unbestimmtheit und der Pluralität der Übersetzung und der Interpretation besteht darin, daß mehrere gleichermaßen akzeptable Theorien sich dadurch unterscheiden können, daß sie denselben Wörtern, Sätzen und Zeichen verschiedene, sogar entgegengesetzte Referenten zusprechen. Die Pluralität möglicher Referenten und damit die Pluralität ganzer und untereinander unverträglicher Ontologien kann zwar kohärenztheoretisch,

17 Vgl. D. Davidson: *Inquiries into Truth and Interpretation*, Oxford 1984, 228. Zu den Einzelheiten des im folgenden nur abgekürzt vorgetragenen Arguments gegen Davidsons Auffassung vgl. Verf.: *Unbestimmtheit der Interpretation*, in: a.a.O., 63f.

operational und/oder praktisch stark eingeschränkt werden. Aber man kann sie nicht eliminieren.

(iv) *Theorien* – Die Unterbestimmtheit wissenschaftlicher Theorien und die Aussichtslosigkeit, so etwas wie ›Die Eine Wissenschaftliche Methode‹ auszuzeichnen, haben eine Pluralität wissenschaftlicher Theorien, haben einen Theorienpluralismus unter den strengen Einschränkungen der Standards rationaler Akzeptabilität[18] zur Folge.

(v) *Wahrheiten* – Im Zuge der oben skizzierten Unbestimmtheit und Pluralität der Übersetzung und der Interpretation ergibt sich, daß Wahrheit selbst unbestimmt und pluralen Charakters ist. Das heißt zunächst, daß es zwei Wahrheitstheorien oder zwei Übersetzungshandbücher geben kann, die beide gleichermaßen allen empirischen Einschränkungen Rechnung tragen und dennoch dazu führen, daß die eine Theorie einen Satz als wahr auszeichnet, während die andere Theorie denselben Satz als falsch einstuft.[19] Das aber heißt, daß von einer internen Pluralisierung der Wahrheit selbst auszugehen ist. Es kann dann nicht mehr nur ›Die Eine Einzige Zeitlose Wahrheit‹, sondern es muß viele geben. Dieser Aspekt wird zu Beginn des folgenden Kapitels 12 näher erörtert.
Unter kritischem Vorzeichen wird die Wahrheitsfrage nicht mehr essentialistisch, sondern als das Aufstellen, Reflektieren und Begründen von Wahrheits*ansprüchen* gefaßt, die in Urteilen erhoben werden. Damit sind die *anderen* Personen und mithin auch *andere* Interpretationen stets bereits mit im Spiel. Denn ein erhobener Anspruch sowie dessen Anerkennung und gegebenenfalls erforderliche Einlösung beziehen die *anderen* Personen sinnlogisch mit ein, sind in einer *öffentlichen*, d.h. in einer mit anderen geteilten Sprache artikuliert und können auch nur in dieser sowie in einer öffentlichen Praxis der Rechtfertigung eingelöst werden. Das läuft darauf hinaus, daß es so viele Wahrheiten wie kohärent explizierbare und begründbare Wahrheitsan-

18 Zur Frage der Rationalitätsstandards vgl. Kap. 4.3. (Rationalität der Interpretationen).
19 Vgl. Verf.: *Unbestimmtheit der Interpretation*, in: a.a.O., 62f.

sprüche zu einer Zeit gibt. Welcher der Wahrheiten der Vorzug vor anderen gegeben wird, ist letztlich eine praktische Frage. Sie hängt davon ab, was im Handlungszusammenhang für relevant, für wichtig und im Grenzfall für unabdingbar gehalten wird.[20]

20 Zu den ethischen und politischen Konsequenzen dieser irreduziblen Pluralität vgl. unten Kap. 14.

12. Wahrheit und Interpretation

»Wahrheit« ist das Königswort der abendländischen Philosophie, die im Kern Metaphysik gewesen ist. Einige der mit einem metaphysisch-essentialistischen Wahrheitsverständnis verbundenen Schwierigkeiten sollen im folgenden skizziert werden (Kapitel 12.1.). Sie betreffen sowohl den *engen* Sinn der Rede von Wahrheit, d.h. das Verhältnis von Satz und Sachverhalt, als auch den *weiten* Sinn, d.h. die Frage nach dem, was, wie es heißt, in Wahrheit ist, nach dem wahrhaft Seienden. Das Scheitern des älteren Wahrheitsverständnisses läßt die Idee verlockend erscheinen, die Metaphysik und deren Grundwort »Wahrheit« reduktiv und naturalistisch zu konzipieren. Entsprechende Verlockungen werden benannt und einer Prüfung unterzogen (12.2.), in der das Scheitern des Programms der Naturalisierung der philosophischen Wahrheitsfrage deutlich wird. Bedeutsam ist, daß weder das Scheitern des älteren Wahrheitsbegriffs noch das Mißlingen naturalistischer Reduktionen die Rede von »Wahrheit« und »ist wahr« obsolet machen. Wir verwenden den Ausdruck weiterhin, halten ihn für sinnvoll, und Versuche, ihn ganz zu verabschieden, stehen vor der doppelten Schwierigkeit, zum einen gegen unsere Intuitionen zu verstoßen, zum anderen ein Nachfolgekonzept benennen zu müssen. Was also ist zu tun? Der Mißerfolg naturalistischer Reduktion läßt die normativen Aspekte in der Rede von Wahrheit hervortreten. Diese enthalten zwei Komponenten zugleich: Wahrheit erscheint als norm-bildend und als norm-abhängig, als perspektive-setzend und als perspektive-gebunden, als wert-gebend und als wert-abhängig. Die jeweils zweite dieser drehtürartig zusammengehörigen Komponenten ist eigens zu betonen (Kapitel 12.3.). Der normative Charakter und die Wertimprägniertheit der Rede von Wahrheit verhindern naturalistische Verkürzungen. Eine zentrale Frage ist dann, wie die Differenz zwischen der Norm- und Wertabhängigkeit auf der einen und der Nicht-Reduzierbarkeit des Prädikats »ist wahr« auf jeweils gegebene Normen und Werte auf der anderen Seite zu verstehen ist. Diese Wahrheits-Differenz kann nicht mehr extern, sondern nur noch intern, d.h. nur noch auf der Innenseite der Verwendung unseres sprach- und grundbegrifflichen Systems expliziert werden. Eine zentrale Rolle kommt dabei (Kapitel 12.4.) den Interpretationsfunktionen der in Urteilen verwendeten Zeichen sowie unserer Praxis des Interpretierens zu, die auch in jedem Aufstellen, Verstehen und Reflektieren von Wahrheitsansprüchen immer schon vorausgesetzt ist. Läßt sich der Grundcharakter des menschlichen Welt- und Selbstverständnisses als *interpretativ* qualifizieren, dann kann man die Wahrheitsfrage im Stufenmodell der Interpretation formulieren (Kapitel 12.5.) und die genannte Wahrheits-Differenz interpretationsphilosophisch fassen. Nachdem in diesem Sinne in den Abschnitten 1 bis 4 eine ›Interpretation der Wahrheit‹ gegeben wurde, wird in Abschnitt 5 das Konzept der ›Wahrheit als Interpretation‹ und des näheren die Wahrheitsfrage innerhalb des Interpretationsmodells entfaltet.[21]

1. Krisis des metaphysischen Verständnisses

(i) *Im weiten Sinne: ›Was in Wahrheit ist‹.* – Drei Basisvorstellungen lassen sich in Sachen Wahrheit unterscheiden: (a) Wahrheit als Übereinstimmung von Denken und Gegenstand; (b) Wahrheit als das Sich-Zeigen der reinen Natur der Sache selbst; und (c) Wahrheit als die Tätigkeit solchen Erschließens selbst. In allen drei Hinsichten wird zudem unterstellt, daß es nicht viele, sondern nur ›Die Eine Wahrheit‹ gibt. Doch dieses Verständnis gerät in gravierende Schwierigkeiten. Wird mit der Rede von der Wahrheit die Auffassung der Erkenntnis dessen, was ist, verbunden, dann ist, um eben dieser Wahrheit willen, festzuhalten, daß es offenkundig viele Wahrheiten gibt. Wenn es aber viele Wahrheiten gibt, dann gibt es, nach Maßgabe des alten Wahrheitsverständnisses selbst, nicht mehr ›Die Eine Wahrheit‹. Darüber hinaus scheint jede der drei Basisvorstellungen selbst-destruktiv zu sein. Erstens (a) kann die Idee der Adäquation zwischen dem in Zei-

21 Von den Abschnitten 12.1. bis 12.4. ist eine frühere Fassung erschienen in: *Perspektiven des Perspektivismus. Gedenkschrift zum Tode Friedrich Kaulbachs*, hg. von V. Gerhardt/N. Herold, Würzburg 1992, 313-330.

chen geschehenden Denken und einem zeichen-transzendenten Sachverhalt unter kritischem Vorzeichen nicht expliziert werden. Ein solcher Versuch scheitert bereits beim ersten Schritt. Denn ohne die verwendeten Zeichen läßt sich das, womit da übereingestimmt werden soll, nicht einmal angeben.

Zweitens (b) ist die Idee des Sich-Zeigens einer ›reinen Natur der Sache‹ mehrfach problematisch. Zunächst kann etwas nur dann eine Sache für endliche Geister sein, wenn es unter der Grammatik desjenigen Zeichen-und-Interpretationssystems steht, mit dem wir ausgestattet sind und das wir verwenden. Sodann ist zu betonen, daß die Rede vom Sich-Zeigen ihren Sinn nicht von einem Jenseits der Zeichen, sondern vornehmlich aus der diesseitigen Praxis menschlicher Zeichenverwendung selbst gewinnt.[22] Was sich im Gebrauch der Zeichen an deren Form zeigt und nicht sagen, z.B. in bezug auf einen musikalischen Klang, nicht in Begriffen aussagen läßt, kann, wie betont, als die Form der mit unserer Lebenspraxis verknüpften Zeichen- und Symbolverwendung selbst angesehen werden. Schließlich ist ein weiterer Aspekt zu beachten. Die Vorstellung, man könne unter dem Vorzeichen eines ›Willens zur Wahrheit‹ (Nietzsche) die ›reine Natur der Sache selbst‹ dingfest machen, führt dazu, daß, mit einer Formulierung Hegels gesprochen, wir uns selbst und die anderen betrügen.[23] Denn verlangt wird, daß man von seinen eigenen subjektiven und individuellen Bedingungen absieht und daß die anderen Individuen sich nicht einmischen.

Drittens (c) erweist sich, wie vor allem Nietzsche betont hat, der Wille, *zur (essentialistischen) Wahrheit* zu kommen, bei näherem Hinsehen gerade nicht als ein Erschließen und Erfassen der die Wirklichkeit kennzeichnenden Merkmale z.B. des Wechsels, der Veränderung und der Vielheit. Der Wille zur Wahrheit kann so gesehen eher als eine Strategie des »Fest-*Machen[s]*«, der »Umdeutung« dieser Merkmale »ins *Seiende*«[24], gekennzeichnet werden.

Darüber hinaus ist jeder Versuch, die Perspektivität und Relati-

22 Zum Zeigen vgl. oben Kap. 8.

23 Vgl. G. W. F. Hegel: *Phänomenologie des Geistes*, hg. von J. Hoffmeister, Hamburg ⁶1952, 300.

24 F. Nietzsche: KGW VIII 2, 9 [91], S. 48.

vität menschlichen Welt-, Fremd-, Selbstverständnisses als Schein oder als Verstellung eines ›wahren Seins‹ zu brandmarken, nihilistischen Konsequenzen ausgesetzt. Denn wer die Perspektivität und mit dieser die Endlichkeit des Menschen aus dessen Wirklichkeitsbezug herausnehmen wollte, der hätte, falls dies gelänge, eben damit die Welt ihrer Gestalthaftigkeit, mithin ihrer Wirklichkeit, beraubt. Damit aber wäre auch die Wahrheit, verstanden als die Tätigkeit des Erschließens selbst, etwas Nihilistisches. Und auch die Wahrheit, aufgefaßt als das Erschlossene, als Grund des Seienden und als das Wirklich-Seiende, wäre nichts. Im Schema des älteren metaphysischen Wahrheitsbegriffs selbst gesprochen, wäre festzustellen: Der Versuch, um der ›letzten Wahrheit‹ willen die Relativität, das Scheinbare sowie die Endlichkeit und Perspektivität des Menschen hintergehen oder negieren zu wollen, führt weniger vor ein reines und volles Sein der Dinge, als vielmehr in leeres Nichts.[25]

(ii) *Im engen Sinne: Satz und Sachverhalt.* – Was den engen Sinn des Wahrheitsverständnisses, mithin das Verhältnis von Satz und Sachverhalt betrifft, so wurde bereits in Kapitel 11.1. betont, daß das Problem der Korrespondenztheorie der Wahrheit nicht darin besteht, ›Die Eine Einzig Zutreffende Relation‹ zwischen Satzzeichen und Sachverhalt ausfindig zu machen. Das Problem besteht vielmehr darin, daß es zu viele solcher gleich gut korrespondierender Relationen gibt. Dies wurde mit Rekurs auf Putnams modelltheoretische Argumentation dargelegt. Wenn die dort hinsichtlich eines vagen Prädikats P vorgestellte Argumentation zutrifft, dann heißt dies, daß das Prädikat P sowohl wahr als auch falsch sein kann. Damit aber kann die Bivalenz von Wahrheit und Falschheit nicht mehr vorausgesetzt werden.

25 Nietzsche hat diese Figur bekanntlich in die Überlegung zugespitzt, daß der ›Wille *zur Wahrheit*‹ schließlich als verkappter ›Wille *zum Nichts*‹ sichtbar werde. Zugleich breche damit die ganze Unterscheidung zwischen einer ›wahren‹ und einer ›scheinbaren‹ Welt in sich zusammen. Denn wenn sich in dem Gegensatzpaar ›wahr – scheinbar‹ die wahre Welt auflöst, dann verliert auch die Rede von der ›scheinbaren‹ ihren Sinn. Vgl. F. Nietzsche: *Götzen-Dämmerung*, *Wie die ›wahre Welt‹ endlich zur Fabel wurde*, in: KGW VI 3, 74f. Vgl. dazu Verf.: *Nietzsche*, a.a.O., 2. Aufl. 1998, 324-341.

Die Idee, Wahrheit in den Termini einer Korrespondenz, einer Isomorphie oder einer Abbildung von Begriffen und Dingen zu konzipieren, muß als gescheitert angesehen werden. Wo aber stehen wir dann? Und was ist angesichts diese Situation zu tun? Drei Auswege scheinen verlockend. (α) Eine erste Verlockung ist, dem Menschen eine »intellektuelle Anschauung«, ein besonderes geistiges Vermögen zuzusprechen, das ihm Zugang zu den noumenalen Formen der Dinge gibt.[26] Der Geist hätte dann keine Probleme, eine Korrespondenz zwischen den Dingen und seinen eigenen mentalen Zeichen herzustellen. Aber hier ist man gut beraten, es ganz mit Kant zu halten: Von einer nichtsinnlichen, intellektuellen Anschauung, deren Gegenstände die Noumena wären, haben wir als endliche Geister keinen positiven Begriff.[27] Nur eine göttliche Anschauung, die nicht davon abhängt, daß die Sinne affiziert werden, kann Urbild, Archetypus und deshalb intellektuelle Anschauung genannt werden. Doch das ist offenkundig nicht Geist von unserem Geiste. (β) Ein zweiter verlockender Ausweg besteht in der These, es gäbe eine der Welt vorab eingebaute Struktur, die ihrerseits und selbst dafür sorgt, ›Die Eine Metaphysisch Akzeptable Relation‹ zwischen Zeichen und Objekten auszusortieren. Aber dies würde die irrige Annahme voraussetzen, daß es sich-selbst-identifizierende Gegenstände und sich-selbst-identifizierende Objekt-Zeichen-Relationen gibt und daß es ›Die Natur selbst‹ – und nicht unser kategorialisierendes Sprechen und Denken – ist, die sich in Gattungen, Arten, Objekte und Ereignisse einteilt. Die Objekte und Ereignisse der Welt sind aber nicht ihre eigenen Klassifikatoren und Interpreten. (γ) Der attraktivste Ausweg scheint, eine naturalistische, eine wissenschaftliche Metaphysik zu konzipieren, in der Begriffe wie z.B. »Wahrheit«, »Rechtfertigung«, »Bedeutung«, »Referenz« naturalistisch reformuliert oder ganz fallengelassen werden. Einige dieser Versuche werden im folgenden kritisch daraufhin betrachtet, wie es in ihnen um die Wahrheitsfrage bestellt ist.

26 Zu den ersten beiden Auswegen vgl. auch H. Putnam: *Realism and Reason*, a.a.O., 225; und: *Realism with a Human Face*, Cambridge Mass. 1990, 82ff.

27 Vgl. I. Kant: *Kritik der reinen Vernunft*, B, 135; 138f.; 157ff.

2. Scheitern naturalistischer und reduktionistischer Strategien

(i) *Empirismus.* – Der Rekurs auf die Erfahrung ist zwar unverzichtbarer Prüfstein menschlicher Erkenntnis. Aber er kann nicht den Objektivitätsanspruch einer Erfahrungserkenntnis *begründen.* Erfahrung lehrt uns, wie Kant betont, zwar wie etwas beschaffen ist, niemals jedoch, »daß es nicht anders sein könnte«.[28] Die Empirie kann sich nicht selbst empirisch in ihrer Objektivität begründen. Mit der Frage nach der Wahrheit eines Urteils bewegt man sich im logischen Raum der Geltungsgründe. Die Wahrheit eines Urteils ist an eine Praxis der epistemischen Rechtfertigung durch Gründe gebunden. Der empiristische Fehlschluß besteht darin, kausale Antezedenzien für logische Gründe zu halten.

(ii) *Kausaltheorie der Referenz und des Wissens* – Materialistische Metaphysiker und Physikalisten vertreten in Sachen Referenz eine reduktionistische Kausaltheorie der Referenz.[29] Die Referenzrelation ist dann ihrerseits im Zusammenhang der Wahrheitsfrage relevant. Man versucht eine Definition der Referenz in den Termini einer Kausaltheorie zu geben. Aber die These, daß Referenz eine physikalistische Kausalrelation zwischen Wörtern und mentalen Repräsentationen auf der einen und den Objekten oder Mengen von Objekten auf der anderen Seite ist, hätte überhaupt erst dann Aussicht auf Erfolg, wenn diese Relation rein in physikalistischem Vokabular formuliert werden könnte. Gefordert wäre also eine Definition der Referenz, *ohne* dabei irgendeinen semantischen und intentionalen Ausdruck, ohne z.B. Ausdrücke wie »bezieht sich auf« oder »bedeutet«, verwenden zu müssen. Es ist sicherlich kein Zufall, daß bislang noch niemandem ein solcher Nachweis gelungen ist.
Diese Kritik trifft auch die Kausaltheorie des Wissens.[30] In Kurz-

28 I. Kant, a.a.O., B, 3.
29 Vgl. dazu oben Kap. 3 und Verf.: *Interpretationswelten*, a.a.O., 1993, Kap. 11 und 12.
30 Vgl. A. Goldman: *A Causal Theory of Knowing*, in: The Journal of Philosophy, 64 (1967) 357-372.

form lautet diese Theorie: Wenn S weiß, daß p, dann muß der wahre Glaube von S, daß p, durch das Faktum p verursacht sein. Wir haben es dann, so heißt es, mit Kausalketten zu tun. So gehe z.B. von dem Apfel vor mir eine solche Kette aus: Der Apfel verursache eine neurophysiologische Reaktion in meinem Gehirn, welcher Gehirnzustand wiederum meinen wahren Glauben bewirke, daß vor mir ein Apfel liege. Aber, und das ist der hier wichtige Punkt: der Objektivitäts- und Wahrheits*anspruch* meines Wissens kann offenkundig nicht einfach durch Rekurs auf eine solche Kausalkette des angemessenen Typs *begründet* werden. Der epistemische Charakter der Situation des Wissens läßt sich nicht überspringen. Und die Frage der Wahrheitsbedingungen für »S weiß, daß p« bleibt, da Wissen, wie später in Kapitel 13.2. und 13.5. noch ausführlich darzulegen sein wird, als ein Modus des Fürwahrhaltens angesehen werden kann, verknüpft mit Fragen der Logik und der Rechtfertigung, z.B. damit, daß S p zu Recht für wahr hält, daß p wahr ist, und daß die daraus gezogenen Schlüsse von S gerechtfertigt sind.
Der Versuch, die Referenz- und die Wissensrelation kausal-naturalistisch zu konzipieren, scheitert letztlich daran, daß immer dann, wenn auf etwas Bezug genommen wird, eine *Interpretations-Praxis* zur Umgrenzung der semantischen und pragmatischen Merkmale der referierenden Zeichen bereits vorausgesetzt und in Anspruch genommen ist. Diese Interpretationsverhältnisse aber sind nicht-reduktiver Art. Sie widersetzen sich einer physikalistischen Reduktion unter anderem deshalb, weil sie intentionalen Charakters sind. Überdies sind sie bereits auch in der Formulierung einer Kausalrelation vorausgesetzt. Denn man kann keine Kausalrelation auszeichnen, ohne nicht zuvor bereits zwei interpretatorische Grenzlinien gezogen zu haben: Zunächst müssen aus den unbegrenzt vielen Aspekten einer Situation einige als die *kausal relevanten Ketten oder Aspekte* aussortiert werden. Sodann wird aus diesen wiederum einer hervorgehoben, andere dagegen lediglich als Hintergrundbedingungen eingestuft. Nicht also begrenzt die Kausalrelation den Spielraum der Interpretation. Vielmehr ist begrenzende Interpretation stets bereits in Anspruch genommen, wenn eine Kausalrelation gedacht und mit ihr operiert wird.

(iii) *Evolutionäre Erkenntnistheorie* – Bezogen auf die Vernunft- und Wahrheitsfrage läßt sich die These der evolutionären Erkenntnistheorie holzschnittartig zuspitzen[31]: »Vernunft ist eine Fähigkeit, um Wahrheiten zu entdecken. Diese Fähigkeit hat Überlebenswert; sie hat sich auf dieselbe Weise entwickelt wie unsere anderen physischen Organe oder Fähigkeiten. Eine Überzeugung ist dann rational, wenn sie durch Ausübung dieser Fähigkeit gewonnen wurde.« Die Evolutionstheorie muß hier offenkundig einen metaphysisch-realistischen, einen korrespondenztheoretischen Wahrheitsbegriff voraussetzen. Oben in Abschnitt 12.1. war aber bereits zu sehen, daß dieser nicht kohärent entfaltet werden kann. Wir verfügen nicht über einen Begriff der Wahrheit von Aussagen, der unabhängig ist von dem verwendeten sprach- und grundbegrifflichen System sowie von der in dessen Funktionieren bereits in Anspruch genommenen Interpretations-Praxis. Wird angesichts dieses Befundes Wahrheit, mit Putnam, als »rational acceptability under sufficiently good epistemic conditions« gefaßt und diese Rede von Wahrheit dann in die evolutionstheoretische Formel (»Vernunft ist die Fähigkeit, Wahrheiten zu entdecken«) eingesetzt, so ergibt sich: »Vernunft ist die Fähigkeit, das zu entdecken, was rational akzeptabel ist«. Dies aber ist nicht gerade ein besonders informativer Satz. Er droht vielmehr leerzulaufen. Die Zwickmühle der evolutionären Erkenntnistheorie in bezug auf die Frage der Naturalisierbarkeit oder Nicht-Naturalisierbarkeit der Wahrheit besteht mithin darin, daß, wie Putnam betont, eine evolutionäre Epistemologie entweder ein metaphysisch-realistisches Wahrheitsverständnis voraussetzen oder zu einer leeren Formel kollabieren muß. Das ist eine mehr als mißliche Lage. Entweder wiederholt die evolutionäre Erkenntnistheorie die alten Irrtümer, oder sie läuft leer. Dies heißt natürlich nicht, daß die Evolutionstheorie als eine *wissenschaftliche Theorie* defekt sei. Aber es heißt, und allein darauf kommt es im Augenblick an, daß sie keine Antwort auf die *philosophische* Wahrheitsfrage bereitzustellen vermag.

31 H. Putnam: *Realism and Reason*, a.a.O., 230f.

(iv) *Kulturrelativismus* – Von einer *physikalistischen* Reduktion unterscheidet sich eine *kulturbezogene* Reduktion[32] zunächst nur dadurch, daß in ihr nicht die Physik oder die Neurobiologie, sondern Anthropologie, Linguistik, Psychologie, Soziologie und Geschichte als die paradigmatischen Wissenschaften gelten. Zu sagen, wie z.B. Richard Rorty dies tut, daß ein Satz dann als wahr gelten kann, wenn er mit den lokalen Normen der jeweiligen Kultur übereinstimmt, ist eine Form naturalistischer Epistemologie. Die Folge ist ein Kulturrelativismus. Ethnozentrisch betont Rorty: »our own present beliefs are the ones we use to decide how to apply the term ›true‹«.[33] Wahr ist, so kann man diese Position abkürzen, das, was wir zusammen mit unseren »cultural peers« für wahr halten; ferner gelte für einen Sprecher einer anderen Kultur das Gleiche aus jeweils seiner Optik. Diese Auffassung gerät in zumindest zwei Schwierigkeiten, die zeigen, daß der Wahrheitsbegriff auch in dieser Hinsicht nicht naturalistisch gefaßt werden kann.

(a) Zwar macht die Rede von Wahrheit ohne überkommene kulturelle Traditionen keinen Sinn. Aber das heißt nicht, daß man Wahrheit mit dem Konsensus in der jeweiligen Sprach- und Denkgemeinschaft gleichsetzen könnte. Leicht sind Fälle konzipierbar, in denen ein Satz unter den Angehörigen einer Kultur nicht mehr konsensusfähig ist, aber dennoch wahr sein kann. Und auch sind Fälle konzipierbar, in denen Konsensus gegeben, der Satz jedoch falsch sein könnte. Dies bedeutet, daß es nicht möglich ist, durch die in einer Kultur jeweils geltenden Standards eine Definition von Wahrheit geben zu können.[34] Die Schwierigkeit ist, daß man vornehmlich dann, wenn man die Standards und Praktiken einer lokalen Kultur oder Subkultur umgrenzt und als dasjenige ansieht, wodurch die Wahrheit und Vernünftigkeit eines Satzes determiniert sei, Vernunft und Wahr-

32 Vgl. dazu und zum folgenden H. Putnam: *Realism and Reason*, a.a.O., 234-240.

33 R. Rorty: *Is Natural Science a Natural Kind?*, in: E. McMullin (Hg.): *Construction and Constraint. The Shaping of Scientific Rationality*, Notre Dame 1988, 55. Zu dem kritischen Verhältnis von Interpretationsphilosophie und postanalytischem Pragmatismus vgl. Verf., *Interpretationswelten*, a.a.O., 1993, Kap. 23.

34 Vgl. H. Putnam: *Realism and Reason*, a.a.O., 235; 240.

heit bereits vorausgesetzt und in Anspruch genommen hat. Nur so wird übrigens auch verständlich, daß wir in der Lage sind, unsere kulturellen Institutionen zu kritisieren und zu verbessern. Wenn jemand also seinen Kulturrelativismus mit einer Kulturkritik zusammenschließt, dann liegt eben darin das Eingeständnis, daß der Kulturrelativismus, so wie er üblicherweise vorgebracht wird, nicht das letzte Wort sein kann.
(b) Putnam hat zudem auf einen Widerspruch im Kulturrelativismus aufmerksam gemacht, der dem Widerspruch analog ist, in den der methodische Solipsist gerät, sobald er behauptet, alle anderen Personen/Kulturen seien ebenfalls methodische Solipsisten aus jeweils ihrer Perspektive. Dies unterstellt eine »symmetric situation«, die vom methodisch-solipsistischen und vom kultur-relativistischen Standpunkt aus strenggenommen, d.h. dann, wenn die Relativismus-These richtig ist, unverständlich bleiben muß. Man könnte andere, fremde Kulturen gar nicht als andere, fremde anerkennen, »if you think that the *only* notion of truth there is for *you* to understand is ›Truth-as-determined-by-the-norms-of-*this*-culture‹«.[35]

(v) *Tarski-Wahrheit* – Eine ganz andere Variante von Reduktion begegnet uns in der Wahrheitsauffassung Tarskis.[36] Berühmt ist der Beispielsatz »›Schnee ist weiß‹ ist wahr dann und nur dann, wenn Schnee weiß ist«. Tarskis genialer Schachzug war, mit Hilfe der Stufung von Objekt- und Metasprache Wahrheit definieren zu können, ohne auf einen zuvor bereits etablierten Begriff von Realität zurückgreifen zu müssen. Aber in dieser Leistung liegt zugleich auch die Grenze der Tarski-Wahrheit als philosophischem, d.h. als einem auf die Wahrheit in Urteilen bezogenem Wahrheitsbegriff. Denn in Urteilen wird *gesagt*, *daß* es x *gibt* und *daß* x ein F *ist*. Wahrheit lediglich im Tarski-Sinne zu verstehen, hieße, es mit einem bloßen »semantic ascent« von einer Sprachebene auf eine andere zu tun zu haben. Auf diese Weise

35 H. Putnam: *Realism and Reason*, a.a.O., 238.
36 A. Tarski: *Der Wahrheitsbegriff in den formalisierten Sprachen*, in: K. Berka/L. Kreiser (Hgg.), *Logik-Texte*, Darmstadt ³1983, 445-546.

aber kann man nicht »define for a language any notion of *rightness* that was not already defined«.[37]

(vi) *Kontrafaktische Konditionale* – Grenzen naturalistischer Reduktion des Wahrheitsbegriffs lassen sich auch an kontrafaktischen Konditionalen verdeutlichen. Ein Satz wie z.B. »Wenn Peter nicht zu viel Cognac getrunken hätte, dann würde er noch im Besitz seines Führerscheins sein« hat einen Wahrheitswert. Es läßt sich eine mögliche Welt, eine hypothetische Situation, angeben, in der dieses kontrafaktische Konditional wahr ist. Solche Sätze widersetzen sich aber offenkundig einer physikalistischen und/oder evolutionstheoretischen Reduktion.

(vii) *Natur und Geist, Syntax und Semantik* – Das Prädikat »ist wahr« ist ein kognitives, ein mentales Prädikat. Und zu sagen, daß das mentale Ereignis der Verwendung von »ist wahr« mit einem physikalischen, einem neurophysikalischen Ereignis XYZ identisch sei, kann selbst kein physikalischer Satz sein.[38] Zur Illustration der Unmöglichkeit, ein mentales Ereignis in einer rein physikalischen Sprache zu beschreiben, hat Donald Davidson eine Analogie zwischen der Stellung des Mentalen inmitten des Physikalischen und des Semantischen in einem System reiner Syntax hergestellt.[39] Die Semantik eines Ausdrucks ist zum einen stets auf ein syntaktisches System bezogen. Zum anderen jedoch ist es nicht möglich, die Bedeutung, die ohne Einbeziehung der propositionalen Einstellungen (wie z.B. der Überzeugungen, Absichten, Wünsche, Meinungen) nicht geklärt werden kann, in rein syntaktischen Termini zu formulieren. Eingedenk der Verschränkung von Semantik und Wahrheitstheorie läßt sich der springende Punkt mit Davidson auf folgende Weise verdeutlichen. Wenn eine Sprache S ausschließlich aus einem physikalischen Vokabular besteht und S' die um das mentale Prädikat »wahr in S« erweiterte Sprache ist, dann *kann* es, vorausgesetzt S ist konsistent, kein Prädikat des physikalischen Vokabulars ge-

37 H. Putnam: *Realism and Reason*, a.a.O., 245.
38 Vgl. Verf.: *Einzelding- und Ereignis-Ontologie*, in: a.a.O., 175f.
39 Vgl. D. Davidson: *Mental Events*, (1970), in: ders.: *Essays on Actions and Events*, Oxford 1980, 207-225.

ben, das sich auf alle und nur die wahren Sätze von S bezieht. Allerdings scheitern nicht nur die physikalistischen Reduktionen. Das Scheitern gilt nach beiden Seiten. Es mißlingen auch die phänomenalistischen und die mentalistischen Reduktionen. Denn zu sagen, daß das einzige, was wirklich da sei, der Geist ist, ist ebenfalls ein Reduktionismus. Der Phänomenalist ist so gesehen in keiner besseren Position als der Physikalist. Die Aufgabe ist, ein Philosophieren zu entfalten, daß sich jenseits dieser Dichotomie bewegt.

(viii) *Eliminationistische Sicht* – Angesichts dieser Schwierigkeiten eines Reduktionismus könnte man auf die Idee verfallen, Begriffe wie »Wahrheit«, »Rechtfertigung«, »rationale Akzeptabilität« für bloßen Aberglauben zu halten und sie ganz zu streichen, d.h. eine streng eliminationistische Linie einzuschlagen. Doch dies ist offensichtlich alles andere als eine Lösung. Denn erstens verwenden wir das Prädikat »ist wahr«, d.h. dieses hat nach wie vor eine wichtige Funktion in unserem Sprechen und Denken, die es zu verstehen gilt. Zweitens müßte ein Nachfolger für den Wahrheitsbegriff formuliert werden. Doch der ist nicht in Sicht. Und auch ist keine Psychologie zu sehen, die Quines Hoffnung erfüllen könnte, die philosophische Erkenntnislehre als einen Teil der empirischen Psychologie zu entfalten.[40] Psychologie kann nicht erklären, was Gedanken sind. Vielmehr setzt sie diese immer schon voraus. Und drittens ist die Elimination der genannten Wörter, und das heißt auch die Elimination des Normativen, mit einer Formulierung Putnams gesprochen, »attempted mental suicide«[41].

40 Vgl. W. V. Quine: *Epistemology Naturalized*, in Quine: *Ontological Relativity and Other Essays*, New York 1969, 69-90.
41 H. Putnam: *Realism and Reason*, a.a.O., 246.

3. Norm- und Wertgebundenheit der Wahrheit

Das Scheitern einer Naturalisierung des Wahrheitsbegriffs bringt im Gegenzug dessen *wertschätzenden* und *normativen* Charakter in den Blick. Denn vornehmlich dieser ist es, der sich sowohl naturalistischen Reduktionen als auch essentialistischen Überhöhungen widersetzt. Darin sind zwei Komponenten zugleich enthalten: Wahrheit wirkt norm-bildend und ist norm-abhängig, ist wert-gebend und wert-abhängig. Die zweite Komponente dieser jeweils drehtürartigen Verschränkung, die Gebundenheits- und Abhängigkeitskomponente, ist eigens zu betonen. Dies erfolgt nicht, um die Wahrheitsfrage zu depotenzieren, sondern um ihre Widerständigkeit gegen naturalistische Reduktionen weiter zu stärken und ihre Eigenart näher kennzeichnen zu können. Die Frage lautet dann: Wie ist es logisch möglich, daß Wahrheit von Normen und Werten abhängt? Dies meint nicht eine Gleichsetzung beider.[42] Und die Rede von Werten ist hier nicht bloß in ihrem *engen* evaluativen, sondern in ihrem *weiten* Sinn aufzufassen, der neben der Evaluation die normierenden Komponenten des Sprachgebrauchs selbst, Gesichtspunkte der Bevorzugung sowie der Hierarchisierung und präskriptive Elemente umfaßt.[43] Die wichtigsten Aspekte sind die folgenden.

42 Für unsere Zwecke ist es nicht erforderlich, auf die wichtigen Unterschiede zwischen *Normen* (im Sinne der Maßstäbe und Richtlinien für das, was sein und geschehen soll), *Werten* (im Sinne dessen, was als übergeordnet gilt und anerkannt wird) und *Wertschätzungen* (im Sinne der interessen-gebundenen Art und Weise, die Dinge zu sehen und sich zu verhalten) näher einzugehen. Entscheidend ist, daß mit diesen Komponenten eine *normative* Dimension verbunden ist und daß diese eine überaus wichtige Rolle in einem Weltbild spielt.

43 Ging es bisher darum, daß eine *Naturalisierung* der Wahrheitsfrage nicht gelingen kann, so ist jetzt zu betonen, daß es auch nicht um eine *Psychologisierung* des Wahrheit-Norm/Wert-Verhältnisses geht. Das in Zeichen erfolgende Urteilen, in dem sich ein Wahrheitsanspruch artikuliert, besitzt semantische und repräsentationale Merkmale (Bedeutung, Referenz, Wahrheitsbedingungen), mithin logische Eigenschaften. Auf *deren* Ebene wird hier die Frage nach der Norm- und Wertgebundenheit der Wahrheit gestellt.

(i) *Kognition und Wertschätzung* – Zunächst ist zu beachten, daß eine strenge Dichotomie von Kognition[44] und Wertschätzung nicht durchführbar ist. Eine solche Trennungslinie wird nicht durch so etwas wie ›Die Natur der Sache selbst‹, sondern wenn, dann durch *uns*, d.h. *in* der Anwendung eines sprach- und grundbegrifflichen Systems, gezogen. Dies erfolgt unter Zweckgesichtspunkten und aus Gewohnheiten. Dem entspricht, daß eine trennscharfe Analyse nicht gelingt. Je präziser die Analyse, desto schwieriger und schließlich unmöglich wird die Entscheidung, ob ein Element noch als rein kognitiv oder schon als wertschätzend einzustufen ist, und vice versa. Bereits der Umstand, daß überhaupt Entscheidungen erfordert sind, zeigt, daß es sich um praktisch-normative und pragmatisch-wertschätzende Vorgänge handelt.

Die Verschränkung von Kognition und Wertschätzung zeigt sich auch daran, daß Werte und Wertschätzungen kognitiv fungieren. So wird vieles mit ihrer Hilfe organisiert und klassifiziert. Und umgekehrt gilt, daß kognitive Operationen auch wertschätzend verfahren. So bewirken und enthalten sie z.B. Hierarchisierungen, Abgrenzungen, Bevorzugungen, Gewichtungen, Tilgungen oder Vereinfachungen. Dies heißt nicht, daß Unterscheidungen zwischen dem deskriptiven und dem bewertenden Gebrauch eines Ausdrucks, z.B. von »ist leichtgläubig«, unwichtig werden. Das Gegenteil ist der Fall.[45] Zum einen machen wir offenkundig

44 Zum Aspekt der Kognition vgl. auch oben Kap. 7 (Imagination und Kognition).

45 Zu beachten ist jedoch, daß man einem Ausdruck, z.B. »ist leichtgläubig« in »Da Peter leichtgläubig war, hatten die Diebe einfaches Spiel«, nicht unmittelbar ansieht, ob er deskriptiv oder bewertend, und dann des näheren, ob er positiv bewertend (z.B. in der Sicht der Diebe) oder negativ bewertend (z.B. aus der Sicht der Polizei) verstanden und gebraucht wird. Mithin ist Interpretation bereits vorausgesetzt, wenn der Unterschied zwischen Deskription und Bewertung konstatiert wird. Zugleich aber machen wir einen Unterschied zwischen Tatsachenprädikaten (wie z.B. »wiegt 5 kg«) und Wertprädikaten (wie z.B. »ist lobenswert«). Diesen Unterschied jedoch, und generell den zwischen Tatsachen und Werten, *so* zu setzen, wie wir ihn setzen, stellt bereits eine Auftrennung des Kontinuums der Prädikationen dar und kann daher als interpretativ charakterisiert werden.

solche Unterscheidungen. Zum anderen lebt das Denken von Unterscheidungen. Aber es gehört zum Begriff solcher Unterscheidungen, daß sie weder aus einer objektiven Wahrheit-*in-der-Sache-selbst* stammen, noch in eine solche führen. Solche Unterscheidungen können als *interpretativ-konstruktbildende* Grenzziehungen angesehen werden. Sie erfolgen bereits *innerhalb* eines Interpretations-Horizonts und aus einer Interpretations-Praxis heraus sowie auf diese hin. Ihnen liegen die in den interpretativen Funktionen des Sprechens, Denkens und Handelns selbst bereits sedimentierten Wertschätzungen stets bereits voraus. Der Versuch, die Wahrheitsfrage gegenüber der Wertproblematik dadurch immun zu halten, daß Wahrheit zu einer Angelegenheit der Kognition erklärt und diese in Dichotomie zu den Normen und Werten gesehen wird, scheitert an der Undurchführbarkeit eben dieser Dichotomie. Zugleich wird deutlich, daß den an Kognitionen festgemachten und sich in Urteilen artikulierenden Wahrheitsansprüchen die mit der Verschränkung von Kognition und Wertschätzung gegebene Norm- und Wertgebundenheit bereits im Rücken liegt.

(ii) *Wahrheit im Urteil* – Einen wichtigen Schritt im Hinblick auf die Freisetzung der positiven Verbindung von Wahrheit und Wert stellt die Verabschiedung der Idee eines allgemeinen objektiven Wahrheitskriteriums dar. Sie erfolgt bei Kant, dessen Überlegung einfach und schlagend ist. Ein objektives (materiales, inhaltliches) Wahrheitskriterium wäre eines, das sich auf das bestimmte Objekt und dessen *So-und-so*-Beschaffenheit bezieht. Darin wäre dieses Objekt von anderen Objekten und deren Beschaffenheiten unterschieden gedacht. Eben dies jedoch schließt ein, daß ein solches Kriterium nicht zugleich allgemein, d.h. nicht von allen Erkenntnissen, und zwar ohne Unterschied ihrer Objekte, gültig sein *kann*. Was materialiter in bezug auf ein Objekt falsch ist, kann in bezug auf andere Objekte wahr sein. Ein materiales, objektives Wahrheitskriterium zu fordern, ist »in sich selbst widersprechend«.[46] Denn es wird verlangt, man solle »von allem Unterschiede der Objekte zugleich abstrahieren und auch nicht abstrahieren«. Wenn ein solches Kriterium hinreichend

46 Vgl. I. Kant: *Kritik der reinen Vernunft*, B, 83; vgl. B, 82-85.

wäre, dann wäre es nicht allgemein, und wenn es allgemein wäre, dann wäre es nicht hinreichend.

Folglich bleibt mit Kant nur der Rückzug auf die Nominaldefinition von Wahrheit und auf ein allgemeines formales, auf ein logisches Kriterium. Dieses kann lediglich in der »Zusammenstimmung der Erkenntnis mit sich selbst«, nicht mehr jedoch in einer Übereinstimmung von Erkenntnis und Objekt bestehen.[47] Vielmehr ist von den Objekten insgesamt sowie von deren Unterschieden abstrahiert. Wahrheit wird damit auf die Einstimmigkeit des Verstandes und der Vernunft mit ihren eigenen Gesetzen und Interessen bezogen. Sie betrifft nur das Verhältnis zwischen Prädikat und Subjekt in der Bildung möglicher Urteile, d.h. die Verknüpfung begrifflicher Zeichen in Urteilen und unter deren Grammatik. Als formale Kriterien fungieren die mit den Regeln des Verstandes gegebenen Sätze vom zu vermeidenden Widerspruch, vom zureichenden Grunde und vom ausgeschlossenen Dritten. Wahrheit, die ihren Sitz allein im Urteil hat, »stimmt«, wie Kant in einer Nachlaßreflexion notiert, »mit dem Objekt, wenn sie mit sich selbst stimmt«.[48]

Dies lenkt die Aufmerksamkeit zum einen auf einen Erkenntniswillen sowie ein Interesse und Sinnbedürfnis der Vernunft[49], zum anderen auf die Funktionsweisen des sprach- und grundbe-

47 I. Kant: *Logik*, hg. von G. B. Jäsche, Einleitung VII, in: Werke, hg. von W. Weischedel, Darmstadt 1975, Bd. 5.

48 I. Kant: *Reflexionen zur Logik*, in: Akademie-Ausgabe, Bd. 16, 244, Nr. 2124.

49 Im Hinblick auf diesen Zusammenhang hat F. Kaulbach die erhellende Unterscheidung von »Objektwahrheit« und »Sinnwahrheit« eingeführt. Erstere betrifft den Objektbezug der Vorstellung. Letztere ist bei Kant mit dem von Kaulbach herausgestellten Perspektivismus der Vernunft verknüpft. Denn Sinnwahrheit wird als »Angemessenheit« einer »Weltperspektive an die Erfüllung eines Interesses der Vernunft« begriffen. Vgl. F. Kaulbach: *Kants Auffassung von der Wissenschaftlichkeit der Philosophie: die Sinnwahrheit*, in: Kant-Studien, 76 (1985) 13. Dies gilt für die theoretische wie für die praktische Vernunft. Zum Perspektivismus der Vernunft in der Philosophie Kants vgl. F. Kaulbach: *Das Prinzip Handlung in der Philosophie Kants*, Berlin-New York 1978, z.B. 122ff., 125ff.,168f., 248ff., 252ff., und in: *Philosophie des Perspektivismus*, Bd.1: *Wahrheit und Perspektive bei Kant, Hegel und Nietzsche*, Tübingen 1990, Kap. 1.

grifflichen Systems in der Urteilsbildung und unterstreicht den Vorrang der Stimmigkeit der Urteilszeichen *vor* dem Bezug auf Objekte. Wenn es erst einmal, so könnte man in Abwandlung einer Wittgensteinschen Überlegung[50] sagen, mit unseren Zeichen stimmt, dann stimmt es auch mit den Dingen und unserem Verhältnis zu ihnen.

Bezogen auf die Wahrheitsfrage sind hier zwei Komponenten zu unterscheiden. Zum einen (a) geht es um die formale Stimmigkeit der Verwendung des sprach- und grundbegrifflichen Zeichen-und-Interpretationssystems im Sinne vor allem der Widerspruchsfreiheit. Diese Stimmigkeit betrifft nur die Form der Wahrheit. Sie ist conditio sine qua non, aber selbst nicht hinreichend. Zum anderen (b) manifestiert sich in den Funktionsweisen dieses Zeichen-und-Interpretationssystems dessen *kategorialisierender* Charakter in bezug auf das, was überhaupt als ein Gegenstand der Erfahrung und Erkenntnis gelten kann. In kategorialisierender Hinsicht aber ist die *Form* unserer Zeichen-und-Interpretations-*Praxis* hinreichende Bedingung dafür, daß wir es mit *So-und-so*-Prädizierungen und mithin mit einer *so-und-so* bestimmten Welt und Wirklichkeit zu tun haben. Von daher macht es guten Sinn, die so formierten Zeichen-und-Interpretations-Welten als unsere Welten zu behandeln.[51]

Die kategorialisierenden Funktionen und die semantischen Merkmale der sprach- und grundbegrifflichen Urteilszeichen können als perspektivisch, als normierend, als interpretatorisch-konstruktbildend charakterisiert werden. Die Rede von Objektivität und Wahrheit kann sich dann nur noch auf die *Form* der urteilsgrammatischen Interpretationsbildungen beziehen. Das, was überhaupt als ein Gegenstand der eine Wahrheit beanspruchenden Erkenntnis gelten kann, liegt stets *innerhalb* eines Interpretation1-Horizonts und ist bereits als ein Resultat kategorialisierender Interpretationsprozesse, z.B. der raum-zeitlichen Lokalisierung, der Individuation, der Bestimmtheit und der Organisation anzusehen. In den tatsächlichen Urteilsbildungen finden sich beide Komponenten. Denn in der Bildung eines Ur-

50 Vgl. L. Wittgenstein: *Tractatus logico-philosophicus*, Nr. 4.1213.

51 Vgl. oben Kapitel 1 und 2; vgl. auch Verf.: *Interpretations-Welten*, in: a.a.O., 1989; und Verf.: *Interpretationswelten*, a.a.O., 1993.

teils, in dem es um Wahrheit oder Falschheit geht, wird der Sachverhalt, von dem das Urteil handelt, auf den es sich bezieht und der als seine Erfüllungsbedingung gilt, durch das Urteil selbst auch erst beurteilbar gemacht. Da diskursive Wahrheit den kategorialisierenden Interpretationsfunktionen sowie den semantischen Merkmalen der urteilsgrammatischen Verwendung begrifflicher Zeichen nicht vorausliegt, sondern erst auf diese folgt, geht deren interpretatorisch-wertschätzender und darin normierender Charakter auch an den Wahrheitsbegriff über. Diese Norm- und Wertgebundenheit ist eine notwendige. Anderenfalls wären selbst-destruktive Konsequenzen unvermeidlich, denn man kann nicht mit der Frage der Urteilswahrheit befaßt sein und zugleich die Urteilsbildung selbst aufheben wollen. Wenn es also überhaupt um Wahrheit in Urteilen geht, dann ist diese stets bereits in ihrer Gebundenheit an die das Urteilen kennzeichnenden interpretatorisch-wertschätzenden Konstruktbildungen gedacht. Dies läßt sich mit Blick auf die semantischen Merkmale verdeutlichen.

Bevor die Frage nach der Wahrheit oder Falschheit von z.B. »x ist ein F« gestellt werden kann, muß man den Ausdruck »x ist ein F« bereits verstanden, in seinen semantischen Merkmalen spezifiziert haben. Genau dort aber beginnt das *philosophische* Problem der Wahrheit, nämlich zu *verstehen, was es heißt »x ist ein F« zu verstehen.*[52] Eine Antwort auf diese Frage wird sicherlich auch die folgenden Aspekte enthalten: Man versteht »x ist ein F« und nennt den Ausdruck wahr, wenn man weiß, daß er von x handelt, sich auf x bezieht, x ein F ist und die Erfüllungsbedingungen von »x ist ein F« erfüllt sind. Zu beachten ist, daß alle drei Aspekte (Bedeutung, Referenz, Erfüllungsbedingung) *von innen* her vom Charakter konstruktbildender und wertschätzender Interpretation sind. Dies gilt nicht nur für Zuschreibungen in der Perspektive der dritten Person, sondern

52 Mit Recht wird dieser Aspekt von H. Putnam: *Reason, Truth and History*, a.a.O., 129, kritisch gegenüber dem bloß formalen Äquivalenzprinzip (dem zufolge »›Schnee ist weiß‹ ist wahr« äquivalent zu ›Schnee ist weiß‹ gesetzt ist) und gegenüber der Unterscheidung zwischen Objekt- und Metasprache bei Tarski und Davidson eingeklagt.

vornehmlich auch für den Vollzug der Urteilsbildung in der Perspektive der ersten Person. Interpretatorisch ist, (a) daß der Gehalt, von dem der Ausdruck handelt, *so* spezifiziert ist, wie er spezifiziert ist, (b) daß *wir* uns mit Hilfe des Ausdrucks auf dieses *So-und-so*-Etwas in einer bestimmten Weise (z.B. in einem bestimmten Modus, und nicht in einem anderen) beziehen und (c) daß mit dem *so-und-so* gearteten propositionalen Gehalt des Ausdrucks auch das Verhältnis zu dem festgelegt wird, was unter den für relevant gehaltenen Aspekten als Erfüllungsbedingung gilt.

(iii) *Wissenschaft, Wahrheit und Wert* – Hinsichtlich der Wissenschaften tritt der hier diskutierte Problempunkt in Gestalt der Frage des Verhältnisses von wissenschaftlicher Theorie, Wahrheit und Wert auf. Einfach nur zu sagen, Wissenschaft strebe nach nichts anderem als der Wahrheit, ist, wie Putnam anmerkt, solange eine nichtssagende Formulierung, wie wir keine Vorstellung davon haben, welches die Kriterien rationaler Akzeptierbarkeit sind.[53] Genau darin tritt dann auch die Norm- und Wertgebundenheit zutage. Denn was es heißt, »rational akzeptabel« zu sein, ist eben nicht vorab in einer festen und ahistorischen Menge von Regeln, Prinzipien und Kriterien niedergelegt. Diese Abhängigkeit zeigt sich auch an der Frage der Bestätigung und der Nicht-Bestätigung von Theorien. Da wissenschaftliche Theorien einer heute weithin anerkannten Auffassung zufolge nicht Punkt für Punkt und nicht Satz für Satz, sondern als ganze Systeme holistisch bestätigt oder nicht-bestätigt werden, ist sowohl jede Pro- als auch jede Contra-Entscheidung abhängig von den Normen und Werten, die (a) in den Methoden und Rationalitätsstandards des jeweiligen Satzsystems selbst vorliegen und die (b) mit der Entscheidung gesetzt sind, ein System stimme oder es stimme nicht mit der Erfahrung überein. Zu sagen, *dies* sei eine zur Erfahrung gut passende Theorie, *jene* dagegen nicht, oder zu sagen, diese Theorie passe *bis hierher* gut, *von hier ab* jedoch nicht mehr zur Erfahrung, dies sind offenkundig *Interpretations-Grenzen*, die gezogen werden und in denen Normen und Werte wirksam sind. Die *Gründe*, sich jeweils für die eine und

53 H. Putnam, a.a.O., 129.

gegen eine andere, den fraglichen Zweck theoretisch gleich gut erfüllende Möglichkeit zu entscheiden, sind einer formalen Behandlung nicht zugänglich, sondern praktischer und pragmatischer Natur. Die entsprechenden Urteile könnten, wie Putnam betont, nur dann formalisiert werden, wenn eine Formalisierung der menschlichen Psychologie insgesamt möglich wäre.[54] Von genau dieser Möglichkeit jedoch sind wir unter anderem aufgrund und in Konsequenz des *interpretatorischen* und des *nichtfeststehenden* Charakters der fraglichen Prozesse selbst und aufgrund des letztlich *individuellen* Charakters der interpretativen und psychologischen Vermögen und Fähigkeiten einer Person abgeschnitten.

Was die Frage der Beweisbarkeit angeht, so akzeptiert die Wissenschaft keineswegs nur Theorien mit wahren Aussagen. Entscheidend ist vielmehr die Ordnungs- und Organisationskraft einer Theorie hinsichtlich der erklärungsbedürftigen Phänomene. Einigen Autoren zufolge muß eine wissenschaftliche Theorie gar nicht wahr, sondern, wie etwa bei Bas C. van Fraassen, nur »empirically adequate«[55] sein. Ihr Erfolg bemißt sich dann an der Fähigkeit, Beobachtungen vorherzusagen, was seinerseits auf das Trial-and-Error-Verfahren zurückgeführt wird. All diese Aspekte können als Manifestationen von Wertschätzungen angesehen werden.

Wissenschaftliche Theorien sind auch weit davon entfernt, frei von Kontroversen zu sein, und auch sind keine Gründe in Sicht, Konvergenz jemals erreichen zu können.[56] Dies ist nicht einmal hinsichtlich des Beobachtungsvokabulars der Fall. Außerdem gibt es, wie betont, nicht ›Die Eine Wissenschaftliche Methode‹ und nicht ›Die Eine Rationalität‹.[57] Eine solche müßte (a) eine bestimmte Relation zur Realität auszeichnen, sich dadurch (b)

54 H. Putnam, a.a.O.,133.
55 B. C. van Fraassen: *The Scientific Image*, Oxford 1980, 12.
56 Vgl. H. Putnam: *The Many Faces of Realism*, a.a.O., 63ff.
57 Vgl. dazu R. Rorty: *Is Natural Science a Natural Kind*, in: a.a.O., 49-74, sowie R. Rorty: *Consequences of Pragmatism*, Minneapolis 1982, 163ff. Vgl. H. Lenk: *Typen und Systematik der Rationalität*, in: Lenk (Hg.): *Zur Kritik der wissenschaftlichen Rationalität*, Freiburg-München 1986, 11-27. Lenk betont den Pluralismus der Bedeutungen des Begriffs ›Rationalität‹ und stellt eine Liste von annä-

zugleich von den anderen Bereichen und Arten eines Welt-, Fremd- und Selbstverständnisses (z.B. in den Künsten, der Moral oder der Politik) gattungsmäßig unterscheiden und (c) dazu dienen können, Tatsachenaussagen von Werturteilen zu unterscheiden. Keine dieser drei Forderungen kann heute als erfüllt gelten. Zudem gibt es nicht einmal durch die vielen Einzelwissenschaften hindurch ein einheitliches Paradigma, das in allen Wissenschaften gilt. Putnam betont mit Recht, daß eine solche wissenschaftliche Methode, die durch Regeln so erweitert würde, daß sie auch die Entscheidungen über Projizierbarkeit und Nicht-Projizierbarkeit von Prädikaten und all die anderen hier relevanten Intuitionen umfaßt, eine Regel-Menge wäre, die so kompliziert wäre wie eine vollständige Beschreibung der »total psychology of an ideally rational human being«.[58] Im Hinblick auf den Zusammenhang von Wissenschaft, Wahrheit und Wert bedeutet dies, daß das Sortieren von Tatsachenaussagen und Werturteilen sowie die Wahrheit von Urteilen letztlich so kompliziert sind wie der interpretative Mensch selbst. Und vor allem: Dies schließt normative und wertschätzende Komponenten nicht aus, sondern ein. Hier werden Werte deutlich, die in den Wissenschaften selbst enthalten sind, so z.B. organisatorische Leistungsfähigkeit, Ordnungskraft, denkökonomische Einfachheit, Vorhersagekapazität, Nützlichkeit, Kohärenz, Vollständigkeit.

(iv) *Sprache und Horizont* – Unter interpretations-kritischem Vorzeichen sind weitere Norm- und Wertimprägniertheiten des Wahrheitsbegriffs zu verzeichnen.

(a) Das Wahrheitsproblem kann, wie oben in Kapitel 12.1. zu sehen war, nicht mehr im Sinne einer essentialistischen Wahrheit-in-der-Sache, sondern nur noch als das Aufstellen, Reflektieren und Begründen von Wahrheits*ansprüchen* gefaßt werden. Dies

hernd zwei Dutzend Rationalitätstypen zusammen, die nicht auf ›Die Eine Rationalität‹ zurückgeführt werden können.

58 H. Putnam, a.a.O., 75; vgl. Putnam: *Reflexive Reflections*, in: W. K. Essler/H. Putnam/W. Stegmüller (Hgg.): *Epistemology, Methodology and Philosophy of Science. Essays in Honour of Carl G. Hempel*, Dordrecht 1985, 143-154.

ist eine Konsequenz schon der Kantischen und dann vor allem der sprach- und interpretations-kritischen Behandlung der Wahrheitsfrage. In diesem Sinne ist Wahrheit von der Sprache und den in deren Funktionsweisen sedimentierten Normen und Wertschätzungen abhängig.

Nun könnte jemand sagen, daß von dem Wahrheits*anspruch* doch der Wahrheits*begriff* so zu unterscheiden sei, daß letzterer zur Beurteilung von ersterem diene und seinerseits nicht von der Sprache abhänge. Denn der starke und exklusive Status des überlieferten metaphysischen Wahrheitsbegriffs bestehe darin, daß dieser Begriff im Unterschied zu allen anderen Begriffen sich nicht auf ein Etwas beziehe, sondern die Möglichkeit dessen verkörpere, was überhaupt als ein »adäquater« Begriff eines Gegenstandes gelten *könne*. In einer solchen Auffassung ist vorausgesetzt, daß der Wahrheitsbegriff seinerseits keiner Explikation bedarf. Was aber macht man mit jemandem, der nach der Bedeutung der Wörter »wahr« und »Wahrheit« fragt? Dann ist Explikation erfordert. Diese besteht darin, daß auf andere und bereits verstandene sowie für gültig gehaltene Begriffe, Wörter und Zeichen zurückgegriffen wird. Strenggenommen aber raubt genau dies dem metaphysischen Wahrheitsbegriff seine Spitzenstellung. Denn er sollte es nicht nötig haben, durch andere und bereits als gültig akzeptierte Wörter und Begriffe expliziert werden zu müssen. Der Wahrheitsbegriff teilt dann das Schicksal aller anderen natürlichen Wörter, Zeichen und Begriffe; und die Akzeptabilität und Gültigkeit der zur Explikation verwendeten Ausdrücke ist ihrerseits stets eine bedingte, mithin kontingente, d.h. sie läßt sich nicht aus einem ›höchsten‹ oder ›letzten‹ Punkt deduzieren.

Normen und Werte sind hier in mehreren Hinsichten relevant. Zunächst ist jedes Explizieren ein spezifisches und spezifizierendes Interpretieren. Sodann haben diejenigen Wörter, die zum Zwecke der Explikation verwendet und in dieser dann für rational akzeptabel gehalten werden, den Grund ihrer Akzeptabilität in einer Sprach- und Interpretations-*Praxis*. Und schließlich sind in dem bereits erwähnten Sinne die Gründe, eine bestimmte Explikation zu dieser Zeit und in diesem Kontext für akzeptabel zu halten, einer Formalisierung nicht nur nicht zugänglich, sondern praktischer, mit den Wertvorstellungen einer Lebenspraxis verbundener Natur.

(b) Alles, was wir vorstellen und für-wahr-halten, sowie die Art, wie Vorstellungen, mentale Repräsentationen und Wörter mit anderen Vorstellungen, mentalen Repräsentationen und Wörtern verglichen werden, geschieht *in* Interpretations-Horizonten und *unter* den Regeln einer Interpretations-Praxis. Auch die Frage der Wahrheit eines Urteils liegt *innerhalb* eines Interpretations-Horizonts, der allererst umgrenzt, was als wahr und falsch gelten *kann*. Nimmt man nun im Sinne des Stufenmodells der Interpretation Differenzierungen vor und unterscheidet die *kategorialisierenden* Interpretationen$_1$ von den auf *Gewohnheits- und Gleichförmigkeitsmustern* beruhenden Interpretationen$_2$ und diese wiederum von Interpretationen$_3$ im Sinne *aneignender Deutung*, dann kann man sagen: Interpretationen$_1$ sind logisch früher als die diskursive Wahrheit. In Abschnitt 12.5. wird dargelegt, wie die Wahrheitsfrage im Stufenmodell der Interpretation im einzelnen formuliert werden kann. Im Augenblick ist lediglich festzuhalten, daß das Aufstellen, Reflektieren und Begründen von Wahrheits*ansprüchen* aus einer Interpretations-Praxis, aus einem Netzwerk normativer, wertschätzender und perspektivischer Bedingtheiten heraus und auf dieses hin erfolgt. Dies schließt ein, daß auch der Verstand in seinem Willen, *etwas als wahr* zu behaupten, dies, mit einer Formulierung Nietzsches gesprochen, »auf dem Grunde perspektivischer Schätzungen und Scheinbarkeiten«[59] tut.

(c) Wenn, wie dargelegt, die Grammatik und die Funktionsweise der Urteilszeichen Priorität vor dem Verhältnis von Zeichen und Sache besitzen, dann ist Wahrheit von einer anerkannten Sprache, d.h. von der Anerkennung in einer mit anderen Personen geteilten Sprache abhängig. Wahrheit ist in diesem Sinne stets auch eine öffentliche Angelegenheit. Es läßt sich nicht vermeiden, daß die anderen sich zu Wort melden. In Aufnahme der Wittgensteinschen Zurückweisung des Privatsprachenarguments gilt, daß ein anderer mich lehren können muß, daß zum Beispiel der Ausdruck »F« der richtige Ausdruck ist, um meine Erkenntnis

59 F. Nietzsche: *Jenseits von Gut und Böse*, II, Nr. 34, in: KGW VI 2, S. 49.

von x in dem Urteil »x ist ein F« zu beschreiben. Jedes mit einem Wahrheitsanspruch auftretende Urteil ist in diesem Sinne von *anderen* Personen und damit auch in einem doppelten Sinne von *anderen* Interpretationen abhängig: zunächst von den anderen und bereits für wahr gehaltenen Interpretationen innerhalb des *eigenen* Interpretationen-Netzwerks; sodann von den anderen Interpretationen *anderer* Personen. Beide Aspekte, sowohl die eigenen anderen als auch die fremden anderen Interpretationen, machen die Urteilswahrheit interpretations-, perspektive- und in diesem Sinne norm- und wertabhängig.

Da es nicht ›Den Einen definitiven und allgemein verbindlichen Interpretations-Horizont‹ und in diesem Sinne auch nicht ›Die Eine Wahrheit‹ geben kann, ist unter strenger Beachtung sinnkritischer Einschränkungen und unter striktem Ausschluß von Beliebigkeit zu sagen, daß es so viele Wahrheiten wie kohärent explizierbare und begründbare Wahrheitsansprüche zu einer Zeit gibt. Welcher der Wahrheiten dann der Vorzug vor anderen gegeben wird, ist letztlich eine *praktische* Frage. Darin besteht der interpretations-praktische Kern der Wahrheitsfrage.

(v) *Interpretations-Praxis* – Beim Rückgang in der Reihe der Erklärungen und Begründungen seiner Interpretationen kommt man schließlich nicht umhin festzustellen: ich interpretiere nun einmal so, wie ich interpretiere. Hier ist man, mit Wittgenstein gesprochen, auf jenem »harten Felsen« angelangt und »mein Spaten biegt sich zurück«.[60] Damit ist weder ein Positivismus der Faktizität noch ein höchster oder tiefster Punkt möglicher Deduktion gemeint. Es geht schlicht um eine Handlungsweise und darin des näheren, in dem in Kapitel 1.2. dargelegten Sinne, um die *Form* des *Horizonts* unserer Interpretations-*Praxis*. So gesehen vollzieht sich auch das Aufstellen und Reflektieren von Wahrheitsansprüchen aus dieser Interpretations-Praxis heraus und auf sie hin. Dabei ist das Netzwerk der mannigfaltigen interpretatorischen Bedingtheiten und perspektivischen Wertschätzungen im ganzen nicht distanzierbar, nicht überschaubar und nicht hintergehbar. Auch in der Reflexion (die vom Vorgang

60 L. Wittgenstein: *Philosophische Untersuchungen I*, Nr. 217.

Interpretation abhängig ist, nicht umgekehrt) kann man weder das Interpretationen-Corpus noch die Interpretations-Praktiken und Interpretations-Fähigkeiten im ganzen vor sich hinstellen, überschauen und transparent machen. Die ihrerseits nicht im ganzen suspendierbare Interpretations-Praxis ist jedoch stets bereits in Anspruch genommen, wenn ein Urteil als ein Urteil verstanden wird. Und umgekehrt führt die Frage, was es heißt, einen Satz, der etwas sagt, zu verstehen, mithin eine Antwort auf die philosophische Frage nach der Wahrheit eines Urteils zu geben, schließlich in die Frage nach der Form der Interpretations-Praxis. Diese drehtürartige Verschränkung stellt zugleich den Ausgangspunkt für eine veränderte Auffassung der Wahrheit als Interpretation dar. Darin verliert die Wahrheitsfrage ihre traditionelle Spitzenstellung zugunsten der Interpretationsproblematik. Aber sie wird keineswegs obsolet, und schon gar nicht verschwindet sie.

4. Wahrheit als regulative Annahme

(i) *Wahrheits-Differenz* – Die Kernfrage in Sachen Wahrheit ist nun, wie die Differenz zwischen der Norm-, Wert- und Perspektivenabhängigkeit einerseits und der Nicht-Reduzierbarkeit des Prädikats »ist wahr« auf jeweils gegebene Normen, Werte und Perspektiven andererseits expliziert werden kann. Dabei geht es natürlich nicht um ein erneut metaphysisches Verständnis von Wahrheit und nicht um eine formale Definition von Wahrheit. Es geht vielmehr darum, eine Erläuterung des Wahrheitsbegriffs zu geben. Wird Wahrheit als rationale Akzeptierbarkeit (Putnam) gefaßt, dann entspricht dem die Frage, wie auf der Innenseite des sprach- und grundbegrifflichen Systems die Differenz zu explizieren ist zwischen dem Umstand, daß Wahrheit zwar »not independent of *all* justification«, wohl aber »independent of justification here and now«[61] ist und daß eine Aussage ihre Rechtfertigung verlieren kann, während sie ihre Wahrheit behält. Putnam nennt einmal als Beispiel den Satz »Die Erde

61 H. Putnam: *Reason, Truth and History*, a.a.O., 56.

ist flach«, der vor dreitausend Jahren vermutlich rational akzeptabel, darum aber nicht wahr gewesen sei. Denn dies würde die Annahme voraussetzen, die Erde hätte inzwischen ihre Gestalt geändert. Für Putnam bedeutet dies, daß Wahrheit eine Eigenschaft einer Aussage ist, »that cannot be lost, whereas justification can be lost«. Doch Wahrheit zu einer nicht-verlierbaren und in diesem Sinne zeitlosen Eigenschaft von Aussagen zu machen, stellt, so der Interpretationist, eine Art von rest-essentialistischer Konzeption dar, in der eine Stabilität und Konvergenz von Wahrheit angenommen wird, die so nicht mehr zu Gebote steht, die aber, glücklicherweise, zur Explikation der genannten Differenz auch nicht benötigt wird. Wie läßt sich die Nicht-Identität von Wahrheit und rationaler Akzeptierbarkeit *ohne* Rekurs auf die Idee einer zeitlosen, stabilen und konvergenten Wahrheit explizieren?

(ii) *Als-Ob-Unterstellungen* – Zunächst ist zu betonen, daß die interne Wahrheitsannahme unter kritischem Vorzeichen nur noch im Sinne eines regulativen Als-Ob aufgefaßt werden kann. Dieses Als-Ob gilt in zwei Hinsichten zugleich. Einmal ist es im Sinne einer Idealisierung der *epistemischen Bedingungen* zu verstehen: Wir sprechen, als ob es »epistemically ideal conditions« gäbe und nennen eine Aussage dann wahr, wenn sie unter solchen idealen Bedingungen gerechtfertigt werden könnte[62], z.B. unter der Annahme reibungsfreier Flächen. Sodann ist das Als-Ob im Sinne einer Idealisierung der *Transparenz der Interpretationsfunktionen* unseres sprach- und grundbegrifflichen Systems sowie unserer *Interpretations-Praxis* zu verstehen: Wir tun so, *als ob* uns die Funktionen unserer Interpretationszeichen klar und deutlich und *als ob* uns unsere Interpretations-Praxis, aus der heraus und auf die hin wir so interpretieren wie wir interpretieren, durchsichtig und überschaubar wären. Keine dieser Annahmen ist tatsächlich erfüllt oder erreichbar. Aber als interne, als Als-Ob-Annahmen *von innen her*, sind sie möglich. Was wie und bis zu welchem Grad als eine Als-Ob-Idealisierung möglich ist oder nicht, hängt von dem im Gebrauch befindlichen

62 H. Putnam, a.a.O., 55.

Symbolsystem, von der Interpretations-Praxis des Verwendens und Verstehens der symbolisierenden Zeichen und von den mit einer Idealisierung verfolgten Zwecken ab.[63]

(iii) *Passen* – Wahrheit wird so zu einer Angelegenheit wesentlich des Passens, zunächst von Sätzen zu anderen Sätzen innerhalb des Interpretationen-Netzwerks, das unser Welt- und Selbstverständnis ausmacht, sodann von Sätzen zu den Bedingungen empirischer Erfahrung. Dieses Passen ist nicht Passen-schlechthin. Denn ›schlechthin‹ paßt schließlich alles zu allem. Vielmehr geht es um *gültiges* Passen innerhalb des Interpretations-Horizonts und der Interpretations-Praxis. Wir können hier auf die Unterscheidungen und Stufungen innerhalb des Interpretationsmodells zurückgreifen und die grundlegende Stufe, d.h. die Ebene der *kategorialisierenden* Interpretationen$_1$ betrachten. Daher kann man sagen, daß bereits das, was in der genannten Wahrheits-Differenz als die wahren Referenten und in diesem Sinne als die unsere Sätze ›wahr-machende‹ Gestalthaftigkeit, mithin Wirklichkeit der Objekte und Ereignisse gilt, als ein Resultat kategorialisierender Interpretationsprozesse, etwa der raum-zeitlichen Lokalisierung, der Individuation und der sortalen Organisation, angesehen werden kann. Insofern wir das Interpretationssystem, mit dem wir ausgestattet sind und das wir

63 Wird Wahrheit von der Form der Interpretations-Praxis her konzipiert, dann unterscheidet sich dies nicht nur von externalistischen, von essentialistischen und von äquivalenztheoretischen Auffassungen. Es wird auch noch ein Schritt über die internalistische Konzeption Putnams und über die symboltheoretische Auffassung Goodmans hinausgegangen. Für Putnam ist Wahrheit »an *idealization* of rational acceptability« (a.a.O., 55). Für Goodman sind Wahrheit und rationale Akzeptierbarkeit Unterarten der »rightness« (vgl. N. Goodman: *Ways of Worldmaking*, a.a.O., Kap. VII; und Goodman / C. Z. Elgin: *Reconceptions in Philosophy*, a.a.O., Kap. X), die mehr umfaßt als nur die diskursive Wahrheit und die auf alle Arten und Funktionsweisen sprachlicher und nicht-sprachlicher Symbole anwendbar ist. Demgegenüber wird hier das Grundwort »Interpretation« als das gegenüber »Wahrheit«, »rationaler Akzeptierbarkeit« und »Richtigkeit« zum einen weiter gespannte, zum anderen basaler qualifizierende Prädikat angesehen.

verwenden, nicht willentlich abändern können, werden die Interpretation1-Resultate *nicht* durch unsere aneignend-deutenden Sätze und Theorien, d.h. nicht durch unsere Interpretationen3 erzeugt. Sie sind von diesen vielmehr unabhängig und empirisch real. Verständlich wird so auch der Fall, daß eine aneignend-deutende Interpretation3-Aussage ihrer Rechtfertigung3 verlustig gehen kann, ohne damit zugleich auch ihre Wahrheit, d.h. ihr Verhältnis des Passens zur Interpretation1-Ordnung, verlieren zu müssen. *Daß* ein Interpretation3-Urteil falsch sein kann, heißt, daß Passen dann nicht gegeben ist. Und daß wir irrtümlich etwas für gerechtfertigt und für wahr halten können, zeigt, daß das Verhältnis von Interpretation3 zu Interpretation1 nur jeweils einen Grad von Deutlichkeit hat, daß die Interpretations-Prozesse nicht vollständig transparent und im ganzen nicht überschaubar sind.

Die Wahrheits-Differenz kann daher als die Differenz zwischen den Interpretation3-Aussagen und der Interpretation1-Ordnung ausbuchstabiert werden. Dies wird im folgenden Abschnitt 12.5. näher entfaltet. Im Augenblick ist lediglich festzuhalten, daß die Wahrheits-Differenz formulierbar ist, *ohne* damit in einen Interpretation3-*Reduktionismus*, *ohne* in einen Interpretation3-*Relativismus* und *ohne* in einen interpretation1-*transzendenten Essentialismus* der Wahrheit zu geraten. Auch im Zusammenhang der Wahrheitsfrage also möchte die Interpretationsphilosophie jenseits der Architektonik der älteren und mit der Zeit unfruchtbar gewordenen Entgegensetzung von metaphysisch-essentialistischer Überhöhung und naturalistischer sowie relativistischer Reduktion Fuß fassen.

5. Wahrheit im Interpretationsmodell

(i) Daß die Wahrheitsannahme regulativen und nicht konstitutiven Status hat, bedeutet, (a) daß die Verhältnisse und Zusammenhänge, in bezug auf die diese Annahme zum Einsatz kommt, unabhängig von dieser Annahme bestehen, und (b) daß es sich bei dieser regulativen Annahme um einen Ordnungsgesichtspunkt handelt. Die regulative Wahrheitsannahme ist daher stets eine Annahme *de interpretatione*, nicht *de re*. Dann aber drängt sich eine Veränderung der gesamten Optik auf. Nicht ist Interpretativität von Wahrheit, sondern Wahrheit von Interpretativität abhängig.[64]

Auf diese Weise verliert die Wahrheitsproblematik ihre überlieferte Spitzenstellung zugunsten der Interpretationsproblematik. Erstere von letzterer her zu verstehen, bedeutet jedoch keineswegs, die Wahrheitsfrage zu marginalisieren, gar zu leugnen oder sie im Interpretationsbegriff zum Verschwinden bringen zu wollen. Schließlich machen wir die Unterscheidung zwischen ›wahr‹ und ›falsch‹, finden sie verständlich und wichtig und setzen sie überaus erfolgreich ein. Wird Wahrheit in diesem Sinne am Leitfaden der Interpretation betrachtet, dann müssen im Rekurs auf das Interpretationsmodell die folgenden Aspekte verdeutlicht werden: (α) daß das Wahrheitsproblem in seiner *engen*, d.h. in seiner auf die diskursive Aussagenwahrheit bezogenen wahrheits*theoretischen* Fassung reformuliert und einer interpretationsphilosophischen Behandlung zugeführt werden kann; (β) daß auch auf den *weiten*, jetzt aber nicht mehr essentialistischen Sinn der Frage nach dem, was wirklich, was, wie es heißt, ›in Wahrheit‹ geschieht, reagiert werden kann; und (γ) daß die skizzierte Depotenzierung der Wahrheitsfrage weder in Beliebigkeit noch in Nihilismus führt.

(ii) Die genannten Aspekte können präzisiert werden. Den Ausgangspunkt bilden zwei Überlegungen. Zum einen, daß auf der Interpretation_1-Ebene Faktizität und Interpretativität stets bereits ineinander übergegangen sind; zum anderen, daß Interpretation_1 logisch früher ist als diskursive Wahrheit.[65] Eine logische Kluft zwischen Interpretation_1-Prozessen und deren Welt kann letztlich nicht expliziert werden. Je feinkörniger die Analyse, desto schwieriger, letztlich unmöglich wird eine Auftrennung nach Faktizität *und* $\text{Interpretativität}_1$. Und ohne raum-zeitliche

64 Zum folgenden vgl. Verf.: *Wahrheit als Interpretation*, in: a.a.O., 331-363.

65 In welchem Sinne die lebensweltliche Interpretations-Praxis bereits vorausgesetzt ist, wenn es zu diskursiver Argumentation kommt, wurde in Kap. 1.2. dargelegt.

lokalisierende, individuierende, ordnende und sortal organisierende Interpretation$_1$-Prozessse gäbe es auf der dritten Ebene der Interpretationsverhältnisse gar nichts anzueignen, zu beschreiben, zu erklären, zu begründen, zu deuten oder zu verstehen, mithin auch gar kein Erfordernis für Interpretationen$_3$, in denen Wahrheitsansprüche im engen Sinne erhoben werden. In diesem Sinne *kann* das Wahrheitsproblem im engen diskursiven Sinne überhaupt erst dort entstehen, wo Interpretation$_1$-Prozesse, -Strukturen und -Resultate bereits vorliegen und dann nach der Wahrheit einzelner Interpretationen$_3$ gefragt wird.

Innerhalb des heuristischen Stufen- und Dimensionen-Modells der Interpretation hat der *enge* Sinn der Rede von Wahrheit als diskursiver Wahrheit und im Sinne der (rationalistischen) Wahrheits*theorie* seinen Sitz an der dreifachen Schnittstelle zwischen: der Ebene der *Interpretationen$_3$* mit der *Dimension* der Interpretations-*Logik* und in bezug auf *interpretation$_1$-formierte Objekte, Ereignisse und Sachverhalte*. Daß die Logik hier beteiligt ist, ergibt sich im Gefolge der Einsicht, daß die Fragen der Wahrheit und Objektivität unter kritischem Vorzeichen Fragen der Form der Urteilsbildung sind und daher in die Interpretations-Logik fallen. In letzterer Hinsicht geht es um den Übergang von einer Empfindung von X in das urteilsgrammatische »Sagen, daß X«, mithin um Diskursivität der Grammatik des Urteils und des begrifflichen Denkens. Letztere umfassen auch die logische Form der entsprechenden Sätze und die semantischen Merkmale der darin verwendeten Ausdrücke. Auf diese Dreifach-Schnittstelle (zwischen Interpretation$_3$, Interpretations-Logik und Interpretation$_1$-Ordnung) können die unterschiedlichen und im einzelnen komplex ausgearbeiteten Wahrheits*theorien*[66] bezogen werden, wie z.B. korrespondenz-, kohärenz-, sprach-, semantik-, redundanz-, performations-, sentenz-, intersubjektivitäts-, modelltheoretische oder andere Ansätze. Wenn man ein Urteil aufstellt, das einen Wahrheitsanspruch erhebt, also zum Beispiel von der Empfindung einer grünen Wiese zu

66 Wichtige Texte der wahrheitstheoretischen Diskussionen finden sich in den Sammelbänden von G. Skirbekk (Hg.): *Wahrheitstheorien*, Frankfurt a. M. 1977, und L. B. Puntel (Hg.): *Der Wahrheitsbegriff. Neue Erklärungsversuche*, Darmstadt 1987.

dem Urteil »daß die Wiese grün ist« übergeht, dann ist dies eine bestimmte Interpretation$_3$, und das Wahrheitsproblem tritt darin in seinem auf die Grammatik des Urteils und das diskursive Denken bezogenen engen Sinne auf.

Diskursive Wahrheit kann in diesem Sinne als ein defizienter Modus der ursprünglichen (logisch-ästhetisch-ethischen) Interpretation$_1$-Verhältnisse angesehen werden. Wenn die Interpretationen$_3$ ohne weitere Erklärungen und epistemische Vermittler *direkt* verstanden und akzeptiert werden, dann gibt es in diesem engeren Sinne kein Wahrheitsproblem. Das Problem entsteht überhaupt erst, wenn jemand nach der Wahrheit eines Urteils explizit fragt. Dann tritt eine mögliche Differenz zwischen den Interpretation$_1$-Verhältnissen und den Interpretationen$_3$-Konstrukten auf. Zwischen beiden besteht eine asymmetrische Beziehung. Erstere sind Voraussetzung für letztere, nicht jedoch umgekehrt. Die deutenden Interpretationen$_3$ könnten im Grenzfall entfallen. Dies ist in der Tat dann gegeben, wenn die Interpretationen *ohne* weitere Erklärungen und Erläuterungen, d.h. *ohne* weitere Interpretationen$_3$ verstanden und die Verständigungs- und Handlungsverhältnisse flüssig fortgesetzt werden. Dann ist das aneignende und deutend-erklärende Moment gleichsam außer Kraft gesetzt. Diesen Fall, der keineswegs die Ausnahme, sondern der Normalfall lebensweltlicher Vollzüge ist, kann man auch für die Behandlung der Wahrheitsfrage fruchtbar machen. Die Auflösung des Wahrheitsproblems könnte dort liegen, wo es zum Verständnis des in Interpretation$_1$-Prozessen Formierten keiner weiteren deutenden Interpretationen$_3$ bedarf. Nach der Seite des *weiten* Sinns der Rede von Wahrheit könnte man sogar sagen, daß derjenige, der sich in einer solchen Situation des Zeichenverstehens und Zeichenvollzugs befindet, gleichsam auch ›in der Wahrheit‹ ist. Denn er bewegt sich auf der Innenseite der Zeichen- und Interpretations-*Vollzüge* selbst. An dieser Stelle trifft sich die Behandlung der Wahrheitsfrage mit den oben in Kapitel 4 vorgetragenen Überlegungen, in denen der Unterschied zwischen dem *Vollzug* und der *Deutung* von Zeichen herausgearbeitet und auf die Frage der Rationalität bezogen wurde.

Daß der enge Sinn von Wahrheit nicht für das Ganze eines Welt-

und Selbstverständnisses ausschlaggebend ist, zeigt sich auch daran, daß der diskursiven Wahrheit *innerhalb* der Interpretationsverhältnisse ein bestimmter Ort, eine bestimmte Schnittstelle zwischen den Interpretation$_{1+3}$-*Ebenen* und der Interpretations-*Logik* zugewiesen werden konnte. Hinzu kommt, daß in den meisten der das menschliche Welt-, Fremd- und Selbstverständnis bestimmenden Interpretationen, z.B. in allen nichtsprachlichen und nicht-gegenständlichen Interpretationen, die diskursive Wahrheit keine Rolle spielt und sich die diskursive Wahr-Falsch-Unterscheidung auch gar nicht anwenden läßt.[67] In den vielgestaltigen Interpretationsverhältnissen geht es vielmehr um Aspekte der Kohärenz, des Passens, der Stimmigkeit, der Koalitionsbildung, der Adoption, der Angemessenheit, der Präferenzierung, der Reichweite, der Einfachheit, der Supplementierung, der Reduktion oder des Grades zugelassener Abweichung. Diskursive Wahrheit ist bei weitem zu wenig zur Kennzeichnung dessen, was es heißt, sich in einem Welt-, Fremd- und Selbstverständnis zu bewegen.

Die in diesem Sinne gebotene Relativierung der diskursiven Wahrheitsproblematik für ein Welt- und Selbstverständnis insgesamt wird auch deutlich, sobald weitere Bestandteile des Interpretationsmodells in den Blick gebracht werden. So sind bereits *innerhalb* der Interpretation$_3$-Ebene andere relevante Typen von Interpretation$_3$, z.B. das ganze Feld verständigungs-orientierter Interpretationen$_3$, zu verzeichnen, in denen diskursive Wahrheit im engen Sinne nicht entscheidend ist. Auch *innerhalb* der Interpretations-*Logik* sind neben den explizit wahrheit-bezogenen andere relevante Komponenten zu nennen, z.B. die grundlegende Funktion logischer Begriffe wie »Existenz«, »Ding« oder »Person«; die Rolle sortaler Prädikation und sinnkritischer Präsuppositionen oder etwa der Status des sich seiner selbst bewußt werdenden Denkens. Darüber hinaus sind sowohl andere Ebenen (Interpretationen$_2$ und Interpretationen$_1$) als auch andere Dimensionen (Interpretations-Ästhetik und Interpretations-Ethik) einzubeziehen. Und diese wiederum sind in sich jeweils differenziert. Die Interpretation$_2$-Ebene umfaßt habituelle, ge-

67 Vgl. dazu auch N. Goodman: *Ways of Worldmaking*, a.a.O., Kap. 7, und N. Goodman/C. Z. Elgin: *Reconceptions*, a.a.O., Kap. 10.

sellschaftlich und kulturell entstandene, konventionelle, regulatorische, stereotypische und projizierende Interpretationen$_2$. Auf der Interpretation$_1$-Ebene lassen sich die sprachlich-grundbegrifflichen, die sinnlich-wahrnehmenden, die kognitiv-mentalen, die emotiven, die leiblichen und die praktischen Interpretationen$_1$ unterscheiden. In bezug auf die *Dimensionen* umfaßt die Interpretations-Ästhetik unter anderem die Formen der Anschauung, die Konstrukte der Wahrnehmung, die Exemplifikationsstruktur symbolisierender Zeichen und die Gestalthaftigkeit. Und in der Interpretations-Ethik lassen sich regulative, hierarchisierende, evaluative und präskriptive Interpretationen unterscheiden. Die diskursive Wahrheit ist relevant lediglich für den skizzierten begrenzten Bereich innerhalb dieses vielfältigen Interpretationen-Corpus, das erst in seiner Gesamtheit ein Welt- und Selbstverständnis sowie eine Lebenspraxis ausmacht.

Wird die Rede von der Wahrheit im *weiten* Sinne dessen verstanden, ›was in Wahrheit ist‹, dann führt auch dies dazu, Wahrheit als Interpretation zu denken. Das läßt sich auch innerhalb des älteren metaphysischen Wahrheitsverständnisses, das sich selbst auf Wahrhaftigkeit verpflichtet hat, erläutern. Sind endliche Geister systematisch von der Möglichkeit abgeschnitten, einen absoluten und gänzlich nicht-epistemischen, mithin nicht-interpretativen Standpunkt einzunehmen[68], und droht, wie dargelegt, der Wille zur trans-interpretativen Wahrheit in ein leeres Nichts zu führen, dann bleibt nur die Möglichkeit, die vielfältigen und unterschiedlichen Interpretationsprozesse und -verhältnisse als dasjenige anzusehen, ›was in Wahrheit ist und geschieht‹. Gerade *in* der Vollendung des alten essentialistischen Wahrheitsverständnisses kündigt sich dessen Auflösung an. Hinzu kommt, daß die Interpretationsprozesse und -verhältnisse aufgrund ihrer nicht reduzierbaren Pluralität und ihrer sich gegeneinander verschiebenden Polyzentralität nicht auf ›Das Eine Wahrhaft Seiende‹ zurückgeführt werden können. Bereits eine solche Aufforderung geht an dem, was im tatsächlichen

68 Zur Kritik an der Vorstellung einer »absolute conception of the world«, wie sie z.B. von B. Williams: *Ethics and the Limits of Philosophy*, a.a.O., vertreten wird, vgl. Verf.: *Interpretationswelten*, a.a.O., 493f. und 460f.

Sprechen, Denken, Handeln, Wahrnehmen und Empfinden geschieht, geht an den tatsächlichen Interpretationsprozessen vorbei. Dabei werden die Interpretationsprozesse nicht als etwas aufgefaßt, das im Modus des Ausgesagtseins existiert, nicht also als ein Prädikat zu etwas anderem angesehen, weder zu einem metaphysischen Grund noch zu einem rationalen und leistenden Über-Subjekt des Erkennens und Handelns. Vielmehr hat, mit einer Formulierung Nietzsches gesprochen, »das Interpretieren selbst Dasein«, aber »nicht als ein ›Sein‹, sondern als ein Prozeß«.[69] Freilich wird Interpretation damit nicht zur Substanz. Dazu fehlt ihr das Merkmal des Mit-sich-selbst-gleich-Bleibens ebenso wie das der durchgängig bestimmten Trägerschaft, die alle Eigenschaften eines Gegenstandes widerspruchsfrei auf ein und denselben Gegenstand beziehen können müßte. Und auch heißt dies nicht, daß Interpretationen seitens des Menschen ohne die Menschen und ohne menschliche Individuen stattfinden. Aber die Interpretationsprozesse können nicht einfach nur als Prädikate eines rationalen Subjekts ausgesagt werden.

Selbstverständlich unterscheiden wir wahre und falsche Interpretationen, und wir kennen Grenzen der Interpretation. Aber dies kann sich nicht auf die Interpretation_1-Ebene (auf der durch Horizontbildung allererst umgrenzt wird, was überhaupt als wahr und falsch gelten kann), sondern im engeren Sinne nur auf die Interpretation_3-Ebene beziehen. Ob ein auf dieser Ebene in einem Urteil erhobener Wahrheitsanspruch eingelöst werden kann oder nicht, hängt von der Nähe oder Ferne zu den in solchen $\text{Interpretationen}_3$ bereits vorausgesetzten Interpretation_1-Strukturen ab. Dabei kommt auch den $\text{Interpretationen}_2$ als den durch Gewohnheit verankerten Gleichförmigkeitsmustern eine wichtige Stellung zu.[70] Wenn $\text{Interpretationen}_3$ gelingen, die von

69 F. Nietzsche: KGW VIII 1, 2 [151], S. 138. Daß der Interpretationsbegriff in Nietzsches Philosophie wichtig ist, hat W. Müller-Lauter betont, vgl. *Nietzsches Lehre vom Willen zur Macht*, in: Nietzsche-Studien, 3 (1974), 41-60. Vgl. auch Verf.: *Nietzsche*, Kap. VI., und das Vorwort zur 2. Auflage 1998.

70 Dies kann hier nicht im einzelnen dargestellt werden. Eine nähere Erörterung liefe darauf hinaus, die einzelnen Merkmale der Untergliederung der Interpretation_2-Ebene in ihrer Beziehung zur Wahrheitsproblematik zu betrachten. Wir hätten also die Bedeutung (i)

erklärender Kraft und in einer öffentlich anerkannten Sprache akzeptabel sind und dann wahr genannt werden, dann sind sie wahr, nicht weil sie ein vermeintliches ›Wesen der Sache selbst‹ erfassen oder aufdecken. Sie können wahr vielmehr deshalb genannt werden, weil sie die $Interpretationen_3$ sind, die zu der ursprünglich-produktiven $Interpretation_1$-Struktur in größerer Nähe stehen als andere und zusätzlicher erklärender Vermittlungsschritte bedürftige $Interpretationen_3$, d.h. weil der aufgestellte diskursive Wahrheitsanspruch mit der Verfaßtheit der $Interpretation_1$-Prozesse zusammenstimmt. Je enger diese Verbindung, desto größer die Aussicht, auch als Wahrheit in einer allgemeinen Sprache anerkannt zu werden. Je entfernter dagegen, desto höher die Wahrscheinlichkeit einer Ex-Kommunikation.

In die Wahrheitsfrage sind, wie zu sehen war, stets auch Aspekte des *Wissens* involviert: A weiß, daß p und kann in einem Urteil den zugehörigen Wahrheitsanspruch erheben. Zugleich wurde ein *praktischer* und auf *Handlungszusammenhänge* bezogener Kern auch der Wahrheitsfrage deutlich. Im folgenden Kapitel wird daher dem Verhältnis von Wissen und Handeln nachgegangen.

der habituellen, (ii) der gesellschaftlich und kulturell erworbenen, (iii) der konventionellen, (iv) der regulatorischen, (v) der stereotypischen und (vi) der projizierenden $Interpretationen_2$ für die Behandlung der Wahrheitsfrage zu verdeutlichen.

Teil V
Handlung, Ethik und Politik

13. Vereinheitlichte Theorie von Wissen und Handeln

1. Anforderungen an eine vereinheitlichte Theorie

Eine vereinheitlichte Theorie von Wissen und Handeln anzustreben heißt, beide auf einen gemeinsamen Boden zu stellen. Es heißt nicht, eine Reduktion des Wissens auf das Handeln, oder vice versa, vorzunehmen und eines aus dem anderen abzuleiten. Zugleich ist zu beachten, daß Wissen und Handeln nicht von ihren Gegensätzen her zu bestimmen sind. Dem entspricht, daß sich der eine Bereich nicht in den Termini des jeweils anderen analysieren läßt. Daher auch kann Wissenstheorie nicht einfach als Grundlage der Handlungstheorie, und Handlungstheorie nicht einfach als Grundlage der Wissenstheorie konzipiert werden. Jedoch stellt dies keinen Einwand gegenüber der wechselseitigen Verschränkung beider Bereiche dar.

Die in diesem Kapitel vorgetragenen Überlegungen betreffen in Sachen Wissen wie in puncto Handeln jeweils einen *engen* und einen *weiten* Sinn. Wissen im engen Sinne meint eine begründete und überprüfbare Kenntnis, z.B. wissen, daß der Tisch 30 Kilogramm wiegt, oder wissen, daß es zu jeder Primzahl eine größere gibt. Wissen im weiten und vor-wissenschaftlichen Sinne meint öffentlich zugängliche Orientierungen in der Welt und in alltäglichen Handlungszusammenhängen, z.B. wissen, wie man eine Weinflasche öffnet, oder wissen, was eine Verhaltensregel ist. Beide Male geht es um Wissen in lebensweltlicher Orientierung. Wissen ist mithin in seinem engen wie in seinem weiten Verständnis stets bereits auf Praxis und Handlung bezogen. Wenn man ein bestimmtes Wissen über die Welt, andere Personen und sich selbst hat, ist man damit in der Welt und im Leben mit anderen orientiert. Man kann dann zum Beispiel in ein Handeln eintreten oder es unterlassen.

Handeln im engen Sinne ist ein bewußtes, willentliches und zielbestimmtes Tun, z.B. einen Kühlschrank kaufen oder Peter zum Geburtstag gratulieren. Handeln im weiten Sinne meint das Verhalten und Reagieren in lebenspraktischen Kontexten und Situationen, z.B. die Regeln des Straßenverkehrs befolgen oder den Gruß des Nachbarn mit einer Handbewegung erwidern. In seinem engen wie in seinem weiten Verständnis enthält Handeln bereits auch Wissensanteile und nimmt diese jeweils in Anspruch. So muß man z.B. vor dem Eintritt in eine Handlung wissen, daß die aktuale Situation *so-und-so* beschaffen und daß *diese-und-diese* Handlung erforderlich ist, z.B. wissen, daß die eingeladenen Gäste gern Rotwein trinken, daß im Keller nicht mehr ausreichend Rotwein vorhanden ist, und aufgrund dieses Wissens zum Telefonhörer greifen und eine neue Lieferung bestellen.

Diese reziproke Verschränkung von Wissen und Handeln läßt sich näher verdeutlichen. So ist es z.B. nicht möglich, das Handeln und die Handlungstheorie zu umgrenzen, ohne zugleich auch das Wissen und die Wissenstheorie festzulegen, und umgekehrt. Die wechselseitige Vernetzung gilt auch für die grundlegenden Konzepte in den beiden Sphären: im Handlungsbereich für Intention, Überzeugung, Präferenz, Wahl, Zweck, Ziel; im Wissensbereich und in dem gegenüber der Wissenssphäre enger gefaßten Erkenntnisbereich für Gewißheit, Wahrheit, Evidenz, Prädikation, Rechtfertigung, Inferenz. So gehen etwa in die Präferenz-Setzungen auf seiten eines Handelnden bereits Wissenselemente ein: Peter gibt der Handlungsmöglichkeit A den Vorzug vor B, weil er XYZ weiß. Und mit dem Sinn der Rede von z.B. theoretischer Gewißheit oder Rechtfertigung können auch handlungsbezogene Aspekte verbunden sein: Paul weiß, daß X der Fall ist, weil er selbst X gemacht hat. Um in einer gegebenen Situation die Präferenzen eines Handelnden bestimmen zu können, muß man auch auf Wissensaspekte, auf das, was der Handelnde weiß und erkannt hat, zurückgreifen, und umgekehrt. Um z.B. den Grad der Gewißheit oder Evidenz eines Wissens für eine Person zu bestimmen, müssen auch handlungsbezogene Aspekte eingeschrieben und gegebenenfalls auf eine Praxis der Rechtfertigung bezogen werden.

Wissen und Handeln können als unterschiedliche und doch zugleich zusammengehörige Sphären angesehen werden, kraft derer der Mensch sich in seiner Welt und mit anderen Personen zu orientieren vermag. Sie sind menschliche Aktivitäten, die sich aus der Lebenswelt heraus und auf diese hin vollziehen. Die Lebenswelt kann dabei als das Hintergrund-Netzwerk der Bedingungen gelingender Lebensvollzüge angesehen werden, das man im ganzen nicht distanzieren, nicht transparent vorstellen, nicht überschauen, nicht verfügbar machen und nicht operational herstellen kann. Aus diesem Bedingungsgeflecht heraus und auf es hin ist unser Handeln und Verhalten das Handeln und Verhalten, das es ist; ist unser Wissen das Wissen, das es ist; und sind die semantischen und pragmatischen Merkmale menschlichen Wissens und Handelns so, wie sie nun einmal sind.[1]

Dies bedeutet, daß jeder Versuch, Wissen und Handeln zu verstehen, Teil eines umfassenderen Projekts, nämlich einer zeitgemäßen Philosophie der Lebenswelt zu sein hat. Lebenswelt resp. Lebenspraxis kann als der Inbegriff der vor-theoretischen Vollzüge und Erfahrungen sowie im Kern als eine *interpretative Praxis* (d.h. als eine perspektivische, durch Präferenzierungen gekennzeichnete, ergänzende, tilgende, hierarchisierende, projizierende, konjekturalisierende, konstruktionale Praxis) aufgefaßt werden. *Lebenswelten* sind in diesem Sinne *Interpretationswelten*[2]. Eine Philosophie der Lebenswelt kann daher im Rahmen der allgemeinen Interpretationsphilosophie konzipiert werden.

1 Hier und im folgenden wird der Begriff »Lebenswelt« in seinem weiten Sinn verwendet. Er bezeichnet den weder genetisch noch methodisch noch logisch hintergehbaren Lebenszusammenhang, das, was Wittgenstein im Rahmen der Rede von »Lebensformen« das »Hinzunehmende, Gegebene« nennt (*Philosophische Untersuchungen II*, 539). Genau diese nicht noch einmal hintergehbare Praxis wird, wie in Kapitel 1.2. ausgeführt, als *interpretativ* charakterisiert, mithin Lebenswelt in diesem Sinne als Interpretationswelt gefaßt. Diese Verwendung des Ausdrucks steht einerseits in der Linie von Husserls Phänomenologie. Dort meint »Lebenswelt« den Bereich vor-wissenschaftlicher Erfahrung (im Unterschied zu dem der Wissenschaften). Jedoch sind vor allem zwei Unterschiede zu Husserls Auffassung zu beachten: (i) Im Zusammenhang der Fragen einer vereinheitlichten Theorie von Wissen und Handeln wird nicht so sehr der Unterschied, sondern vielmehr die Kontinuität zwischen vor-wissenschaftlichem und wissenschaftlichem Bereich akzentuiert; (ii) im Zuge der Konzeption der Lebenswelt als Interpretationswelt entfällt die für Husserl kennzeichnende Figur einer Ontologie der Lebenswelt.

2 Vgl. Verf.: *Interpretationswelten*, a.a.O., 1993.

Auf diese Weise erscheinen Wissen und Handeln in ihrem humanen Setting und werden von diesem her verstanden. Zugleich zeigt sich auch hier, daß beide, Wissen und Handeln, mit der Lebenspraxis verbunden sind. Sie können als Weisen beschrieben werden, in der Praxis, im Leben und mit der Realität ›zurechtzukommen‹. Dies schließt ein, daß die philosophische Dignität der Kategorien des Handelns und des Wissens in einer besonderen Weise mit ihrer Praxisrelevanz verknüpft ist.

In bezug auf Wissen und Handeln müssen in einer Philosophie der Lebenswelt als Teil der allgemeinen Interpretationsphilosophie die folgenden Aspekte deutlich werden: (i) ihre Verankerung in und ihre Herkunft aus der Lebenswelt; (ii) ihr symmetrisches ebenso wie ihr asymmetrisches Verhältnis untereinander; (iii) ihre wechselseitigen Abhängigkeiten und Voraussetzungen; und (iv) ihre Rückwirkungen auf die Verfassung der Lebenswelt. Eine solche Philosophie würde sich auf das Verhältnis von Wissen und Handeln und darin zugleich auch auf das Verhältnis von Wissens- bzw. Erkenntnistheorie und Handlungstheorie beziehen. Dies heißt, daß mit Hilfe eines zeichen- und interpretationsphilosophischen Verständnisses in bezug auf Handlungen deren kognitive und wissensbezogene Anteile und in bezug auf Wissen dessen praktische und handlungsbezogene Anteile zu explizieren sind. Gefordert ist eine Theorie, die mit der Interpretation des Wissens einer Person zugleich die Möglichkeit und Grundlage für die Zuschreibung von Handlungsdispositionen bereitstellt, und umgekehrt eine Theorie, die mit der Analyse des Handelns und der Handlungsdispositionen zugleich die Möglichkeit und Grundlage für die Zuschreibung von Wissen liefert. Die im folgenden zu erläuternde These lautet, daß die Interpretationsphilosophie eine solche Theorie bereitzustellen vermag. Deren Umrisse gewinnen Kontur, sobald die Prozesse und Verhältnisse der Lebenspraxis als *interpretatorische* Prozesse und Verhältnisse angesehen werden und dieser *interpretative* Charakter zum Leitfaden der Betrachtung wird.

Wissen und Handeln erscheinen dann als unterschiedliche (nicht entgegengesetzte) Weisen menschlicher Interpretationsaktivitäten. Dies bedeutet, daß sowohl Wissensansprüche als auch Handlungsdispositionen ihre Wurzeln in der Lebenspraxis, in den menschlichen Interpretationsverhältnissen und -dispositionen haben und mit Bezug auf diese verstanden werden können. Darüber hinaus kann man, so die weitere These, Wissens- bzw. Erkenntnistheorie und Handlungstheorie als zwei unterschiedliche, aber aufeinander bezogene Versionen einer umfassenderen Interpretationstheorie konzipieren.[3] Indem der Interpretationstheoretiker aus den Wissensaspekten etwas im Hinblick auf die Handlungsaspekte, und aus den Handlungsaspekten etwas im Hinblick auf die Wissensaspekte in Erfahrung bringen möchte, erscheint er als jemand, der Wissenstheorie und Handlungstheorie gleichzeitig betreibt. Denn die eine kann strenggenommen nicht ohne die andere gedacht werden. Diese Zusammenhänge zu verdeutlichen, ist Aufgabe einer vereinheitlichten Theorie von Wissen und Handeln. Diese muß auch in der Lage sein, aus dem Interpretationscharakter heraus sowohl dem Wissen als auch dem Handeln einen Gehalt zuzuschreiben, ohne dabei bereits Annahmen über den jeweils anderen Bereich in Anspruch zu nehmen.

Aspekte einer vereinheitlichten Theorie von Wissen und Handeln herauszuarbeiten heißt nicht, die These vertreten, es sei unmöglich, jeden der beiden Bereiche für sich und auf seine Eigenheiten hin beschreiben zu können. Die Differenz zwischen beiden Bereichen darf also nicht vernachlässigt werden. Schließlich machen wir den Unterschied zwischen Wissen und Handeln

3 Zwei Aspekte seien in diesem Zusammenhang betont: (1) Das Verhältnis von ›Wissen und Handeln‹ ist umfänglicher und grundsätzlicher als das von ›Bedeutung und Handlung‹. Es geht hier also nicht nur (wie bei D. Davidson: *Toward a Unified Theory of Meaning and Action*, in: Grazer Philosophische Studien, 11 (1980) 1-12) um das Problem, wie aus Handlungen Bedeutungen und Überzeugungen ermittelt werden können. (2) Im Anschluß an R. Jeffrey: *The Logic of Decision*, New York 1965, glaubt Davidson, daß die rationale Entscheidungstheorie diese Aufgabe zu lösen vermag. Ob dies in bezug auf die Beziehung von ›Handlung und Bedeutung‹ erfolgreich ist, sei dahingestellt. Festzuhalten ist, daß im folgenden und in bezug auf das weitergefaßte Verhältnis von ›Wissen und Handeln‹ nicht die rationale Entscheidungstheorie, sondern die umfängliche Interpretationstheorie als die erfolgversprechende vereinheitlichte Theorie angesehen wird.

und finden ihn auch verständlich. Aber es ist mit einer solchen Theorie die Auffassung verbunden, daß es nicht möglich ist, Wissen und Handeln als gänzlich voneinander getrennte und gegeneinander isolierbare Bereiche (mit jeweils separaten Ursprüngen) aufzufassen. Vielmehr ist umgekehrt zu vermuten, daß man in beiden Bereichen genau dann in Paradoxa und Scheinprobleme gerät, wenn man die Aspekte der Verschränkung beider Sphären, des Wissens und des Handelns, nicht berücksichtigt oder gar leugnet.

2. Wissen als Modus der Interpretation

Kant unterscheidet drei *Modi des Fürwahrhaltens*[4], die in der Interpretationsphilosophie als *Modi der Interpretation* gefaßt werden: Meinen, Glauben und Wissen. Sie spielen in den menschlichen Lebens-, Welt-, Fremd- und Selbstverhältnissen eine grundlegende Rolle. Diese Verhältnisse können als *Interpretations*verhältnisse gefaßt werden. Denn sie können des näheren als organisierende, diskriminierende, klassifizierende, konstruierende, konjekturale, auslegende, wertschätzende, eben als interpretative Verhältnisse charakterisiert werden. Etwas meinen, glauben oder wissen, mithin etwas für-wahr-halten, heißt zunächst, es *innerhalb* einer Interpretations-*Praxis* sowie innerhalb eines Interpretations-*Horizonts* für gegeben zu halten und, mit unterschiedlichen Graden der Verbindlichkeit[5], von seiner Gültigkeit überzeugt zu sein. »Glauben« kann man demzufolge im Sinne von »überzeugt sein« verwenden. Entsprechend kann

4 I. Kant: *Kritik der reinen Vernunft*, B, 848ff.; und I. Kant: *Logik*, Einleitung, IX, in: a.a.O., 494ff.

5 Kant hat die Grade der Verbindlichkeit terminologisch markiert. Vgl. *Kritik der reinen Vernunft*, B, 850. Das *Meinen* ist nicht einmal subjektiv verbindlich. Das (pragmatische) *Glauben* dagegen ist ein Für-wahr-halten, dessen Verbindlichkeit subjektiv bereits zureichend ist. Für das, was man glaubt und wovon man überzeugt ist, ist man bereit, die damit verbundenen Konsequenzen zu übernehmen. Demgegenüber zeichnet sich das *Wissen* dadurch aus, daß es sowohl subjektiv als auch objektiv verbindlich ist. Bei der Meinung ist man »noch frei (problematisch)«, beim Glauben ist man »assertorisch

»Wissen« als »wahres Glauben« oder als »wahre Überzeugung« konzipiert werden.

Eingangs dieses Kapitels wurde bereits der für das Verhältnis von Wissen und Handeln wichtige Aspekt betont, daß Wissen in seinem engen wie in seinem weiten Verständnis auf Praxis und Handlung sowie auf deren Orientierung bezogen ist. Dies ist der logische Grund der Möglichkeit, (a) daß Wissen Handeln orientieren *kann*, (b) daß bestimmte Handlungen bestimmte Wissensfragen nach sich ziehen können, (c) daß im Wissen neben den deskriptiven stets auch normative Komponenten im Spiele sind, und (d) daß Wissen, z.B. Resultate der Wissenschaften, die menschliche Weltsicht und die lebensweltliche Orientierung verändern *kann*.[6] Lebensweltliche Vollzüge sind in diesem Sinne Vollzüge, in die sowohl Meinungs- als auch Glaubens- und Wissensaspekte stets bereits involviert sind.[7]

(man erklärt sich)«, beim Wissen ist man »apodiktisch (unwiderruflich)« (I. Kant: *Reflexionen zur Logik*, in: Akademie-Ausgabe, Bd. 16, 372f., Nr. 2449).

6 Innerhalb des drei-stufigen Interpretations-Modells läßt sich dieser Punkt als die Frage formulieren, wie wissenschaftliche Resultate der Interpretation$_3$-Ebene den gewohnheitsmäßigen Verhaltens- und Handlungszusammenhang der Interpretation$_2$-Ebene und darüber hinaus den Horizont der kategorialisierenden Interpretation$_1$-Ebene verändern können.

7 Die drei Modi der Interpretation sind pyramidal im Sinne eines nach unten offenen Kegels angeordnet. Die Anordnung kann sowohl *top down* als auch *bottom up* gelesen werden. Top down: Um etwas *wissen* zu können, muß man zuvor bereits vieles *glauben* und noch mehr meinen. Wenn eine Person A »weiß, daß p«, dann »glaubt« sie auch, »daß p«. Es ist nicht konzipierbar, daß A »*weiß*, daß p«, nicht aber »*glaubt*, daß p«. Bottom up: Von dem unübersehbaren Reich weder subjektiv noch objektiv verbindlicher Meinungen kann man zu dem eingegrenzten Gebiet des (subjektiv verbindlichen) Glaubens und von dort zu dem kleinen Territorium des methodisch begründeten und sowohl subjektiv als auch objektiv verbindlichen Wissens gelangen.

Wissen wird nicht von einem quasi extra-terrestrischen Gesichtspunkt dekretiert. Es wird vielmehr *von unten* aus dem Meinen und über das Glauben ›aufgebaut‹. Man kann von einer Genealogie des Wissens aus der Lebens/Interpretationspraxis sprechen. Diese Genealogie spiegelt sich selbst noch in der epistemischen Logik, d.h. in

Zu beachten ist, daß es sich bei den Beziehungen zwischen Wissen und Handeln nicht um symmetrische oder asymmetrische, sondern um drehtürartige Verhältnisse handelt. Jedem Wissen liegen Aspekte der Lebenspraxis und des Handlungszusammenhangs bereits im Rücken; und wenn man in eine Handlung eintritt, geht man in der Perspektive der Ersten Person von dem aus, was man als die zu diesem Zeitpunkt gegebene Situation und das heißt, subjektiv *als bestimmt* und *als gewiß* ansieht, mithin von der Situation *weiß*. Daher gehört in der Ersten-Person-Perspektive des Handelnden das *Gewißsein* im Sinne nicht bloß des subjektiven Glaubens, sondern des Wissens im Sinne wahrer Überzeugungen, zu den *Voraussetzungen* für Handlungen. Und insofern Wissen in dem skizzierten Sinne stets ein *trans-subjektives* Element enthält, ist damit zugleich gesagt, daß bereits mit dem Eintritt in eine Handlung deren öffentlicher und trans-subjektiver Charakter gegeben ist. Nicht nur die Handlung selbst, son-

der logischen Analyse des Begriffs des Wissens. In ihr wird Glauben nicht als ein (momentaner) mentaler Zustand oder Akt, sondern als eine Disposition zur Handlung, und Wissen als ein wahres Glauben resp. als ein wahres Überzeugtsein gefaßt.

Das Verhältnis dieser pyramidalen Stufen der Interpretation darf daher nicht so verstanden werden, als wolle man damit sagen: wer glauben und wer meinen will, der muß zuvor bereits wissen. Auch geht es in den Modi der Interpretation nicht mehr, wie im Platonismus (vgl. *Politeia* 509 dff., 407 b-e; *Gorgias* 454 d), darum, pístis (Glauben) und dóxa (Meinung) als bloß *vor*-philosophische Phasen eines dann ›eigentlichen‹ philosophischen und im Grenzfall perfekten Wissens anzusehen.

In methodischer und forschungsstrategischer Hinsicht ist zu betonen, daß es nicht ratsam ist, eine reine top-down-Strategie oder eine reine bottom-up-Strategie zu verfolgen. Vielmehr ist es wichtig, auf den unterschiedlichen Ebenen gleichzeitig zu forschen. Denn eine Eigenart der zu erläuternden Phänomene besteht darin, daß in ihnen unterschiedliche Interpretations-Ebenen und unterschiedliche Interpretations-Dimensionen zusammenwirken. Als Beispiele solchen Zusammenspiels der Interpretationsebenen seien genannt: 1. Die Fixierung der Bedeutung und der Referenz sprachlicher Ausdrücke (vgl. dazu Verf.: *Interpretationswelten*, Kap. 14 und 15; und oben Kap. 3.2. und 3.3.; 2. Die nicht essentialistische und nicht naturalistische Formulierung der Wahrheitsfrage (in dem im vorigen Kapitel 12.2. und 12.5. erörterten Sinne).

dern auch das in ihr vorausgesetzte Wissen sind präsuppositiv und sinnkritisch stets bereits auf andere Personen und damit auf lebensweltliche Praxis und Orientierung bezogen.

Offen zutage liegt der Interpretationscharakter von Wissen in einer Reihe weiterer Hinsichten, so z.B.: (a) in der *Zuschreibung* von Wissen, d.h. dann, wenn anderen Personen ein Wissen zugeschrieben wird; (b) in der *Erklärung* von Wissen, d.h. dann, wenn eine Antwort auf Fragen der Art gegeben wird »Woher weiß er das?« oder »Wieso verfügt er über dieses Wissen?«; und (c) hinsichtlich der *methodischen Ordnung* des Wissens, d.h. in bezug auf das nach Regeln erfolgende Unterscheiden, Selektieren, Anordnen, Gruppieren, Organisieren und Klassifizieren der Daten, Informationen und Aspekte als der Grundlagen von Wissen.

Explizites Wissen kann auch deshalb *interpretativ* genannt werden, weil es an seine Artikulation in einem Symbol-, Repräsentations- und Inferenzsystem gebunden ist. Diese Systeme sind konditional für propositionales Wissen. Und die entsprechenden Systemfunktionen können als Interpretationsfunktionen konzipiert werden. Zudem setzt jedes dieser Systeme bereits ein Interpretationssystem voraus, sobald die Zeichen syntaktische, semantische und pragmatische Merkmale besitzen und syntaktisch, semantisch und pragmatisch funktionieren. Auch auf diese Weise ist der Begriff des Wissens abhängig von Zeichen- und Interpretationshandlungen.[8]

Zugleich ist zu beachten, daß die epistemische Situation endlicher und fallibler Geister nicht übersprungen werden kann. Wir sind nicht nur kontingenterweise, sondern systematisch von der Möglichkeit eines perfekten und definitiven Wissens abgeschnitten. Ein solches Wissen müßte durch einen Vergleich unseres Fürwahrhaltens mit einer vom menschlichen Netzwerk für-wahr-gehaltener Überzeugungen gänzlich unabhängigen

8 In methodischer Hinsicht ist hervorzuheben, daß Wissen als *interpretativ* charakterisiert werden kann, *unabhängig* davon, ob man es empiristisch (d.h. auf die sinnliche Erfahrung bezogen) oder rationalistisch (d.h. auf die Verstandestätigkeit bezogen) versteht. Dies gilt generell für den interpretationsphilosophischen Ansatz. Er ist empiristisch ebenso wie rationalistisch und ontologisch neutral.

Welt garantiert werden. Doch auf diese Weise kann die Situation finiter Geister gerade nicht beschrieben werden. Wir vergleichen für-wahr-gehaltene Überzeugungen stets nur mit anderen und, im bestätigenden Falle, stärker für-wahr-gehaltenen Überzeugungen.

Wird Wissen als ein Modus der Interpretation gefaßt und angenommen, daß es außerhalb der Interpretations-Horizonte und der Interpretations-Praxis keine Möglichkeit seiner Rechtfertigung gibt, hat dies auch die folgende Konsequenz: Wenn A »weiß, daß p«, dann muß A »p« für wahr *halten* und dann muß – Wissen als ›wahres Fürwahrhalten‹ oder als ›wahre Interpretation‹ gefaßt – »p« auch wahr *sein*. Der springende Punkt ist, daß der Übergang von »für wahr *halten*« zu »wahr *sein*« auf der Innenseite der Interpretationsverhältnisse erfolgt. Er *kann* nicht von außen dekretiert und garantiert werden. Wahr-*sein* kann als der zur Zeit und bis auf weiteres regulative und idealisierte Grenzbegriff des Für-wahr-*haltens* aufgefaßt werden. Dieser Grenzbegriff und die regulative Präsupposition des ›wahr *sein*‹ ist überaus bedeutsam. Sie kann *nicht* mit einem ›wahr *scheinen*‹ gleichgesetzt oder durch dieses ersetzt werden. Aber Wissen bleibt darin gleichwohl ein Modus der Interpretation. Jedes ›wahr-sein‹ bleibt stets ›wahr-sein *nach Menschenmaß*‹, nicht nach Gottesmaß. In diesem Sinne allerdings wird, wie in Kapitel 12.4. betont, die Unverzichtbarkeit des Wahr-seins als regulatives Als-ob der Wahrheit betont. Es ist genau diese regulative Idealisierung, die dazu beiträgt, eine gemeinschaftliche Lebenspraxis, die lebensweltliche Interpretations-Praxis, zu organisieren und zu orientieren. Ein bloßes Für-wahr-*halten* reicht nicht aus.

Dem entspricht umgekehrt, daß Fürwahrhaltungen (Meinungen, Überzeugungen, Behauptungen), denen in diesem Sinne kein Handlungserfolg beschieden ist und die scheitern, eben damit als falsch qualifiziert werden können. Komplementär erweist sich das erfolgreiche und gelingende Interpretieren als Definiens der Wahrheit. Nicht also ist die Wahrheit einer Interpretation, z.B. einer Behauptung, Voraussetzung für deren Erfolg, sondern umgekehrt: die gelingende und erfolgreiche, mithin die angemessene Interpretation, d.h. die, die sich in der lebensweltlichen Interpretations-Praxis und im Handeln erfolgreich zeigt, gehört zu den Voraussetzungen für den Sinn der Rede von Wahrheit. Dies bedeutet natürlich keine Gleichsetzung von Wahrheit und Nützlichkeit im Sinne der Zweck-Mittel-Relation. Die Pragmatisierung liegt vielmehr in der Auffassung, daß wahr ist, was im Leben Erfolg hat. Und das ist eine tiefgehende und umfängliche Charakterisierung.

Unter kritischem Vorzeichen ist kein *stärkeres* Kriterium für *Wissen* erreichbar als eben *wahres Glauben* resp. *wahre Überzeugung*.[9] Wahrer und überzeugter als wahrhaft überzeugt kann ein Glauben, das eben darin Wissen (als dritter Modus der Interpretation) ist, nicht sein. Dieser Zusammenhang kann dann *auf der Innenseite* der Interpretationsverhältnisse heuristisch zerlegt werden nach der Seite des subjektiven Überzeugtseins und nach der der Wahrheit der Sachverhalte. Diese Unterscheidung ist unter dem Gesichtspunkt der Kohärenz und der Frage empirischer Gültigkeit unverzichtbar. Aber ebenso wichtig ist zu sehen, daß beide Seiten dieses Zusammenhangs *innerhalb* des menschlichen Interpretations-Horizonts und der menschlichen Interpretations-Praxis liegen.

Im drei-stufigen Interpretations-Modell kann dieser Punkt präzisiert werden. Die Wahrheit der Sachverhalte, auf die sich die Rede von ›wahr‹ in ›wahres Glauben‹ und ›wahre Überzeugung‹ bezieht, ist zwar unabhängig von der auf der Interpretation$_3$-Ebene situierten subjektiven Überzeugung. Sie ist aber nicht gänzlich unabhängig von der kategorialisierenden Interpretation$_1$-Ebene, in deren Vollzügen allererst umgrenzt wird, was überhaupt als ein Sachverhalt und was als ›wahr‹ oder ›falsch‹ gelten *kann*. Da wir jedoch offenkundig von der Möglichkeit abgeschnitten sind, die Struktureigenschaften der Interpretation$_1$-Ebene willentlich zu wählen oder abzuändern, haben die dort erfolgenden Kategorialisierungen einen sehr festen, einen quasi konstanten Sitz im Leben.

Die voranstehenden Überlegungen machen auch bereits deutlich, daß die Auffassung des Wissens als des dritten Modus der Interpretation die Formulierung eines *generellen* Wissensbegriffs erlaubt. Natürlich kommt dafür weder die Auffassung von

9 Dazu, daß weitergehende Vorschläge scheitern, vgl. F. v. Kutschera: *Grundfragen der Erkenntnistheorie*, a.a.O., 16-27 und 74-78.

Wissen als perfekte Erkenntnis noch die als wahre und fundierte Erkenntnis infrage. Beide Vorschläge enthalten Annahmen, die bei weitem zu stark sind, um eingelöst und mit dem gewöhnlichen weiten Sinn von Wissen zur Deckung gebracht werden zu können.[10] Der Bereich der Sachverhalte, in bezug auf die von perfektem Wissen die Rede sein kann (die analytischen Sachverhalte nämlich und diejenigen, die auf die eigenen Überzeugungen bezugnehmen) ist bei weitem zu begrenzt, um als Charakterisierung des gewöhnlichen und weiten Sinns von Wissen gelten zu können. Der bei weitem größte Teil dessen, was man im gewöhnlichen und weiten Sinne von Wissen weiß, ist nicht aufgrund eines methodischen Vorgehens erworben oder begründet worden.

Daher bleibt nur die Auffassung von Wissen als wahres Glauben oder, da ›glauben‹ als ›überzeugt sein‹ verstanden werden kann, als wahres Überzeugtsein. Insofern nun ›überzeugt sein‹ als eine Variante von ›interpretieren‹ konstruiert werden kann, kann ›wissen‹ als ›wahres Interpretieren‹ und ›Wissen‹ als ›wahre Interpretation‹ gefaßt werden. In Zusammenjochung der Sprache der epistemischen Logik mit der Sprache des drei-stufigen Interpretations-Modells führt dies zu folgendem *generellen Wissensbegriff* der Interpretationsphilosophie: »A weiß (auf der $Interpretation_3$-Ebene), daß p, genau dann, wenn A (auf der $Interpretation_2$-Ebene) glaubt, daß p, und wenn A mit seinem Glauben recht hat, d.h. wenn dieser mit der Form der $Interpretation_1$-Praxis zusammenstimmt und sich im Leben bewährt, mithin die mit einem Wissen verbundene Sicherheit gibt«.[11]

10 Vgl. F. v. Kutschera: *Erkenntnistheorie*, a.a.O., 74f. und 56, der die beiden im folgenden genannten Gesichtspunkte anführt.

11 Wissen wird darin nicht mehr im Sinne des Cartesianismus, d.h. nicht mehr als das gefaßt, was auf dem Wege einer Introspektion inner-bewußtseinsmäßig und als unmittelbar evident anzutreffen sei. Wenn wir den Wechsel, Wandel und Fluß der Vorstellungen, Bilder, Gedanken und Empfindungen *in uns* anhalten könnten, würden wir in diesem Standbild kein ›Wissen‹ antreffen.
Wissen im engeren Sinne eines Wissensurteils (»A weiß, daß p«), wie es auf der $Interpretation_3$-Ebene formuliert wird, stellt einen Anspruch dar, der (a) in einer öffentlichen Sprache erhoben, (b) in den »logischen Raum der Gründe« (Sellars; vgl. dazu unten Anm. 21) ge-

3. Handlungen als Interpretationsbildungen

Sollen Wissen und Handeln sowie das Verhältnis beider auf dem Boden der Interpretationsverhältnisse konzipiert werden, dann ist der Interpretationscharakter auch des Handelns zu verdeutlichen. Handlungen können im Anschluß an die von Hans Lenk entwickelte Sicht als Interpretationskonstrukte angesehen werden.[12] In puncto Handlung sind vor allem zwei Probleme notorisch: (a) die Abgrenzung zwischen *Handeln* (im Sinne bewußter, intentionaler, zielgerichteter und durch den Einsatz von Mitteln bestimmter Handlungen) und *Geschehen* (im Sinne von Bewegungsabläufen und Reiz-Reaktions-Vorgängen); (b) die *Individuation* von Handlungen im Sinne der Frage nach der Grenze der raum-zeitlichen Erstreckung einer Handlung, d.h. danach, wo eine Handlung aufhört und die nächste beginnt. Die jeweiligen Antworten auf die diesbezüglichen Fragen sind *interpretativen* Charakters, Interpretationskonstruktbildungen.

stellt wird und (c) dort dann entweder gerechtfertigt werden kann oder nicht. Diese *Externalisierung* von Wissen ist überaus bedeutsam, auch im Hinblick auf die Verflochtenheit von Wissen und Handeln. Zudem sind in alle drei Aspekte *Handlungs*elemente im weiten Sinne involviert: der Anspruch wird erhoben, das Urteil wird in den logischen Raum der Gründe gestellt, und die Einlösung des Anspruchs erfolgt innerhalb einer Praxis der Rechtfertigung.

12 H. Lenk: *Handlung als Interpretationskonstrukt. Entwurf einer konstituenten- und beschreibungstheoretischen Handlungsphilosophie*, in: ders.: *Handlungstheorien – interdisziplinär*, Bd. II, München 1978, 279-350, insbes. 293ff., 323ff.
Für die in dem hier erörterten Zusammenhang relevanten Fragen ist es nicht erforderlich, im einzelnen jeweils die wichtige Aristotelische Unterscheidung zwischen *Poiesis* (Hervorbringen, Herstellen) und *Praxis* (Handeln, Tun) explizit zur Anwendung zu bringen. Dies betrifft auch den Aspekt, daß in der Praxis sowohl poietisches als auch praktisches Wissen verkörpert sind. Der Unterschied ist bekannt: Ziel einer Poiesis/Techne, wie sie z.B. von einem Handwerker praktiziert wird, ist es, ein Produkt mit bestimmten Eigenschaften herzustellen, das unabhängig von der herstellenden Person gesehen werden kann; Ziel eines praktischen Wissens ist es, auf eine bestimmte Weise zu handeln und zu leben, wobei der Zustand des Handelnden von besonderer Relevanz ist.

Wenn ein Geschehensablauf *als* eine Handlung bestimmt wird, dann ist dies nur mit Hilfe einer Deutung oder Zuschreibung, mithin nur mittels einer *interpretatorischen* Grenzziehung möglich: *dies* ist ein bloßer Geschehensablauf, *jenes* aber ist eine Handlung. Und diese Grenze der Zuschreibung ebenso wie der Individuation ist keine intrinsisch und vorab fertig vorhandene, die dann im Handlungsvollzug gleichsam bloß noch aktualisiert wird. Vielmehr sind es die endlichen und handelnden Geister selbst, die diese Grenzen ziehen und auch ziehen müssen, wenn man von expliziten, d.h. von bewußten, willentlichen und intentionalen Handlungen sprechen können will. Eben dadurch aber, daß diese Grenzen jeweils erst gezogen werden müssen, sind sie als *Interpretationsgrenzen* charakterisiert. Sie sind perspektivischer und schematisierender Art, und sie hätten im Prinzip auch anders ausfallen können, sind mithin durch Alterität gekennzeichnet. Verstärkt wird diese Komponente durch den weiteren Aspekt, daß Handlungen stets in Handlungszusammenhängen, d.h. in einem Geflecht von Handlungsregeln und -kooperationen erfolgen. In diesem Sinne sind Handlungen stets *öffentlich, sozial* und auf andere Akteure bezogen. Sie erfolgen in einem Netzwerk unterschiedlicher Perspektiven und propositionaler Einstellungen, z.B. Überzeugungen, wechselseitiger Erwartungen, Wünsche, Befürchtungen, Meinungen, Wertschätzungen. Der interpretatorische Charakter setzt sich auch *innerhalb* des Handlungsbereichs fort. So ist eine Interpretationsgrenze bereits gezogen, wenn man unterscheidet zwischen (a) Handlungen mit deutlich agierendem, willentlichem und zielorientiertem Charakter (z.B. eine Eintrittskarte kaufen oder Geld abheben) und (b) Handlungen mit Verhaltenscharakter (wie z.B. einem entgegenkommenden Auto ausweichen). Eine Interpretationsgrenze ist auch bereits gezogen, wenn man zwischen eher aktivischen (herstellenden, hervorbringenden, erzeugenden) und eher passivischen (erleidenden, widerfahrenden) Aspekten einer Handlung unterscheidet. Ein Beispiel für eine eher passivische Handlung[13] wäre das Stolpern über eine Türschwelle.

13 Als das Analogon zur Rede von der ›passivischen Handlung‹ kann in Hinsicht auf die theoretischen Leistungen des Ich die von E. Husserl entwickelte Figur der »passiven Synthesis« angesehen werden.

Zu betonen ist der Interpretationscharakter zunächst für die Dritte-Person-Perspektive, d.h. für die Perspektive eines äußeren zuschreibenden Betrachters. Wichtig ist er aber auch in der Ersten-Person-Perspektive, in der Perspektive des Handelnden selbst. In beiden Perspektiven ist er nicht nur *retrospektiv*, mithin nicht nur in der Re-konstruktion sowie in den nachträglichen Berichten ausschlaggebend, bei denen die Interpretationsgeladenheit ohnehin offen zutage liegt. Der Interpretationscharakter ist auch in *konstitutiver* Hinsicht, d.h. in bezug auf all diejenigen Aspekte wichtig, die erforderlich sind und bereits als erfüllt unterstellt werden müssen, sofern in der Dritten-Person-Perspektive eine Zuschreibung vorgenommen und sofern in der Ersten-Person-Perspektive in eine Handlung eingetreten wird. Die folgenden Aspekte können als *interpretativ* charakterisiert werden: (a) das Setting der Bedingungen für den Eintritt in ein Handeln, (b) der Zweck des Handelns, (c) die Auswahl der Mittel zwecks Erreichung des Handlungsziels, (d) die Durchführung der Handlung, (e) die Bestimmtheit der Gegenstände des Handelns, (f) der Handlungserfolg und (g) die Resultate von Handlungen. Hinzu treten zwei weitere und für die später in Kapitel 14 zu entfaltende *Ethik der Interpretation* überaus wichtige Aspekte: Wir wissen nicht, was ›im Grunde‹ eine Handlung ist, und wir kennen die ›letzten‹ Motive unseres Handelns nicht. Beide Aspekte verstärken den interpretativen Charakter dessen, was wir eine Handlung nennen. Kurz: Handlungen erfolgen aus einem Interpretations-Horizont und aus einer Interpretations-Praxis heraus sowie auf diese hin.

Daß jedem tatsächlichen Sprechen und Handeln eine Interpretations-Praxis bereits im Rücken liegt, heißt auch, daß die *normativen* Komponenten, die mit einer solchen Interpretations- und Lebenspraxis verbunden sind, in das jeweilige Sprechen und Handeln involviert und darin wirksam sind. Dies zeigt sich in besonderer Weise bei ethischen und praktisch-politischen Äußerungen und Handlungen. Anders als beim Verstehen und Be-

In die passive Synthesis sind stets auch aktive Leistungen eingegangen. Vgl. E. Husserl: *Cartesianische Meditationen. Eine Einleitung in die Phänomenologie*, hg. von E. Ströker, Hamburg ²1987, § 38, 81f.

greifen einer wissenschaftlichen Hypothese kann man ethische und politische Rede und Handlungen nicht verstehen und nicht begreifen, ohne daß die praktische Lebensform in einem besonderen Maße aktiviert und an der Fixierung ihrer semantischen und pragmatischen Merkmale beteiligt ist.

Umgekehrt wird dieser Zusammenhang auch an der Frage deutlich, ob eine ethische und politisch-praktische Rede *verstanden* wurde oder nicht. Denn diese Frage kann nicht einfach durch bloße Worte, sondern letztlich nur durch das darauffolgende Handeln beantwortet werden. Die Antwort *zeigt sich* am *So-und-so*-Handeln oder an dessen Unterlassung. Nicht Worte, sondern Handlungen fungieren hier als die Interpretanten praktischer, des näheren ethischer und politischer Äußerungen und Sätze. Diese haben einen tieferen Sitz im Leben als z.B. wissenschaftliche Hypothesen. Jeder Handelnde ist in einen Lebenszusammenhang eingebunden. Und in der Praxis steht ungleich mehr auf dem Spiel als in der Theorie. So ist etwa der für das Theoretische durchaus kennzeichnende *hypothetische* Charakter im praktischen Leben und Handeln nicht anzutreffen. Man kann nicht ›hypothetisch leben‹ und nicht ›hypothetisch handeln‹. Man handelt oder unterläßt es. Und man kann, anders als im Falle von Hypothesen im Bereich der Theorie, vollzogene Handlungen nicht revidieren oder gar rückgängig machen.

4. Verankertheit in der Interpretations-Praxis

Wissen und Handeln sind situiert in der interpretativ verfaßten menschlichen Lebenspraxis. Daher können sie nicht einfach durch ihre Entgegensetzung bestimmt werden. In beiden manifestiert sich menschliche, mithin perspektivische und interpretative Welt- und Lebenseinstellung. Die lebensweltliche Interpretations-Praxis und deren Regeln liegen dem Wissen ebenso wie dem Handeln stets bereits zugrunde.

Dies heißt nicht nur, daß die Lebenswelt der Wissenschaft vorausgeht, sondern darüber hinaus, daß jedem lebensweltlichen Wissen und Handeln eine Interpretations-Praxis bereits im Rücken liegt. Wissen *und* Handeln erfolgen aus dieser heraus und auf sie hin. In diesem Sinne geht es hier um einen umfänglicheren und grundsätzlicheren Rahmen als nur um die Unterscheidung zwischen der (vor-wissenschaftlichen) Lebenswelt und den Wissenschaften.[14]

Zwar ist der asymmetrische Aspekt zu betonen, daß Theorie in Praxis, nicht jedoch Praxis in Theorie situiert ist. Auch in diesem Sinne hat die Praxis ein Relevanzübergewicht gegenüber der Theorie. Aber es reicht nicht zu konstatieren, daß (wie sowohl der Pragmatismus als auch die Spätphilosophie Wittgensteins betonen) Wissen und darin auch Denken und Sprechen im Handeln verankert sind.[15] Man muß eben noch den skizzierten Schritt weitergehen. Erst dann vermeidet man sowohl (a) die überlieferte Dichotomie von Wissen und Handeln (die darin als zwei trennscharf gegeneinander isolierbare Bereiche angesehen werden, etwa als die Dichotomie von *vita contemplativa* und *vita activa*) als auch (b) den drohenden und in gegenwärtigen Debatten dominierenden Reduktionismus des Wissens auf das Handeln. Ein solcher Reduktionismus übersieht, daß das Gegründetsein des Wissens im Handeln nur eine bestimmte Ausprägung des Verhältnisses beider markiert. Daneben sind Ver-

14 Dieser Unterschied macht zugleich weitere terminologische Unterscheidungen verständlich. Wissenschafts*theorie* befaßt sich mit den in den Wissenschaften durch zweckgerichtetes Handeln und gezielte Operationen (wie im paradigmatischen Falle eines naturwissenschaftlichen Experiments) hervorgebrachten Erkenntnissen. Wissenschafts*philosophie* befaßt sich mit der Rolle der Wissenschaften innerhalb des weitergefaßten Rahmens der Fragen nach Wissen und Erkennen. In der *Wissens-* und in der *Handlungsphilosophie* geht es um den Charakter, die Bedingungen, Möglichkeiten und Grenzen von Wissen und Handeln. *Interpretationsphilosophie* befaßt sich, was den hier erörterten Zusammenhang betrifft, mit dem *interpretativen* Setting und Charakter von Wissen, Erkennen und Handeln. Darin geht es um die lebensweltliche Interpretations-Praxis resp. um die interpretativ verfaßte Lebenswelt und um die unterschiedlichen Versionen und Reichweiten der Interpretationscharaktere, die von den lebensweltlichen Vollzügen bis hin zu expliziten wissenschaftlichen Beschreibungen, Erkenntnisurteilen und deren Begründung und Rechtfertigung reichen.

15 Zu Wittgenstein vgl. diesbezüglich H. J. Schneider: *Die Situiertheit des Denkens, Wissens und Sprechens im Handeln,* in: a.a.O., 727-739.

hältnisse sowohl reziproker Voraussetzung als auch der Abhängigkeit des Handelns vom Wissen anzutreffen. Den Reduktionismus der genannten Art kann man den *praktizistischen Fehlschluß*[16] nennen. In ihm wird Wissen auf Handeln reduziert und jenes in den Termini von diesem analysiert. Dieser Fehlschluß ist das Gegenstück zum *kognitivistischen Fehlschluß*[17], der umge-

16 Wenn verkannt wird, daß jedes Handeln_3 (mithin jedes bewußte, willentliche und intendierte Handeln) intern bereits einen Wissensanteil voraussetzt, dann soll dies der *praktizistische Fehlschluß* genannt werden. So muß man, *bevor* man in eine Handlung eintritt, mit der Analyse der Situation zum Abschluß gekommen sein und ggf. *sagen* können: »Dies ist jetzt die Situation xyz, auf die hin ich nun so-und-so handle«. Wenn man im und mit dem Handeln etwas will bzw. etwas Bestimmtes erreichen will, dann muß man sich dies ebenso wie das intendierte Ziel zuvor bereits als Gegenstand, auf den das Wollen geht, vorgestellt und in diesem Sinne erkannt haben. So gesehen, setzt Handeln Wissen voraus. Das Wissen, über das eine Person verfügt, wenn sie Situation, Gegenstand und Ziel bestimmt und erkannt hat resp. um diese weiß, enthält *begriffliche* und *phänomenale* Aspekte (z.B. visuelle, akustische oder taktile Komponenten) gleichermaßen. Die methodische Schwierigkeit besteht darin, nicht mehr in den alten Bahnen einer Dichotomie von Verstand und Sinnlichkeit, von begrifflichen Aspekten auf der einen und sinnlich-anschaulichen Aspekten auf der anderen Seite zu denken. In interpretationsphilosophischer Sicht ist vielmehr entscheidend, daß die Sprach-, Zeichen- und Interpretationsfunktionen im Ergebnis so verstanden werden, daß sie ineins begrifflichen ebenso wie sinnlich-anschaulichen Charakters sind.

17 Wenn verkannt wird, daß jedes Wissen_3 (mithin jedes »wissen, daß p«) Handlungskomponenten auf der Interpretation_2-Ebene und in dem Sinne voraussetzt, daß bereits das Aufstellen eines Wissensanspruchs einen bestimmten Typus von Handlungen voraussetzt, so soll dies der *kognitivistische Fehlschluß* heißen. Um einen Gegenstand zu erkennen bzw. um ihn und seine Beschaffenheiten wissen zu können, muß man ihn zuvor bereits bestimmt, d.h. lokalisiert und individuiert haben. Bestimmen, Lokalisieren und Individuieren sind Aktivitäten vom Charakter des Handelns in seinem weiten Verständnis. In diesem Sinne setzt Wissen Handeln voraus.
Die beiden sterilen Reduktionismen ebenso wie die Entgegensetzung des praktizistischen und des kognitivistischen Fehlschlusses können durch die skizzierte Einsicht überwunden werden, daß in einer Hinsicht Handeln Wissen, in einer anderen Hinsicht Wissen

kehrt das Handeln auf das Wissen reduzieren und jenes in den Termini von diesem analysieren möchte. Der praktizistische Fehlschluß besteht in der Behauptung, Wissen sei *nichts anderes als* Handeln und könne umstandslos in dessen Termini formuliert werden. Doch offenkundig ist dies nicht der Fall. So unterscheiden wir zwischen Wissen und Handeln und verstehen diese Unterscheidung auch.

Der Reduktionismus des Wissens auf das Handeln ist aus mehreren Gründen problematisch. Einer davon ist folgender. Um überhaupt in eine bewußte, willentliche und ziel-orientierte Handlung einzutreten, sind die dazu benötigte Kenntnis, das erforderliche Können, das Wissen-wie-man-das-und-das-macht sowie die dazugehörigen Fertigkeiten stets bereits vorausgesetzt. Dieser Aspekt tritt in den gegenwärtigen Debatten meist zugunsten einer deutlichen Vorherrschaft der Handlungstheorie gegenüber der Wissenstheorie zurück. Er ist jedoch überaus bedeutsam. Denn ohne ihn würde es gar nicht zu expliziten Handlungen kommen. Er zählt zu den logischen Bedingungen der Möglichkeit von Handlungen. Dies führt dazu, daß, bei aller Abhängigkeit des Wissens vom Handeln, Wissen gleichwohl *nicht* einfach als ein Handeln konstruiert werden kann.

Die Interpretationsphilosophie stellt ein Instrumentarium bereit, mit diesem Aspekt umzugehen. Indem die Abhängigkeit einer Handlung vom Interpretations-*Horizont*, von der Interpretations-*Praxis* und von den Interpretations-*Regularitäten* betont wird, ist Raum gegeben auch für die *Wissens*aspekte, die *im* Handeln bereits vorausgesetzt sind. Innerhalb des drei-stufigen Modells der Interpretationsverhältnisse können, wie unten näher ausgeführt wird, Ebenen und Dimensionen des Wissens unterschieden werden. Im Rekurs auf sie kann man mit der skizzierten Problemlage umgehen, *ohne* damit erneut auf einen metaphysischen oder wissenschaftstheoretischen Platonismus verpflichtet zu sein.

Folgende *generelle* Zusammenhänge lassen sich benennen: Da-

Handeln voraussetzt. In Abschnitt 13.5. wird zu sehen sein, daß und in welchem Sinne das Stufenmodell der Interpretation dazu beitragen kann, diesen Drehtüreffekt *vertikal* und *horizontal* aufzufächern.

mit explizite Handlungen auf der Interpretation$_3$-Ebene möglich werden, muß nicht nur bereits eine Interpretation$_2$-Praxis, sondern müssen auch Formen eines Interpretation$_2$-Wissens vorausgesetzt und in Anspruch genommen werden; und damit diese als erfüllt gelten können, müssen bereits Formen der Interpretation$_1$-Praxis und eben auch Formen eines Intepretation$_1$-Wissens präsupponiert werden.

In heuristischer Einstellung bedeutet dies zunächst, daß man das Verhältnis von Wissen und Handeln mit Hilfe des mehrstufigen Interpretations-Modells so konzipieren kann, daß (a) der handlungstheoretische Reduktionismus vermieden wird und (b) die in jedem Handeln bereits gegebenen Wissens-Präsuppositionen nicht als ein gänzlich interpretations-externer, nicht im Sinne eines von Interpretativität überhaupt frei-gesetzten Platonismus verstanden werden müßten.

Bezogen auf das Verhältnis von Wissen und Handeln kann man von einer vierfachen Leistungsfähigkeit des Stufenmodells der Interpretation sprechen. Dieses Modell kann zeigen: (i) die Verankerung des Wissens *im* Handeln, (ii) die wechselseitige Verschränkung von Wissen *und* Handeln, (iii) die Abhängigkeit des Handelns *von* Wissens-Horizonten und von Wissen im Sinne einer Disposition zum Handeln[18] und (iv) die Verankerung beider *in* der interpretativen Lebenswelt resp. in der lebensweltlichen Interpretations-Praxis. Erst diese vier Hinsichten und ihr Zusammenwirken hinsichtlich jeweils konkreten Wissens und/oder konkreten Handelns erlauben es, in einem nicht-reduktiven Sinne von einer vereinheitlichten Theorie von Wissen und Handeln zu sprechen. Dabei kommen im symbolischen Interpreta-

18 Man beachte, daß hier unter einem der genannten Aspekte von Wissen als einer ›Disposition *zum Handeln*‹, nicht nur von Wissen als einer ›Disposition *zum Urteilen*‹ die Rede ist. Letzteren Dispositions-Charakter des Wissens hat vor allem G. Ryle mit seiner bekannten Unterscheidung von »knowing how« (Wissen-wie) und »knowing that« (Wissen-daß-etwas-der-Fall-ist) betont. Vgl. G. Ryle: *Knowing How and Knowing That*, in: Proceedings of the Aristotelian Society, 46 (1945-46) 1-16, und G. Ryle: *The Concept of Mind*, Oxford [11]1966. Ryle hält das Wissen-wie und in diesem Sinne das Handeln-Können für logisch früher als das Wissen-daß im Sinne des theoretischen Wissen.

tionismus auch die *theoretischen*, die *wissens*bezogenen und die *begrifflichen* Aspekte wieder zu ihrem Eigenrecht, *ohne* daß man damit jedoch in praxis-unabhängige Platonismen gerät.

Zugleich jedoch ist in Sachen Wissen eine Abgrenzung nach der anderen Seite hin geboten. Wissen kann nicht einfach im Sinne des *Mentalismus*, nicht einfach als eine in unseren Köpfen vorab vorhandene kognitive Ausstattung oder als rein mentaler Zustand aufgefaßt werden, der das Gelingen und den Erfolg einer Handlung bestimmt. Handlungen können nicht als Folgen und Applikationen eines vorab vorhandenen mentalen Zustands konzipiert werden. Daher kann man hier die (vor allem von Wittgenstein und auch von Ryle vorgetragene und) für die zeitgenössische Sprach- und Handlungstheorie folgenreiche Mentalismus-Kritik im Hinblick auf das Verständnis auch von Handlungen fruchtbar machen. Es ist ein grundsätzlicher Irrtum zu meinen, eine gelingende und erfolgreiche Handlung komme zustande und verdanke ihr Gelingen der Applikation eines zuvor *im Innern*, etwa *im Kopf* vorhandenen und handlungs-freien Wissens.

Im Rekurs auf das mehrstufige Interpretations-Modell kann man allerdings den richtigen Aspekt des Mentalismus, daß Handelnkönnen nämlich Wissenselemente bereits in Anspruch nehmen muß, in einer Weise formulieren, die dem Wissensaspekt sein Recht einräumt, *ohne* damit einem Mentalismus mit Priorität vor dem Handeln das Wort reden zu müssen. Dies wird möglich, sofern beide, Wissen und Handeln, als Varianten von Interpretationsverhältnissen angesehen werden und in diesem Horizont auch die drehtürartige Beziehung beider konzipiert wird.

Das Verankertsein von Wissen und Handeln in der lebensweltlichen Interpretations-Praxis hat in bezug auf das, was als Gegenstand der Analyse angesehen wird, eine Reihe von Verschiebungen zur Folge. Drei solcher Verschiebungen seien im folgenden markiert und erörtert.

4.1. Von der begrifflichen zur interpretationistischen Analyse

Eine *begriffliche Analyse* von ›Wissen‹ zu geben, heißt, die Bedingungen für die Wahrheit von Sätzen der Form »A weiß, daß p« zu finden. Das läuft im Sinne der epistemischen Logik auf Analysen der Form hinaus: »A weiß, daß p, dann und nur dann, wenn (1) ..., (2) ..., usf.« Sofern dabei Wissen in dem oben dargelegten Sinne als wahre Überzeugung zugrunde gelegt wird, gehen in einen solchen Wissensbegriff Aspekte der Form »A glaubt, daß p«, »A hat Gründe dafür, daß p« und »Es ist der Fall, daß p« ein.

Dieses Projekt sieht sich Schwierigkeiten ausgesetzt, die es mit seinen eigenen begriffs-analytischen Mitteln nicht zu beheben vermag. Die wichtigsten Aspekte der Kritik, die vor allem von seiten des Pragmatismus vorgebracht wurden, sind: (a) das rein begriffs-analytische/logische Verfahren stößt vergleichsweise schnell an seine Grenzen; (b) das Projekt lebt von der nicht eingelösten Hoffnung, die begriffs-logische Analyse würde einen klaren und distinkten Aufbau der menschlichen Begriffswelt zutage fördern und definitive sowie allgemein verbindliche Listen von Bedingungen für die Wahrheit von Sätzen der Form »A weiß, daß p« und für die Zuschreibung von Wissen formulieren können; (c) die Verhältnisse werden im Handumdrehen holistisch, sobald nämlich Fragen nach dem Kontext und den semantischen sowie den pragmatischen Merkmalen der in erfolgreichen Wissenszuschreibungen verwendeten und verstandenen Ausdrücke, Zeichen und Handlungen ins Spiel kommen; (d) man erfährt nur wenig über die Natur des Wissens; und (e) die Fragen nach Ursprung und Funktion des Wissens, z.B. die Frage, ob und in welchem Sinne Wissen der lebensweltlichen Orientierung dient, können nicht angemessen thematisiert werden.

Angesichts dieser Schwierigkeiten erscheint die im philosophischen Pragmatismus, etwa bei Peirce und James, vorgenommene Erweiterung des Sinns von ›Wissen‹ plausibel. Sie besteht darin: (i) daß Wissen als *Besitz von wahren Überzeugungen* verstanden wird; (ii) daß dies letztlich bedeutet, über die *zugehörigen Hand-*

lungsregeln zu verfügen[19], (iii) daß sprachliche, lebensweltliche und praxis-bezogene *Kontexte* explizit in die Analysen einzubeziehen sind; (iv) daß Wissen mit einer *sozialen Praxis der Rechtfertigung* verknüpft ist, insofern, wie Wilfrid Sellars betont hat, die Charakterisierung einer Episode oder eines Zustands als Wissen nicht heißt, daß eine »empirical description of that episode or state« gegeben wird, sondern daß »we are placing it in the logical space of reasons, of justifying and being able to justify what one says«[20]; und (v) daß vor diesem Hintergrund das ganze Projekt eines *Fundamentalismus des Wissens* preisgegeben werden muß. Im Zuge dieser Einsichten werden Wissen und Wissensbegriff nicht mehr exklusiv an das Projekt einer begriffs-logischen Analyse gebunden.

Im Fortgang von der *pragmatistischen* in eine *interpretationistische* Betrachtung kommen schließlich die mit der interpretativ verfaßten Lebenswelt resp. mit der lebensweltlichen Interpretations-Praxis verbundenen Komponenten zum Vorschein. Über die bereits genannten Aspekte hinaus können weitere hinsichtlich der Bestimmung von ›Wissen‹ angeführt werden. Zu ihnen zählen unter anderem: die Situiertheit in Lebensumständen; die Einbeziehung nicht-epistemischer Aspekte (wie z.B. der phänomenalen und subjektiven Komponenten, die gleichwohl an eine öffentliche, d.h. mit anderen Personen geteilte Praxis gebunden sind); Fragen der Zweckmäßigkeit, der Präferenzierung, der Dezision und der als privilegiert geltenden Strategien zur Erlangung sowie des Einsatzes von Wissen; die Aspekte der rationalen Ak-

19 Dieser Aspekt bildet den Kern der »Pragmatischen Maxime«, die von Peirce erstmals 1878 aufgestellt und dann vor allem von William James bekanntgemacht wurde. Ch. S. Peirce: *Über die Klarheit unserer Gedanken. How to Make Our Ideas Clear*, hg. von K. Oehler, Frankfurt a. M. 1968.

20 W. Sellars: *Empiricism and the Philosophy of Mind*. With an Introduction by R. Rorty and a Study Guide by R. Brandom, Cambridge Mass.-London 1997, Sektion 36, S. 76. In seiner Einleitung zu dieser Neuausgabe des Textes von Sellars hebt R. Rorty: *Introduction*, 4, mit Recht den zentralen Aspekt hervor, daß es *nicht* so ist, daß die Praxis der Rechtfertigung das Wissen voraussetzt, sondern vielmehr so, daß das Wissen »comes into being along with it«, d.h. im Zuge der Praxis der Rechtfertigung auftritt.

zeptanz, der Bezüglichkeit auf Zeit, Situation und Personen, mithin des Situationswissens als einer Form des Wissens, die *vor* explizitem, urteilsgrammatisch bestimmtem und inferentiellem Wissen liegt.

Es geht dann nicht mehr nur darum, Wissen als Handeln aufzufassen oder Wissen im Handeln zu situieren.[21] Das wäre noch *top down* gedacht. Es geht *bottom up* vielmehr darum, bereits das Haben von Fürwahrhaltungen (Meinungen, Überzeugungen und methodisch begründetem Wissen) von den Handlungszusammenhängen und diese wiederum von den Interpretationszusammenhängen, mithin von der lebensweltlichen Interpreta-

21 *Wissen als Handeln* aufzufassen heißt, den spezifischen Handlungstyp angeben zu müssen, durch den ein Wissen als eine Handlung charakterisiert werden kann. Für propositionales und für nicht-propositionales Wissen könnte man einige dieser Aspekte benennen. Sie erweisen sich bei näherer Betrachtung sämtlich als von *interpretativem Charakter*. Dies verweist auch in diesem Zusammenhang darauf, daß der Interpretationscharakter dem Handlungscharakter vorausliegt. Nicht setzt Interpretation Handlung, sondern Handlung Interpretation voraus.

Propositionales Wissen ist gebunden: (i) an die Artikulation und Repräsentation in einer öffentlichen Sprache sowie in sinnlichen Zeichen sprachlicher oder nicht-sprachlicher Art, d.h. in einem Urteil oder etwa in einer Graphik oder einem Diagramm; (ii) an die Beherrschung der in solcher Zeichenverwendung stets bereits vorausgesetzten Interpretations-Praxis; (iii) an das Hineinstellen des Wissensanspruchs in den »logischen Raum der Gründe« (Sellars) und damit in die öffentliche, d.h. in die mit anderen geteilte Praxis der Rechtfertigung eines Wissens*anspruchs*; (iv) an die Fähigkeit, mit den Wissens-Repräsentationen und Wissens-Symbolisierungen umgehen zu können, d.h. die zugehörigen Handlungsregeln anwenden zu können.

Nicht-propositionales Wissen ist im Kern ein Wissen darüber, wie man etwas macht (z.B. einen Kühlschrank öffnet) oder sich auf etwas versteht, d.h. die Fertigkeit zu seiner Durchführung besitzt (z.B. einem entgegenkommenden Auto auszuweichen). Darin ist eine *Interpretations-Praxis* immer schon vorausgesetzt und in Anspruch genommen, auch wenn es sich nicht um reflektiertes Wissen im engeren Sinne handelt. Die Interpretations-Praxis liegt dem propositionalen ebenso wie dem nicht-propositionalen Wissen bedingend voraus.

tions-Praxis her zu verstehen und zu formulieren. Dies ist mehr als nur eine *pragmatische Wende* im Sinne der Verankerung von Wissen im Handeln. Es ist eine *interpretative Wende*, in der (a) Wissens- und Handlungs-*Verhältnisse*, (b) Wissens- und Handlungs-*Zuschreibungen* und (c) Wissens- und Handlungs-*Regeln* als Ausprägungen und Varianten der umfänglicheren und basaler qualifizierenden Interpretations-Verhältnisse, -Zuschreibungen und -Regeln konzipiert werden.

Nicht also wäre beispielsweise zu sagen, daß sich eine Person A in einem bestimmten interpretativen Zustand befindet, weil sie das-und-das weiß und/oder tut. Vielmehr wäre umgekehrt zu betonen, daß die Person A das-und-das weiß und/oder tut, weil sie sich in einem so-und-so interpretativen Zustand und in einer so-und-so interpretativen Disposition befindet. Wie oben betont, darf darin die Rede von *interpretativen* Zuständen und Dispositionen nicht auf *mentale* Zustände und Dispositionen eingegrenzt werden. Denn es geht ja gerade um diejenigen Strukturen, die in den mentalen Zuständen (wie etwa dem Meinen, Glauben, Wissen, Wünschen, Überzeugtsein) bereits vorausgesetzt sind.

4.2. Handeln als Vorgang

Daß Wissen (a) als Interpretationsvorgang und (b) als im Handeln und weiter dann (c) als in einer Interpretations-Praxis verankert angesehen wird, findet vermutlich leichter Zustimmung als die These, daß auch das Handeln in einer Interpretations-Praxis gründet. In Abschnitt 14.3. wird dargelegt werden, daß Handlungen als Interpretationskonstrukte konzipiert werden können. Dies ist jetzt über die Seite der Handlungs*beschreibung* und der Handlungs*erklärung* hinaus, deren Interpretationscharakter offen zutage liegt, im Hinblick auf die These zu verdeutlichen, daß Handlungen aus einer Interpretations-Praxis heraus und auf diese hin erfolgen. Dem entspricht, daß Handlungstheorie, analog zur Wissens- und im engeren Sinne auch der Erkenntnistheorie, als Zweig der Interpretationsphilosophie konzipiert werden kann.

In bezug auf gelingende und erfolgreiche Handlungen können in

einer kleinen *interpretationistischen Handlungstheorie* die folgenden Aspekte als perspektivisch, konjektural, projizierend, konstruktional, kurz als *interpretativ* charakterisiert werden:
(1) Handlungen im engeren Sinne erfolgen bewußt, willentlich, intentional und zielbestimmt. Dies setzt voraus, daß der Wille einen Gesichtspunkt eingenommen hat, diesen durchhält und ein Ziel umgrenzt hat. Einschlußweise bedeutet dies auch, daß Gesichtspunkt und Ziel von alternativen Gesichtspunkten und Zielen abgegrenzt worden sind.
(2) Bevor in eine Handlung eingetreten wird, ist bereits eine Umgrenzung der Bedingungen der Möglichkeit der Handlung, ist mithin bereits eine hinreichende Bestimmung von Situation, Zeit, Kontext, beteiligten Personen, involvierten Dingen und Ereignissen vorgenommen worden.
(3) In einer gelingenden und erfolgreichen Handlung müssen der Handlungsraum, der Spielraum und die Grenzen des Handelns bereits pragmatisch und praktisch zufriedenstellend umgrenzt worden sein.
(4) Geeignete Mittel zur Erreichung des intendierten Handlungsziels sind sortiert und in einem zumindest theoretischen Vorgriff auf ihre Tauglichkeit hin bedacht worden.
(5) Nicht alle Elemente des Handlungskontextes werden aufgegriffen und in die Intention und das Profil einer Handlung eingebracht. Erforderlich sind daher unter anderem Selektion, Präferenzierung, Hervorhebung, Tilgung, Komplettierung.
(6) Da andere Personen in die Handlungszusammenhänge mit einbezogen werden, spielen Handlungen sich im öffentlichen und inter-personalen Raum ab und sind darin auf andere Personen und deren Handeln, mithin auf andere Perspektiven und Interpretations-Horizonte bezogen und in diesem Sinne inter-interpretativ, inter-perspektivisch zu nennen.
(7) Im Vollzug einer Handlung entstehen zugleich neue Situationen und neue situative Komponenten. Diese müssen im Hinblick auf die für den gegenwärtigen wie für den zukünftigen Verlauf der Handlung relevanten Bestimmungen der Situation und der korrelierten Form der Handlung stimmig verbunden werden.
(8) In vielen Fällen müssen die Bedingungen für das Erreichen

des Handlungsziels erst noch durch diesbezügliche Aktivitäten, die spezifiziert sein müssen, hergestellt werden.
(9) Es muß unterschieden werden zwischen dem, was nicht umgestaltet, nicht verändert, und dem, was umgestaltet, verändert, durch eine Handlung neu geschaffen und umorganisiert werden kann.
(10) Des weiteren ist zu unterscheiden zwischen dem, was unwiderruflich geschehen ist und nicht ungeschehen gemacht werden kann (gleichwohl aber in einen Bezug zu gegenwärtigen und zukünftigen Handlungen gesetzt werden kann oder muß) und dem, was getan werden kann und ggf. getan werden muß.
(11) Es muß begriffen und dem Umstand Rechnung getragen werden, daß zeitliche und sachliche Teil-Durchführungen einer Handlung neue und veränderte Teil-Situationen und Teil-Folgesituationen erzeugen.
(12) Diese neuen Teil- und Folge-Situationen müssen auf die Fortsetzbarkeit der Handlungen und auf mögliche Anschlußhandlungen bezogen werden, und zwar hinsichtlich der Einengungen und/oder der Eröffnung gegenwärtiger und zukünftiger Handlungsspielräume.
(13) Es muß der Zeitlichkeit des Handelns Rechnung getragen und diese in das intentionale Profil einer Handlung ziel-fördernd oder ziel-korrigierend eingetragen worden sein.
(14) Handlungen erfolgen vor dem Hintergrund und mit Bezug auf komplexe Netzwerke propositionaler Einstellungen (Überzeugungen, Erwartungen, Meinungen, Wünsche, Absichten, Befürchtungen). Hier müssen Zu- und Einordnungen sowohl in der Ersten-Person- als auch in der Dritten-Person-Perspektive vorgenommen werden, damit Handlungen erfolgreich sein, in ihr Ziel kommen und, aristotelisch gesprochen, Ursache der Veränderung in einem anderem sein können.
(15) Sofern wir Handlungen als sinnvoll qualifizieren (und das tun wir, da wir uns selbst als Akteure auffassen und in Handlungen eintreten), ist bereits mit bedacht, daß Handlungen nicht einfach isolierte Ausführungen entlang eines fixen Schemas darstellen. Sie stehen vielmehr im Zusammenhang mit unseren eigenen anderen Handlungen und mit anderen Personen als Akteuren mit anderen Handlungen und anderen Zielen. Die sich in die-

sen öffentlichen Zusammenhängen einstellende Sinnstruktur der Handlungen ist antizipatorisch und zielbestimmt in die Motive, den Eintritt, die Durchführung und die Erfüllungsbedingungen der Handlungen einzubeziehen und im erfolgreichen Fall stets bereits einbezogen worden.

(16) Meine individuelle Handlung, meine Handlung hier und jetzt, ist, obzwar stets in Handlungszusammenhängen stehend, *meine* Handlung, d.h. sie ist durch *meinen* Interpretationsschnitt von den Handlungen anderer Personen oder anderen meiner selbst unterschieden und damit individuiert: *dies* ist *hier und jetzt meine* Handlung, eine bestimmte Handlung, deren Bestimmtheit sich an der Schnittstelle von Individuum und Gesellschaft, von individuellem und öffentlichem Charakter von Handlungen ergibt.

(17) Wenn einzelne unterschiedliche Handlungen in einen Sinn-Zusammenhang gebracht werden, ist dieser Vorgang nicht durch vorab feststehende und notwendige Regeln determiniert. Sofern es um *freie* Handlungen geht, handelt es sich dabei nicht um Verhältnisse notwendiger Determination, nicht um algorithmus- oder kalkül-bestimmte Relationen. Wenn der Zusammenhang von Handlungen erstellt wird – und er wird um des Sinns der Handlung willen implizit erstellt und auch im Handeln selbst bereits vorausgesetzt –, dann ist eben dies eine konstruktbildende, eine interpretatorische Leistung.

(18) Es muß eine Festlegung der Reihenfolge der Schritte einer Handlung erfolgen. Denn wenn man, wie es heißt, den zweiten Schritt vor dem ersten macht, ist die Wahrscheinlichkeit gering, erfolgreich ins Ziel zu kommen.

(19) Es kann sein, daß mehrere Komponenten gleichzeitig auszuführen sind und mehrere Handlungs- und Interpretationsketten koordiniert werden müssen. Dies heißt auch, daß alternative und als nicht relevant oder gar schädlich eingestufte Teilketten als solche fixiert und ausgegrenzt werden müssen und dies in erfolgreichen Handlungen stets bereits auch sind.

(20) Erfordert ist die Koordination und die Kooperation von Handlungen in Handlungszusammenhängen mit anderen Personen und Akteuren sowie deren Perspektiven und Interpretations-Horizonten. Dies wiederum erfordert, daß die Handlun-

gen der anderen Personen und deren Perspektiven, propositionalen Einstellungen, Interpretations-Horizonte und dominanten Interpretations-Regeln pragmatisch hinreichend identifiziert worden sein müssen. Zudem müssen sie im eigenen Horizont des Handelns, umwillen eines Erfolgs der eigenen Handlung und umwillen der Aufrechterhaltung der Handlungskontexte mit anderen Personen, mitberücksichtigt werden. Diese Wechselseitigkeit im Handeln, auf die in der Handlungstheorie immer wieder hingewiesen worden ist, stellt eine komplexe und vielschichtige Interpretationsleistung dar, an der, im drei-stufigen Interpretations-Modell gesprochen, nicht nur eine, sondern in enger Verzahnung alle drei Ebenen der Interpretationsverhältnisse beteiligt sind.

Die angeführten Komponenten sind nicht so zu verstehen, als müßte der Handelnde sie jeweils erst konstruieren, um dann in einem zweiten Schritt in eine Handlung einzutreten. Der Witz besteht vielmehr darin, daß man in jedem gelingenden und erfolgreichen Handlungsvollzug davon ausgehen kann, daß diese Voraussetzungen resp. Präsuppositionen erfüllt sind. Auch in puncto Handlung ist die in Sachen Zeichenlogik und Bedeutung herausgearbeitete Differenz zwischen *Deutung* und *Vollzug*[22] grundlegend. Der Handlungs-*Vollzug* ist der umfänglichere und basalere Vorgang. Die in ihm wirksamen, in ihrem Charakter jedoch eigentümlich elusiven und schwer zu fassenden Regelhaftigkeiten sind, wie im Falle des Zeichenvollzugs, deutlich von den *Regeln ex post* zu unterscheiden, mit deren Hilfe man Handlungen *nachträglich* beschreiben kann.

Es wäre also ein Mißverständnis anzunehmen, wir müßten unsere Handlungen nach vorab fertigen Regeln erst konstruieren. Vielmehr geht es darum, diejenigen Elemente und Aspekte ein Stück weit ans Licht zu bringen, die bereits *in* den Handlungen liegen, von ihnen vorausgesetzt und in Anspruch genommen sind. Es ist – um in der Computer-Sprache zu sprechen – gleichsam so, als klickten wir »Handlung« am Computer-Bildschirm an, öffneten das Fenster und schauten nach, was alles schon darin liegt. Dies ist der (analytische) Stil kritischen Philosophierens,

22 Vgl. oben Kap. 4 (Zeichenlogik und Rationalität).

Antworten nämlich auf die Frage zu geben, wie es zu *denken* ist, *daß* unsere Handlungen so sind, wie sie sind.

5. Wissen und Handeln im Interpretationsmodell

Das dreistufige Interpretations-Modell[23] stellt ein Instrumentarium bereit, mit dessen Hilfe Wissen und Handeln je einzeln und in ihrem wechselseitigen Verhältnis analysiert werden können. Dies gilt in beschreibender ebenso wie in explanatorischer Hinsicht, und es gilt sowohl in bezug auf Wissen und Handeln als auch im Blick auf Wissenstheorie und Handlungstheorie. Mit seinen Unterscheidungen von *Ebenen* und *Dimensionen* der Interpretation vermag das Modell der Tatsache Rechnung zu tragen, daß man von unterschiedlichen Typen und unterschiedlichen Hinsichten des Wissens und Handelns sowie ihrer reziproken Verschränkungen auszugehen hat.
Das Interpretations-Modell unterscheidet drei *Ebenen* und drei *Dimensionen*. Die Ebenen sind: die deutende Aneignung = Interpretation_3-Ebene; die habitualisierten Gewohnheitsmuster = Interpretation_2-Ebene; und die ursprünglich kategorialisierende Organisation = Interpretation_1-Ebene. Die Dimensionen sind: die sinn-kritischen und sinn-präsuppositiven Hinsichten = Interpretations-*Logik*; die auf die sinnliche Wahrnehmung bezogenen Komponenten = Interpretations-*Ästhetik*; und die normativen Dimensionen = Interpretations-*Ethik*. Mit Hilfe dieses Modells lassen sich die verschiedenen Ebenen und Dimensionen des Verhältnisses von Wissen und Handeln formulieren. Dabei können die einzelnen Varianten nicht so aufgefaßt werden, als sei an ihrer Bestimmung jeweils nur eine der Ebenen und/oder eine der Dimensionen der Interpretationsverhältnisse beteiligt. Kennzeichnend ist vielmehr, daß stets mehrere Ebenen und Dimensionen gleichzeitig, in Überlappung und/oder sukzessive beteiligt sind.

23 Vgl. im einzelnen oben Kap. 1; und Verf.: *Interpretationswelten*, a.a.O. und: *Interpretations-Welten*, in: a.a.O.; sowie: *Interpretationsphilosophie*, in: a.a.O.

Darüber hinaus ist zu betonen, daß die im folgenden vorgenommenen Zuordnungen und die zu deren Illustration angeführten Beispiele ihrerseits natürlich *interpretative* Zuordnungen und Illustrationen sind. Unter anderen Zweckgesichtspunkten würde man unter Umständen zu anderen Zuordnungen auch der Beispiele gelangen. Daran wird erneut deutlich, daß dem Interpretationsmodell mit seinen Einteilungen nach Stufen und Dimensionen ein heuristischer, nicht jedoch ein theoretischer Status zukommt.
Entsprechend der Unterscheidung der drei Ebenen lassen sich auch die Bereiche, die mit den Ausdrücken ›Wissen‹ und ›Handeln‹ gekennzeichnet werden, nach Ebenen oder Stufen auffächern. Das ergibt folgendes vertikales und horizontales Szenario:

Interpretation_3:	Wissen_3	Handlungen_3
Interpretation_2:	Wissen_2	Handlungen_2
Interpretation_1:	Wissen_1	Handlungen_1

(A) Auf der *Interpretation*$_3$-Ebene können situiert werden:

– *Wissen*$_3$: als Wissen im *engen* urteilsgrammatischen und propositionalen Sinne des »A weiß, daß p« (z.B.: Peter weiß, daß Onkel Paul diese Woche in München ist; Martha weiß, daß es zu jeder Primzahl eine noch größere Primzahl gibt).
– *Handeln*$_3$: als Handeln im *engen* Sinne des bewußten, willentlichen, intentionalen, wählbaren, zielbestimmten Tuns (z.B.: Peter kauft eine Flasche Rotwein).

(B) Auf der *Interpretation*$_2$-Ebene können situiert werden:

– *Wissen*$_2$: als Wissen im *weiten* Sinne des Wissens-wie-etwas-geht oder des Wissens-wie-man-x-macht (z.B.: Peter weiß, wie man eine Weinflasche öffnet; Paul weiß, wie man mit Reportern umgeht).
Auf dieser zweiten Ebene der Interpretationsverhältnisse sind auch die Formen des *impliziten* Wissens, des *dispositionalen* Wissens im Sinne des bewußten Könnens, des Ryleschen »knowing

how«, des *Hintergrund*wissens, des *Situations*wissens, des *Regel*wissens, einschließlich der *impliziten* Kontexte, anzusiedeln.

– *Handeln$_2$*: als Handeln im *weiten* Sinne, wie es innerhalb habitualisierter Gewohnheitsmuster und Handlungsschemata, etwa bestimmter konventioneller Handlungsweisen und Handlungsregeln erfolgt, einschließlich des fließenden Übergangs von Handlungen zu Verhalten und umgekehrt (z.B.: Peter grüßt Paul mit einer Handbewegung; Martha befolgt die Verkehrsregel).

In einer feinsinnigeren Betrachtung ist der Unterschied zu beachten zwischen ›wissen, wie man etwas macht‹ (z.B. einen Kühlschrank öffnet), das auf der Interpretation$_2$-Ebene angesiedelt ist, und ›wissen‹ im Sinne des ›sich auf etwas verstehen‹ (z.B. auf die raum-zeitliche Lokalisierung von Objekten und Ereignissen). Letzteres Wissen ist auf der Interpretation$_1$-Ebene zu situieren. Allerdings sind die Übergänge fließend. Wo die Grenze gezogen wird, hängt von den mit einer Beschreibung oder Erklärung verfolgten Zwecken ab. ›Wissen, wie man eine Getränkedose öffnet‹ ist ein zivilisatorisches Wissen einer bestimmten Epoche und bestimmten Zuschnitts. Im Verhältnis dazu ist das Wissen im Sinne des ›sich auf die raum-zeitliche Lokalisierung von Objekten und Ereignissen verstehen‹ von grundlegenderer Natur, und z.B. auch in jedem erfolgreichen Öffnen einer Getränkedose bereits vorausgesetzt und in Anspruch genommen.
Wissen dieses Typus 2 kann bewußte und intentionale menschliche Handlungen im Sinne des zu deren Durchführung erforderlichen Regelwissens bestimmen. Es ist dies die Form des Wissens, die z.B. einen Fachmann auszeichnet, von dem man sagt, er besitze Sachkompetenz, d.h. er wisse, wie man x macht. Zu diesem Wissen gehört auch die Fähigkeit, erforderlichenfalls darüber sprachlich Auskunft geben, einer anderen Person erläutern zu können, wie man x macht und wie x funktioniert. So erklärt z.B. ein Computer-Fachmann mit Blick auf das vor ihm stehende Gerät, was er tut und wie er vorgeht, um auf dem Bildschirm eine bestimmte Graphik in einer bestimmten Weise zu bearbeiten. In diesem Sinne ist ein Wissen$_2$ Voraussetzung für das Ausführen-Können einer Handlung$_3$.

Zugleich lassen sich die Fälle benennen, bei denen ein umgekehrtes Voraussetzungsverhältnis vorliegt. Wissen, daß der Satz des Pythagoras ($a^2 + b^2 = c^2$) gilt, heißt, diejenigen operativen Handlungen durchführen und beschreiben zu können, die als Beweis des Satzes akzeptiert werden. Generell kann man sagen: Wenn ›A weiß, daß p‹ (wenn A weiß, daß der Sachverhalt p besteht und dieser Sachverhalt p seinen Wissenssatz ›p‹ erfüllt), dann weiß A auch, welches das Set von Handlungen und Handlungsschritten ist, das in diesem Wissen vorausgesetzt ist; und A weiß auch, wie diese Handlungen auszuführen sind, um den fraglichen Wissenssatz ›p‹ aufstellen und begründen zu können, d.h. zu verdeutlichen, daß der Sachverhalt p den Wissenssatz ›p‹ erfüllt. In diesem Sinne sind hier Fähigkeiten und Handlungen des Typus 2 Voraussetzung für ein Wissen des Typus 3. Darüber hinaus gibt es eine ganze Reihe weiterer Verschränkungen.

(C) Auf der *Interpretation*$_1$-Ebene können situiert werden:

– *Wissen*$_1$: als Wissen im Sinne des Sich-Verstehens-auf bzw. des Beherrschens *kategorialisierender* Formen der Organisation, etwa der raum-zeitlichen Lokalisierung von Objekten und Ereignissen, der Individuation von Objekten und propositionalen Gehalten, und der sortalen Prädikation (z.B.: Peter weiß, wie man Tische, Stühle und Regale unterscheidet).
Auf dieser Ebene kann man auch *das direkte und phänomenale Wissen* der Form ansiedeln ›wissen, wie es ist, ein X zu sein‹ (z.B. wissen, wie es ist, Sieger im Schach-Spiel zu sein; wissen, wie es ist, eine bestimmte Farbempfindung zu haben[24]).

24 Zu beachten ist, daß es hier *nicht* um den *subjektiven und phänomenalen* Charakter solchen Wissens, mithin nicht um die *Qualia*-Problematik im Sinne der Philosophie des Geistes und der neueren Bewußtseinsforschung geht. Es geht vielmehr um den in solchem Wissen vorliegenden Wissenstypus. Zum Qualia-Charakter solchen Wissens vgl. den nach wie vor grundlegenden Text von Th. Nagel: *What is it like to be a bat?*, in: The Philosophical Review, 83 (1974) 435-450; wiederabgedruckt in Th. Nagel: *Mortal Questions*, Cambridge 1979, 165-180.

– *Handeln*$_I$: als Handeln im Sinne der elementaren und nicht noch einmal hintergehbaren *kategorialisierenden* Vollzüge menschlicher Praxis und Lebensform (z.B.: sich raum-zeitlich und ggf. mit Bezug auf andere Personen von A nach B bewegen; elementare Unterscheidungen und Abgrenzungen vornehmen und/oder Verbindungen und Zusammenhänge herstellen).

Auf diese Weise ist ein vertikales und horizontales Netzwerk skizziert, innerhalb dessen die unterschiedlichen Ebenen wechselseitig und kreuzweise an der Bestimmung und Festlegung eines jeweils konkreten Wissens und/oder Handelns mitwirken. Zu beachten ist, daß darin Wissens-Ebenen nicht nur wiederum mit Wissens-Ebenen und Handlungs-Ebenen nicht nur mit Handlungs-Ebenen verschränkt sind. Deutlich werden vielmehr die wechselseitigen symmetrischen oder asymmetrischen Bedingungs-, Abhängigkeits-, Voraussetzungs-, Abgrenzungs- und Einwirkungsverhältnisse zwischen Wissen und Handeln. Deutlich wird auch, daß ›Wissen und Handeln‹ ebenso wie ›Wissenstheorie und Handlungstheorie‹ sich wechselseitig nicht nur nicht ausschließen, sondern einander drehtürartig voraussetzen und reziprok in Anspruch nehmen.

Einige dieser Verhältnisse von Einheit und Differenz zwischen Wissen und Handeln seien genannt und durch Beispiele verdeutlicht:

– *Wissen*$_3$ *und Handeln*$_3$: Peter weiß, daß der Beweis ABC richtig ist. Peter führt die entsprechende Operation aus.
– *Wissen*$_2$ *und Handeln*$_2$: Peter weiß, wie man eine Flasche Rotwein öffnet. Als Kellner öffnet Peter des öfteren Rotwein-Flaschen.
– *Wissen*$_1$ *und Handeln*$_1$: Peter beherrscht das Verfahren der raum-zeitlichen Lokalisierung und Veränderung. Peter bewegt seinen Körper von A nach B.

– *Wissen*$_3$ *und Wissen*$_2$: Peter weiß, daß es zu jeder Primzahl eine größere gibt. Peter weiß, was eine Zahl, speziell was eine Primzahl ist.

– *Wissen*$_2$ *und Wissen*$_1$: Peter weiß, was eine Zahl ist. Peter weiß, was Arithmetik ist. Peter weiß, wie man eine Weinflasche öffnet. Peter weiß, was Flaschen sind.
– *Wissen*$_3$ *und Wissen*$_1$: Peter weiß, daß es zu jeder Primzahl eine größere gibt. Peter weiß, was Arithmetik ist.

– *Handeln*$_3$ *und Handeln*$_2$: Peter kauft eine Flasche Rotwein. Peter geht in einen Weinladen.
– *Handeln*$_2$ *und Handeln*$_1$: Peter geht in einen Weinladen. Peter bewegt seinen Körper von A nach B.
– *Handeln*$_3$ *und Handeln*$_1$: Peter kauft eine Flasche Rotwein. Peter bewegt seinen Körper von A nach B.

– *Wissen*$_3$ *und Handeln*$_2$: Peter weiß, daß er die Weinflasche öffnen muß, um mit Paul ein Glas zu trinken. Peter greift nach einer Flasche.
– *Wissen*$_3$ *und Handeln*$_1$: Peter weiß, daß er die Weinflasche öffnen muß, um mit Paul ein Glas zu trinken. Peter bewegt seine Hand zur Weinflasche.

– *Handeln*$_3$ *und Wissen*$_2$: Peter kauft eine Flasche Rotwein. Peter weiß, wie man es macht, eine Flasche Wein zu kaufen.
– *Handeln*$_3$ *und Wissen*$_1$: Peter kauft eine Flasche Rotwein. Peter lokalisiert eine Flasche.

Die Vernetzung von Wissen und Handeln innerhalb des Interpretations-Modells ist nicht nur eine Vernetzung der *Ebenen resp. Stufen* der Interpretation. Es handelt sich zugleich auch um ein Zusammenwirken der *Dimensionen*, d.h. von Interpretations-*Logik*, -*Ästhetik* und -*Ethik*. Wissen und Handeln sowie das Verhältnis beider können daher auch im Rekurs auf die Dimensionen der Interpretation und in deren Vokabular charakterisiert werden. In stark vereinfachter Darstellung ergibt sich folgendes Szenario:

Interpretation$_3$-Ebene:

–*Wissen*$_3$*-Logik* oder *logisches Wissen*$_3$ Wissen, wie man prämissen-folgerndes Schließen durchführt. Wissen, welches die Inferenzregeln sind und wie sie angewandt werden.	–*Handlung*$_3$*-Logik* oder *logisches Handeln*$_3$ (i) Im *engen* Sinn: Einen Kreis aufgrund seiner Konstruktionsregel ziehen. (ii) Im *weiten* Sinn: In Übereinstimmung mit dem Netzwerk der propositionalen Einstellungen (Überzeugungen Meinungen, Erwartungen, Befürchtungen) kohärent, frei von Widersprüchen und in Übereinstimmung mit den empirischen Bedingungen agieren.
-*Wissen*$_3$*-Ästhetik* oder *ästhetisches Wissen*$_3$ Wissen, was ein Krebs in der Zwölftontechnik ist. Wissen, wie Bilder und Diagramme zu unterscheiden sind.	*Handlung*$_3$*-Ästhetik* oder *ästhetisches Handeln*$_3$ Einen bestimmten Blauton als Lokalfarbe auf einer bestimmten Fläche auftragen.
-*Wissen*$_3$*-Ethik* oder *ethisches* Wissen$_3$ Die Begründung für eine bestimmte Norm kennen.	–*Handlung*$_3$*-Ethik* oder *ethisches Handeln*$_3$ Eine bestimmte Handlung hier und jetzt, d.h. in einer gegebenen Situation, ausführen oder unterlassen.

Interpretation$_2$-Ebene:

–*Wissen*$_2$*-Logik* oder *logisches Wissen*$_2$ Wissen, was eine Regel ist. Wissen, was als ein Beweis zählt.	–*Handlung*$_2$*-Logik* oder *logisches Handeln*$_2$ Jemanden in Übereinstimmung mit der in einer gegebenen Situation üblichen Form zu grüßen.
–*Wissen*$_2$*-Ästhetik* oder *ästheti-*	–*Handlung*$_2$*-Ästhetik* oder *äs-*

sches Wissen$_2$
Wissen, welche sinnliche Gestalt in einem wahrgenommenen Gebilde vorliegt.

–*Wissen$_2$-Ethik* oder *ethisches Wissen$_2$*
Wissen, was sich in einer gegebenen Gemeinschaft/Gesellschaft gehört und was nicht.

thetisches Handeln$_2$
Sinnlich wahrnehmbare Formen bewußt einsetzen, z.B. eine bestimmte Geste ausführen.

–*Handlung$_2$-Ethik* oder *ethisches Handeln$_2$*
Im Rekurs auf Konvention, Üblichkeit und Sitte eine bestimmte Handlung ausführen oder unterlassen.

Interpretation$_1$-Ebene:

–*Wissen$_1$-Logik* oder *logisches Wissen$_1$*
Wissen, wie Kategorialisierungen, Prädizierungen, Individuierungen vorgenommen werden. Wissen, wo ein Zweifel seine sinnlogische Grenze hat.

–*Handlung$_1$-Logik* oder *logisches Handeln$_1$*
Eine Handlung und insbesondere Basishandlungen vollziehen können.

–*Wissen$_1$-Ästhetik* oder *ästhetisches Wissen$_1$*
Wissen, wie mit Formen der sinnlichen Anschauung umzugehen ist und wie diese zu gebrauchen und zu verstehen sind.

–*Handlung$_1$-Ästhetik* oder *ästhetisches Handeln$_1$*
Gestalten der Sinnlichkeit resp. der sinnlichen Wahrnehmung bilden und einsetzen.

–*Wissen$_1$-Ethik* oder *ethisches Wissen$_1$*
Wissen, welches die Regel der Regel bzw. die zugrunde liegende Regularität ist. Die Prinzipien der Begründung kennen. Sich auf die gelebte Sittlichkeit verstehen.

–*Handlung$_1$-Ethik* oder *ethisches Handeln$_1$*
Begründet und gerechtfertigt etwas tun oder unterlassen.

Selbstverständlich sind feinkörnigere Zuordnungen und Beschreibungen jederzeit möglich. Ob sie jeweils erforderlich sind, hängt, wie betont, von dem verfolgten Zweck ab. In dem hier erörterten Zusammenhang konnte es lediglich darum gehen, der Grundthese in bezug auf das Verhältnis von Wissen und Handeln durch Skizzierung eines allgemeinen Rahmens Plausibilität zu verschaffen. Feinkörniger wird die Zuordnung, Vernetzung und Verflechtung zum Beispiel dann, wenn wir innerhalb des Begriffs der Handlung einzelne Komponenten hervorheben (wie z.B. Handlungs-*Akt*, *-Absicht*, *-Ziel*, *-Resultat*, *-Folge*, *-Wirkung*) und diese dann mit den Wissensformen korrelieren, die ihrerseits wiederum weiter aufgefächert werden können, z.B. nach *poietischem* und *praktischem* Wissen. Auch ist wichtig, worauf jeweils der Akzent gesetzt wird, ob z.B. auf die wechselseitige Verschränkung, auf bilaterale symmetrische Voraussetzung oder auf einseitige Abhängigkeit.

Es ist jedoch nicht sinnvoll, Vollständigkeit anzustreben. Denn erstens bleiben andere Zwecke und damit auch andere Zuordnungen und Beschreibungen jederzeit möglich. Und zweitens können wir, wie betont, das Hintergrund-Netzwerk der Bedingungen von spezifischem Wissen und Handeln nicht im ganzen überschauen, nicht distanzieren und in seiner Geltung nicht suspendieren. Diese Tatsache läuft auf die Einsicht hinaus, daß wir im Grunde nicht ›wissen‹, was Vollständigkeit hier heißen soll.

6. Wissenstheorie und Handlungstheorie

Von dem Verhältnis zwischen Wissen und Handeln ist das Verhältnis zwischen Wissens*theorie* und Handlungs*theorie* zu unterscheiden. Auch dieses letztere Verhältnis kann auf dem Boden einer Kritik der Interpretationsverhältnisse formuliert werden. Beide erscheinen dann als Zweige der Interpretationsphilosophie. In welchem Sinne aber ist dies zu verstehen? Und was bedeuten Wissenstheorie und Handlungstheorie angesichts der so veränderten Betrachtungsweise?

Es ist zu betonten, daß *Theorien* trotz ihres zunächst passiv-vernehmenden, kontemplativen und wiedergebenden Anscheins in mehrfacher Hinsicht als *interpretative* Konstruktbildungen angesehen werden können. Dies gilt für Wissenstheorien ebenso wie für Handlungstheorien. Als interpretative Aspekte sind zu nennen: (i) Theorien sind Theorien nicht nach Gottes-, sondern stets nur nach Menschenmaß; (ii) sie sind nicht einfach ›gegeben‹, sondern sie werden durch den menschlichen Verstand und in einer öffentlichen Sprache formuliert (die Natur ist nicht ihr eigener Theoretiker); (iii) sie dienen dem Zweck, eine wissenschaftliche Beschreibung der Welt zu liefern; (iv) Hypothesenbildungen und deren deduktive Zusammenhänge können als Interpretationsbildungen konzipiert werden; (v) die für eine Theorie relevanten Tatsachen werden durch die Theorie auch erst mitumgrenzt und bestimmt (nicht ex theoria geschaffen); (vi) die heuristisch und praktisch wichtige Unterscheidung zwischen Tatsachen und Werten, zwischen Deskription und Beurteilung, läßt sich, je genauer die Betrachtung, nicht trennscharf durchführen; (vii) eine Konvergenz aller wissenschaftlichen Teilbereichs- und Einzeltheorien zu ›Der Einen Theorie‹, die dann ›Die Eine Beschreibung‹ und ›Den Einen Kanon Der Rechtfertigung‹ lieferte, ist nicht in Sicht und wird immer unwahrscheinlicher; vieles deutet zur Zeit darauf hin, daß diese ganze Idee nicht verfeinert, sondern verabschiedet werden muß; (viii) der Formulierung ebenso wie der Applikation einer Theorie liegen die perspektivischen und konstruktionalen Prozesse der Umgrenzung und Einteilung eines Gegenstandsfeldes stets bereits voraus; (ix) Einzelwissen wird unter allgemeine Gesetze subsumiert und unter Ordnungsgesichtspunkten nach Prinzipien organisiert (und zwar so, daß daraus partikulare Vorkommnisse vorhersagbar und Gesetzmäßigkeiten ableitbar werden). Diese Interpretationskomponenten sind *konditional* für Theorien. Sie aus einer fertigen Theorienbildung sowie aus den Theoriefunktionen wieder herausziehen zu wollen, um eine ›reine‹ Theorie zu erhalten, läuft darauf hinaus, die Theorie zu zerstören.

Des näheren ist Wissens- bzw. Erkenntnistheorie Wissen des Wissens bzw. Erkenntnis der Erkenntnis. Wissen bzw. Erkennen werden darin selbst zu einem Gegenstand des Wissens bzw. Erkennens. Klassisch formuliert ist es Aufgabe einer Wissens- bzw. Erkenntnistheorie, die Möglichkeiten und Grenzen von Wissen und Erkennen zu bestimmen. Nimmt man die Frage nach dem Verhältnis von Wissen und Handeln hinzu, so ist diese Aufgabe um eine wichtige Komponente zu erweitern. Es geht darin zugleich auch darum, die Möglichkeiten und Grenzen des Wissens und Erkennens im Hinblick auf eine vernünftige Orientierung von Handlungen zu bestimmen. Damit ist die Frage des Wissens und Erkennens ebenso wie die der Wissens- und Erkenntnistheorie in dem in den Abschnitten 13.1. und 13.4. dargelegten Sinne in ihrem lebens-praktischen Rahmen, in der Lebenswelt situiert. Zugleich wird sie darin auch in ihrem inneren Zusammenhang mit der Frage der Normativität gesehen. Das betrifft das so wichtige Verhältnis zwischen Wissen und Ethik. Und hier auch liegt der Grund dafür, daß ethische Fragen in bezug auf Wissen und Erkennen sinnvoll und normativ gestellt werden *können*.

Im Falle der Handlungstheorien bilden Handlungen den Gegenstand der Theorie. Aufgabe der Handlungstheorie ist es, Charakter, Möglichkeiten und Grenzen empirischer (tatsächlich erfolgender), normativer (z.B. ethischer) und rationaler (z.B. auf Entscheidungen beruhender) Handlungen zu bestimmen, kurz Struktureigenschaften menschlicher Praxis, bewußten, willentlichen, intentionalen und zielorientierten menschlichen Handelns herauszuarbeiten. Auch hier handelt es sich um ein Wissen und Erkennen zweiter Ordnung.

Selbstverständlich ist auch das Wissen-des-Wissens und das Erkennen-des-Erkennens, einschließlich des Orientierungswissens, ein Wissen und Erkennen nach Menschenmaß und daher interpretativen Charakters. Es kann *interpretatives Wissen zweiter Ordnung* oder *Interpretationswissen des Interpretationswissens* genannt werden. Dieses Wissen und Erkennen unterscheidet sich vom seinerseits interpretativen Wissen und Erkennen von Gegenständen erster Ordnung. Das Wissen und Erkennen zweiter Ordnung wird bekanntlich als Reflexionswissen und -erkenntnis bezeichnet.

Auch Reflexionswissen ist *stets nur innerhalb* von schon vorausgesetzten Interpretations-Horizonten und Interpretations-Regeln möglich. Reflexion setzt Interpretation voraus, nicht umgekehrt. Wir können nicht nicht-interpretativ reflektieren. Wie sollte es gelingen, die Möglichkeiten und Grenzen von Wissen und Erkennen nicht-interpretativ zu bestimmen? Bestimmen heißt Grenzen ziehen, und dies wiederum heißt, Interpretationsmuster aktivieren und Interpretationsschnitte legen. Interpretation, nicht Reflexion, ist Grundvorgang und Grundoperation. Dies hat unter anderem zwei wichtige Konsequenzen. Zum einen kann Reflexion nicht als ein voraussetzungsloser Anfang verstanden werden. Zum anderen kann der jeweilige Abschluß in der Reflexion nicht als ein höchster, durch die Natur der Sache selbst garantierter, definitiver und allgemein verbindlicher Abschluß, und das heißt nicht mehr im Sinne eines Fundamentalismus des Wissens und Erkennens und nicht mehr im Sinne einer Letztbegründung des Handelns konzipiert werden. Es ist vielmehr die menschliche Interpretations-Praxis resp. das interpretativ verfaßte und unter Handlungszwang stehende Menschenleben selbst, nicht die Reflexion, das, um seiner Orientierung willen, solche pragmatischen Abschlüsse-auf-Zeit erfordert.

14. Interpretationsethik und Demokratie

1. Ethik, Politik, Interpretation

Im vorangegangen Kapitel wurde die Charakterisierung der Lebenswelt als Interpretationswelt aus Kapitel 1 aufgegriffen und der Ansatz einer vereinheitlichten Theorie von Wissen und Handeln entwickelt. Der Interpretationscharakter menschlicher Handlungen und Handlungszusammenhänge, überhaupt menschlicher Praxis, führt zu den beiden weiteren Fragen, ob die Interpretationsphilosophie eine Ethik und ob sie auch eine politische Philosophie enthält. Beide Fragen sind positiv zu beantworten. Im folgenden werden Grundzüge einer Interpretationsethik entwickelt, die jenseits von Letztbegründung, Diskurstheorie und Postmoderne über Kapazitäten der Orientierung verfügt. Auf der Ebene der Ordnung des Politischen führt dies dazu, die freiheitliche, pluralistische und rechtsstaatliche Demokratie als Form des politischen Systems auszeichnen und verantworten zu können.

(i) *Pilatus-Frage* – In der Demokratie entscheidet die Mehrheit. Warum aber, so ist seit alters gefragt worden, soll dieser Form der politischen Herrschaft der Vorzug vor anderen eingeräumt werden? Entscheidet die Mehrheit, weil wir – um den bekannten und von Hans Kelsen verwendeten biblischen Vergleich von Demokratie und Prozeß Jesu aufzugreifen – wie Pilatus nicht wissen, was Wahrheit ist?[25] Ist Demokratie der institutionelle Ausdruck dieses Defizits auf der Ebene der Organisation des Politischen? Und weiter: Hat der Demokratiegedanke daher den Relativismus sinnlogisch zur Voraussetzung? Sobald Politik nicht mehr als »Werk der Wahrheit«[26] angesehen werden kann, erscheint die Demokratie als die Konsequenz des Relativismus im

25 H. Kelsen: *Vom Wesen und Wert der Demokratie*, Aalen 1963.
26 Vgl. A. Schwan: *Politik als ›Werk der Wahrheit‹. Einheit und Differenz von Ethik und Politik in der Praktischen Philosophie des Aristoteles*, in: ders.: *Wahrheit – Pluralität – Freiheit. Studien zur philo-*

Bereich der politischen Herrschaftsordnung. Vor diesem Hintergrund stellt sich die Frage, ob es möglich ist, den Demokratiegedanken jenseits der Dichotomie von metaphysischem Absolutheitsanspruch und resignativem Relativismus zu konzipieren und ihm damit gegenüber den subtilen unter seinen Verächtern Plausibilität und rationale Akzeptabilität, mithin Vernünftigkeit zu verschaffen? Die Antwort lautet: Ja, diese Möglichkeit besteht, und eine Philosophie der Interpretationsverhältnisse vermag das dazu erforderliche Instrumentarium bereitzustellen.

Dies ist zunächst deshalb der Fall, weil in der Interpretationsphilosophie die Ordnung des Politischen und die Form des politischen Systems nicht mehr als eine Ordnung der Wahrheit und des Wissens, sondern als eine Ordnung der Meinungen und Überzeugungen angesehen wird. Wir können hier auf die in Kapitel 13.2. erläuterte Lehre der drei Modi des Fürwahrhaltens resp. Interpretierens (Meinen, Glauben/Überzeugtsein, Wissen) zurückgreifen. Das Politische kann mit Hilfe der ersten beiden Modi, nicht jedoch durch den dritten Modus, nicht durch das Wissen, gar ein perfektes Wissen, gekennzeichnet werden. Wichtig ist darüber hinaus, daß die Ordnung der Meinungen und Überzeugungen *nicht* umwillen einer Ordnung des Wissens und der Wahrheit überwunden werden soll. Sie wird vielmehr als Ordnung des ersten und zweiten Modus anerkannt und bejaht. Weitere Thesen dieses Kapitels sind: daß die Interpretationsethik als eine Ethik jenseits von Absolutheitsanspruch und Relativismus entfaltet werden kann; daß sie sich charakteristisch sowohl von der Philosophie der Postmoderne als auch von dem Programm der rational-reflexiven Letztbegründung und der Diskurstheorie unterscheidet; daß auch die Frage nach der Demokratie nicht *zwischen* Diskursethik und Postmoderne, son-

sophischen und theologischen Grundlegung freiheitlicher Politik, Hamburg 1976, 51-85.

Im folgenden wird auch auf Materialien zurückgegriffen, die veröffentlicht wurden in: J. Simon (Hg.): *Orientierung in Zeichen. Zeichen und Interpretation III*, Frankfurt a. M. 1996, 41-79. Die frühere Version des Textes wurde 1991 auf dem Gedenkkolloquium zu Ehren von Alexander Schwan vorgetragen, dem der Text gewidmet ist. Ich danke Astrid Wagner und Logi Gunnarsson für hilfreiche Kommentare.

dern auf einem Boden thematisiert werden kann, der die ganze Dichotomie von (Letzt)Begründung und Relativismus zurückläßt; daß die beiden Kernprobleme der Demokratietheorie (Verknüpfung von Freiheit und Gleichheit, Vereinbarkeit von Freiheit und Rechtszwang seitens des Staates) so behandelt werden können, daß dies für die Idee der freiheitlichen Demokratie keine selbst-destruktiven, sondern im Gegenteil Freiheit garantierende Konsequenzen hat.

Daß Interpretation nicht bloß Option, sondern Kondition eines jeden menschlichen Welt-, Fremd- und Selbstverständnisses/verhältnisses ist, wurde durchgängig und insbesondere auch mit Blick auf Sprache und Handlung als zwei wichtige Komponenten des ethischen und des politischen Bereichs betont. In jedem Sprechen und Handeln ebenso wie in allen anderen Formen handlungsbezogener Zeichenverwendung ist eine öffentliche Interpretations-Praxis bereits vorausgesetzt und in Anspruch genommen. Zugespitzt formuliert: Ohne Interpretation keine Kommunikation und keine Praxis. Menschliche Verständigung und Handlung erfolgt aus der lebensweltlichen Interpretations-Praxis resp. der interpretativen Lebenswelt heraus und auf diese hin.

Dies heißt auch, daß die *normativen* Komponenten, die mit einer solchen Interpretations- und Lebenspraxis gegeben sind, in dem jeweiligen Sprechen und Handeln präsent sind. Das gilt in besonderer Weise für ethische und politische Ausdrücke und Handlungen. Anders als z.B. beim Verstehen und Begreifen einer wissenschaftlichen Hypothese kann man ethische und politische Rede und Handlungen nicht verstehen und begreifen, ohne daß die praktische Lebensform in einem besonderem Maße aktiviert und an der Umgrenzung der semantischen und pragmatischen Merkmale solcher Rede und Handlungen mitbeteiligt ist. Deutlich wird dies auch daran, daß die Frage, ob ethische oder politische Sätze verstanden wurden, nicht einfach nur durch bloße Worte, sondern auch durch die darauffolgenden Handlungen beantwortet wird. Die Antwort zeigt sich am *So-und-so*-Handeln oder am Unterlassen bestimmter Handlungen. Nicht bloße Worte, sondern vor allem Handlungen fungieren hier als Interpretanten praktischer, des näheren ethischer und politischer

Sätze. Ethische und politische Sätze und Handlungen haben mithin einen vergleichsweise tieferen Sitz im Leben als z.B. wissenschaftliche Hypothesen. Dies macht verständlich, weshalb Auseinandersetzungen um ethische und politische Fragen so wenig distanziert geführt werden und wieso Verschiebungenen in diesen Bereichen, z.B. im Verständnis von »gut«, »gerecht« oder »moralisch«, eine ganze Lebensorientierung verändern können. Zugleich wird deutlich, was es heißt, daß die semantische Depotenzierung einer Lebensform, Nihilismus genannt, dazu führen kann, überkommene ethische und praktische Rede nicht einmal mehr zu verstehen und rational gut begründete Argumente nur schwer in die Lebenspraxis übersetzen zu können.

(ii) *Diskurstheorie* – Von hier aus läßt sich ein grundlegender Unterschied zwischen dem philosophischen Interpretationismus und der von Jürgen Habermas und Karl-Otto Apel vertretenen Diskurstheorie benennen. Habermas zufolge sind Diskurse »nicht nur kontingenterweise, sondern systematisch in einen Lebenszusammenhang eingelassen, dessen eigentümlich zerbrechliche *Faktizität* in der Anerkennung diskursiver Geltungsansprüche *besteht*«.[27] Und Apel geht davon aus, daß menschliches In-der-Welt-sein immer schon sprachlich ausgelegt ist und daß die für die Lebenswelt konstitutive sprachliche Verbindung zwischen Personen letztlich intersubjektiv und diskursiv verfaßt sei.[28] In der Interpretationsphilosophie dagegen erscheint die menschliche Lebenspraxis primär nicht durch Diskursivität, sondern durch Interpretativität charakterisiert. Die Struktur und die Vollzüge des In-der-Welt-seins und der Lebenswelt werden als *interpretativ* gekennzeichnet. In diesem Sinne werden die Interpretativität und das Perspektivische als »Grundbedingung alles Lebens«[29] angesehen.

Mit dem Interpretationscharakter des menschlichen In-der-Welt-seins, Sprechens, Denkens und Handelns ist gegeben, daß

27 J. Habermas: *Legitimationsprobleme im Spätkapitalismus*, Frankfurt a. M. 1973, 152f.
28 Vgl. K.-O. Apel: *Transformation der Philosophie*, Bd. I: *Sprachanalytik, Semiotik, Hermeneutik*, Frankfurt a. M. 1973.
29 F. Nietzsche: *Jenseits von Gut und Böse*, Vorrede, in: KGW VI 2, 4.

wir von der Möglichkeit einer diskursiven Letztbegründung in dem Sinne abgeschnitten sind, daß uns ein solcher definitiver und allgemein verbindlicher Abschluß weder ›nach unten‹ (d.h. in die Lebenspraxis hinein) noch ›nach oben‹ (d.h. in bezug auf einen antizipatorischen »höchsten Punkt« eines »Apriori der Kommunikationsgemeinschaft« oder einer »idealen Sprechsituation«[30]) erreichbar ist.

Wird Interpretativität als der Grundcharakter der Lebensvollzüge angesehen, dann besteht ›von unten‹, von der Lebenspraxis her, für die Diskursethik die Schwierigkeit, für den Eintritt in die Sphäre eines *diskursiven* Moralprinzips erst noch eigens argumentieren und diesen Schritt rechtfertigen zu müssen. Einer solchen Schwierigkeit sieht sich die Interpretationsethik nicht ausgesetzt, vorausgesetzt sie kann zeigen, wie sich Moralität und Ethik aus der Struktur der Interpretationsverhältnisse selbst ergeben. ›Nach oben hin‹ ist zu beachten, daß das Verhältnis unterschiedlicher, konfligierender und/oder inkompatibler Perspektiven und Maximen nicht so zu verstehen ist, als eröffne und garantiere es die Möglichkeit, sich auf einen ›höchsten Punkt‹ hinaufzureflektieren, von dem her dann allgemein und verbindlich über das Gerechtfertigtsein individueller Perspektiven und Maximen befunden werden könnte. Vielmehr kann dieses Verhältnis so aufgefaßt werden, daß sich die unterschiedlichen Perspektiven und Personen wechselseitig aneinander und in ihrem Mit- und Gegeneinander reflektieren. Die Betrachtung bleibt so gesehen gleichsam in der Horizontale der Interpretationsverhältnisse. Auf diese Weise wird die auf eine Letztbegründung orientierte vertikale Betrachtungsweise ebenso vermieden wie die mit dieser verbundene Verpflichtung entweder auf eine substanziale Sittlichkeit, mithin auf einen ›tiefsten‹ Punkt, oder auf ein Apriori der Kommunikationsgemeinschaft, d.h. auf einen ›höchsten‹ Punkt. Ersteres müßte eine essentialistische, letzteres eine maximal transzendentalistische Bedingung der Möglichkeit sein, überhaupt ein Leben führen zu können. In interpretationsphilosophischer Sicht gehen beide Figuren an dem Charakter

30 Vgl. J. Habermas: *Wahrheitstheorien*, in: H. Fahrenbach (Hg.): *Wirklichkeit und Reflexion. Festschrift für Walter Schulz*, Pfullingen 1973, 211-265.

tatsächlicher Lebensvollzüge vorbei. Hinsichtlich der tatsächlichen Lebensvollzüge erscheint die Idee, es gehe darin um ein Erfüllen oder Nicht-Erfüllen notwendiger und hinreichender Bedingungen, unangebracht und irreführend.

Die skizzierte Differenz läßt sich auch in anderer Hinsicht verdeutlichen. Das Hauptinteresse der Diskursethik und überhaupt des diskurstheoretischen Ansatzes besteht in der Überwindung der Schranke des Dezisionismus. Zu beachten ist aber, daß es auch hier nicht die Interpretationsphilosophie, sondern die Diskurstheorie ist, die sich diesem Problem ausgesetzt sieht. Dies nicht etwa deshalb, weil die Interpretationsphilosophie selbst dezisionistisch wäre. Das ist sie erklärtermaßen nicht. Denn in bezug auf die internen Regularitäten einer funktionierenden und gut eingespielten Interpretations-Praxis sind die Grenzen der Dezision sowie der Optierbarkeit schnell erreicht. Vielmehr hat die Diskurstheorie hier deshalb ein Problem, weil sie – unter der Voraussetzung, daß Interpretativität im dargelegten Sinne Grundcharakter ist – erst noch eine explizite Erweiterung des Bereichs der diskursiven Argumentation im engeren Sinn in die umfassende These der diskursiv-argumentativen Verfaßtheit eines jeden lebensweltlichen und alltagspraktischen Zusammenhangs »kommunikativen Handelns«[31] vornehmen muß. Für genau diesen Übergang aber kann ein Skeptiker sinnvoll eine eigene Argumentation verlangen. Demgegenüber erscheint die Charakterisierung der Lebenspraxis als *interpretativ* sowohl intuitiv und erfahrungsmäßig plausibler als auch in rekonstruktiver Einstellung überzeugender. Die Pointe ist, daß wir offensichtlich immer schon über perspektivische Interpretations-Maximen verfügen, uns mithin implizit *immer schon* in der Sphäre der Moralität und in einer Ethik der Interpretationsverhältnisse befinden. Es bedarf mithin keiner eigenen Argumentation für den Eintritt in die Interpretationsethik. Wohl aber kommt es darauf an, das Implizite explizit zu machen und es auf Widersprüchlichkeit zu prüfen.

31 Vgl. J. Habermas: *Theorie des Kommunikativen Handelns*, 2 Bde., Frankfurt a. M. 1981.

(iii) *Postmodernes Denken* – Vor dem bislang skizzierten Hintergrund können zwei Abgrenzungen gegenüber der Philosophie der Postmoderne vorgenommen werden. (1) Bei aller berechtigten Kritik an der Idee definitiver und allgemein verbindlicher Letztbegründung verkennen postmoderne Skeptiker, die sich, unter Hinweis etwa auf die Figur des Spielens eines Spiels, als Gegner der Begründungs- und Rechtfertigungsidee überhaupt verstehen, daß jeweils von einer Interpretations-Praxis auszugehen ist, die jedem Akt des Sprechens, Denkens und Handelns stets bereits im Rücken liegt und auch vom postmodernen Skeptiker selbst, gerade im Spielen eines Spiels, in Anspruch genommen wird. Denn auch vom Spielen eines Spiels, aufgefaßt als ein durch Ungebundenheit und freie Beweglichkeit ohne äußere Zwecke gekennzeichneter und in diesem Sinne nicht vorab geregelter Vorgang, kann man *nicht* sagen, daß es sich *ungeregelt* vollziehe, d.h. keinerlei Regularität instantiiere. Auch dem Spielen eines Spiels liegt eine Interpretations-Praxis bereits voraus. Sonst wäre ein Spielverhalten nicht von anderem, z.B. nicht von einem zweckorientierten oder strategischen Verhalten zu unterscheiden. Freilich ist das Verhältnis von Interpretations-Praxis und Regularität so zu konzipieren, daß die Praxis selbst es ist, die bestimmt, welcher Regel sie folgt. Die Philosophie der Postmoderne tendiert dazu, aus dem Scheitern von ›Der Einen Letztbegründung‹ die irrtümliche Konsequenz zu ziehen, daß dann wohl nur Beliebigkeit übrigbleibe. Sie befindet sich damit ihrerseits noch im Würgegriff der älteren Dichotomie von Letztbegründung und Relativismus. Demgegenüber betont die Interpretationsphilosophie, daß die Aufgabe gerade darin bestehe, das Denken von dieser Dichotomie freizusetzen und die ältere Architektonik als ganze zurückzulassen. Gegenüber hochstrebenden Letztbegründern könnte man hervorheben, daß man mit weniger mehr erreicht; gegenüber voreiligen postmodernen Skeptikern, daß sie zu schnell zu vieles preisgeben, daß sie das Kind mit dem Bade ausschütten und daß ein »Alles geht!« einem »Nichts geht!« gleichkommt.

(2) Ein zweiter Unterschied zur Philosophie der Postmoderne besteht darin, daß die Interpretationsphilosophie nicht zu einer Verabschiedung der Vernunft führt. Allerdings wird, in der Linie

bereits der Kantischen Philosophie, Vernunft in ihr nicht mehr als absolute oder göttliche, sondern als menschliche Vernunft konzipiert. So ist zu betonen: daß (a) es sich stets nur um Vernunft endlicher interpretatorischer Geister, nicht um Gottesvernunft, sondern nur um Vernunft nach Menschenmaß handeln kann, daß (b) die beiden Kernbestimmungen auch des Kantischen Vernunftbegriffs (nämlich als theoretische Vernunft oberste Grundsätze des Urteilens und als praktische Vernunft ein Gerechtfertigtsein des Handelns bereitzustellen) keineswegs obsolet sind und interpretationistisch reformuliert werden können und daß (c) die Auffassung der Vernunft als »Strukturbegriff«, als das »Funktionsganze«[32] theoretischer wie praktischer Erkenntnis, welches die Grundlage menschlichen Selbstverständnisses bilde, als Regularität der Regeln des Interpretierens verstanden werden kann.

2. Interpretationsethik und Anerkennung

Der interpretationsphilosophische Ansatz hat eine Reihe *ethischer* und dann auch *politischer* Konsequenzen. Der Ansatz umfaßt auch eine *Ethik der Interpretation* und eine *politische Theorie*.

In der Rede von einer »Ethik der Interpretation« geht es im folgenden um diejenigen *normativen* Implikationen und Konsequenzen, die sich intern aus dem Umstand ergeben, daß unser Verhältnis zur Welt, zu anderen Personen und zu uns selbst als perspektivisches, konstruktionales und auslegendes, als Interpretations-Verhältnis charakterisiert werden kann. Es geht also im folgenden primär nicht um die ebenfalls wichtige Frage, ob (wie z.B. in der Rede von einer »Ethik der Wissenschaften«) und wie die Interpreten und ihre Interpretationen moralisch zu bewerten sind. Und es geht im Augenblick auch nicht darum, wie man im Sinne eines Ethos der Interpretation den Spielraum angemessener oder abweichender, ›fehlgehender‹ Interpretationen

32 H. M. Baumgartner: *Ereignis und Struktur als Kategorien in einer geschichtlichen Betrachtung der Vernunft*, in: N. Luyten (Hg.): *Aufbau der Wirklichkeit*, Freiburg-München 1982, 175-217, 183.

begrenzen kann. Es geht vielmehr um die Frage, ob der Interpretationsgedanke intern, ob die Interpretationsverhältnisse aus sich heraus auf eine Ethik führen und ob man deren Umrisse ausbuchstabieren kann.

Mit dem Interpretationscharakter menschlichen Sprechens, Denkens und Handelns ist gesetzt, daß keiner von uns endlichen und darum interpretatorischen Geistern im Besitz von so etwas wie ›Der Einen Metaphysischen Wahrheit‹ und/oder ›Der Einen Definitiven und Allgemein Verbindlichen Begründung‹ oder auch nur im Besitz einer privilegierten Strategie zu deren Erlangung ist. Dieser zunächst durch seine negative Beziehung gekennzeichnete Umstand ist in sich ethisch äußerst relevant. Er ist in kritischer Einstellung nicht zu beklagen, sondern vielmehr zu begrüßen. Anderenfalls wären Fanatismen philosophisch sanktionabel. Daß wir uns unter kritischem Vorzeichen (und zwar in theoretischer wie in praktischer Hinsicht) *nicht* in der Position befinden, *eine* Instanz als die metaphysisch einzig seriöse, definitive und allgemein verbindliche auszeichnen zu können, so daß andere Interpretations-Horizonte anderer Personen mit metaphysischer Legitimation unter diese gezwungen werden könnten, dies ist der tiefste Punkt der Interpretationsethik. Er markiert die Wende in eine Normativität, die sich *intern*, interpretations-*analytisch* und ohne externe Annahmen aus dem Interpretationsgedanken selbst ergibt. Eine Ethik der Interpretation ist dadurch gekennzeichnet, daß sie den *anderen* Personen ihre *anderen* Interpretationen, mir aber *meine* Interpretationen sowie auch *meine* Interpretationen der *anderen* Interpretationen beläßt. Indem die Interpretierenden sich dies wechselseitig zugestehen und sich einander in ihren Unterschiedenheiten, Eigenarten, Fremdheiten oder gar Gegensätzen *anerkennen* und von der Idee der Subsumption anderer fremder Interpretations-Horizonte unter die je eigenen absehen, sind sie gegeneinander frei. Sie weisen sich wechselseitig ihre individuellen und individuierenden Freiheitsstellen zu. Ethik der Interpretation ist eine *freilassende* Ethik.[33]

In diesem Zusammenhang kann man die Frage stellen, warum

33 Vgl. in diesem Sinne auch J. Simon: *Philosophie des Zeichens und Ethik*, in: Allgemeine Zeitschrift für Philosophie, 20 (1995) 3-18.

denn eine Person andere Personen in dem skizzierten Sinne und in den dargelegten Hinsichten überhaupt »anerkennen« soll. Dabei kann es hier natürlich nur um das *sinnlogische Erfordernis* der Anerkennung anderer Personen gehen. Damit ist keine Garantie für eine empirische Sittlichkeit des Anerkennens anderer Personen gegeben.

Die interpretationsphilosophische Antwort auf diese Frage lautet: Wir stehen immer schon in Interpretationsverhältnissen mit anderen Personen, und einer allein und nur für sich kann nicht individuell sein. Sinnlogisch sind die anderen bereits im Spiel, sobald man sich die Frage stellt: »Warum soll ich andere überhaupt anerkennen?« Auch die Möglichkeit, andere Personen nicht anerkennen zu wollen, setzt sinnlogisch bereits Interpretationsverhältnisse mit anderen Personen voraus. Die Anerkennung der Interpretations-Horizonte anderer Personen in ihrer Andersartigkeit und Alterität, welche die Interpretationsphilosophie in ethischer Hinsicht impliziert, ergibt sich mithin intern aus dem Gedanken der Interpretationsverhältnisse selbst. Wir sind intern, nicht extern in die Anerkennungsfrage verstrickt. Der Bezug auf andere Personen bleibt sinnlogische Voraussetzung auch dafür, andere Personen nicht anerkennen zu wollen.[34]

34 Aufschlußreich ist die Frage, welche Art von ›Fehler‹ jemand begeht, der nicht bereit ist, andere Personen in dem skizzierten Sinne anzuerkennen? Diese Frage führt auf einen weiteren wichtigen Unterschied zur Diskurstheorie.

Der Diskurstheoretiker sagt, daß eine solche Person die Regeln des Diskurses, in dem sie sich bewegt, verletzt. Der Interpretationist dagegen vertritt die oben genannte Position: Einer allein kann nicht individuell sein, da die eigene Individualität sich bereits auch dem Umstand verdankt, immer schon mit anderen zu sein. Der Unterschied wird deutlich, sobald man fragt, was es jeweils bedeutet, den ›Fehler‹ zu beheben. Im Falle der Diskurstheorie geht es darum, den Dissidenten in das Regelwerk der Diskursgemeinschaft zurückzuführen und so die ›Störung‹ zu beseitigen. In der Interpretationsphilosophie dagegen geht es darum, einen Zustand herbeizuführen, in dem Personen in der Ersten-Person-Perspektive zulassen können, daß andere Personen anders interpretieren und etwas anderes wollen können als man selbst. Die eigene Individualität ist sinn- und darstellungs-logisch mit der nicht-reduzierbaren Individualität anderer Personen verschränkt. Wenn alle anderen das Gleiche auf die gleiche

Zu beachten ist, (a) daß die endlichen Geister in philosophischer Hinsicht darin *gleich* sind, daß, wie betont, keiner im Besitz ›Der Einen Wahrheit‹ oder eines privilegierten Zugangs zu dieser ist und (b) daß der Interpretationscharakter menschlicher Handlungsweisen weder hinter- noch übergangen werden kann. Wird diesen beiden Aspekten Rechnung getragen, dann ist deutlich, daß und in welchem Sinne in einer Ethik der Interpretation die individuelle *Freiheit* und die *Gleichheit* der Interpretierenden miteinander verschränkt sind. Eine Besinnung darauf, daß wir nicht-überspringbar in diesen fragilen Verhältnissen *freier* und *gleicher* Interpretierender stehen, führt in selbstkritischer Perspektive zur reflexiven Selbstbeschränkung der jeweils eigenen Wahrheits- und Richtigkeits*ansprüche*. *Andere* Interpretationen *anderer* Interpreten sind und bleiben jederzeit zugelassen. Übereinstimmungen sind kontingent. Und die Möglichkeit, daß andere Interpreten anders interpretieren können als man selbst, kann ins eigene Handeln einbezogen werden.

Zu konstatieren, daß ein jeder sich in dieser Situation der Freiheit und Gleichheit der Interpretierenden befindet, steht nicht mehr unter dem politischen Egalitarismus-Verdacht. Denn die hier zur Debatte stehende Gleichheit liegt logisch *vor* der Gleichheit z.B. bei der politischen Stimmabgabe oder vor dem staatlichen Gesetz. Der interpretationistischen Verknüpfung von Freiheit und Gleichheit wäre auf der Ebene der Art und Weise der Regelung politischer Willensbildung, mithin auf der Ebene der Form des politischen Systems, eine Ordnung affin, die diese beiden Komponenten, Freiheit und Gleichheit in der Interpretativität, in der skizzierten Verknüpfung zu realisieren sucht. Genau dies aber ist das Kennzeichen derjenigen Form des politischen Systems, die wir freiheitliche und pluralistische Demokratie nennen.

Weise täten, dann wäre die eigene Weise nicht mehr individuell zu nennen. Kurz: Die ›Fehlerbeseitigung‹ bestünde beim Diskursethiker in der Aufhebung der Individualität, beim Interpretationsethiker dagegen in deren Freigabe und Anerkennung. Die diskurstheoretische Anerkennung steht unter Bedingungen. Die Personen müssen nämlich bereit sein, ihre individuellen Interessen allen anderen Personen, der Gemeinschaft, zur Prüfung auf Verallgemeinerungsfähigkeit vorzulegen. Dagegen handelt es sich im Interpretationismus um ›bedingungslose‹ und darin auch erst ›freie‹ Anerkennung.

Der Zusammenhang der beiden Grundwerte Freiheit und Gleichheit stellt bekanntlich ein Hauptproblem der Demokratietheorie dar. Jetzt aber sieht man, in welchem Sinne die Ethik der Interpretation einen Ausgangspunkt dafür bereitstellt, den Konflikt dieser beiden Komponenten aufzulösen und die freiheitliche und pluralistische Demokratie als diejenige Form des politischen Systems zu verantworten, die dem Kern einer Ethik der Interpretation am ehesten entspricht. In diesem Sinne kann die Ethik der Interpretation in die Demokratiedebatte eingebracht werden und einen Beitrag zur Plausibilität und rationalen Akzeptierbarkeit des Demokratiegedankens leisten. Dies meint freilich nicht eine ›Begründung‹ der Demokratie im engeren terminologischen Sinne. Wichtig ist vielmehr, daß hier die Frage, ob man die Demokratie ›begründen‹ könne oder nicht, durch die andere Frage abgelöst wird, ob man sie angesichts des Interpretationscharakters der Welt-, Fremd- und Selbstverhältnisse als Form der politischen Herrschaft *verantworten* kann oder nicht. Die Idee der Begründung wird abgelöst durch die der Verantwortung.

Die Erhöhung der Plausibilität und der rationalen Akzeptierbarkeit der Demokratie als politischer Herrschaftsform ist, wie eingangs betont, an den Übergang von der Auffassung der Politik als einer ›Ordnung der Wahrheit und des Wissens‹ zum Verständnis von Politik als einer Ordnung der (grundsätzlich kontingenten und falliblen) Meinungen und Überzeugungen geknüpft. Diese Entkopplung der Demokratiefrage von der Wahrheitsfrage ist von kardinaler Bedeutung. Jedoch ist zu beachten, daß sich dies lediglich auf die Abkopplung von der traditionellen metaphysischen Wahrheitsproblematik im Sinne einer einzigen, absoluten und essentialistischen Wahrheit-in-der-Sache bezieht. Sobald Wahrheit sinnkritisch als Geltungsanspruch gefaßt wird, den man in Urteilen und Handlungen erhebt, sind die anderen Personen stets bereits mit im Spiel. Denn ein erhobener Anspruch und dessen gegebenenfalls erforderlich werdende Einlösung beziehen die anderen Personen sinnlogisch mit ein, sind in einer öffentlichen, in einer mit anderen Personen geteilten Sprache artikuliert, und können auch nur in dieser eingelöst werden. In diesem kritisch restringierten Sinne bleibt mithin durchaus ein

Zusammenhang zwischen der Demokratie- und der Wahrheitsfrage bestehen. Und der eingangs erwähnte biblische Vergleich von Demokratiegedanke und Prozeß Jesu (in dem Pilatus die Mehrheit deshalb entscheiden läßt, weil er nicht weiß, was Wahrheit ist) verliert einiges von seiner subtilen anti-demokratischen Kraft. Denn der Vergleich lebt von der Voraussetzung eines absoluten und essentialistischen Wahrheitsbegriffs. Sobald dieser preisgegeben wird, steht der Rekurs auf den Prozeß Jesu den subtilen unter den Verächtern der Demokratie nicht mehr ohne weiteres zu Gebote.

3. Weder Letztbegründung noch Relativismus

(i) *Keine Letztbegründung* – Eine Letztbegründung ist nicht nur nicht zu haben, sondern, glücklicherweise, auch nicht erforderlich. Diese Feststellung erstreckt sich sowohl auf den Bereich der beweis-deduktiven Strategien des klassischen Rationalismus als auch auf die Idee einer transzendental-pragmatischen und reflexiven Letztbegründung. Über die oben in Abschnitt 14.1. genannten Komponenten hinaus sind die folgenden Aspekte relevant.

Die reflektierbaren Begründungen erschöpfen sich schnell und man stößt auf der Suche nach Gründen schließlich unweigerlich auf den »harten Felsen« der Interpretations-Praxis und der Individualität, an dem sich, mit der bekannten Formulierung Wittgensteins gesprochen, »mein Spaten ... zurück(biegt)«[35] und ich (in der ersten und *nicht* in der dritten Person) *meine* Interpretation letztlich nur mit dem Hinweis verständlich machen kann, daß ich eben so interpretiere, wie ich interpretiere. Damit ist seinerseits natürlich weder eine (Letzt)Begründung noch ein Dogmatismus und auch kein Positivismus der Faktizität gemeint. Es geht darin vielmehr um eine nicht-hintergehbare Interpretationsweise, um das eingespielte Funktionieren unserer Interpretations- und Lebenspraxis selbst, außerhalb derer wir uns nicht positionieren können. Die Nicht-Hintergehbarkeit dieser Praxis

35 L. Wittgenstein: *Philosophische Untersuchungen I*, Nr. 217.

zu konstatieren und zu übernehmen bedeutet keineswegs ein dogmatisches Ende möglicher Gespräche. Und sie ist nicht mit einer ›Begründung‹ im engen terminologischen Sinne dieses Ausdrucks gleichzusetzen.[36]

Daß es hier weder um Letztbegründung noch um Dogmatismus und auch nicht um einen Positivismus der Faktizität geht, macht übrigens auch deutlich, in welchem Sinne wir es hier zugleich mit Fragen des philosophischen Skeptizismus zu tun haben. Denn daß Letztbegründung, Dogmatismus und Positivismus philosophisch nicht aufrechtzuerhalten sind, kann als das Resultat eines »internen Skeptizismus« formuliert werden.[37]

36 Innerhalb eines dreistufigen Modells der Interpretation erscheinen Begründungen im engen, terminologischen Sinne als Vorgänge auf der dritten Ebene der Interpretation, auf der Ebene kritischer Prüfung und Deutung. Entscheidend sind hier die Fragen nach der formalen Konsistenz und nach der sinnlogischen Kohärenz, die die Bedingungen der empirischen Gültigkeit eines erhobenen Geltungsanspruchs einbezieht. Philosophisch grundlegender und bislang ungeklärt ist die Frage, wie dasjenige, was auf dieser Interpretation$_3$-Ebene als eine erfolgreich begründende Argumentation angesehen wird, mit der Verfassung der tieferliegenden und umfänglicheren Ebene der kategorialisierenden Interpretations- und Lebenspraxis, mit der Interpretation$_1$-Ebene verbunden ist. Dies ist die Frage, die oben in Kapitel 4 als Frage nach dem Verhältnis von Zeichen-*Vollzug* und Zeichen-*Deutung*, nach dem Verhältnis von ›kleiner‹ (prämissen- und schlußfolgernder) und ›großer‹ (kategorialisierender und sinn-präsuppositiver) Logik zusammenhängt. Wird der Bereich der ›großen‹ Logik berührt, dann geht es nicht um Interpretation$_3$-Begründungen, sondern um die Angabe von Grenzen, jenseits derer wir uns als endliche Geister nicht aufstellen und die wir intern nicht ins vor-stellende Denken ziehen können. Dabei ist jede solche Angabe von Grenzen selbstverständlich eine Angabe, die wir von der Interpretation$_3$-Ebene (*nicht* von der Interpretation$_1$-Ebene) aus machen.

37 Zum Konzept des *internen* (im Unterschied zu einem externen und/oder einem absoluten oder terminalen) Skeptizismus vgl. ausführlich Verf.: *Interpretationswelten*, a.a.O., 1993, passim. Der philosophische Skeptizismus ist auch für die Bereiche Ethik und Politik von zentraler Bedeutung. In jeder moralphilosophischen und ethischen Debatte spielt der moralische Skeptizismus eine wichtige Rolle. Es gibt gute Gründe, die Fragen der Ethik und der politischen

Zu der kritischen Einsicht, daß eine Letztbegründung nicht zu haben ist, trägt im Bereich der praktischen Philosophie auch die Überlegung bei, daß man, wie insbesondere Kant betont und zum Ausgangspunkt der Ethikfrage gemacht hat, die ›wahren‹ oder ›letzten‹ Motive seines Handelns und den in seinem Handeln immer schon wirksamen impliziten Hintergrund *nicht* kennt, sondern es stets nur mit den im Bewußtsein angetroffenen subjektiven Maximen und Mustern zu tun hat.[38]
Die bislang skizzierte Überlegung zugunsten des Demokratie-

Herrschaftsorganisation mit der Anforderung zu verbinden, dem internen Skeptiker eine zufriedenstellende Antwort geben zu müssen.

38 Hier sind zwei Aspekte zu beachten. (1) Zu sagen, daß wir die wahren Motive und den impliziten Hintergrund unseres Handelns nicht kennen, darf selbstverständlich *nicht* dahingehend mißverstanden werden, daß es sich dabei erneut um die alte Diesseits-Jenseits- oder Immanenz-Transzendenz-Dichotomie handle. Dasjenige, von dem wir sagen, daß wir es nicht transparent kennen, nicht überschauen, nicht distanziert vor uns hinstellen können, meint nicht etwas Jenseitiges und Transzendentes. Vielmehr geht es um die *interne Grenzerfahrung*, im Sprechen, Denken und Handeln nicht bis zu einem ›Letzten‹, nicht zu einem ›letzten‹ Bestimmungsgrund unseres So-und-so-Sprechens, -Denkens und -Handelns vordringen zu können. Es geht um interne Grenz-Erfahrung, nicht um eine externe Grenz-Überschreitung. Es geht, um einen Aspekt aus dem Bereich des Verwendens und Verstehens sprachlicher Ausdrücke aufzugreifen, um die im ganzen nicht überschaubare und nicht distanzierbare Lebenspraxis, die dazu beiträgt, daß die Zeichen die Bedeutung haben, die sie nun einmal für uns haben. Zu beachten ist, daß diese Rolle der Lebenspraxis nicht an der Oberfläche der buchstäblichen Bedeutung eines Zeichens und seiner Verwendung zum Beispiel in einem Urteil direkt abgegriffen werden kann. Im Sprechen steckt mehr als man ausspricht.
(2) Die Grenze zu diesem im ganzen nicht transparenten, nicht überschaubaren und auch in der Reflexion nicht ins vor-stellende Denken zu ziehenden *Hintergrund* ist keine *empirische* oder *technische*, sondern eine *logische* Grenze. Es handelt sich nicht um ein propositionales und durch Verstandesregeln im engeren Sinne geleitetes Wissen, Praktizieren und Befähigtsein, sondern um eine in der Regel nicht-propositionale, d.h. nicht in einer »Wissen, daß ...«-Proposition ausdrückbare Praxis. Vgl. dazu die Ausführungen in Kap. 13.2. und 13.5.

gedankens ist nicht als ein direktes *Begründungs*-Argument, sondern als ein indirektes und persuasives, als ein *Überzeugungs*-Argument aufzufassen. Eine indirekte ›Verteidigung‹ der Demokratie als der den *interpretativen* Verhältnissen unseres gesellschaftlichen, politischen und staatlichen Zusammenlebens angemessenen politischen Herrschaftsform führt für den Interpretationismus mithin nicht zu dem Selbstwiderspruch, Demokratie ›begründen‹ zu wollen, während doch zugleich behauptet wird, daß Letztbegründung nicht möglich sei.

(ii) *Kein Kulturrelativismus* – Eine in diesem Zusammenhang des öfteren gestellte Frage lautet, wie denn angesichts des skizzierten Szenarios *Kritik*, z.B. an einer anderen oder an der eigenen Kultur und Person überhaupt möglich ist. Insofern wir solche Kritik für möglich halten und sie empirisch auch praktizieren, scheint dies schließlich doch das Erfordernis einer Letztbegründung heraufzubeschwören. Oder führt die Interpretationsphilosophie am Ende doch in einen Kulturrelativismus, mithin nicht, wie behauptet, in eine Position *jenseits* von Essentialismus und Relativismus? Die Interpretationsphilosophie muß diese Fragen aus sich heraus beantworten können. Drei Thesen sind hier von Belang: (a) der philosophische Interpretationismus ist kein Kultur-*Relativismus*, (b) die Möglichkeit der *Kritik* ist logisch nicht abhängig vom Konzept der Letztbegründung und (c) die Idee der Letztbegründung kann nicht das Paradigma für eine *interpersonale* und *interkulturelle* Ethik und Politik liefern.
(a) Daß der Interpretationismus kein Kulturrelativismus ist, wurde oben bereits in Kapitel 12.2. dargelegt. Die dortigen Argumente sind auch im Hinblick auf die Interpretationsethik triftig.
(b) Die Möglichkeit der *Kritik* ist logisch nicht von der Annahme ›Der Einen Richtigen Letztinstanz‹, ›Dem Einen Höchsten Punkt Der Deduktion‹ oder ›Der Einen Besten Interpretation‹ abhängig. Es ist hinreichend, einen *komparativen* und jeweils auf *Zweckgesichtspunkten* beruhenden Unterschied zwischen ›besseren‹ und ›schlechteren‹ Interpretationen zu machen. Komparation unter leitenden Zweckgesichtspunkten ist möglich *ohne* einen absoluten archimedischen Punkt, ohne auf einen ›höchsten‹

Punkt der Betrachtung verpflichtet zu sein. Die komparativen und die zweckbezogenen Elemente erfüllen die sinnlogischen Erfordernisse. Die Unterscheidung zwischen besseren und schlechteren Interpretationen hängt im Kern davon ab, welche *Zwecke* in dem jeweiligen Kontext erfüllt werden sollen oder den Leitfaden der Betrachtung bilden. Etwas kann in einer bestimmten Hinsicht, d.h. bezogen auf einen bestimmten Zweck X ›besser‹, in bezug auf einen anderen Zweck Y aber ›schlechter‹ sein, ohne daß diese Unterscheidung der Annahme eines absolut besten Zweckes bedürfte. Die innerhalb des Netzwerks der Zwecke vorgenommenen Hierarchisierungen und Präferenzierungen werden im Regelfall durch die in der jeweiligen Lebenspraxis selbst sedimentierten Prioritäten und Wertschätzungen bestimmt. Das komparative Element, die lebenspraktisch verwurzelte Zweckbezogenheit und die individuelle Präferenzierung von Gütern und Zwecken sorgen hier für alles, was sinnlogisch erforderlich ist.
(c) Da andere fremde Kulturen und Personen viele Aspekte enthalten, die sich *nicht* unter den Horizont der jeweils eigenen Kultur und Person subsumieren lassen, gehört zum Verstehen einer anderen Kultur in ihrer irreduziblen Individualität auch, deren Fremdheitselemente als nicht-integrierbar in die eigenen Horizonte stehenlassen zu können. Dann aber ist die Idee der Letztbegründung, die begrifflich von der Annahme eines letztlich definitiven und allgemein verbindlichen Sinns sowie eines ›höchsten‹ Punktes angemessenen Verstehens ausgeht, der kritischen Idee des Verstehens anderer Kulturen und Personen eher hinderlich als förderlich. Strenggenommen blockiert sie es sogar. Sie kann daher auch nicht als Paradigma einer *interkulturellen* und einer *interpersonalen* Ethik und Politik fungieren.

(iii) *Maßstäbe der Kritik* – Da die skizzierte Möglichkeit der Kritik an Maßstäbe und Standards der Kritik gebunden ist, wird der philosophische Interpretationismus mit den weiteren Fragen konfrontiert, woher denn diese Maßstäbe kommen, welcher Art sie sind, und ob rationale Entscheidbarkeit möglich ist. In bezug auf diese Fragen ist zunächst zu betonen, daß der Rekurs auf den *interpretativen* Charakter der Verhältnisse des Fremd-, Welt-

und Selbstverständnisses Konsistenz- und Kohärenzanforderungen nicht aus-, sondern einschließt. Dies wurde in Kapitel 4.3. (Rationalität der Interpretationen) im einzelnen ausgeführt. Im Normalfall unterstellen wir, daß unser Sprechen, Denken und Handeln *sinnvolles* Sprechen, Denken und Handeln, jedenfalls nicht systematisch und auf Dauer unsinnig ist. Anderenfalls würde es sich, mit einer Wendung Kants gesprochen, selbst »aufreiben«[39], d.h. seine Einstimmigkeit-mit-sich, mithin seine Vernünftigkeit verlieren. Wer etwa, so Kants berühmtes Beispiel, die These vertritt, es sei vernünftig, daß jedermann lüge, der vertritt eben damit eine unvernünftige These. Denn wenn tatsächlich jedermann löge, dann würde das Lügen, das, wie jedes andere Sprachspiel, »gelernt sein will«[40], seine Pointe verlieren. Wenn alle lügen, gibt es kein Lügen mehr. Das Sprachspiel »Lügen« hätte sich selbst aufgerieben, sich selbst zerstört. Die Form dieses Beispiels kann als das Muster für die hier ins Auge gefaßte Art und Weise des Auffindens von internen und in diesem Sinne analytischen Inkonsistenzen und Inkohärenzen in Geltungsansprüchen angesehen werden.
Zugleich wird an diesem Beispiel deutlich, daß die Maßstäbe und Standards der Kritik ihrerseits nur der Logik der Interpretationsverhältnisse selbst entstammen können. Eine *externe* Instanz steht den menschlichen Geistern nicht zu Gebote. Sie können in dem in Kapitel 4.3. dargelegten Sinne als interne Kohärenzanforderungs-Folgen entfaltet werden. Mithin kommen nur solche Maßstäbe und Standards in Frage, die sich aus dem ergeben, was es heißt, über eine Sprache zu verfügen, ein Akteur in Handlungszusammenhängen zu sein, die darin bereits vorausgesetzte und in Anspruch genommene Interpretations-Praxis zu beherrschen, kurz sich in Verhältnissen des Sprechens, Denkens und Handelns zu befinden. In Kapitel 4.3. wurden insgesamt fünfzehn solcher Standards und Maßstäbe formuliert. Dies ist hier nicht zu wiederholen. Aber zu beachten ist jetzt, daß dieser Punkt gerade auch in *ethischer* Hinsicht von grundlegender Bedeutung ist. Sinnvolle Maßstäbe und Standards der Interpreta-

39 I. Kant: *Kritik der praktischen Vernunft*, hg. von K. Vorländer, Hamburg 1974, § 4.
40 L. Wittgenstein: *Philosophische Untersuchungen I*, Nr. 249.

tion und der Kritik erhalten ihre Sinnhaftigkeit dadurch, daß sie diejenigen konsistenten und kohärenten Präsuppositionen *normativ* artikulieren, die wir bei uns selbst als erfüllt unterstellen, sofern wir uns als konsistente (d.h. als frei von Selbstwidersprüchen) und als kohärente (d.h. neben der formalen Konsistenz auch die Bedingungen der empirischen Gültigkeit einbeziehende) sinnvoll sprechende, denkende und handelnde Akteure verstehen. Daher kann man die erforderlichen Maßstäbe und Standards auch in Sachen Ethik durchaus transzendental nennen. In diesem Sinne ist philosophische Kritik stets interne, nicht externe Kritik. Sie besteht im Kern darin, auftretende Geltungsansprüche auf ihre sinn-präsuppositive Konsistenz und Kohärenz zu prüfen. Dies ist möglich und erforderlich, da wir als endliche Geister im Regelfall mit dem Erheben und Aussprechen eines Geltungsanspruchs eine solche kritische Prüfung nicht schon absolviert haben und andere Personen die Dinge unter Umständen ganz anders sehen können als man selbst.
Zusammenfassend läßt sich festhalten: Die Interpretationsphilosophie besitzt ein hohes *kritisches* Potential. Sie kann darüber hinaus aus sich heraus nicht nur die Möglichkeit der *Kritik* verständlich machen, sondern im Rekurs auf die Interpretations-Praxis vermag sie zudem ein Terrain zu benennen, von dem her die Maßstäbe und Standards der Kritik, und das heißt die Konsistenz- und Kohärenzanforderungen, in unser Sprechen, Denken und Handeln Eingang finden. Analog zu der in Kapitel 4 entwickelten Unterscheidung von ›großer‹ und ›kleiner Logik‹ kann man jetzt zwischen ›großer‹ und ›kleiner Ethik‹ unterscheiden. Letztere meint die Formen der Begründung der Moral; erstere die Normativität, der sich die Formen erfolgreicher Begründungen verdanken. Eine Aufgabe der Philosophie besteht in der Erläuterung des Verhältnisses von großer und kleiner Logik, von großer und kleiner Ethik sowie des Verhältnisses beider untereinander.

(iv) *Offenheit der Interpretationen* – Der Vorgang Interpretation ist gekennzeichnet zum einen durch seinen *perspektivischen* und *konstruktionalen*, zum anderen durch seinen *offenen* und *unabschließbaren* (jeweils nur pragmatisch, d.h. nur unter situations-, kontext- und zeitbezogenen Bedingungen und Zwecken abschließbaren) Charakter. Interpretation ist in dem Sinne »offen«, daß durch sie nicht definitiv und allgemein verbindlich festgelegt wird, welches die an sie anschließende, die auf sie folgende, die nächste Interpretation ist. Interpretations-Ketten und Interpretations-Netzwerke, wie sie in Verständigungs- und Handlungsverhältnissen vorliegen, können nicht als Determinations-Ketten oder Determinations-Netze beschrieben werden. Interpretationsvorgänge können in dem Sinne frei genannt werden, daß nicht *vorab* feststeht und nicht in einem Kalkül oder einem Algorithmus *vorab* geregelt ist, welches die an eine gegebene Interpretation anschließende nächste Interpretation ist.[41] *Diese* Freiheit tritt neben die obengenannte Freiheit im Sinne der Anerkennung der Differenz in den wechselseitigen Verhältnissen der Interpretierenden untereinander. So kann man in der Perspektive der ersten Person vorab z.B. nie ganz sicher sein, wie eine andere Person Worte und Handlungen versteht, und wie die Interpretanten (in diesem Falle die Reaktionen, Worte und Handlungen der anderen Person) ausfallen. Darüber hinaus ist nicht vorab geregelt, welches meine an die eigenen Worte, Auffassungen und Handlungen anschließenden Worte, Auffassungen und Handlungen sein werden.

Freilich müssen die *offenen* Interpretationen zugleich auch so an eine öffentliche Interpretations-Praxis des Sprechens und Handelns gebunden sein, daß andere Interpretationen und die Interpretationen anderer Personen daran anschließen können. Anderenfalls kommt es nicht zu Interpretations-Ketten und Interpretations-Netzwerken, nicht zum Fortgang der Verständigungs- und Handlungszusammenhänge. Im Falle nicht-offener Interpretationen handelt es sich um gegeneinander dogmatische Interpretationen.

Auf der Ebene der Form politischer Willensbildung und Organisation würde dem eine Struktur entsprechen, in der die Interpretationen im Grundsatz offen und für andere Interpretationen sowie für die Interpretationen Anderer anschlußfähig sind und dies

41 Vgl. dazu auch oben Kap. II.1. (Gründe der Pluralität), wo in diesem Sinne das Verhältnis von Zeichen und Folgezeichen als ›frei‹ charakterisiert wird.

im Prinzip auch bleiben. Auf diese Weise kann das fragile Netz der Verständigungs- und Handlungsverhältnisse aufrechterhalten und eine friedfertige Lebensordnung im Sinne wechselseitiger Anerkennung zwischen Personen und zwischen konfligierenden Interessenlagen erreichbar sein. Genau dies aber ist ein wesentliches Merkmal derjenigen Form des politischen Systems, das wir Demokratie nennen.

Die skizzierte Offenheit der Interpretationsverhältnisse führt zu der Frage, ob die Interpretationsphilosophie ein Argument gegen den Dogmatismus besitzt oder ob sie dogmatischen Haltungen widerstandslos Tür und Tor öffnet. Drei Aspekte sind zu betonen:

(a) Offenkundig ist, daß der Interpretationismus selbst kein Dogmatismus ist. Er ist dies zunächst nicht im Sinne von für unanfechtbar gehaltenen und trotz gewichtiger Gegengründe hartnäckig beibehaltener Behauptungen übernatürlichen Ursprungs. Er ist dies aber auch nicht im Sinne eines die Totalität umfassenden Standpunktes, von dem her dann gesagt werden könnte, die Demokratie sei ›Die Eine Richtige Herrschaftsform‹. Interpretationsphilosophie ist keine Totalitätsphilosophie. Den entscheidenden Ausgangspunkt bildet vielmehr die Einsicht, daß wir als endliche Geister von einer absoluten Totalitätsperspektive nicht nur kontingenterweise, sondern systematisch abgeschnitten sind. Interpretationsphilosophie kann als eine aus der Totalitäts*kritik* entstandene Form des Philosophierens angesehen werden. Des näheren steht sie kritisch auch zu der in der abendländischen Metaphysik leitenden Idee des ›Seins‹ als einer Totalität, der sich das je Besondere und Einzelne unterzuordnen habe.

(b) Wenn die Charakterisierung der Verhältnisse menschlichen Welt-, Fremd- und Selbstverständnisses als im weiten Sinne *interpretative* Verhältnisse zutrifft, dann heißt dies umgekehrt zugleich, daß Dogmatismus und/oder Fanatismus philosophisch nicht gerechtfertigt werden können. In Verbindung mit der Überlegung, daß nicht einer allein und nur für sich dogmatisch sein kann (Dogmatismus mithin Interpretationsverhältnisse sinnlogisch bereits voraussetzt und nur innerhalb dieser formulierbar ist), stellt dies ein Argument gegen den Dogmatismus dar. Unter kritischem Vorzeichen lassen sich keine Gründe benen-

nen, die uns zwingen könnten, einer Person, Gruppe oder Institution glauben und/oder folgen zu müssen, die von sich behauptet, sie besitze die Wahrheit oder doch zumindest einen privilegierten Zugang zu ihr und leite eben daraus ihren Dogmatismus und Fanatismus als gerechtfertigt ab.
(c) Diese Argumentation enthält natürlich keine Garantie für Sittlichkeit ohne Dogmatismus und Fanatismus. Angesichts dieses Befundes wird die zentrale Rolle des Rechts deutlich. Das Recht darf zwingen, nicht aufgrund eines übernatürlichen Ursprungs (das wäre dogmatisches Recht), sondern in Konsequenz der Einsicht, daß wir von eben solchen übernatürlichen Quellen abgeschnitten sind, daß mithin niemand ein metaphysisches ›Recht‹ haben kann, andere Personen, Gruppen und Institutionen, ›notfalls‹ mit blutiger Gewalt, unter die eigene und dogmatische Optik zu zwingen.

4. Interpretationsethik und Universalisierung

(i) *Scheitern materialer Ethik der Werte und des Politischen* – In Anknüpfung an die Kantische Philosophie ist auch der Interpretationsphilosophie zufolge eine *materiale* Ethik der Werte und des Politischen, die ein *inhaltliches* und *zugleich allgemeines* Kriterium angeben müßte, zum Scheitern verurteilt. Sie ist dies analog zu dem, was Kant für die Sinnwidrigkeit eines allgemeinen materialen Wahrheitskriteriums gezeigt hat.[42] Materialität und Allgemeinheit sowie Notwendigkeit lassen sich nicht *zugleich* gewährleisten. Was zum Beispiel materialiter, inhaltlich in einer bestimmten Situation angebracht ist, kann dies in einer anderen und davon unterschiedenen Situation gerade nicht sein. Entsprechend gelingt es auch nicht, inhaltliche Prinzipien als zugleich *allgemeine* Prinzipien auszuzeichnen. Es ist nicht möglich, materiale Prinzipien jenseits der inter-individuellen Interpretationsverhältnisse so zu exponieren, daß sie für alle Interpretierenden allgemein verbindlich, allgemeines Gesetz sind. Nur in Theokratien wird behauptet, man könne materiale Verpflichtungen zugleich als allgemeine Gesetze ausgeben. In kritischer Per-

42 I. Kant: *Kritik der reinen Vernunft*, B, 82ff.

spektive jedoch steht diese Möglichkeit nicht mehr zu Gebote. Denn sie lebt von der Voraussetzung, daß einzelne Personen, Gruppen oder Institutionen ›im Besitz letzter, definitiver und allgemein verbindlicher Wahrheit‹ sein können. Diese dogmatische Voraussetzung aber kann nicht undogmatisch eingelöst werden.

Daß es keine allgemeine materiale und sich auf inhaltliche Instanzen des Wissens stützende Ethik des Politischen geben kann, läßt sich auch als ein Resultat des moralischen und politischen Skeptizismus entfalten. Dessen Erfolg kommt dem Demokratiegedanken zugute. Denn der Umstand, daß Demokratie als politische Herrschaftsform nicht durch eine ›letzte‹ und quasi-axiomatische Instanz begründet und aus dieser abgeleitet werden kann, stellt jetzt keinen Mangel, sondern eine Stärke des Demokratiegedankens dar. Dies geht einher mit der eingangs angesprochenen und veränderten Architektonik der Problemlage, in der die Ordnung des Politischen nicht mehr als eine Ordnung des Wissens, sondern als eine Ordnung der Meinungen und Überzeugungen angesehen wird. Demokratie stellt *nicht* ›Die Essentialistische Richtige Lösung‹ des Problems der politischen Herrschaftsform dar, und sie wird in diesem Sinne auch nicht ›begründet‹, nicht aus einem Fundament her- oder abgeleitet. Die Stärke des Demokratiegedankens liegt vielmehr gerade darin, keinen Essentialismus politischer Herrschaftsform mehr verkörpern zu müssen und gleichwohl nicht in einen Relativismus der Beliebigkeit zu führen.

Letzteres ist auch deshalb nicht der Fall, weil für die Demokratie kennzeichnend ist, daß die im Prinzip unabschließbaren Interpretationsprozesse unter dem Druck der Zeit, dem Erfordernis einer Entscheidung und angesichts dessen, was jeweils auf dem Spiele steht, beendet werden können und müssen. Dies erfolgt durch Personen und Institutionen, die aufgrund der geltenden Rechtsordnung zu solchen Beendigungen, solchen Abbrüchen, befugt sind, z.B. durch einen Richter, der ein Urteil spricht. In der Praxis müssen Interpretationen irgendwann ein Ende haben. Dies bedeutet natürlich keine Aushöhlung des Demokratiegedankens. Es macht vielmehr einen seiner integralen Bestandteile deutlich, der oftmals ausgeklammert wird. Die grundsätzliche Offenheit und Unabschließbarkeit der Interpretationsprozesse ist zusammenzudenken mit der Notwendigkeit, unter pragmatischen und praktischen, d.h. ethischen Gesichtspunkten die Interpretationsketten auch abbrechen und entscheiden zu müssen. Demokratie darf nicht als eine Veranstaltung des Interpretierens ›ohne Ende‹ mißverstanden werden. Ihre grundsätzliche Unabschließbarkeit betrifft die Aufrechterhaltung der *Interpretativitätsverhältnisse als solcher*. In bezug auf real auftretende Interpretationen jedoch, die, wie die Erfahrung lehrt, durchaus rücksichtslos, herrschsüchtig und totalitär auftreten können, ist das Abbrechen und/oder das In-die-Schranken-weisen von $\text{Interpretationen}_2$ und $\text{Interpretationen}_3$ überaus wichtig. Der Demokratiegedanke enthält diese Spannung. Unterhalb ihrer ist eine Ordnung des Politischen nach Grundsätzen interpretatorischer Freiheit und Gleichheit nicht zu haben.

(ii) *Interpretationsethik und Kategorischer Imperativ* – Da ein materiales und zugleich allgemeines Ethikkriterium nicht gegeben werden kann, gilt mit Kant, daß praktische allgemeine Gesetze »nicht der Materie nach, sondern bloß der Form nach den Bestimmungsgrund des Willens enthalten«.[43] Von daher kann es in Sachen Sittlichkeit auch in der Ethik der Interpretation nur um die *Form* der Sittlichkeit gehen, in der einer Person *nicht* vorgeschrieben wird, *was* sie, sondern nur, *wie* sie wollen soll. Das Grundgesetz der reinen praktischen Vernunft, der kategorische Imperativ, lautet in seiner bekanntesten Formulierung: »Handle so, daß die Maxime deines Willens jederzeit zugleich als Prinzip einer allgemeinen Gesetzgebung gelten könne.«[44] Doch in welchem Sinne ist diese Formulierung zu verstehen?
In der Diskursethik wird der kategorische Imperativ als eine Resultate generierende Universalierungsregel aufgefaßt, und zwar in bezug auf das Verhältnis von bloß subjektiven partikularen zu intersubjetiv verallgemeinerungsfähigen Interessen. Habermas hat eine »Umformulierung« des Kategorischen Imperativs vorgeschlagen, derzufolge jeder einzelne seine Maxime zum Zwecke einer diskursiven Prüfung »allen anderen vorlegen« müsse. Dies

43 I. Kant: *Kritik der praktischen Vernunft*, § 4.
44 I. Kant, a.a.O., § 7.

bedeute eine Verschiebung des Gewichts »von dem, was jeder (einzelne) ohne Widerspruch als allgemeines Gesetz wollen kann, auf das, was alle in Übereinstimmung als universale Norm anerkennen wollen«.[45] In der Interpretationsethik dagegen wird, darin mit Kant und nicht mit der Diskurstheorie übereinstimmend, dieser Imperativ nicht als eine intersubjektive Regel der Universalisierung, sondern als ein kritischer Prüfstein der je eigenen subjektiven Interpretationsmaximen auf die Frage hin verstanden, ob diese zugleich als Prinzip einer allgemeinen Gesetzgebung gelten können.

Freilich darf die Rede von einem *Prüfstein* nicht so verstanden werden, als liefe die Überlegung auf *Kriterien* und überhaupt auf eine *kriteriale* Betrachtung hinaus. Das wäre ein Mißverständnis. Denn es geht nicht um einen kriterialen Test, sondern um die kritische Prüfung der in unseren Maximen und Handlungen intern unterstellten sinnlogischen Präsuppositionen auf Widerspruchsfreiheit.

Die in diesem Sinne vorzunehmende Prüfung auf Vernünftigkeit kann in sinnkritischer Einstellung einzig in der Sphäre der Subjektivität, in der Prüfung der je eigenen Interpretationsmaximen daraufhin bestehen, ob diese ohne Widerspruch die Form eines Gesetzes annehmen können oder sich, wie Kant es ausdrückt, als ein solches Gesetz »selbst vernichten«[46] würden. Die Prüfung kann im Sinne einer kritischen Sperre gegenüber der Tendenz verstanden werden, daß sich (kleingeschrieben) *ein* materialer und partikularer, aber ›moralisierender‹ Standpunkt des Sollens aufspreizt und als (großgeschrieben) ›Der Eine Standpunkt‹ andere und differente Standpunkte und Perspektiven unter seine Optik zwingen will.[47] Diese Lesart gilt nicht nur im Hinblick auf das Verhältnis partikularer Interessen untereinander. Sie gilt auch für das Verhältnis eines Allgemeininteresses zu einzelnen indivi-

45 J. Habermas: *Moralbewußtsein und kommunikatives Handeln*, Frankfurt a. M. 1983, 77.

46 I. Kant, a.a.O., § 4.

47 Sprachlich und terminologisch ist strikt zu unterscheiden zwischen einem *partikularen Standpunkt moralisierenden Sollens*, der hier kritisiert wird, und dem *moralischen Standpunkt*, wie er sich im Kategorischen Imperativ ausspricht, der hier verteidigt wird.

duellen Interessen, und sie ist deutlich zu unterscheiden sowohl von der Rousseauschen Idee einer »volonté générale« als auch von der Idee eines intersubjektiven Einverständnisses, von dem es dann heißt, daß es »einen *gemeinsamen* Willen« zum Ausdruck bringe.[48]

Im Rahmen der Frage, wie der Kategorische Imperativ zu verstehen sei, ist ein weiterer Gesichtspunkt von Belang. Er betrifft die sittliche Einsicht, daß die Möglichkeit, andere Personen könnten etwas anderes als man selbst wollen und für wahr halten, in dem Anspruch der eigenen Interpretationshandlung bereits mitzubedenken ist. Letzteres ist jedoch, wie Kant betont, nicht etwas, das durch reine praktische Vernunft geboten werden könnte. Denn das Sittengesetz, das sich im Kategorischen Imperativ ausspricht, geht nur auf das Sollen, und aus seinem Imperativ ergibt sich nicht, was wirklich getan wird. Hier kommt auch in der Ethik der Interpretation die für Kant wichtige »freie Aufnahme des Willens eines andern unter seine Maximen«[49], d.h. unter die je eigenen Interpretationsmaximen, entscheidend ins

48 J. Habermas: *Moralbewußtsein*, a.a.O., 77. Eine »volonté générale« als einen quasi-essentialistischen Allgemeinwillen, dem sich das je Besondere und Einzelne unterzuordnen habe, zurückzuweisen, bedeutet nicht, in die bekannten Probleme der Position des *Solipsismus* zu geraten. Wie bereits betont, kann einer allein und nur für sich nicht individuell sein. Doch folgt daraus nicht, daß wir auf die Annahme eines Allgemeinwillens verpflichtet wären. Die Dichotomie von ›Allgemeinwillen-Gemeinschaft und Solipsismus‹ ist als solche defekt und zurückzulassen zugunsten der Vorstellung inter-individueller Verständigungs- und Handlungsnetze, die nicht auf ›Den Einen Generalnenner‹ gebracht werden können und dies auch nicht müssen. Zugleich jedoch handelt es sich dem philosophischen Interpretationismus zufolge bei einer Sprach-, Zeichen- und Handlungsgemeinschaft eben nicht um eine Gemeinschaft solipsistischer oder liberalistischer isolierter Subjekte, sondern um inter-individuelle Interpretationsverhältnisse. Darin geht es um horizontale Verhältnisse wechselseitiger Anerkennung, nicht um vertikale Verhältnisse der Subsumption von Besonderem und Einzelnem unter ein Allgemeines.

49 I. Kant: *Das Ende aller Dinge*, in: Werke, hg. von W. Weischedel, Darmstadt 1975, Bd. 9, 188; vgl. dazu J. Simon: *Kants pragmatische Ethikbegründung*, in: Archivio di Filosofia LV (1987) 195ff.

Spiel. Kant nennt dies »Liebe«. Sie ist ein »unentbehrliches Ergänzungsstück« zur Unbedingtheit des Kategorischen Imperativs. Ohne sie, und das heißt *ohne* die aus dem Interpretationsgedanken intern sich ergebende Selbstbeschränkung des eigenen Anspruchs sowie *ohne* die Freigabe anderer Personen und Gruppen, *anders* zu sein als man selbst, und *ohne* eine vorwegnehmende Einbeziehung der *anderen* Perspektiven und der Perspektiven der *Anderen* in die Reichweite des *eigenen* Handlungsanspruchs, ist das fragile Netz der Verständigung, ist friedfertige und auf wechselseitiger Anerkennung beruhende Lebensordnung nicht erreichbar.

5. Moral und Recht

(i) *Rolle des Rechts* – Zugleich wird die bereits betonte wichtige Rolle des Rechts in seiner Unterschiedenheit zur Moral deutlich. Zeigte sich bisher, daß die Interpretationsethik in der freiheitlichen, gleichheitlichen und pluralistischen Demokratie ihre Entsprechung auf der Ebene des politischen Systems hat, so tritt jetzt der Charakter der Rechtsstaatlichkeit, die *rechtsstaatliche* Demokratie, in den Blick. Im Recht werden (und nur auf diesen Aspekt kommt es hier an) Regeln formuliert, die das öffentliche menschliche Zusammenleben ordnen. Das Recht hat seine friedens- und gerechtigkeitsstiftende Rolle nicht zuletzt darin, zu verhindern, daß ein partikulares Sollen einzelner Personen, Gruppen oder Institutionen die für ihr jeweiliges Welt- und Selbstverständnis kennzeichnenden Grundüberzeugungen, ihre individuellen ›letzten‹ Gründe, als allgemein verbindliche Instanz ausgeben und deren Durchsetzung erzwingen und legitimieren kann. Doch dürfen diese individuellen ›letzten‹ Gründe *nicht* mit der Idee der »Letztbegründung« verwechselt werden. Dies würde eine Petrifizierung, würde das Ende der in dem dargelegten Sinne freien, gleichen und pluralen Interpretationsverhältnisse bedeuten. Die Interpretationsethik verhält sich mithin kritisch gegenüber der Idee *moralisch*-politischer Herrschaft. Die politisch Gläubigen bzw. der politische Glaube ist hier nicht Lösung, sondern Bestandteil des Problems. Politischer Glaube meint hier die Einstellung, es subjektiv als verbindlich und geboten anzusehen, den anderen Personen, Gruppen und Institutionen, im Grenzfall ›allen Menschen‹, definitive, gar heilsartige oder säkularisiert heilsartige Lösungen, gar ›Erlösungen‹ bringen zu ›sollen‹. Solange weltanschaulich, ideologisch, in dem skizzierten Sinne partikular moralisierend und/oder fundamentalistisch ›gesollt‹ werden soll, sind Frieden, Freiheit und Gerechtigkeit in den menschlichen Lebensverhältnissen nicht zu haben. Der Interpretationsethik ist auf der Ebene gesellschaftlicher und politischer Organisation eine Rechtsordnung affin, die die Freiheit der Interpretationsverhältnisse gegenüber partikular sich aufspreizendem und moralisierendem Sollen sichert. Aus dem oben skizzierten Gesichtspunkt der Freiheit und Gleichheit der Interpretierenden heraus ist eine solche Rechtsordnung auch legitimiert, Rechtszwang und autoritatives Gebot zur Aufrechterhaltung der freiheitlichen, gleichen und pluralen Interpretationsverhältnisse auszuüben. ›Im Recht‹ zu sein heißt nicht, ›in der definitiven Wahrheit‹ zu sein. Dies zu meinen, würde die Rechtsordnung als eine sakrale oder als eine Wahrheitsordnung mißverstehen. Das Recht ›weiß‹ nicht, ›was in Wahrheit ist‹, – und das ist auch gut so. Die Legitimation, zwingen zu können, erwächst dem Recht vornehmlich aus der Einsicht, daß niemand über eine wahrheits-bezogene Letztbegründung verfügt, mithin niemand philosophisch sanktioniert und rechtlich legitimiert ist, seine eigenen individuellen ›letzten‹ politischen Wahrheiten, die ihn in seinem individuellen, öffentlichen oder politischen Handeln ›halten‹ mögen, anderen gegenüber durchzusetzen, notfalls auch mit blutiger Gewalt. Zugleich aber ist zu beachten, daß mit eben dieser Figur auch im Recht die Grenzen der Erzwingbarkeit seitens der Staatsgewalt gegenüber den freien und gleichen Bürgern gesetzt sind.

Deutlich wird von hier aus auch, daß und in welchem Sinne die Demokratie in ihrem herrschafts-bezogenen Kernpunkt, d.h. in Sachen Mehrheitsbeschaffung, keineswegs eine harmonisch und konfliktfrei verlaufende Angelegenheit ist. Die zum Teil grundlegenden Interessenkonflikte unterschiedlicher Gruppierungen innerhalb einer Gesellschaft müssen mit Blick auf Mehrheitsentscheidungen ausgetragen werden. Diese erfolgen im Rahmen des (die Interpretationsprozesse unter den Beteiligten gegebenenfalls per Entscheidung abbrechenden) Rechts und in vielen Fällen unter dem Druck der Zeit sowie in Abhängigkeit von dem, was jeweils auf dem Spiele steht. Die Anstrengungen der Beteiligten zur Gewinnung oder zur Abwehr von Mehrheiten zeigt etwas von der Härte demokratischer Verfahren.

(ii) *Freiheit und Rechtszwang* – Nachdem bereits zu sehen war, wie die Interpretationsphilosophie mit dem in der Demokratietheorie wichtigen Verhältnis von *Freiheit und Gleichheit* umgeht, wird jetzt deutlich, wie sie zu dem zweiten der beiden Grundprobleme der Demokratietheorie, zu dem Verhältnis von *Freiheit und Rechtszwang sowie autoritativem Gebot* steht.
Einige Staatsrechtstheoretiker sehen in diesem Begriffspaar eine Widersprüchlichkeit. Diese beruhe darauf, daß Freiheit und Rechtszwang nicht zugleich zu haben seien. Dies stelle einen grundsätzlichen Widerspruch der Demokratie dar. Der freiheitliche Staat lebe von Vorausssetzungen, die er selbst nicht garantieren könne. Denn er könne einerseits »nur bestehen, wenn sich die Freiheit, die er seinen Bürgern gewährt, von innen her reguliert«. Andererseits aber könne er »diese inneren Regulierungskräfte nicht von sich aus, das heißt mit den Mitteln des Rechtszwangs und autoritativen Gebots, zu garantieren versuchen, ohne seine Freiheitlichkeit aufzugeben«.[50] Läßt sich dieser scheinbare Widerspruch aufheben oder unterlaufen?
Sobald man die ganze Betrachtung auf den Boden der Interpretationsverhältnisse und der Interpretationsethik stellt, mithin das Szenario der Problemlage selbst ändert, kann dem Widerspruch die Bedingung seiner Möglichkeit entzogen und er in diesem Sinne aufgelöst werden. Zugleich kann es dann auch nicht mehr darum gehen, die scheinbare Widersprüchlichkeit der freiheitlichen Demokratie dadurch zu überwinden, daß *materiale* Grundwerte (z.B. moralische, religiöse oder weltanschauliche Fundamentalismen) jenseits dieser Spannung von freiheitlichem Staat und Rechtszwang gefunden und zur Legitimation des Rechtszwangs herangezogen werden. Die Idee einer *moralisch-*

50 E. Böckenförde: *Staat, Gesellschaft, Freiheit*, Frankfurt a. M. 1976, 60.

politischen Herrschaft verliert auch in diesem Zusammenhang ihren Ansatzpunkt. Und auch der (etwa mit Hinweis auf Hitlers Ermächtigungsgesetz von 1933 vorgebrachten) bekannten Denkfigur, daß die Demokratie in dem Sinne widersprüchlich sei, daß sie sich durch legale Verfahren selbst aufheben könne, kann theoretisch begegnet werden.

Zwar droht mit der zunehmenden Freiheit in der Demokratie die paradoxe Situation, daß es schließlich auch legal scheinen mag, wenn die freiheitliche, gleichheitliche, pluralistische und rechtsstaatliche Demokratie sich selbst abschafft und etwa in eine Oligarchie, Diktatur oder Theokratie überführt. Diese selbstzerstörerische Möglichkeit wird, so scheint es, namentlich im Zuge zunehmender Freiheitlichkeit eröffnet. In bezug auf diese Schwierigkeit läßt sich jedoch eine *theoretische*, eine *praktische* und eine *rechtlich-institutionelle* Antwort formulieren.

Sofern es um die *theoretischen* Voraussetzungen des destruktiven Schlusses der Demokratie gegen sich selbst geht, ist zu sagen, daß dieser Schluß nur deshalb möglich ist, weil er die Freiheit und Gleichheit der Interpretationsverhältnisse voraussetzt und in Anspruch nimmt. Er ist sinnlogisch abhängig von dem, was er bestreitet und aufhebt. Es ist mithin dieser Schluß, und nicht die ihn ermöglichende Prämisse, die freiheitliche Demokratie, der selbst-widersprüchlich ist. Denn der Schluß benötigt zur Aufhebung das, was er aufhebt, unabhängig davon, ob er dies genuin oder parasitär in Anspruch nimmt.

Auf der *praktisch*-philosophischen Ebene kann man, in der Linie entsprechender Überlegungen in Kants *Kritik der praktischen Vernunft* zur Freiheit als Autonomie, wie folgt argumentieren: Das Gesetz der freiheitlichen Ordnung, sich *nicht* selbst aufzuheben, ist das einzige Gesetz, das die freiheitliche Ordnung befolgen kann, ohne damit ihre eigene Freiheit zu beeinträchtigen. Denn es handelt sich darin um ein Gesetz, das sie sich selbst und um ihrer selbst willen gibt. Mithin gewinnt sie durch dieses Gesetz an Freiheit hinzu. Im anderen Falle dagegen ruinierte sie sich selbst. Der Beschluß, sich nicht selbst aufzuheben, ist mithin Ausdruck ihres eigenen positiven Begriffs der Freiheit, ihrer eigenen und sich darin selbst garantierenden Autonomie. Der einzige Verlust, das einzige, was die Vernunft hier preisgibt, ist die

Hoffnung auf Fundamentalismus und Theokratie. Unter kritischem Vorzeichen jedoch ist auf diese beiden leicht zu verzichten.

Wichtig ist zu sehen, daß hier gar kein Fall der Einschränkung, sondern einer des Zugewinns an *positiver* Freiheit vorliegt. Dagegen bedeutet die Selbstaufhebung der Demokratie die massivste Einschränkung der Freiheit der Demokratie selbst. Der Gedanke einer autonomen Selbstdestruktion ist selbst-destruktiv. Denn er zerstört das, was er in Anspruch nimmt und worauf er hinausmöchte: die Autonomie. Wenn der Gedanke richtig ist, dann ist er falsch.

Oftmals haben Demokratie*theorien* in diesem Zusammenhang (und das ist eine Schwäche dieser Theorien, *nicht* der Demokratie) einen bloß empirischen und lediglich durch seinen *negativen* Charakter gekennzeichneten Begriff von Freiheit vor Augen. Dies jedoch ist in Sachen Freiheit zum einen zu wenig und bewegt sich zum anderen nicht auf der angemessenen Ebene. Zu beachten ist, daß Freiheit und Beschränkung in dem skizzierten Sinne nicht in einer bloß externen Beziehung stehen. Dies wäre jedoch der Fall, wenn die Selbstdestruktion der Freiheit als ein Akt der Freiheit selbst verstanden würde. Denn dann wären Freiheit und Beschränkung bloß äußerlich aufeinander bezogen. Beide können jedoch in dem dargelegten Sinne als zwei Aspekte ein und derselben Vernunft angesehen werden. Es geht hier mithin um das Zusammenspiel von Freiheit und Verpflichtung, und man sieht, daß darin die Freiheit eine *von ihr selbst erst geschaffene* Verpflichtung befolgt, nicht mehr und nicht weniger. Dieser Begriff der Freiheit ist für die Frage praktischer und politischer Autonomie freier Bürger grundlegend. Daher kann ein Eingriff zwecks Aufrechterhaltung und Erweiterung freier, gleicher und irreduzibel vielheitlicher Interpretationsverhältnisse nicht als eine Einschränkung der Freiheitlichkeit, sondern als die Sicherung ihrer Wirklichkeit und in eben diesem Sinn als legitimiert angesehen werden. Ob dies in gegebenen Fällen vorliegt oder nicht, bedarf unter Umständen der Prüfung und Erörterung.

Auf der Ebene *politisch-rechtlicher* Institutionen ist es daher schlicht Ausdruck politischer Klugheit, die Abschaffung der Grundrechte im Rahmen einer gegebenen demokratischen Verfassung, z.B. im Grundgesetz der Bundesrepublik Deutschland, Artikel 79, Absatz 3, für nicht zulässig zu erklären.

6. Philosophie und Demokratie

(i) *Interpretationsverhältnisse* – Werden die demokratietheoretischen Fragestellungen auf dem Boden der Interpretationsverhältnisse und im Lichte der Interpretationsethik thematisiert, dann ist die Frage, ob man Demokratie als Form politischer Herrschaft verantworten kann oder nicht, jenseits der alten Dichotomie von politischem Absolutismus und Relativismus der Werte zu behandeln. Dies hat zwei bedeutsame Konsequenzen.
(a) Der interpretationsphilosophisch orientierte Verzicht auf die Idee der Letztbegründung hat Auswirkungen auf das Verhältnis von Philosophie und Demokratie. Denn es geht jetzt weder um einen (essentialistischen oder letztbegründenden) Vorrang der Philosophie vor der Demokratie noch um einen »Vorrang der Demokratie vor der Philosophie« (Rorty)[51] angesichts etwa des im postmodernen Pragmatismus betonten Scheiterns der großen metaphysischen Projekte. Die bei Richard Rorty proklamierte Hierarchie steht selbst noch im Bann der alten Dichotomie von Absolutismus und Relativismus. Doch diese gilt es, wie betont, als ganze zurückzulassen. Dann wird deutlich, daß der Vorrang der Demokratie vor der Philosophie durch ein anderes Vorrangigkeitsverhältnis abgelöst wird: den Vorrang der grundsätzlich offenen und unabschließbaren Interpretationsverhältnisse vor den bestimmten und jederzeit beschränkten Interpretationen.
Diese Hierarchie ist im Hinblick auf das Verhältnis von Philosophie und Demokratie in zwei Hinsichten aufschlußreich. Zunächst macht es auf ihrer Ebene keinen Sinn mehr, die Demokratie vor der Philosophie in Schutz nehmen zu wollen. Vielmehr gehören Interpretationsethik und Demokratie in dem dargelegten Sinne zusammen. Sodann ist zu beachten, daß der Verzicht auf *Letzt*begründung weder dazu führt, überhaupt

51 R. Rorty: *Der Vorrang der Demokratie vor der Philosophie*, in: ders.: *Solidarität oder Objektivität? Drei philosophische Essays*, Stuttgart 1988, 82-125.

keine Grundlegung mehr liefern zu können, noch bedeutet, sich auf die bloß politische Forderung beschränken zu müssen, die liberale und demokratische Tradition lediglich auszulegen statt sie zu verantworten. Demgegenüber ist deutlich geworden, daß und in welchem Sinne Demokratie interpretationsethisch verantwortbar ist. Mit Bezug auf die in jedem Interpretieren vorausgesetzte Interpretations-Praxis kann, da in dieser Faktizität und Auslegung sowie Genesis und Geltung stets bereits ineinander übergegangen sind, jedes Auslegen zugleich auch schon als ein Stück Grundlegung angesehen werden.

(b) Eine zweite Konsequenz besteht darin, daß das Scheitern der Letztbegründung und der Verzicht auf diese *nicht* bedeuten, daß dann wohl nur der Relativismus der Beliebigkeit übrigbleibt. Der Relativismus ist seinem Gegenpart, dem Absolutismus, selbst nach dessen Scheitern noch sinnlogisch verpflichtet. Wer sagt, daß nach dem Zusammenbruch des philosophischen Ideals der Letztbegründung alles beliebig wird, der begeht zwei Fehlschlüsse. Zum einen bringt er mit dieser Behauptung eine Position und Interpretation vor, die jenen absoluten Gesichtspunkt beansprucht, der auf dem Boden der Interpretationsverhältnisse und insbesondere der Interpretationsethik nicht mehr zur Verfügung steht. Zum anderen übersieht er, daß das Schema unseres Sprechens, Denkens und Handelns und daß die Interpretations-Praxis, aus der heraus und auf die hin sich unser tatsächliches Sprechen, Denken und Handeln vollziehen, keineswegs vom Charakter relativistischer Beliebigkeit sind und willentlich nicht abgeändert werden können. Auf diesen Zusammenhang bezogen, besteht eine Aufgabe zeitgemäßer Philosophie darin, die Dichotomie von Absolutismus und Relativismus als ganze zurückzulassen. Interpretationsphilosophie versteht sich als ein Schritt in diese Richtung. In diesem Kontext ist unter anderem die Unterscheidung wichtig zwischen einem (letztlich maßstabslosen und nicht explizierbaren) *Relativismus* und der (mit der nicht-hintergehbaren Interpretations-Praxis gegebenen) grundinterpretativen *Relativität*. Ersterer würde in eine Beliebigkeit führen, die im tatsächlichen Sprechen, Denken und Handeln gerade *nicht* gegeben ist. Letztere dagegen ist insofern unausweichlich, als es unter kritischem Vorzeichen kein von den Interpretations-Horizonten und Interpretations-Regularitäten gänzlich unabhängiges Sprechen, Denken und Handeln geben kann.

(ii) *Verantwortung* – Auch im Zuge der Zurückweisung des Relativismus tritt der hohe Grad an *Verantwortung* hervor, der mit der Interpretationsethik verbunden ist. So ist es auf dem Boden dieses Ansatzes nicht möglich, sich mit dem Hinweis auf ein sich von sich selbst her vollziehendes und nicht beeinflußbares Interpretations-Geschehen aus der Verantwortung zu stehlen. Das Gegenteil ist der Fall. Daran zeigt sich übrigens ein weiterer Unterschied zu Teilen der Philosophie der Postmoderne. Mit dem Begriff der Interpretation ist *Zurechenbarkeit* verbunden. Diese ergibt sich, stenogrammartig gesprochen, vornehmlich aus dem Umstand, daß eine konkrete *So-und-so*-Interpretation auch *anders* sein könnte, daß es *andere* Personen mit *anderen* Präferenzen und *andere* Interpretationen gibt, daß die einzelne Interpretation nicht nur vom kontextuellen ›Ganzen‹, sondern dieses auch von jener abhängt, und daß es in interpretationsethischer Sicht die Würde der irreduziblen Individualität der Person ist, die (freilich nicht als Solipsismus, sondern in gleichursprünglicher Sozialität) das Grundprinzip für die Gestaltung des menschlichen Lebens in Gesellschaft und Staat bildet.

(iii) *Demokratiegedanke jenseits des Relativismus* – In bezug auf die politische Ebene entspricht dem, daß die Dichotomie von politischem Absolutismus und politischem Relativismus zurückzulassen ist. Damit aber wird auch denjenigen Vorbehalten gegenüber der Demokratie der Boden entzogen, die, wie eingangs betont, die Demokratie lediglich als eine Reaktion auf den Relativismus verstehen. Der Demokratiegedanke ist jedoch, wie zu sehen war, *nicht* als eine Konsequenz des Relativismus zu konzipieren. Er entstammt *nicht* nur »empirisch-relativistischer Weltanschauung«.[52] Vielmehr kann er in dem dargelegten Sinne als eine Konsequenz der grundinterpretativen Relativität, mithin von unserer Lebens- und Interpretations-Praxis her und auf diese hin entfaltet werden. Von hier aus gewinnt das Ethos der Demokratie rationale Akzeptabilität, mithin Vernünftigkeit.

52 H. Kelsen: *Vom Wesen und Wert der Demokratie*, a.a.O., vii; 101f.

Und es wird deutlich, daß Demokratie nicht einfach nur Ausdruck eines Defizits an ›letzter Wahrheit‹ und an Letztbegründung ist. Solche Einwände verlieren ihre Bedrohlichkeit, sobald die ältere Dichotomie von Absolutismus und Relativismus, gegen die gelesen sie allein sinnvoll erscheinen, insgesamt zurückgelassen wird. Es ist wichtig, daß sich die politische Philosophie und des näheren die Demokratietheorie aus dem Würgegriff dieser älteren Dichotomie sowie aus ihrer vermeintlichen Verpflichtung auf eine Ordnung des Wissens und der Wahrheit befreit. Mithin kann es jetzt gar nicht mehr um die eingangs pointierte These gehen, daß die Mehrheit deshalb entscheidet, weil keiner im Besitz der ›letzten Wahrheit‹ und ›letzter Begründungen‹ ist. Demokratie kann diesen Beigeschmack des Defizitären ablegen. Entscheidend ist zu begreifen, daß es sich bei den Verhältnissen in Gesellschaft und Staat um Interpretationsverhältnisse handelt, die irreduzibel sind und die nicht auf ›Die Eine Richtige Interpretation‹ oder auf einen Set von allgemein verbindlichen materialen Interpretationen reduziert werden können. Ist dies begriffen, erscheint die Demokratie in dem dargelegten Sinne als diejenige Form des politischen Systems, die dem die öffentlichen Lebensvollzüge kennzeichnenden Interpretationscharakter am ehesten entspricht. Die Auseinandersetzungen zwischen unterschiedlichen Interpretationen um die Erlangung oder Verhinderung von Mehrheiten erfolgen in den Bahnen demokratischer Verfahren. Dies hat unter Wahrung der Möglichkeit zu erfolgen, daß andere Interpretationen anderer Personen und Gruppen angeschlossen werden können und daß diejenigen Interpretationen, die zur Zeit nicht mehrheitsfähig sind, dies im Prinzip werden können. Denn die Mehrheitsentscheidung kann nicht mehr als eine abschließende, exklusive und definitive Richtigkeit-*in-der-Sache* mißverstanden werden. Sie artikuliert politische und rechtliche Verbindlichkeit-*auf-Zeit*, nicht mehr, aber auch nicht weniger.

Literaturverzeichnis

Abel, G.: *Nietzsche. Die Dynamik der Willen zur Macht und die ewige Wiederkehr*, Berlin-New York 1984.
– *Einzelding- und Ereignis-Ontologie*, in: Zeitschrift für philosophische Forschung, 39 (1985) 157-185.
– *Nominalismus und Interpretation*, in: Simon, J. (Hg.): *Nietzsche und die philosophische Tradition*, Bd. II, Würzburg 1985, 35-89.
– *Wissenschaft und Kunst*, in: Djuric, M./Simon, J. (Hgg.): *Kunst und Wissenschaft bei Nietzsche*, Würzburg 1986, 9-25.
– *Logik und Ästhetik*, in: Nietzsche-Studien, 16 (1987) 112-148.
– *Realismus, Pragmatismus, Interpretationismus. Zu neueren Entwicklungen in der Analytischen Philosophie*, in: Allgemeine Zeitschrift für Philosophie, 13 (1988) 51-67.
– *Interpretationsphilosophie. Eine Antwort auf Hans Lenk*, in: Allgemeine Zeitschrift für Philosophie, 13 (1988) 79-86.
– *Interpretations-Welten*, in: Philosophisches Jahrbuch, 96 (1989) 1-19.
– *Wahrheit als Interpretation*, in: Abel, G./Salaquarda, J. (Hgg.): *Krisis der Metaphysik. Festschrift für Wolfgang Müller-Lauter*, Berlin-New York 1989, 331-363.
– *Das Prinzip der Nachsichtigkeit im Sprach- und Zeichenverstehen*, in: Allgemeine Zeitschrift für Philosophie, 15 (1990) 1-20.
– *Interpretatorische Vernunft und menschlicher Leib*, in: Djuric, M. (Hg.): *Nietzsches Begriff der Philosophie*, Würzburg 1990, 100-130.
– *Zeichen und Interpretation*, in: Borsche, T./Stegmaier, W. (Hgg.): *Zur Philosophie des Zeichens*, Berlin-New York 1992, 167-191.
– *Zum Wahrheitsverständnis jenseits von Naturalismus und Essentialismus*, in: Gerhardt, V./Herold, N. (Hgg.): *Perspektiven des Perspektivismus. Gedenkschrift zum Tode von Friedrich Kaulbach*, Würzburg 1993, 313-335.
– *Interpretationswelten. Gegenwartsphilosophie jenseits von Essentialismus und Relativismus*, Frankfurt a. M. 1993.
– *Unbedingtheit und Interpretativität*, in: Baumgartner, H./Jacobs, W. (Hgg.): *Philosophie der Subjektivität? Zur Bestimmung neuzeitlichen Philosophierens* (= Akten des 1. Kongresses der Internationalen Schelling-Gesellschaft, 1989), Stuttgart-Bad Cannstatt 1993, 282-299.
– *Sprache, Zeichen und Interpretation*, in: Lenk, H./Poser, H. (Hgg.): *Neue Realitäten – Herausforderungen der Philosophie*, Berlin 1995, 264-285.
– *Theorie, Beobachtung und Wirklichkeit. Zu einer interpretationistischen Konzeption der Erfahrungserkenntnis*, in: Sandkühler, H. J.

(Hg.): *Theorien, Modelle, Tatsachen. Konzepte der Philosophie und der Wissenschaften*, Frankfurt a. M. 1994, 9-29.

– *Imagination und Kognition. Zur Funktion der Einbildungskraft in Wahrnehmung, Sprache und Repräsentation*, in: Hofmann, T. S./Majetschak, S. (Hgg.): *Denken der Individualität. Festschrift für Josef Simon zum 65. Geburtstag*, Berlin-New York 1995, 381-397.

– *Unbestimmtheit der Interpretation*, in: Simon, J. (Hg.): *Distanz im Verstehen. Zeichen und Interpretation II*, Frankfurt a. M. 1995, 43-71.

– *Interne Pluralität. Sprach- und zeichenphilosophische Grundlagen des theoretischen Pluralismus*, in: Abel, G./Sandkühler, H. J. (Hgg.): *Pluralismus, Erkenntnistheorie, Ethik und Politik* (= Dialektik. Enzyklopädische Zeitschrift für Philosophie und Wissenschaften, 3 (1996)) 49-68.

– *Interpretation und Realität. Erläuterungen zur Interpretationsphilosophie*, in: Allgemeine Zeitschrift für Philosophie, 21 (1996) 271-288.

– *Interpretationsphilosophie. Kommentare und Repliken*, in: Deutsche Zeitschrift für Philosophie, 44 (1996) 903-916.

– *Interpretationsethik und Demokratie*, in: J. Simon (Hg.): *Zeichen und Interpretation III*, Frankfurt a. M. 1996, 41-79.

– *Interpretationstheorie der Referenz*, in: Meggle, G. (Hg.): *Analyomen 2*, Berlin-New York 1997, 3-13.

– *Konstruktionen der Wirklichkeit*, in: Sedlmayr, E. (Hg.): *Wirklichkeit, Bild, Begriff*, Berlin 1997, 68-81.

– *Zeichenverstehen*, in: Knobloch, E. (Hg.): *Wissenschaft-Kunst-Technik. Strukturen, Interpretationen, Wechselwirkungen*, Wiesbaden 1997, 1-15.

– *Zeichenlogik, Bedeutung und Rationalität*, in: Simon, J./Stegmaier, W. (Hgg.): *Fremde Vernunft. Zeichen und Interpretation IV*, Frankfurt a. M. 1998, 52-77.

– *Übersetzung als Interpretation*, in: Elberfeld, R./Kreuzer, J./Minford, J./Wohlfahrt, G. (Hgg.): *Translation und Interpretation*, (= Schriften der Académie du Midi, Bd. V), München 1999, 9-24.

– *Sagen und Zeigen*, in: Simon, J./Stegmaier, W. (Hgg.): *Kultur der Zeichen. Zeichen und Interpretation V*, Frankfurt a. M. 1999.

Apel, K.-O.: *Transformation der Philosophie, Bd. I, Sprachanalytik, Semiotik, Hermeneutik*, Frankfurt a. M. 1973.

– *Transformation der Philosophie, Bd. II, Das Apriori der Kommunikationsgemeinschaft*, Frankfurt a. M. 1973.

Balzer, W.: *Über Quines Beobachtungssätze*, in: Kant-Studien, 72 (1981) 336-355.

Baumgartner, H. M.: *Ereignis und Struktur als Kategorien in einer geschichtlichen Betrachtung der Vernunft*, in: Luyten, N. (Hg.): *Aufbau der Wirklichkeit*, Freiburg-München 1982, 175-217.

Benjamin, W.: *Die Aufgabe des Übersetzers*, in: ders., *Gesammelte Schriften*, Band IV/1, hg. von T. Rexroth, (= Werkausgabe, Bd. 10), Frankfurt a. M. 1972.
Block, N.: Mental Pictures and Cognitive Science, in: W. G. Lycan (Hg.), *Mind and Cognition*, Cambridge Mass. [2]1991, 577-607.
Böckenförde, E.: *Staat, Gesellschaft, Freiheit*, Frankfurt a. M. 1976.
Bonk, T.: *Erfahrung und Skepsis. Anmerkungen zum »Interpretationismus«*, Deutsche Zeitschrift für Philosophie, 44 (1996) 879-887.
Brandom, R.: *Making It Explicit. Reasoning, Representing, and Discursive Commitment*, Cambridge Mass.-London 1994.
Burge, T.: *Individualism and the Mental*, in: French, P. A./Uehling, T. E./Wettstein, H. K. (Hgg.): *Midwest Studies in Philosophy*, Bd. IV: *Studies in Metaphysics*, Minneapolis 1979, 73-121.
Carnap, R.: *Beobachtungssprache und theoretische Sprache*, in: *Logica. Studia Paul Bernays dedicata*, Neuchatel 1959, 32-44.
Davidson, D.: *Essays on Actions and Events*, Oxford 1980.
– *Mental Events*, (1970), in: a.a.O., 207-225.
– *Toward a Unified Theory of Meaning and Action*, in: Grazer Philosophische Studien, 11 (1980) 1-12.
– *Inquiries into Truth and Interpretation*, Oxford 1984.
Dennett, D.: *The Intentional Stance*, Cambridge Mass. 1987.
Devitt, M.: *Meanings just ain't in the head*, in: Boolos, G. (Hg.): *Meaning and Method. Essays in Honor of Hilary Putnam*, Cambridge-New York 1990, 79-104.
Dirks, U.: *Interpretation*, in: H. J. Sandkühler (Hg.): *Enzyklopädie der Philosophie*, Hamburg 1999.
– *Welten*, in: a.a.O.
Drestke, F. I.: *Knowledge and the Flow of Information*, Oxford 1981.
Dürr, R./Lenk, H.: *Referenz und Bedeutung als Interpretationskonstrukt*, in: Trabant, J. (Hg.): *Philosophie der Gegenwart: Sprachphilosophie*, Frankfurt a. M. 1995, 191-223.
Dummett, M.: *Truth and Other Enigmas*, London 1978.
Eckermann, J. P.: *Gespräche mit Goethe in den letzten Jahren seines Lebens*, hg. von Bergemann, F., Frankfurt a. M. 1981.
Eco, U.: *Semiotik und Philosophie der Sprache*, München 1985.
– *Semiotik. Entwurf einer Theorie der Zeichen*, München 1987.
– *Die Grenzen der Interpretation*, München-Wien 1992.
Elgin, C. Z.: *With Reference to Reference*, Indianapolis 1983.
– s.: Goodman, N./Elgin, C. Z.
– *Between the Absolute and the Arbitrary*, Ithaca–London 1997.
– *Considered Judgment*, Princeton 1996.
Evans, G.: *The Varieties of Reference*, Oxford-New York 1982.
Feyerabend, P.: *Wissenschaft als Kunst*, Frankfurt a. M. 1984.

Fiedler, K.: *Schriften zur Kunst*, Bde. I und II, hg. von Boehm G., München 1971.
Fodor, J. A.: *Representations*, Cambridge Mass. 1981.
– *A Theory of Content and Other Essays*, Cambridge Mass. 1990.
Føllesdal, D.: *Indeterminacy of Translation and Under-Determination of the Theory of Nature*, in: Dialectica, 27 (1973), 289-301.
– *Meaning and Experience*, in: S. Guttenplan (Hg.): *Mind and Language*, Oxford 1975, 25-44.
– *Indeterminacy and Mental States*, in: Barrett R. B./Gibson R. F. (Hgg.): *Perspectives on Quine*, Oxford 1990, 98-109.
– *In What Sense Is Language Public?*, in: Leonardi, P./Santambrogio M. (Hgg.): *On Quine*, Cambridge 1995, 53-67.
– *The Status of Rationality Assumptions in Interpretation and in the Explanation of Action*, in: Dialectica, 36 (1982) 301-316.
Frege, G.: *Begriffsschrift. Eine der arithmetischen nachgebildete Formelsprache des reinen Denkens*, hg. von Angelelli, I., Darmstadt, [3]1977.
Gadamer, H.-G.: *Wahrheit und Methode. Grundzüge einer philosophischen Hermeneutik*, Tübingen [2]1965.
– *Text und Interpretation*, in: Forget, Ph. (Hg.): *Text und Interpretation*, München 1984, 24-55.
– *Lesen ist wie Übersetzen*, in: ders.: *Gesammelte Werke*, Bd. 8 (= Ästhetik und Poetik I: Kunst als Aussage), Tübingen 1993.
Gödel, K.: *Über formal unentscheidbare Sätze der Principia Mathematica und verwandter Systeme I*, in: Berka, K./Kreiser, L. (Hgg.): *Logik-Texte. Kommentierte Auswahl zur Geschichte der modernen Logik*, Darmstadt 1983, 347-370.
Goethe, J. W.: *Sämliche Werke. Briefe, Tagebücher und Gespräche*, Abtlg. II, Bd. 2 (29), hg. von H. Reinhardt, Frankfurt a. M. 1997.
– Poetische Werke und Schriften (= Cotta-Ausgabe), Bde. XIX und XXI, Stuttgart o.J.
Goldman, A.: *A Causal Theory of Knowing*, in: The Journal of Philosophy, 64 (1967) 357-372.
Goldstein, E. B.: *Wahrnehmungspsychologie. Eine Einführung*, Heidelberg-Berlin-Oxford 1997.
Gombrich, E.: *Art and Illusion. A Study in the Psychology of Pictorial Representation*, New York 1960.
Goodman, N.: *The Structure of Appearance*, Dordrecht-Boston [3]1977.
– *Languages of Art. An Approach to a Theory of Symbols*, Indianapolis [4]1981.
– *Ways of Worldmaking*, Indianapolis [2]1981.
– *Fact, Fiction, Forecast*, Cambridge Mass. [4]1983.
– *Of Mind and Other Matters*, Cambridge Mass. 1984.

Goodman, N./Elgin, C. Z.: *Reconceptions in Philosophy and Other Arts and Sciences*, London 1988.
Graeser, A.: *Interpretation, Interpretativität und Interpretationismus*, in: Allgemeine Zeitschrift für Philosophie, 21 (1996) 253-260.
Grohmann, W.: Paul Klee, Stuttgart 1954.
Gunnarson, L.: *Jenseits von Gegebensein und Machen. Interpretationspluralistischer Monismus als Alternative zu Abels Weltenvielfalt*, in: Deutsche Zeitschrift für Philosophie, 44 (1996) 867-878.
Habermas, J.: *Wahrheitstheorien*, in: Fahrenbach, H. (Hg.): *Wirklichkeit und Reflexion. Festschrift für Walter Schulz*, Pfullingen 1973, 211-265.
– *Legitimationsprobleme im Spätkapitalismus*, Frankfurt a. M. 1973.
– *Theorie des kommunikativen Handelns*, 2 Bde., Frankfurt a. M. 1981.
– *Moralbewußtsein und kommunikatives Handeln*, Frankfurt a. M. 1983.
Hacker, P. M. S.: *Als das Pfeifen verstummen mußte*, in: Schneider, H. J./Kroß, M. (Hgg.): *Mit der Sprache spielen. Die Ordnungen und das Offene nach Wittgenstein*, Berlin 1999.
Hamburger, M.: *Erfahrungen eines Übersetzers*, in: ders.: *Literarische Erfahrungen. Aufsätze*, hg. von Hartung, H., Darmstadt 1981.
Hawking, St. W.: *Black Holes and Baby Universes and Other Essays*, New York 1993.
Hegel, G. W. F. *Phänomenologie des Geistes*, hg. von Hoffmeister, J., Hamburg [6]1952.
– *Grundlinien der Philosophie des Rechts*, Ausgabe Frankfurt a. M. 1970.
Henrich, D./Iser, W. (Hgg.): *Theorien der Kunst*, Frankfurt a. M. 1982.
Hempel, C. G.: *Recent Problems of Induction*, in: Colodny, R. G. (Hg.): *Mind and Cosmos*, Pittsburgh 1966.
Hofer, M.: *Nächstenliebe, Freundschaft, Geselligkeit. Verstehen und Anerkennen bei Abel, Gadamer und Schleiermacher*, München 1998.
Husserl, E.: *Cartesianische Meditationen. Eine Einleitung in die Phänomenologie*, hg. von Ströker, E., Hamburg [2]1987.
Jeffrey, R.: *The Logic of Decision*, New York 1965.
Kant, I.: *Werke*, hg. von Weischedel, W., Darmstadt 1975.
– *Logik*, hg. von Jäsche, G. B., in: *Werke*, Bd. 5.
– *Das Ende aller Dinge*, in: *Werke*, Bd. 9.
– *Die Metaphysik der Sitten*, in: *Werke*, Bd. 7.
– *Anthropologie in pragmatischer Hinsicht*, in: *Werke*, Bd. 10.
– *Kant's Gesammelte Schriften*, hg. von der Königlich Preußischen Akademie der Wissenschaften, Berlin 1900ff.
– *Kritik der reinen Vernunft*, hg. von Schmidt, R., Hamburg 1956.
– *Kritik der praktischen Vernunft*, hg. von Vorländer, K., Hamburg 1974.

– *Kritik der Urteilskraft*, hg. von Vorländer, K., Hamburg 1974.
Kaulbach, F.: *Kants Auffassung von der Wissenschaftlichkeit der Philosophie: die Sinnwahrheit*, in: Kant-Studien, 76 (1985) 1-14.
– *Das Prinzip Handlung in der Philosophie Kants*, Berlin-New York 1978.
– *Philosophie des Perspektivismus*, Bd. 1: *Wahrheit und Perspektive bei Kant, Hegel und Nietzsche*, Tübingen 1990.
Kelsen, H.: *Vom Wesen und Wert der Demokratie*, Aalen 1963.
Klee, P.: *Schöpferische Konfession*, Berlin 1920.
Koehne, T.: *Skeptizismus und Epistemologie. Entwicklung und Anwendung der skeptischen Methode in der Philosophie*, München 1999.
Koethe, J.: *And they ain't outside the head either*, in: Synthese, 90 (1992) 27-53.
Kosslyn, S. M.: *Image and Mind*, Cambridge Mass. 1980.
– *Ghosts in the Mind's Machine. Creating and Using Images in the Brain*, New York-London 1983.
Kripke, S. A.: *Naming and Necessity*, Oxford 1980.
Kuhn, T. S.: *The Structure of Scientific Revolutions*, Chicago 1962.
Künne, W.: *Verstehen und Sinn. Eine sprachanalytische Betrachtung*, in: Allgemeine Zeitschrift für Philosophie, 6 (1981) 1-16.
Kutschera, F. v.: *Grundfragen der Erkenntnistheorie*, Berlin-New York 1982.
Lenk, H.: *Handlung als Interpretationskonstrukt. Entwurf einer konstituenten- und beschreibungstheoretischen Handlungsphilosophie*, in: ders.: *Handlungstheorien-intertisziplinär*, Bd. II, München 1978, 279-350.
– *Typen und Systematik der Rationalität*, in: ders. (Hg.): *Zur Kritik der wissenschaftlichen Rationalität*, Freiburg-München 1986, 11-27.
– *Welterfassung als Interpretationskonstrukt*, in: Allgemeine Zeitschrift für Philosophie, 13 (1988) 69-78.
– *Interpretationskonstrukte. Zur Kritik der interpretatorischen Vernunft*, Frankfurt a. M. 1993.
– *Philosophie und Interpretation. Vorlesungen zur Entwicklung konstruktionistischer Interpretationsansätze*, Frankfurt a. M. 1993.
– *Interpretationskonstrukte als Interpretationskonstrukte*, in: Simon, J. (Hg.): *Zeichen und Interpretation*, Frankfurt a. M. 1994, 36-56.
– *Schemaspiele*, Frankfurt a. M. 1995.
Löhrer, G.: *Einige Bemerkungen zur Theorieebene der Interpretationsphilosophie*, Allgemeine Zeitschrift für Philosophie, 21 (1996) 261-270.
Leslie, C. R.: *Memoirs of the Life of John Constable*, hg. von Mayne, J., London 1951.
Lueken, G.-L.: *»Alles, was so ist, könnte auch anders sein«. Zu Günter*

Abels »Interpretationswelten«, Deutsche Zeitschrift für Philosophie, 44 (1996) 889-901.
Lyotard J.-F.: *Das postmoderne Wissen. Ein Bericht*, Graz-Wien 1986.
– *Der Widerstreit*, München 1987.
Majetschak, St. (Hg.): *Auge und Hand. Konrad Fiedlers Kunsttheorie im Kontext*, München 1997.
Marr, D.: *Vision*, San Francisco 1982.
Mates, B.: *Elementare Logik*, Göttingen ^{2}1978.
McDowell, J.: *Mind and World*, Cambridge Mass. 1994.
Müller-Lauter, W.: *Nietzsche. Seine Philosophie der Gegensätze und die Gegensätze seiner Philosophie*, Berlin-New York 1971, 108-115.
– *Nietzsches Lehre vom Willen zur Macht*, in: Nietzsche-Studien, 3 (1974) 41-60.
– *Nietzsches Auflösung des Problems der Willensfreiheit*, in: Bauschinger, S./Cocalis, S. L./Lennox, S. (Hgg.): *Nietzsche heute*, Bern-Stuttgart 1988, 44 ff.
Nagel, T.: *What is it like to be a bat?*, in: The Philosophical Review, 83 (1974) 435-450.
– *Mortal Questions*, Cambridge 1979.
Nietzsche, F.: *Werke. Kritische Gesamtausgabe*, (KGW), hg. von Colli, G. und Montinari, M., Berlin-New York 1967 ff.
– *Jenseits von Gut und Böse*, in: *Werke*, Abtlg. VI, Bd. 2.
– *Über Wahrheit und Lüge im aussermoralischen Sinne* (WL), in: *Werke*, Abtlg. III, Bd. 2.
Oeing-Hanhoff, L./Borsche, T.: *Art.: Individuum, Individualität*, in: Ritter, J./Gründer, K. (Hgg.), *Historisches Wörterbuch der Philosophie*, Bd. 4, Darmstadt 1976.
Peirce, C. S.: *Collected Papers*, Bde. I-VI, hg. von Hartshorne, C. und Weiss, P., Cambridge Mass. 1931-35; Bde. VII und VIII, hg. von Burks, A. W., Cambridge Mass. 1958.
– *Schriften zum Pragmatismus und Pragmatizismus*, hg. von Apel, K.-O., Frankfurt a. M ^{2}1976.
– *Über die Klarheit unserer Gedanken. How to Make Our Ideas Clear*, hg. von Oehler, K., Frankfurt a. M. 1968.
Perry, J.: *The Problem of the Essential Indexical and other Essays*, Oxford 1993.
Popper, K. R.: *Logik der Forschung*, Tübingen ^{7}1982.
Poser, H.: *Das Genie als Beobachter. Zur Preisfrage der Holländischen Akademie von 1768 über die Kunst der Beobachtung,* in: Paragrana, 4(1995) 86-103.
– *Sprache, Zeichen, Wissenschaft*, in: Borsche, T./Stegmaier, W. (Hgg.): Zur Philosophie des Zeichens, Berlin – New York 1992, 151-166.
Prauss, G.: *Das ontologische Problem von Ding und Eigenschaft*, in: Po-

ser, H./Schütt, H.W. (Hgg.): *Ontologie und Wissenschaft*, Berlin 1984, 7-20.
Puntel, L.B. (Hg.): *Der Wahrheitsbegriff. Neue Erklärungsversuche*, Darmstadt 1987.
– *Wahrheitstheorien in der neueren Philosophie*, Darmstadt 1978.
Putnam, H.: *Mind, Language and Reality*, (= Philosophical Papers, Bd. 2), Cambridge-New York 1975.
– *Realism and Reason* (= Philosophical Papers, Bd. 3), Cambridge-New York 1983.
– *Models and Reality*, in: a.a.O., 1-25.
– *Why reason can't be naturalized*, in: a.a.O., 229-247.
– *Reason, Truth and History*, Cambridge-London 1981.
– *Reflexive Reflections*, in: Essler, W. K./Putnam, H./Stegmüller, W. (Hgg.): *Epistemology, Methodology and Philosophy of Science. Essays in Honour of Carl G. Hempel*, Dordrecht 1985, 143-154.
– *The Many Faces of Realism*, LaSalle 1987.
– *Realism with a Human Face*, Cambridge Mass. 1990.
– *Sense, Nonsense, and the Senses. An Inquiry into the Powers of the Human Mind*, in: The Journal of Philosophy, 91 (1994) 445-517.
– *Words and Life*, hg. von Conant, J., Cambridge Mass.-London 1994.
Pylyshyn, Z. W.: *The Imagery Debate*, in: Psychological Review, 88 (1981) 16-45.
– *Computation and Cognition*, Cambridge Mass. 1984.
Quine, W. V. O.: *Word and Object*, Cambridge, Mass. [13]1983
– *Ontological Relativity and Other Essays*, New York 1969.
– *Epistemology Naturalized*, in: a.a.O., 69-90.
– *Reply to Smart*, in: Davidson, D./Hintikka, J. (Hgg.): *Words and Objections. Essays on the Work of W. V. Quine*, Dordrecht-Boston 1969.
– *Reply to Chomsky*, in: Davidson, D./Hintikka, J. (Hgg.): *Words and Objections. Essays on the Work of W. V. Quine*, Dordrecht-Boston 1969, 302-311.
– *On the Reasons for Indeterminacy of Translation*, in: The Journal of Philosophy, 67 (1970) 178-183.
– *From a Logical Point of View*, Cambridge Mass. [3]1980.
– *Two Dogmas of Empiricism*, in: a.a.O., 20-46.
– *Indeterminacy of Translation Again*, in: The Journal of Philosophy, 84 (1987) 5-10.
– *Three Indeterminacies*, in: Barrett, R./Gibson, R. (Hgg.): *Perspectives on Quine*, Oxford-Cambridge, Mass. 1990, 1-16.
– *Pursuit of Truth. Revised Edition*, Cambridge Mass. 1992.
– *From Stimulus to Science*, Cambridge Mass.–London 1995.
Raffman, D.: *Über die Beharrlichkeit der Phänomenologie*, in: Metzinger, T. (Hg.): *Bewußtsein. Beiträge aus der Gegenwartsphilosophie*, Paderborn-München [2]1996, 347-366.

Ramsey, F. P.: *Foundations. Essays in Philosophy, Logic, Mathematics and Economics*, hg. von Mellor, D. H., London 1978.
Rorty, R.: *Consequences of Pragmatism*, Minneapolis 1982.
– *Is Natural Science a Natural Kind?*, in: McMullin, E. (Hg.): *Construction and Constraint. The Shaping of Scientific Rationality*, Notre Dame 1988.
– *Der Vorrang der Demokratie vor der Philosophie*, in: ders.: *Solidarität oder Objektivität? Drei philosophische Essays*, Stuttgart 1988, 82-125.
Ryle, G.: *Knowing How and Knowing That*, in: Proceedings of the Aristotelian Society, 46 (1945-46) 1-16.
– *The Concept of Mind*, Oxford ^{11}1966.
Saussure, F. d.: *Cours de linguistique générale*, hg. von Godel, R. in: Cahiers Ferdinand de Saussure, 15 (1957) 6-103.
Scheffler, I.: *The Anatomy of Inquiry. Philosophical Studies in the Theory of Science*, Indianapolis ^{3}1981.
– *Science and Objectivity*, Indianapolis ^{2}1985.
– *Symbolic Worlds. Art, science, language, ritual*, Cambridge 1997.
Schneider H. J.: *Die Situiertheit des Denkens, Wissens und Sprechens im Handeln. Perspektiven der Spätphilosophie Wittgensteins*, in: Deutsche Zeitschrift für Philosophie, 41 (1993) 727-739.
Scholz, O. R.: *Bild, Darstellung, Zeichen. Philosophische Theorien bildhafter Darstellung*, Freiburg-München 1991.
Schwan, A.: *Politik als ›Werk der Wahrheit‹. Einheit und Differenz von Ethik und Politik in der Praktischen Philosophie des Aristoteles*, in: ders., *Wahrheit-Pluralität-Freiheit. Studien zur philosophischen und theologischen Grundlegung freiheitlicher Politik*, Hamburg 1976, 51-85.
– *Die philosophische Begründbarkeit freiheitlicher Politik*, in: Abel, G./Salaquarda, J. (Hgg.): *Krisis der Metaphysik. Festschrift für Wolfgang Müller-Lauter*, Berlin-New York 1989, 448-468.
Schwartz, R.: *Symbols and Thought*, in: *Synthese*, 1 (1996) 399-407.
Sellars, W.: *Empiricism and the Philosophy of Mind.* With an Introduction by R. Rorty and a Study Guide by R. Brandom, Cambridge Mass.-London 1997.
– *Science, Perception and Reality*, ^{1}1963, Nachdruck Atascadero 1991.
Searle, J. R.: *Intentionality. An essay in the philosophy of mind*, Cambridge 1983.
Shakespeare, W.: *The Complete Works*, hg. von Wells, S./Taylor, G., Oxford 1986.
Simon, J.: *Wahrheit als Freiheit*, Berlin-New York 1978.
– *Kants pragmatische Ethikbegründung*, in: Archivio di Filosofia, LV (1987) 183-204.
– *Philosophie des Zeichens*, Berlin-New York 1989.
– *Die Krisis des Wahrheitsbegriffs als Krise der Metaphysik. Nietzsches*

Alethiologie auf dem Hintergrund der Kantischen Kritik, in: Nietzsche-Studien, 18 (1989) 245ff.
– *Welten und Ebenen. Zu Günter Abels »Interpretationswelten«*, Deutsche Zeitschrift für Philosophie, 44 (1996) 855-866.
– *Verstehen ohne Interpretation? Zeichen und Verstehen bei Hegel und Nietzsche*, in: Simon, J. (Hg.): *Distanz im Verstehen. Zeichen und Interpretation II*, Frankfurt a. M. 1995, 72-104.
– *Philosophie des Zeichens und Ethik*, in: Allgemeine Zeitschrift für Philosophie, 20 (1995) 3-18.
Skirbekk, G. (Hg.): *Wahrheitstheorien*, Frankfurt a. M. 1977.
Stegmüller, W.: *Rationale Rekonstruktion von Wissenschaft und ihrem Wandel*, Stuttgart ²1986.
– *Theorie und Erfahrung. Dritter Teilband: Die Entwicklung des neuen Strukturalismus seit 1973*, Berlin-Heidelberg 1986.
Strawson, P. F.: *Freedom and Resentment and other essays*, London 1974.
– *Individuals. An Essay in Descriptive Metaphysics*, London-New York ³1971.
Stroud, B.: *The Significance of Philosophical Scepticism*, Oxford 1984.
Tarski, A.: *Die semantische Konzeption der Wahrheit und die Grundlagen der Semantik*, in: Skirbekk, G. (Hg.): *Wahrheitstheorien. Eine Auswahl aus den Diskussionen über Wahrheit im 20. Jahrhundert*, Frankfurt a. M. 1977, 140-188.
– *Der Wahrheitsbegriff in den formalisierten Sprachen*, in: Berka, K./Kreiser, L. (Hgg.), *Logik-Texte*, Darmstadt ³1983, 445-546.
Trabant, J. (Hg.): *Sprache denken. Positionen aktueller Sprachphilosophie*, Frankfurt a. M. 1995.
van Fraassen, B. C.: *The Scientific Image*, Oxford 1980.
Vossenkuhl, W.: *Ludwig Wittgenstein*, München 1995.
Wagner, A.: *Fiktion, Fiktionalismus*, in: : Sandkühler, H. J. (Hg.): *Enzyklopädie der Philosophie*, Hamburg 1999.
– *Konstruktion*, in: : Sandkühler, H. J. (Hg.): *Enzyklopädie der Philosophie*, Hamburg 1999.
Wapnewski, P.: *Übersetzt und Übergesetzt. Die Nibelungen in Passau und Parzival im Zwêvel*, in: Deutsche Akademie für Sprache und Dichtung, Jahrbuch 1997, Göttingen 1997.
Williams, B.: *Ethics and the Limits of Philosophy*, London 1985.
Wilson, N. L.: *Substances without substrata* , in: Review of Metaphysics, 12 (1959) 521-539.
Wittgenstein, L.: *Schriften*, Frankfurt a. M. ⁴1980.
– *Tractatus logico-philosophicus*, in: *Schriften*, Bd. 1.
– *Philosophische Untersuchungen*, in: *Schriften*, Bd. 1.
– *Philosophische Grammatik*, in: *Schriften* , Bd. 4.

– *Das Blaue Buch*, in: *Schriften*, Bd. 5.
– *Zettel*, in: *Schriften*, Bd. 5.
– *Über Gewißheit*, hg. von G. E. M. Anscombe und G. H. von Wright, Frankfurt a. M. 1970.
– *Briefwechsel*, hg. von McGuinness, B. F./von Wright, G. H., Frankfurt a. M. 1980.

Personenregister

Angelelli, I. 195
Anscombe, G. E. M. 39
Apel, K.-O. 245, 343
Aristoteles 70, 81, 340

Balzer, W. 134
Barrett, R. 108
Baudelaire, Ch. 117
Baumgartner, H. M. 347
Benjamin, W. 116f.
Bergemann, F. 234
Berka, K. 270
Bernays, P. 133
Block, N. 160
Böckenförde, E. 368
Boehm, G. 192
Borsche, T. 93, 190
Brandom, R. 321
Brunelleschi, F. 237
Burge, T. 74

Carnap, R. 133
Chomsky, N. 108, 113
Christie, L. 134
Colli, G. 90
Colodny, R.G. 162
Constable, J. 237f.

Davidson, D. 45, 108f., 258, 271, 278, 303
Descartes, R. 147
Dewey, J. 51
Dirks, U. 22
Djuric, M. 37
Donnellan, K. 70
Dretske, F. I. 141, 161-164
Dürr, R. 76

Eckermann, J. P. 233
Elberfeld, R. 101
Elgin, C. Z. 162, 253, 257, 287, 292
Engelmann, P. 172
Essler, W. K. 281

Fahrenbach, H. 344
Feyerabend, P. 237
Fiedler, K. 192
Field, H. 70
Firth, R. 135
Fodor, J. A. 70, 160
Føllesdal, D. 113
Fraassen, B. C. van 280
Frege, G. 75, 81, 157, 195, 249
French, P. A. 74

Gadamer, H.-G. 95, 107f., 115f.
Gendlin, E. T. 37
Gerhard, V. 262
Giacometti, A. 212
Gibson, R. 108
Goethe, J. W. 118, 136, 190, 212, 232ff.
Goldman, A. 266
Goldstein, E. B. 214
Gombrich, E. 214, 237f.
Goodman, N. 28, 30, 32, 89, 158, 162, 164, 189, 200-206, 214, 218ff., 226, 234, 236-239, 248, 252f., 256ff., 287, 292
Graeser, A. 57, 60, 62
Grohmann, W. 192
Gründer, K. 190
Gunnarsson, L. 31, 341

Habermas, J. 343ff., 363ff.
Hacker, P. M. S. 175, 183f., 186f., 200
Hamburger, M. 107, 118
Hartung, H. 107, 118
Hawking, S. W. 144
Hegel, G. W. F. 81, 88, 90, 210, 218, 263, 276

Heidegger, M. 73, 252
Hempel, C. G. 162, 235, 281
Herold, N. 262
Hintikka, J. 45, 108
Hoffmeister, J. 263
Hofmann, Th. S. 145
Hölderlin, F. 118
Humboldt, W. 125
Husserl, E. 301, 312f.

James, W. 320f.
Jäsche, G. B. 276
Jeffrey, R. 303

Kant, I. 30, 32, 38f., 46f., 49, 51-54, 56, 61, 63f., 81, 120, 139, 146f., 150f., 155, 158, 167f., 191, 210, 225, 231ff., 253, 265f., 275f., 282, 304, 305, 347, 357, 361, 363-366, 369
Kaulbach, F. 162, 276
Kelsen, H. 340, 373
Klee, P. 192
Knobloch, E. 78
Koehne, T. 38
Koethe, J. 75
Kosslyn, S. M. 160
Kreiser, L. 270
Kreuzer, J. 101
Kripke, S. A. 70
Kroß, M. 175
Kuhn, Th. S. 125
Künne, W. 85
Kutschera, F. von 138, 309f.

Leibniz, G. W. 81, 183, 243
Lenk, H. 48, 76, 125, 280, 311
Leslie, C. R. 237
Lewis, C. 134f.
Löhrer, G. 57
Löwenheim, L. 45, 60
Luther, M. 118
Luyten, N. 347
Lycan, W. G. 160

Majetschak, S. 145, 192
Marr, D. 165
Mates, B. 195
Mayne, J. 237
McDowell, J. 36, 50
McGuinness, B. F. 170
McMullin, E. 269
Metzinger, T. 190
Mill, J. S. 70
Minford, J. 101
Montinari, M. 90
Mozart, W. A. 212
Müller-Lauter, W. 48, 294

Nagel, Th. 331
Newton, I. 237
Nietzsche, F. 37, 57, 88, 90, 161, 212f., 216-224, 228f., 231, 233, 235f., 238, 263f., 276, 283, 294, 343

Oehler, K. 321
Oeing-Hanhoff, L. 190

Peirce, Ch. S. 41, 245, 320f.
Perry, J. 191
Picasso, P. 158
Pilatus 340, 352
Platon 81, 306
Poser, H. 48, 53, 127
Prauss, G. 53f.
Puntel, L. B. 290
Putnam, H. 51, 60, 70, 74, 79, 158, 254ff., 264f., 268-272, 278-281, 284-287
Pylyshyn, Z. W. 160

Quine, W. V. O. 40, 44f., 84, 101, 107-113, 130, 133ff., 156, 249, 255, 272

Raffman, D. 190
Reinhardt, H. 190
Rexroth, T. 116

Ritter, J. 190
Rock, I. 214
Roller, C. 22
Rorty, R. 269, 280, 321, 371
Rousseau, J.-J. 365
Rubens, P. P. 212
Ruggenini, M. 21
Russell, B. 70, 170
Ryle, G. 318f., 329

Salaquarda, J. 48
Sandkühler, H. J. 123, 243
Schlegel, F. 115
Schmidt, R. 47
Schneider, H. J. 37, 175, 315
Schulz, W. 344
Schütt, H.-W. 53
Schwan, A. 340f.
Schwartz, R. 160, 166
Searle, J. R. 70, 132, 165
Sedlmayr, E. 22
Sellars, W. 310, 321f.
Shakespeare, W. 196
Simon, J. 30, 45, 48, 57, 78, 88, 90, 145, 147, 149, 231, 341, 348, 365
Skirbekk, G. 290
Skolem, T. 45, 60
Smart, J. J. 45
Stegmaier, W. 78, 93
Stegmüller, W. 281
Stein, G. 158
Strawson, P. F. 146, 150f., 153f.
Ströker, E. 313

Tarski, A. 258, 270, 278
Trabant, J. 76

Uehling, T. E. 74

Vorländer, K. 30, 357
Vossenkuhl, W. 171

Wagner, A. 22, 341
Wapnewski, P. 107
Weischedel, W. 120, 167, 276, 365
Wettstein, H. K. 74
Williams, B. 58, 293
Wittgenstein, L. 19, 30, 33-39, 47, 65, 78f., 80f., 83f., 88, 92, 97, 103, 133, 143f., 152ff., 169-175, 178ff., 183, 193, 195f., 198, 202, 210, 215, 225f., 277, 283f., 301, 315, 319, 352, 357
Wohlfahrt, G. 101
Wright, G. H. von 39, 170

Sachregister

Abbildung 171
Adoption 292
Algorithmus 103, 177
Allgemeines; allgemein 89f., 220
Alterität 65f., 243, 245, 247f., 253, 349
analogisch 141, 162-168, 200f.
Andersheit; anders 106, 215, 246, 250f.
Anerkennung 347-352, 365f.
Anschauung 15, 29, 52, 64, 147, 210f., 215, 220, 232f., 265
Aspekt-Sehen; -wechsel 152, 198ff.
Ästhetik; ästhetisch 14, 18f., 89, 167, 207, 209-228, 251
–, interpretations-logische 216ff.
Außenwelt 36, 41

Bedeutung 17, 40ff., 50, 69-77, 82, 95, 155f., 178, 185, 244ff., 249, 278, 303, 306
Begriff 15, 96, 147, 222f.
Begründung 351f., 355
Beliebigkeit 43, 245
Beobachtung 19, 65, 123f., 126-133, 135-144, 280
-ssatz 110, 133ff.
Beschreibung 47, 197, 203
Bewußtsein 331
Bild; bildlich 147, 158, 163, 171, 192, 198, 202ff., 208, 223, 238

Darstellung 11, 15, 92, 171, 203
Demokratie 21, 340-374
Denken 37, 58
Deskription 69-72, 274
-stheorie 70f.
Deutlichkeit 14, 288
Deutung 18, 27, 41, 72, 78-84, 96f., 312, 327
Differenz 116
digitalisch; digitalisierend 141, 161, 162-168, 200
Diskontinuität 116
Diskursethik 341, 345, 350, 363
Diskurstheorie 340f., 343, 349
Dogmatismus 360f.
Dualismus 59

Eigenschaften, interne 186
Einbildungskraft 46, 64, 145ff., 150, 160-168, 233f.
Einstellung, propositionale 94, 250, 271, 312
Elimination; eliminationistisch 20, 272
Empathie 113f.
Empfindung 51, 141, 149, 189
Empirie; empirisch 47, 338
Empirismus; empiristisch 47, 130f., 133, 266
endliche Geister 15, 58, 60f., 123, 244, 293, 307f., 312, 347f., 350
Entdeckung 135f.
Epistemologie; epistemisch 17, 38, 58f., 61, 123, 210, 222, 249, 266f., 286, 305, 307, 310
Ereignis 42f., 46
Erfahrung 47, 54, 59, 63f., 162, 187, 200f., 209f., 219-225, 252, 266, 277, 279, 287, 354
–, ästhetische 239
-swelt 51-57
Erinnerung 157
Erkenntnis 46, 53f., 59, 63f., 127, 210, 233, 235, 239, 266, 276f., 338
Erfahrungs- 123f., 146
Erkenntnistheorie 39, 303, 323
–, evolutionäre 268
Essentialismus 43

Ethik; ethisch 20, 211, 251, 314, 338, 340-374
–, große/kleine 358
Evidenz, sensorische 244f.
Exemplifikation; exemplifikatorisch 89, 92, 204, 206f.
Expressivität 89f., 198, 228
Extension; extensional 40ff., 157

Faktizität 284, 289, 343, 352f.
Faktum; faktisch 40, 47, 162, 186, 235f.
Fehlschluß (kognitivistischer/praktizistischer) 316f.
Folgezeichen 187f., 246f.
Form 30, 52, 85, 97, 172f., 181f., 194, 202, 218, 224, 277, 284, 287, 363
–, logische 172, 181, 194, 202, 257f.
Freiheit; frei 366-370
Fremdes; Fremdheit 16, 18, 106, 118ff., 222, 251
Fürwahrhalten; Fürwahrhaltung 39, 267, 307, 322

Gedächtnis 157, 221
Geist 17, 271, 331
Genealogie 59, 62, 127, 140, 230, 305
Gerechtigkeit 120
Gesetz 47 , 361, 364, 369
–, wissenschaftliches 236
Gewißheit 38f., 300, 306
Gewohnheit 16, 31, 274, 330
Glauben 38, 304f., 310, 341
Gleichheit; gleich 366-369
Grammatik, universale 248
Grenzbegriff 32
Grenze 30, 32, 46, 55, 118ff., 136, 173ff., 188, 190, 209-218, 248, 279, 291, 294, 308, 311f., 338f., 345, 354
Grundbegriff; grundbegrifflich 28, 285

Handeln 20, 37, 295, 299-339, 345, 354
Handlung 13, 17, 20, 34, 36f., 41, 188, 291, 302, 303, 305, 311-314, 320, 324-327, 332, 342, 350, 359
-sästhetik 334f.
-sethik 334f.
-slogik 334f.
-sverhältnis 359f.
-svollzug 327
-szusammenhang 178, 188, 295, 299, 306, 312, 322
Handlungstheorie 20, 299, 303, 317, 319, 332, 336-339
–, interpretationistische 324-328
Hermeneutik 116
Hintergrundwissen 129-133
Holismus; holistisch 26
Horizont 26, 95f., 148, 281, 284, 356
Hypothese 47, 143, 251, 314

Idealismus 17, 47, 50, 131
Identifikation 57f.
Identität 57f.
Imagination 19, 145-168
Imperativ, kategorischer 363-366
In-der-Welt-sein 73, 87, 91, 252, 343
Indexikalität; indexikalisch 191, 245
Individualität; individuell 29, 88ff., 119, 120, 167, 188f., 191, 349, 352, 373
Individuation; individuierend 16, 27, 57, 61, 189ff., 252f., 277, 287, 311, 331
Individuationsprinzip 27f., 76, 253
Individuum 58, 227, 326
Ineffabilität; ineffabile 189ff., 201
Inferenzsystem 307
Information 141f., 163

Intension; intensional 40ff., 157
Intentionalität 19, 86, 129-133
Interpretation 13, 15-18, 26-29, 32, 40-68, 72f., 87, 93-120, 123-126, 129ff., 139, 142, 145-149, 163, 172, 175, 178f., 229, 261-295, 340-347, 358
–, aneignend-deutende/Interpretation$_3$ 16, 27, 64, 72, 79, 80, 96, 283, 288, 329, 334
–, gewohnheitsmäßig-habituelle/Interpretation$_2$ 16, 27, 283, 329, 334
–, kategorialisierende/Interpretation$_1$ 16, 27, 31, 54, 252, 277, 283, 287, 289f., 329, 331, 335
Hinsichten, Dimensionen der 27, 290, 328f.
Modus der 304-310
Satz der 57-64
Interpretations-
-Ästhetik 29, 292f., 328, 333
-bildung 311-314
-charakter 175-183, 247, 350
-ebene 18, 29, 292, 306, 328f.
-Ethik 21, 30, 292f., 328, 333, 340-374
-funktion 74f., 114, 177f., 262, 278, 286, 307
-Horizont 11, 14, 17, 26f., 31, 43, 45, 56, 63, 90, 124, 198, 222, 251, 275, 277, 283f., 287, 304, 308f., 313, 317, 327, 338, 348f.
-konstrukt 47, 94, 126, 129, 140, 311
-Logik 19, 29, 43, 82, 292, 328, 333
-modell 15f., 20, 28f., 32, 39, 42f., 63, 72-77, 82, 85, 124, 128, 146, 251, 262, 283, 287-295, 305, 309f., 317ff., 328-336, 353
-philosophie, allgemeine 11f., 15f., 25-39, 40f., 44, 49, 50, 61f., 66, 124, 131, 134, 182, 252, 269, 302, 310, 315, 317, 323, 336, 340f., 343, 345f., 349, 355, 360
-Praxis 11, 13f., 17f., 20f., 26f., 31, 33-39, 42-45, 48, 50, 55f., 59f., 63, 65f., 72f., 75, 78, 81, 87, 90ff., 96f, 114, 124, 131, 133, 140, 148, 153f., 158, 169, 172ff., 176f., 179f., 186, 193, 198, 202, 205, 208, 222, 232, 246, 253, 262, 267, 275, 277, 282-287, 301, 304f., 308f., 313-319, 322f., 339, 342, 345f., 352, 357, 359, 372, 373
-prozeß 11, 40, 77, 136, 277, 288ff., 293f., 362
-stufe 15, 16, 20, 27ff., 32, 34, 39, 42f., 63, 72, 75f., 82, 85, 87, 124, 128, 146, 251, 262, 283, 287, 290, 305f., 309f., 317ff., 328f., 333, 353
-system 15, 45, 61, 140, 166, 169, 202, 252f., 257f., 263, 277
-verhältnis 11, 16ff., 20f., 25f., 34, 39, 51, 59, 86f., 146ff., 175, 210, 290, 292, 303, 304, 311, 344f., 348, 363, 365ff., 369, 371, 371
-welt(en) 16, 27, 31, 54, 59, 143, 301, 340
-zeichen 141f., 216, 286
-zirkel 126ff.
Interpretativität; interpretativ 15, 25, 28, 37, 40, 46, 58, 64, 75, 110, 131, 140, 146, 169, 182, 194, 199, 216, 244, 247, 289, 318, 323, 344, 372
Intersubjektivität; intersubjektiv 129, 140f., 174
Introspektion 74, 310

Kalkül 103, 177
Kategorialisierung; kategorialisierend 27, 210, 257, 277f., 331
Kategorie 46, 52, 64

Kausalität; kausal 52, 55f., 69, 187, 245, 267
Kausaltheorie 70f., 74, 266
Klassifikation 254
Kognition;kognitiv 145-168, 197, 234f., 237ff., 251, 274f., 319
Kohärenz; kohärent 13, 44, 93, 257, 259, 281, 292, 309, 353, 357f.
-anforderung 18, 83, 96, 98, 100
Konditional, kontrafaktisches 271
Konstruktion; konstruktional 16, 18, 54, 83, 93, 123, 358
Kontext 55, 86, 94
Konvention 16, 86
Korrespondenz; -theorie 254, 264f., 268
Kultur 269f., 355
Kunst 19f., 83, 162, 192, 196, 207f., 211f., 215, 217f., 224-239

Lebens-
-form 107, 228, 332
-praxis 15, 33, 38, 59f., 207, 217, 225f., 247, 253, 283, 293, 301f., 305-308, 313f., 342f., 344, 352, 354, 373
-welt; lebensweltlich 21, 33, 37, 91, 196, 205, 207f., 222, 225-228, 232, 299ff., 305, 307, 314f., 319ff., 338, 340
Leib 37
Letztbegründung 341f., 344, 346, 352-361, 366f., 371f., 374
Linguistik 15
Logik; logisch 11, 14, 18f., 43, 50, 52, 63f., 81f., 89, 94, 103, 170-174, 179ff., 194ff., 202, 207, 209-228, 273, 290, 354
–, epistemische 305, 310, 320
–, große 18, 78, 81, 83, 181, 209, 353, 358
–, kleine 18, 78, 81, 83, 97, 181, 209, 353, 358
–, mittlere 81, 181
–, symbolische 195
Logos 18, 81, 84-93, 169, 174
Lokalisierung, raum-zeitliche 16, 28, 57, 61, 277, 287, 331

Mathematik 14, 50
Maxime 363, 365
Meinen 38, 304, 341, 351
Mensch; menschlich 15, 35, 37, 101, 247, 263, 332, 338f.
Mentalismus 74f., 319
Metapher; metaphorisch 91, 155, 176, 219f., 223, 234f., 247
Metaphysik; metaphysisch 41, 43, 59, 64, 261-266, 282, 348, 361
Modell; Modelltheorie 47, 79, 254
Modus des Fürwahrhaltens 38, 304, 341
Möglichkeit 144
Moral 366-371
Muster 16, 27, 31

Name 185, 258
Naturalisierung 261, 268, 273
Naturalismus; naturalistisch 266-272
Neues 135f.
Nihilismus 247, 264, 289, 343
Norm; normativ 261, 272-285, 313, 338, 338, 342, 348, 358, 364

Objektivität; objektiv 46f., 56, 266f., 277, 290
Öffentlichkeit; öffentlich 36, 41, 50, 259, 359
Ontologie; ontologisch 40-45, 59, 257f., 307
Organisation; organisierend 209-216, 223, 230, 232ff., 238, 277, 280f., 287

Orientierung 299f., 305, 307, 320, 338, 340, 343
Passen 287f., 292
Person 90
Perspektive; perspektivisch 59, 198, 248, 285, 312, 344, 358, 364, 366
Erste-/Dritte-Person- 306, 313
Perspektivität 25, 263, 276
Phänomen; phänomenal 189ff., 200f., 331
Pluralismus 20, 243-260, 280
Pluralität 20, 243-260, 293, 366f.
Poiesis; poietisch 311, 336
Politik; politisch 20, 340-347, 355f., 360f., 362, 366, 370, 373
Positivismus 353
Postmoderne 340f., 346
Prädikat 53, 276, 285
Prädikation; Prädizierung 16, 81, 277, 331
Präferenz; Präferenzierung 16, 292, 300, 321, 356, 373
Pragmatik; pragmatisch 41, 50, 61, 82, 199, 309, 321f.
pragmatische Merkmale 13, 38, 42, 75, 87, 172, 194, 248, 267, 301, 307
Pragmatismus; pragmatistisch 269, 315, 320f.
Präsentation 92, 174, 198, 200f., 203
-ssystem 51, 201
Präsupposition 28, 58
Praxis; praktisch 33-36, 38, 41, 50, 61, 72, 114, 175, 194, 259, 262f., 266, 311, 315, 321, 332, 336, 338, 354
Proposition 48, 249
Psychologie 256, 273, 280f.

Qualia 331

Rationalität; rational 13, 18, 78-100, 279ff., 307, 338
-sannahme 93, 96
-sprinzip 13, 100
Raum 64
Realismus 17, 40, 43, 46-50
–, interpretativer 46-51
–, metaphysischer 43, 64
Realität 17, 46, 48, 210, 270
Recht 366-371
Rechtfertigung 259, 266, 300
Reduktionismus; reduktionistisch 266-272
Referenz 17, 40, 42, 44f., 50, 69-77, 112, 134, 157, 255, 257f., 266, 278, 306
–, direkte 75
Regel 26, 56, 103, 177, 247f., 281, 283, 300, 314, 326f., 338, 347, 354
Regularität; Regelhaftigkeit 36, 45, 56, 98, 140, 246, 317, 345ff.
regulativ 285-288
Relation, interne 186
Relativismus; relativistisch 43f., 70, 176, 269f., 288, 340ff., 346, 352-361, 371-374
Relativität 44, 263f.
Repräsentation; repräsentational 11, 15, 158-162, 164, 166, 189ff., 197f., 200f., 203, 221f., 238, 273
–, bildliche 197, 203
–, mentale 159ff., 283
-ssystem 51, 189, 197, 201, 307

Sagen 19, 83, 91f., 169-208
Satz 48, 170f., 183, 191, 196, 224, 254, 261, 264, 271, 279, 320, 331
–, Grammatischer 195
–, logischer 170, 179
Schema; Schematisierung 16, 28, 148
Semantik; semantisch 50, 75, 82, 184, 199, 216, 249, 271
semantische Merkmale (Bedeu-

tung, Referenz, Erfüllungs- und Wahrheitsbedingungen) 13, 29, 38, 42, 44, 48, 71, 75, 87, 103, 172, 194, 203, 248f., 267, 273, 277f., 301, 307
Semiotik 15
Sinn 16, 75, 218
Sinnlichkeit 64, 200f., 211
Situation 41, 55, 86, 94, 307, 322
Skepsis 37, 65f., 345f.
Skeptizismus 39, 353, 362
Solipsismus; solipsistisch 270, 365
Sprache 11, 13ff., 17, 41, 69, 71f., 81, 102-105, 107, 117, 133, 154-158, 161, 163, 169, 171, 186, 188f., 191, 193, 197, 200-203, 248f., 254f., 282f., 310, 319, 342
–, natürliche/künstliche 102ff., 194
Meta-/Objekt- 270
Sprachsystem 15, 190, 203, 285
Sprechen 37, 72
Supervenienz 74, 174
Symbol 14, 287
-system 13, 19, 89, 94, 162, 164, 169, 189, 191, 196f., 199f., 287, 307
Syntax; syntaktisch 82, 271
syntaktische Merkmale 13, 38, 42, 87, 307

Theorie 47, 123-126, 128ff., 133, 135, 143, 162, 239, 253, 255ff., 259, 268, 279f., 299-339, 347
-geladenheit 129-133
–, vereinheitlichte 303, 318
Tradition 16, 86

Übersetzbarkeit 118ff.
Übersetzung 18, 84, 101-120, 156, 238, 248ff.
Unbestimmtheit 108-115, 156, 248f., 258
Universalisierung 361-366
Unterbestimmtheit 112, 255, 259
Urteil 35, 275f., 278f., 283ff., 288, 290f.
Variabilität 247, 253
Verantwortung 351, 373
Vermittler, epistemischer 17, 291, 295
Vernunft 276, 347, 365
Verständigung 18, 40, 43f., 178, 245
-sverhältnis 44, 69, 93, 95, 110, 178, 291, 359f.
Verstehen 18, 48, 72, 78-81, 83-86, 88ff., 93f., 101, 169, 250f., 287, 291, 354, 359
–, direktes 87, 90
-sgleichgewicht 18, 83, 93, 95f.

Wahrheit 20, 39, 57, 82, 94, 254, 257ff., 261-295, 306, 308f., 320, 340, 350ff., 361f., 367, 374
-stheorie 271, 290
Wahrnehmung 51, 57, 110, 141, 147, 149-154, 161, 163, 189, 210, 213
Welt 16ff., 25, 31f., 36, 42, 46, 49ff., 59, 64, 71, 123f., 136, 143, 186, 210, 213, 218, 235, 243, 248ff., 252ff., 255, 257, 277, 289, 299
-bild 230
Wert 261, 273-285, 361, 368
-schätzung 273f., 280
Wille 363
Wirklichkeit 16f., 19, 26, 36, 40-68, 123f., 126, 139, 143f., 170f., 174, 183f., 209ff., 216, 235, 238, 252f., 257, 263, 277
Wissen 20, 37f., 74, 239, 266, 295, 299-339, 341, 351
–, propositionales 322
-sästhetik/-ethik/-logik 334f.
-stheorie 20, 39, 299, 303, 317, 323, 332, 336-339

Wissenschaft; wissenschaftlich 18ff., 47, 123-127, 187, 211f., 215, 229-239, 255f., 265, 268, 279ff., 314f.
-sphilosophie 123-144
-stheorie 47, 134, 315

Zeichen 11-15, 17f., 26, 29, 40, 44, 48f., 51, 71, 73, 75, 78-94, 97, 102-105, 128, 140-145, 148, 154-159, 161, 164, 169-172, 175ff., 179ff., 185, 187, 189, 191, 201, 203ff., 221f., 226, 244-249, 253, 255, 258, 262f., 265, 267, 273, 276f., 282, 286f., 307, 320, 354
–, analogisches / digitalisches 141, 166, 200
–, sprachliches 12, 17, 43, 169, 193, 199
–, nicht-sprachliches 12f., 17, 43, 166, 169, 177, 196, 199
-deutung 78-84, 93, 97, 182, 209, 353
-funktion 49, 71, 73f., 161, 177f., 184ff., 198
-gebrauch 14, 175, 194, 244, 263
-logik 78-100
-logos 18, 81, 84-93, 97, 169, 171, 173, 186, 210, 219
-prozeß 15, 256
-system 14f., 61, 164, 166, 169, 252, 257, 263, 277
-verstehen 14, 78, 80f., 83, 88, 90ff., 95, 182, 291
-vollzug 18, 48f., 78-84, 87, 91, 97, 171, 173, 182, 185, 209, 219, 291, 327, 353
Zeigen; Sich-Zeigen 19, 83, 91f., 169-208, 211, 262f.
–, ästhetisches 207f.
Zeit 19, 51-57, 64, 94, 138ff., 167, 236, 322, 362, 368, 374
-ordnung 51-57, 64, 139, 146
Zuschreibung 307, 312
Zweck 32, 41, 47, 55, 253f., 274, 287, 309, 313, 321, 329, 336, 346, 355f., 359
Zweifel 39